U0801542

中伦研究院出品

中伦研究院出品

1993-2023

中倫 ZHONG LUN

健康与生命科学

透视多元格局下的法律逻辑

中伦研究院 / 编

HEALTHCARE AND LIFE SCIENCES

THE LAW UNDERLYING THE MULTIDISCIPLINARY LANDSCAPE

法律出版社 LAW PRESS · CHINA
北京

图书在版编目(CIP)数据

健康与生命科学：透视多元格局下的法律逻辑 / 中伦研究院编. -- 北京：法律出版社，2023
ISBN 978-7-5197-8066-1

Ⅰ. ①健… Ⅱ. ①中… Ⅲ. ①医疗卫生服务－医药卫生管理－法规－研究－中国 Ⅳ. ①D922.164

中国国家版本馆CIP数据核字(2023)第118116号

健康与生命科学
——透视多元格局下的法律逻辑
JIANKANG YU SHENGMING KEXUE
—TOUSHI DUOYUAN GEJU XIA DE FALÜ LUOJI

中伦研究院 编

责任编辑 李争春 翁潇潇
装帧设计 汪奇峰

出版发行 法律出版社
编辑统筹 法规出版分社
责任校对 张红蕊
责任印制 耿润瑜
经　　销 新华书店

开本 710毫米×1000毫米 1/16
印张 26.75 **字数** 448千
版本 2023年7月第1版
印次 2023年7月第1次印刷
印刷 天津嘉恒印务有限公司

地址：北京市丰台区莲花池西里7号(100073)
网址：www.lawpress.com.cn
投稿邮箱：info@lawpress.com.cn
举报盗版邮箱：jbwq@lawpress.com.cn

销售电话：010-83938349
客服电话：010-83938350
咨询电话：010-63939796

版权所有·侵权必究

书号：ISBN 978-7-5197-8066-1
定价：136.00元
凡购买本社图书，如有印装错误，我社负责退换。电话：010-83938349

编 辑 委 员 会

总　　编： 赵　靖

主　　编： 龚乐凡　张　炯

编　　委： 程　芳　傅长煜

执行编辑： 刘　淼　高倾城　陈肖瑾　王宣言

中伦律师事务所创立于1993年，是中国最早获批设立的合伙制律师事务所之一。经过30年快速、稳健的发展壮大，中伦已成为中国规模最大的综合性、国际化律师事务所之一。来自全球18个办公室，包含420余位权益合伙人在内的2500多名专业人员，分别专精于特定的专业领域，通过合理的专业分工和紧密的团队合作，中伦有能力在各个领域为客户提供高质量的法律服务。

随着中国企业进一步迈向国际化，中伦与全球不同国家和法域的律师事务所建立了多维度、多渠道的合作关系，服务网络持续延伸，搭建了多元化、深层次的全球服务平台，形成了跨区域、跨领域、跨法域的综合发展格局，更加有效地为客户提供全方位、一站式的法律服务。

中伦研究院创立于2017年，依托中伦作为大型国际化律所的海量实践经验，集成中伦在行业内的前沿案例，结合全球化的法律与商业思维，致力于为法律服务注入前瞻性、创新性、综合性的知识成果与智力资产，推动法律行业变革与进步，并以科技解读法律，以法律赋能未来。

序　言

2023年，是中伦律师事务所成立三十周年。而立之年驻足回眸，一代代中伦人在朝与夕的传承中坚守，在变与革的创新中突围，融入助力国家法治发展的大潮之中，脱颖而出。在既往的耕耘中，中伦见证并参与了经济与社会的发展，也受益于中国与全球的交流融合，始终保持理性、充满信心、彰显韧性。

三十年来，中伦践行律师使命，以法为业，以律为师，夯实理论基础、坚持专业化升级，与客户风雨兼程、同舟共济，共同把握时代机遇，迎接历史挑战。今天，中伦已经成长为一家提供全方位法律服务的大型综合性律所，在三十多个业务领域处于国内乃至世界领先地位，整体专业实力持续领跑中国法律服务市场。同时，中伦以“立足中国，连接全球”为出发点，不断提高为客户在全球配置最优法律服务资源的能力，并在国际舞台上贡献属于中国律师的智慧。

三十年来，中伦不断探索现代化中国律所建设之路，注重科学的组织和制度建设，以文化塑造人、以事业凝聚人，力争打造有活力、有温度、有效率、有目标、有原则的专业机构，构建优质的企业生态系统。同时，中伦努力承担社会责任，致力于慈善公益、法律援助、法学教育、国际交流、建言献策、参与立法、对外共享研究成果，于不同层面参与法治建设，推动律师行业发展和社会进步。中伦与中伦人共同成长，互相成就，攥指成拳，合力致远。

最近五年面对世界大变局和诸多不确定因素，中伦努力把握时代脉搏，在发扬光大传统优势领域的基础上，积极适应新场景、学习新技术、运用新工具、创造新模式。其中一个重要方面就是以行业部门为入口，服务于国家产业政策，面向未来发展趋势，培养精通专业、熟谙行业、兼具全球视野和本地专长的业务团队，从而为客户提供更精准、更全面、更优质的全产业链服务。

这套中伦三十周年系列文集正是展现了这方面的成果，共六卷，分别聚焦房地产与基础设施、能源与自然资源、金融行业、通讯与技术、健康与生命科学、文化娱乐教育六大行业。它的问世离不开中伦合伙人和律师们的不辞辛劳；在繁忙的业务之暇，他们将执业中的经验凝结为一篇篇兼具专业性、针对性和实用性的文章。这是他们为中伦三十岁生日献上的一份厚礼，更是中伦奉献给读者们的一份答卷。

三十周年是“百年中伦”的一个重要里程碑，也是中伦面向未来的一个关键时刻。中伦将秉承“专业、进取、包容、共享”的核心价值观，以“制度化、专业化、国际化”为抓手，拥抱科技创新革命，为建设成为国际上受人尊敬的法律专业服务机构，为推进中国法治化进程，笃行不怠，踔厉风发。

志之所趋，无远弗届，穷山距海，不能限也。

是为序。

中伦律师事务所管理委员会主任

赵　靖

目　　录

一、大健康产业 IPO 实务要点

二、大健康产业并购及投融资

三、大健康产业监管与合规

反垄断及反商业贿赂合规要点

数据合规及应对

四、大健康产业重点企业合规建议

药品企业合规要点

CHAPTER 01

大健康产业IPO实务要点

医疗器械企业适用科创板第五套上市标准分析

陈益文* 常小宝

*作者简介：

陈益文，中伦律师事务所北京办公室资本市场部合伙人，电邮为：chenyiwen@ zhonglun. com。

2022 年 3 月 31 日,科创板上市委审议通过上海微创电生理医疗科技股份有限公司(以下简称微电生理或发行人)首发上市申请,微电生理成为科创板首家适用第五套上市标准[①]并过会的医疗器械企业。

2022 年 6 月 10 日,上海证券交易所发布实施《上海证券交易所科创板发行上市审核规则适用指引第 7 号——医疗器械企业适用第五套上市标准》(以下简称"7 号指引")。"7 号指引"的正式施行,进一步明确了医疗器械企业适用第五套上市标准的相关条件和要求,是进一步完善科创板支持医疗器械"硬科技"企业上市机制、更好发挥科创板服务科技创新发展战略的重要举措。[②]

随着微电生理的成功过会和"7 号指引"的正式施行,医疗器械企业申请适用科创板第五套上市标准或将成为新的趋势。本文将结合微电生理科创板 IPO 项目的相关审核关注要点,对照"7 号指引"的相关条款,探索和分析医疗器械企业申请适用科创板第五套上市标准的相关规则及关注事项。

一、关于适用科创板第五套上市标准的案例统计

经检索,截至 2022 年 6 月 11 日,适用科创板第五套上市标准的 IPO 企业共有 28 家[③],其相关情况如下:

(一)相关 IPO 企业的审核状态

经统计,截至 2022 年 6 月 11 日,上述 28 家 IPO 企业中,已注册发行的企业共计 16 家,在审状态(包括已报送中国证监会审核但尚未注册发行的企业)共 6 家,已终止企业共计 6 家。(见图 1)

---

① 《上海证券交易所科创板股票上市规则》(2020 年 12 月修订)第 2.1.2 条规定:"发行人申请在本所科创板上市,市值及财务指标应当至少符合下列标准中的一项:……(五)预计市值不低于人民币 40 亿元,主要业务或产品需经国家有关部门批准,市场空间大,目前已取得阶段性成果。医药行业企业需至少有一项核心产品获准开展二期临床试验,其他符合科创板定位的企业需具备明显的技术优势并满足相应条件……"

② 参见《上交所发布科创板医疗器械企业第五套上市标准适用指引》,载上海证券交易所网,http://www.sse.com.cn/aboutus/mediacenter/hotandd/c/c_20220610_5703445.shtml。

③ 相关 IPO 企业数据信息来源于 Wind,https://www.wind.com.cn/portal/zh/EDB/index.html。

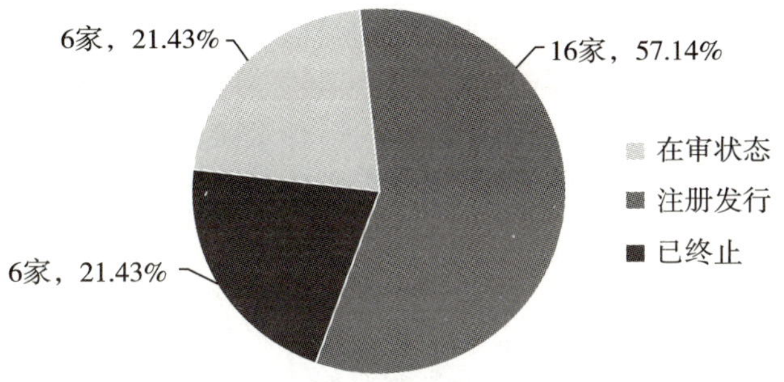

图1　28 家 IPO 企业的审核状态

（二）相关适用科创板第五套上市标准企业的行业分布及主营业务情况

经统计，截至 2022 年 6 月 11 日，适用科创板第五套上市标准并过会企业共计 19 家，其中已注册生效共计 17 家（包括已获准注册企业）。上述企业的行业分布及主营业务情况如表 1 所示：

表 1　适用科创板第五套上市标准企业的行业分布及主营业务情况

序号	公司简称	审核状态	证监会行业	主营业务
1	盟科药业（688373. SH）	上市委会议通过	医药制造业	公司是一家以治疗感染性疾病为核心，致力于发现、开发和商业化，针对未满足临床需求的创新药物，推动新型抗菌素药物的研发与商业化的企业
2	微电生理（688351. SH）	上市委会议通过	专用设备制造业	公司是一家专注于电生理介入诊疗与消融治疗领域创新医疗器械研发、生产和销售的高新技术企业，致力于提供具备全球竞争力的“以精准介入导航为核心的诊断及消融治疗一体化解决方案”
3	荣昌生物（688331. SH）	已发行	医药制造业	公司是一家具有全球化视野的创新型生物制药企业，自成立以来一直专注于抗体药物偶联物（ADC）、抗体融合蛋白、单抗及双抗等治疗性抗体药物领域；以创造药物临床价值为导向，为自身免疫疾病、肿瘤疾病、眼科疾病等重大疾病领域提供安全、有效、可及的临床解决方案

续表

序号	公司简称	审核状态	证监会行业	主营业务
4	亚虹医药（688176. SH）	已发行	医药制造业	公司是一家专注于泌尿生殖系统肿瘤及其他重大疾病领域的全球化创新药公司
5	海创药业（688302. SH）	已发行	医药制造业	公司是一家基于氘代技术和 PROTAC 靶向蛋白降解等技术平台，以开发具有重大临床需求的同类最佳（best – in – class）、国际首创（first – in – class）药物为目标的国际化创新药企业
6	益方生物（688382. SH）	证监会注册	医药制造业	公司是一家创新型药物研发企业，聚焦于肿瘤、代谢疾病等重大疾病领域
7	首药控股（688197. SH）	已发行	医药制造业	公司是一家处于临床研究阶段的小分子创新药企业，专注于抗肿瘤等创新药的研发，目前研发管线涵盖非小细胞肺癌、淋巴瘤、肝细胞癌、胰腺癌、甲状腺癌、卵巢癌、白血病等重点肿瘤适应证以及Ⅱ型糖尿病等其他重大疾病领域，致力于发展成为一家集研发、生产、销售于一体的综合性创新药企业
8	迪哲医药（688192. SH）	已发行	医药制造业	公司是一家创新驱动型生物医药公司，致力于新靶点的挖掘与作用机理验证；借助自有的转化科学研究能力，探究疾病临床特征与可能的异常驱动基因、蛋白结构间的关系，以推出全球首创（first – in – class）药物和具有突破性潜力的治疗方法为目标
9	迈威生物（688062. SH）	已发行	医药制造业	公司是一家创新型生物制药企业，主营业务为治疗用生物制品的研发、生产与销售，具体为包括人用治疗性单克隆抗体、双特异性/双功能抗体及 ADC 药物在内的抗体药物，以及包括长效或特殊修饰的细胞因子类重组蛋白药物

续表

序号	公司简称	审核状态	证监会行业	主营业务
10	金迪克（688670. SH）	已发行	医药制造业	公司是一家专注于人用疫苗研发、生产、销售的生物制药企业，已成功开发并商业化的核心产品四价流感病毒裂解疫苗，具有免疫效果好、安全性高的优势，为国内唯一以预防用生物制品1类向CDE进行申报的四价流感病毒裂解疫苗
11	上海谊众（688091. SH）	已发行	医药制造业	公司致力于抗肿瘤药物改良型新药的研发及产业化，掌握纳米药物载体和药用高分子辅料合成的核心关键技术，在纳米给药系统领域具有独特的创新性；针对已上市的疗效确切、适应证广、临床需求大的抗肿瘤药物，独创性地研发了改良型新药紫杉醇胶束
12	欧林生物（688319. SH）	已发行	医药制造业	公司是一家专注于人用疫苗研发、生产及销售的生物制药企业，致力于向国内外消费者提供安全有效和品质优异的人用疫苗产品，以及疾病控制和预防需求尚未满足或急需的，未来市场潜力巨大的创新疫苗产品
13	艾力斯（688578. SH）	已发行	医药制造业	公司是一家专注于肿瘤治疗领域的创新药企业，目前已在非小细胞肺癌小分子靶向药领域构建了研发管线
14	康希诺（688185. SH）	已发行	医药制造业	公司是一家致力于研发、生产和销售符合中国及国际标准的创新型疫苗企业，推进了一系列创新疫苗的研发，研发管线涵盖预防脑膜炎、埃博拉病毒病、百白破、肺炎、结核病、新冠病毒（COVID－19）、带状疱疹等多个临床需求量较大的疫苗品种

续表

序号	公司简称	审核状态	证监会行业	主营业务
15	君实生物(688180.SH)	已发行	医药制造业	公司是一家创新驱动型生物制药公司,自主开发并建立了涵盖蛋白药物从早期研发到产业化的整个周期的完整技术体系,通过该体系,公司创新开发同类首创(first-in-class)或同类最优(best-in-class)的药物并已成功开发出包括JS001、JS002、JS004、UBP1213等在内的多项生物创新药
16	神州细胞(688520.SH)	已发行	医药制造业	公司是一家致力于研发具备差异化竞争优势生物药的创新型生物制药公司,专注于单克隆抗体、重组蛋白和疫苗等生物药产品的研发和产业化
17	前沿生物(688221.SH)	已发行	医药制造业	公司是一家创新型生物医药企业,致力于研究、开发、生产及销售针对未满足的重大临床需求的创新药;拥有一个已上市且在全球主要市场获得专利的原创抗艾滋病新药,两个处于临床试验阶段、已获专利(或专利许可)的在研新药
18	百奥泰(688177.SH)	已发行	医药制造业	公司是一家以创新药和生物类似药研发为核心的创新型生物制药企业,致力于开发新一代创新药和生物类似药,用于治疗肿瘤、自身免疫性疾病、心血管疾病以及其他危及人类生命或健康的重大疾病
19	泽璟制药(688266.SH)	已发行	医药制造业	公司是一家专注于肿瘤、出血及血液疾病、肝胆疾病等多个治疗领域的创新驱动型化学及生物新药研发企业

上述19家企业中,18家企业为医药制造业企业,1家为专用设备制造业企业。微电生理系第一家适用科创板第五套上市标准并通过上市委会议审核的医疗器械企业。

二、“7 号指引”相关要求

“7 号指引”正式施行，明确了尚未形成一定收入规模的医疗器械企业申请适用科创板第五套上市标准的相关条件及要求，在核心技术产品范围、阶段性成果、市场空间、技术优势、持续经营能力、信息披露等方面作出了细化规定，具体内容如表 2 所示：

表 2 “7 号指引”相关要求

序号	事项	“7 号指引”内容	相较于科创板第五套上市标准进一步细化的内容
1	适用前提	第 2 条：医疗器械企业（以下简称发行人）适用《上海证券交易所科创板股票上市规则》第 2.1.2 条第一款第五项规定的上市标准，申请在科创板发行上市的，适用本指引。 发行人应当符合国家医疗器械科技创新战略，拥有关键核心技术等先进技术，科技创新能力和科技成果转化能力突出，医疗器械产品具有显著的检验检测、诊断治疗、健康促进等价值。	首次对医疗器械产品的功能属性、应用价值进行明确要求，并将其作为科创板第五套上市标准适用的“准入门槛”
2	核心技术产品范围	第 3 条：发行人的核心技术产品应当属于国家医疗器械科技创新战略和相关产业政策鼓励支持的范畴，主要包括先进的检验检测、诊断、治疗、监护、生命支持、中医诊疗、植入介入、健康康复设备产品及其关键零部件、元器件、配套件和基础材料等。	进一步明确医疗器械企业核心技术产品的范围要求并采取列举式规范
3	阶段性成果	第 4 条：发行人的核心技术产品研发应当取得阶段性成果，至少有一项核心技术产品已按照医疗器械相关法律法规要求完成产品检验和临床评价且结果满足要求，或已满足申报医疗器械注册的其他要求，不存在影响产品申报注册和注册上市的重大不利事项。	进一步明确与医疗器械企业相匹配的“阶段性成果”的具体要求，与“医药行业企业需至少有一项核心产品获准开展二期临床试验”进行区分

续表

序号	事项	"7号指引"内容	相较于科创板第五套上市标准进一步细化的内容
4	市场空间	第5条:发行人应当满足主要业务或产品市场空间大的标准。发行人应当结合核心技术产品的创新性及研发进度、与已上市或在研竞品的优劣势比较、临床需求和细分行业的市场格局、影响产品销售的有关因素等,审慎预测并披露是否满足主要业务或产品市场空间大的标准,相关预测应当充分、客观,具有合理的依据。	进一步明确"市场空间大"的认定标准和要求,并强调"市场空间大"的预测依据的客观性、充分性及合理性
5	技术优势	第6条:发行人应当具备明显的技术优势。发行人应当结合核心技术与核心产品的对应关系,核心技术获取方式,核心技术形成情况,核心技术先进性衡量指标,与境内外竞争对手比较情况,技术储备和持续研发能力,创业团队和核心技术人员学历背景、研发成果、加入发行人的时间、是否具有稳定性预期等方面,披露是否具备明显的技术优势。	进一步明确"技术优势"的"显著性"认定标准
6	持续经营能力	第7条:发行人应当不存在核心技术产品研发失败、主要业务或产品商业化生产销售预期明显不足等可能对企业持续经营能力产生重大不利影响的事项。	明确提出影响医疗器械企业的"持续经营能力"的判断因素
7	信息披露	第8条:发行人应当客观、准确披露研发的核心技术产品及其先进性、研发进展及其阶段性成果、审批注册情况、预计市场空间、未来生产销售的商业化安排等信息,并充分揭示可能面临的研发失败、未能如期获得注册、产品销售达不到预期等风险因素。	—
8	中介机构核查要求	第9条:保荐机构、证券服务机构应当对发行人的科创属性、取得的阶段性成果、主要业务或产品市场空间大、具备明显的技术优势、商业化生产销售安排、相关信息披露等进行审慎核查,并发表明确意见。	—

三、关于微电生理科创板 IPO 项目与“7 号指引”相关条件及要求的对照分析

对第一家适用科创板第五套上市标准并过会的医疗器械企业微电生理 IPO 审核关注要点进行梳理和分析，有助于我们进一步理解及适用“7 号指引”的相关条款。

（一）关于核心技术的先进性

在问询反馈阶段，上市审核部门重点关注发行人产品核心竞争力、发行人与可比公司产品核心技术先进性的关键指标；发行人产品的优劣势；发行人是否存在对进口或单一供应商依赖等情形。这些关注要点可对应于“7 号指引”第 2 条的规定，具体情况如表 3 所示：

表 3 核心技术的先进性关注要点

公告文件	问询问题	回复要点	“7 号指引”相关规定
《第一轮审核问询函的回复》（2021 年 9 月 24 日）	请发行人披露：（1）招股说明书中发行人产品与竞品对比的各类参数的具体含义，请使用通俗易懂的语言描述发行人产品的技术优劣势；（2）公司产品的核心零部件采购及关键工艺外协情况，是否存在进口依赖或单一供应商依赖的情形，分设备、系统、耗材说明发行人核心技术先进性的体现	1. 发行人的技术优势 （1）微电生理设备主要包括三维心脏电生理标测系统、射频消融仪、冷冻消融系统、多道电生理记录仪及灌注泵等产品，其中三维心脏电生理标测系统集中体现了电生理标测设备的核心技术水平，并通过就相关核心技术与同行业竞品进行充分比较，论证其技术的先进性；（2）冷冻消融系统代表了快速消融技术的先进方向，发行人自主研发的冷冻消融系统于 2021 年进入创新医疗器械特别审批程序，目前已进入临床阶段，用于冷冻消融手术的鞘及环肺标测导管已获批上市。 2. 关于核心原材料采购及外协情况 （1）发行人根据原材料的重要	第 2 条：……发行人应当符合国家医疗器械科技创新战略，拥有关键核心技术等先进技术，科技创新能力和科技成果转化能力突出，医疗器械产品具有显著的检验检测、诊断治疗、健康促进等价值。

续表

公告文件	问询问题	回复要点	"7 号指引"相关规定
		性程度高低将采购原材料依次划分为 A 类、B 类及 C 类三个等级进行管理，其中 A 类为行业的通用原材料，发行人基于核心原材料进行了深度的工艺开发并形成了自有核心技术体系，具备明显的技术优势。发行人报告期内仅与 Northern Digital Inc. 及其境内代理进行采购（合并为 1 个合格供应商），存在向单一供应商采购的情形，但该项采购符合行业惯例，发行人已在招股说明书中说明存在向境外单一供应商集中采购的风险；针对其他核心原材料，发行人均开发了多个合格供应商，不存在进口依赖或单一供应商依赖的情形。 (2)发行人对劳动密集型和资产投入较大的非核心生产工序采取外协方式，且外协采购内容均非发行人生产加工环节的核心环节，发行人自主掌握核心生产工艺技术，不存在发行人依赖外协厂商的情形。 3. 关于核心技术 设备类产品的核心技术主要包括硬件电路设计、核心算法设计及软件开发，其中软件系统属于设备的一部分，主要依托图像导航平台及能量治疗平台实现；耗材类产品的核心技术主要包括导管的高精密设计和制造工艺，主要依托精密器械平台实现；并从相关核心技术描述、来源、应用分类、核心技术先进性及具体表征对发行人图像导航、精密器械及能量治疗的三大核心技术平台进行披露。	

（二）关于核心技术产品范围

在问询反馈阶段，上市审核部门重点关注发行人产品的重要性、产品技术先进性以及产品的应用价值等问题。该等关注要点可对应于“7号指引”第3条的规定，具体情况如表4所示：

表4　核心技术产品范围关注要点

公告文件	问询问题	回复要点	“7号指引”相关规定
《第三轮审核问询函的回复》（2022年3月18日）	发行人产品的重要性和技术先进性；是否属于国家政策明确支持的产品；是否属于影响人民生命健康、治疗重大疾病的急需产品	1. 关于发行人产品的重要性 （1）发行人的核心技术产品主要专注于快速性心律失常的诊断及治疗； （2）从心律失常的疾病属性、治疗需求、心脏电生理手术的优势以及打破进口垄断并独立自主完成三维心脏电生理手术等方面，充分论证发行人产品在诊断和治疗心律失常疾病中发挥的作用和重要性。 2. 关于发行人产品的技术先进性 充分披露发行人已掌握的电生理介入诊疗与消融治疗领域相关的核心设计与制造技术（主要包括高精度定位导航技术、心电微信号采集处理及分析技术、双磁定位传感器精密装配技术、压力感知技术、射频消融及多通道温度传感技术、冷冻消融智能控制等），并说明发行人自主研发的产品上市进展情况，论证发行人产品的技术先进性。 3. 关于发行人产品是否属于国家政策明确支持的产品 通过梳理国家相关政策内容，披露相关政策文件与发行人产品的对应性，如发行人三维心脏电生理标测系统入选《创新医疗器械产品目录（2018）》；发行人主要产品适用于心脑血管疾病领域，	第3条：发行人的核心技术产品应当属于国家医疗器械科技创新战略和相关产业政策鼓励支持的范畴，主要包括先进的检验检测、诊断、治疗、监护、生命支持、中医诊疗、植入介入、健康康复设备产品及其关键零部件、元器件、配套件和基础材料等。

续表

公告文件	问询问题	回复要点	"7号指引"相关规定
		并符合《"十四五"国家临床专科能力建设规划》(2021年)的规划内容。 4. 关于发行人的产品是否属于治疗重大疾病的急需产品 从房颤等快速性心律失常对人民生命健康的影响程度、心房颤动分级诊疗服务的急迫要求以及心脏电生理手术的优势等角度,论证发行人的产品属于影响人民生命健康、治疗重大疾病的急需产品。	

(三)关于阶段性成果的认定

在问询反馈阶段,上市审核部门在历次问询中均重点关注发行人已取得的阶段性成果情况、是否满足第五套上市标准的指标要求、适用第五套上市标准的必要性及合理性等情形。该等关注要点可对应于"7号指引"第4条的规定,具体情况如表5所示:

表5 阶段性成果的认定关注要点

公告文件	问询问题	回复要点	"7号指引"相关规定
《第一轮审核问询函的回复》(2021年9月24日)	请发行人充分论述发行人是否满足第五套上市标准	根据科创板第五套上市标准,逐项进行论证分析: 1. 关于预计市值不低于人民币40亿元 公司最近一次市场化融资的投后估值为人民币48亿元;依据可比公司市值/研发投入为估值指标进行测算,发行人的预计市值为:128.26亿元(平均值)、122.93亿元(中位数)。公司估值亦不低于人民币40亿元。	第4条:发行人的核心技术产品研发应当取得阶段性成果,至少有一项核心技术产品已按照医疗器械相关法律法规要求完成产品检验和临床评价且结果满足要求,或

续表

公告文件	问询问题	回复要点	“7号指引”相关规定
《第二轮审核问询函的回复》(2021年10月19日)	请发行人进一步说明发行人是否满足第五套上市标准的相关要求	2. 关于主要业务或产品需经国家有关部门批准,市场空间大 (1)发行人主要产品在国内上市需经国家药品监督管理部门的批准。 (2)中国拥有庞大的快速性心律失常患者基数,随着电生理手术治疗逐步渗透,预计到2024年,电生理医疗器械市场规模将达到211.1亿元,复合年增长率为42.3%,发行人主要产品具有较大的市场空间。 3. 关于取得的阶段性成果 (1)发行人共计5项创新产品进入国家创新医疗器械特别审批程序,已拥有24张NMPA医疗器械注册证及备案凭证、4张欧盟CE注册证及多张其他境外产品注册证。“三维心脏电生理标测系统”分别入选2018年国家创新医疗器械产品目录、2018—2019年上海生物医药创新产品清单及2021年度上海市创新产品推荐目录,“磁定位型可调弯标测导管”入选2018—2019年上海生物医药创新产品清单。 (2)列示发行人已上市产品及在研产品管线进展情况。发行人纳入创新通道的相关产品均已取得阶段性成果,其中2项产品(Columbus ®三维心脏电生理标测系统和FireMagic ®冷盐水灌注射频消融导管)已获批上市,2项产品(FireMagic ®压力感知磁定位灌注射频消融导管和IceMagic ®心脏冷冻消融系统)已进入临床试验阶段。	已满足申报医疗器械注册的其他要求,不存在影响产品申报注册和注册上市的重大不利事项。

续表

公告文件	问询问题	回复要点	"7 号指引"相关规定
《第三轮审核问询函的回复》(2022 年 3 月 18 日)	请发行人进一步论证发行人适用第五套上市标准的必要性和合理性	1. 发行人符合科创板第五套上市标准。 根据第五套上市标准的要求,对预计市值、主要业务或产品需经国家有关部门批准、市场空间、目前已取得阶段性成果等标准进行逐项核查和分析。 2. 发行人符合科创板定位,并从以下几个方面进行充分论述: (1)发行人符合科创板行业领域要求; (2)发行人符合科创属性要求; (3)发行人产品具备明显技术优势,有望实现国产替代; (4)创新医疗器械产品前期投入大、市场推广周期长,借助资本市场能够助力业务发展; (5)发行人业务发展处于关键时期,借助资本市场有利于提升发行人整体实力。	

(四)关于市场规模和竞争情况

在问询反馈阶段,上市审核部门在历次问询中均重点关注发行人所处行业的市场规模测算过程、行业数据来源的权威性及独立性、主营业务或产品"市场空间大"的依据、发行人的竞争优劣势等。该等关注要点可对应于"7 号指引"第 5 条的规定,具体情况如表 6 所示:

表 6　市场规模和竞争情况关注要点

<table>
<tr><th>公告文件</th><th>问询问题</th><th>回复要点</th><th>“7 号指引”相关规定</th></tr>
<tr><td>《第一轮审核问询函的回复》（2021 年 9 月 24 日）</td><td>认定发行人主营业务或产品“市场空间大”的依据，说明测算过程、相关参数、数据依据</td><td>（1）根据第三方行业分析机构出具的行业分析报告，并充分披露相关市场规模测算的过程、参数选取以及数据来源，国内心脏电生理器械市场规模由 2015 年的 14.8 亿元增长至 2020 年的 51.5 亿元，复合年增长率为 28.3%，预计到 2024 年，该市场规模将达到 211.1 亿元；
（2）论证发行人主营业务所处电生理医疗器械行业市场空间、国产替代空间以及发行人作为能够与进口厂商竞争的国产厂商之一，能够进一步占据我国电生理医疗器械市场份额；发行人产品的市场空间大。</td><td rowspan="3">第 5 条：发行人应当满足主要业务或产品市场空间大的标准。发行人应当结合核心技术产品的创新性及研发进度、与已上市或在研竞品的优劣势比较、临床需求和细分行业的市场格局、影响产品销售的有关因素等，审慎预测并披露是否满足主要业务或产品市场空间大的标准，相关预测应当充分、客观，具有合理的依据。</td></tr>
<tr><td>《第二轮审核问询函的回复》（2021 年 10 月 19 日）</td><td>结合市场规模、竞争格局、发行人同类产品获批及在研情况、发行人竞争优劣势、主要产品获批后的销售变化情况等事项，进一步补充说明认定发行人主营业务或产品“市场空间大”的依据是否充分</td><td>（1）进一步披露和分析第三方行业分析机构出具的行业数据来源及依据的可靠性和客观性；
（2）参考发行人可比上市公司披露的同行业分析报告，以及中信证券研究所、方正证券研究所、国金证券研究所等其他机构关于中国电生理医疗器械市场规模预测，论证发行人主营业务或产品“市场空间大”的依据和预测数据的充分性。</td></tr>
<tr><td>《第三轮审核问询函的回复》（2022 年 3 月 18 日）</td><td>发行人主要产品已经获批上市较久但未实现较高规模收入的原因；发行人是否满足市场空间大的相关要求</td><td>（1）从适应证角度而言，我国仍存在庞大的心律失常患者治疗需求未被满足；
（2）从心脏电生理手术角度而言，心脏电生理手术渗透率仍有较大提升空间；
（3）从市场竞争格局角度而言，心脏电生理医疗器械国产化率低，国产替代市场空间大；
（4）从发行人业务发展角度而言，发行人具备与进口厂商竞争的能力，有望进一步提高市场占有率。</td></tr>
</table>

(五)关于技术优势

在问询反馈阶段,上市审核部门重点关注发行人的技术优势的“显著性”,并要求发行人从其销售收入、核心原材料采购、与竞品技术指标的对比等方面进行披露说明。该等关注要点可对应于“7号指引”第6条的规定,具体情况如表7所示:

表7 技术优势关注要点

公告文件	问询问题	回复要点	“7号指引”相关规定
《第一轮审核问询函的回复》(2021年9月24日)	结合发行人收入主要来自导管类产品而设备销售金额较低、核心原材料采购和工艺外协情况、与竞品技术指标对比情况以及市场地位,进一步分析发行人是否具备明显技术优势并满足相应条件	1. 关于发行人主要来自导管类产品而设备销售金额较低的原因 (1)在使用频率方面,电生理耗材系一次性使用产品,每台手术均需消耗对应的耗材,而电生理设备系重复性使用产品,每台手术中搭配耗材完成诊断及治疗功能,因此导致设备销售金额较低,但符合同类企业的行业惯例; (2)因电生理设备的性能指标会显著影响电生理手术的效果,电生理同行业厂商除销售设备外,也会采取投放设备的经营模式,同时发行人还基于自身发展情况采用了设备跟台模式,因此发行人设备销售带来的销售收入较低。 2. 关于核心原材料采购及外协情况 (1)发行人根据原材料的重要性程度高低将采购原材料依次划分为A类、B类及C类三个等级进行管理,其中A类为行业的通用原材料,发行人基于核心原材料进行深度的工艺开发并形成自有核心技术体系,具备明显的技术优势; (2)发行人对劳动密集型和资产投入较大的非核心生产工序采取外协方式,且外协采购内容均非发行人生产加工环节的核心环节,发行人自主掌握核心生产工艺技术,不存在发行人依赖外协厂商的情形。	第6条:发行人应当具备明显的技术优势。发行人应当结合核心技术与核心产品的对应关系,核心技术获取方式,核心技术形成情况,核心技术先进性衡量指标,与境内外竞争对手比较情况,技术储备和持续研发能力,创业团队和核心技术人员学历背景、研发成果、加入发行人的时间、是否具有稳定性预期等方面,披露是否具备明显的技术优势。

续表

公告文件	问询问题	回复要点	"7号指引"相关规定
		3. 关于竞品技术指标对比情况 通过将二维产品系列(电生理设备、电生理导管)、三维产品系列(三维心脏电生理标测系统等9项)、附件类产品、冷冻消融系列产品(冷冻消融设备等4项)等心脏电生理领域的产品与国内外其他同行业公司进行比较,发行人均有产品或相关产品处于正在研发/审批/注册程序中。发行人产品具备与国外知名厂商的竞品进行市场竞争的实力,部分产品的性能优于国外知名厂商的竞品。 4. 关于发行人市场地位 第三方机构出具的行业研究报告显示,按照销售收入计算,2020年中国电生理器械市场的前三名均为进口厂商,合计超过80%,发行人整体市场排名第五,占比约为2.7%;按照产品应用的手术量排名,2020年发行人在我国三维心脏电生理手术量中排名第三,国产厂家中排名第一。 因此,发行人在心脏电生理领域已经占据较强的市场地位,具备明显的技术优势。	
《第二轮审核问询函的回复》(2021年10月19日)	发行人及同行业竞争对手产品进入创新医疗器械特别审批程序的情况,发行人是否具备明显优势	发行人的心脏电生理产品分类中共计11个项目纳入创新医疗器械特别审批程序,共计12项产品,发行人占据4项产品,排名第一,上述产品中仅发行人具备两项已成功获批上市的电生理产品,发行人具备明显优势。	

(六)关于持续经营能力

在问询反馈阶段,上市审核部门关注发行人核心技术产品研发进展、已上市产品销售规模与预期存在差异原因等情形。该等关注要点可对应于"7号指引"第7条的规定,具体情况如表8所示:

表 8 持续经营能力关注要点

公告文件	问询问题	回复要点	"7 号指引"相关规定
《第一轮审核问询函的回复》(2021 年 9 月 24 日)	请发行人说明压力感知导管等发行人主要在研产品的竞品数量(包括已上市及在研)、发行人相对竞品的主要创新及技术优势	充分披露发行人压力感知导管等主要在研产品项目的内容、预计达到的目标以及研发进展情况。	第 7 条:发行人应当不存在核心技术产品研发失败、主要业务或产品商业化生产销售预期明显不足等可能对企业持续经营能力产生重大不利影响的事项。
《第三轮审核问询函的回复》(2022 年 3 月 18 日)	请发行人说明主要产品已经获批上市较久但未实现较高规模收入的原因	发行人从以下几个方面分析主要产品已经获批上市较久但未实现较高规模收入的原因: (1)第三类医疗器械产品市场推广周期较长; (2)三维心脏电生理手术系在"设备+耗材"的联动模式下开展,发行人第三代三维心脏电生理标测系统上市时间较晚; (3)三维心脏电生理手术器械领域,跨国医疗器械厂商竞争优势明显,发行人市场竞争压力较大; (4)心脏电生理手术技术难度高,国产替代进程较为缓慢; (5)发行人目前业务规模仍较小,需通过持续的投入保持发行人的竞争优势。	

我们注意到,微电生理的产品管线相对丰富和成熟,并在报告期内形成了一定规模的销售收入,这有利于对其持续经营能力的判断;该等情形对于尚未形成规模收入的医疗器械企业不一定具备参考价值。

(七)关于信息披露及中介机构核查要求

在问询反馈阶段,上市审核部门在历次问询中均关注发行人适用科创板第五套上市标准的合理性和必要性;并要求发行人及中介机构对发行人科创属性、取得的阶段性成果、主要业务或产品市场空间、核心技术优势等方面进行充分披露和核查。该等关注要点可对应于"7 号指引"第 8 ~ 10 条的规定,具体情况如表 9 所示:

表 9　信息披露及中介机构核查要求关注要点

<table>
<tr><th>公告文件</th><th>问询问题</th><th>回复要点</th><th>“7 号指引”相关规定</th></tr>
<tr><td rowspan="2">《第一轮审核问询函的回复》(2021 年 9 月 24 日)</td><td>请发行人补充披露:(1)《招股说明书》中发行人产品与竞品对比的各类参数的具体含义,请使用通俗易懂的语言描述发行人产品的技术优劣势;(2)公司产品的核心零部件采购及关键工艺外协情况,是否存在进口依赖或单一供应商依赖的情形,分设备、系统、耗材说明发行人核心技术先进性的体现;(3)报告期各期发行人冷冻消融产品实现收入金额及占比情况</td><td rowspan="3">(1)发行人根据披露要求在《招股说明书》等文件中进行了补充或更新披露。
(2)发行人保荐机构、证券服务机构已根据历次问询问题及回复内容,对发行人适用科创板第五套上市标准指标、发行人科创属性、取得的阶段性成果、主要业务或产品市场空间、技术优势等方面进行核查,并披露了具体的核查方式、核查的内容以及核查意见。</td><td rowspan="3">第 8 条:发行人应当客观、准确披露研发的核心技术产品及其先进性、研发进展及其阶段性成果、审批注册情况、预计市场空间、未来生产销售的商业化安排等信息,并充分揭示可能面临的研发失败、未能如期获得注册、产品销售达不到预期等风险因素。
第 9 条:保荐机构、证券服务机构应当对发行人的科创属性、取得的阶段性成果、主要业务或产品市场空间大、具备明显的技术优势、商业化生产销售安排、相关信息披露等进行审慎核查,并发表明确意见。
第 10 条:发行人应当符合本指引的要求,并遵守中国证监会和本所关于企业科创属性评价、发行条件、上市条件、信息披露要求、自律监管等有关规定。</td></tr>
<tr><td>请发行人全面梳理“重大事项提示”各项内容,突出重大性,增强针对性,强化风险导向</td></tr>
<tr><td>《第三轮审核问询函的回复》(2022 年 3 月 18 日)</td><td>请发行人结合问询问题,对招股说明书内容进行整理和精练,提高《招股说明书》的可读性,保证相关信息的内容真实、准确、完整;全面梳理“重大事项提示”各项内容,突出重大性,增强针对性,强化风险导向</td></tr>
</table>

四、结语

通过上述分析我们可以看出，上市审核部门系在重点关注发行人的科创属性、阶段性成果、市场空间、技术优势、持续经营能力、信息披露等事项后，进而综合判断发行人是否满足科创板第五套上市标准的相关要求。建议医疗器械企业选择上市标准时，充分考量自身的“科创属性”，并结合“7 号指引”的相关要求，从而判断是否可以适用科创板第五套上市标准。

生物医药企业 IPO 重点关注的法律问题

丁文昊　郭克军*

*作者简介：

丁文昊，中伦律师事务所上海办公室资本市场部合伙人，电邮为：dingwenhao@ zhonglun. com。

郭克军，中伦律师事务所北京办公室资本市场部合伙人，电邮为：guokejun@ zhonglun. com。

近年来,生物医药领域的投融资、IPO 等交易非常活跃,伴随科创板以及香港 18A 板块的推出,生物医药企业 IPO 有了可预期的路径。对于医药企业 IPO 而言,由于不同企业的商业模式和发展阶段不同,重点关注的法律问题也会存在差异。总体而言,对法律问题分析的主要维度产生影响的事项如下:

1. 产品研发、生产、销售的模式。如产品是 In – House(自主研发)、License – In(外部引进)还是合作研发;是自建生产基地还是委托第三方 CDMO 企业生产;是自建销售团队及网络还是委托第三方机构销售;是自行完成商业化还是采取 License – Out(对外授权)的模式。

2. 产品研发阶段。产品是处于临床前研究、临床试验申请还是药品注册申请阶段,产品是否已经实现生产或销售。

3. 产品细分领域。产品是创新药、生物类似药、仿制药,还是生物制剂(如疫苗);产品使用的技术平台是 mRNA 技术,还是基因编辑技术;产品针对的靶点或位点是什么;产品的适应证、目标科室、患者人群以及是否为一线或二线治疗方案。

4. 产品布局。产品是全球性或仅是某些地区的商业化布局;产品的临床试验策略如何布局;产品的专利保护如何布局。

鉴于不同类型的医药企业 IPO 过程中侧重的法律问题不尽相同,本文将选取几个有代表性的问题进行分析和梳理。由于联交所并不公布否决案例的具体原因,笔者此处使用科创板对生物医药企业 IPO 审核关注的重点问题作为案例参考。

一、License – in 模式以及专利实施许可核心关注要点

基于生物医药行业自身的特点,除自主研发之外,生物医药企业也常常会从境外或其他公司,引进研发好的产品并开发中国区的权益和产品(License – in)。因此,生物医药企业的核心研发管线(pipeline)所基于的知识产权很可能是经第三方授权许可的专利产品或专利技术。

License – in 模式下,由于核心产品或技术是授权而来,发行人的技术完备性(包括授权的类型、范围、期限、知识产权相关约定)以及技术先进性,是否依赖或者受制于第三方将被重点关注。

此前,上海一药物研究开发公司科创板上市被上海证券交易所上市委暂缓审议,即涉及上述问题。上市委重点关注:(1)发行人核心技术在主要产品研发中发挥的具体作用,发行人是否独立自主对引进或合作开发的核心产品进行过实质性改进并作出实质性贡献;(2)发行人是否主要依靠授权引进或合作研发引入相关产品管线而对第三方技术存在重大依赖,发行人关于"具有独立自主的研发能力,技术研发体系完备,不存在核心技术依赖于第三方的情形"的自我评价是基于历史事实还是基于未来展望;(3)结合发行人已开展二期以上临床试验的核心产品均源自授权引进或合作研发的情况,分析发行人是否符合科创属性要求。

有鉴于此,License - in 模式下的专利实施许可合同,构成生物医药企业最重要的商业合同,直接影响对企业核心知识产权稳定性以及先进性的判断,因此在 IPO 过程中需要详细核查及披露该等合同对专利的授权范围、知识产权归属、许可使用费的支付、商业化的安排等进行的详细约定。专利实施许可合同的核心和要点问题简要总结如下:

（一）授权许可的相关约定

专利实施许可合同核心条款之一即为针对授权许可的相关约定,其主要可以分为以下几个部分:

1. 授权许可的范围和期限

药品专利授权许可的地域范围,根据合同双方的合作范围和方式可以约定为全球范围或限定为具体地域范围,如全球范围内的授权或中国区内的授权。除对许可的地域范围进行明确约定外,也会根据合同双方的合作范围和方式对被许可专利可运用的适应证作进一步限定。

药品专利的授权许可期限一般以该药品的专利保护期限为准;当涉及多件专利时,以最后一件专利的到期日为限。

2. 授权许可的类型

专利授权许可的类型根据合同双方的合作范围和方式一般分为以下几种:

(1)独占许可,指专利许可方许可被许可方在一定的期限和范围内,享有对专利独占的使用权,许可方在合同规定的范围和期限内不得再向第三方授予该项专利的使用权,同时许可方自己也不得在合同规定的范围和期限内使用该项专利制造和销售产品。

(2)排他许可,指专利许可方在一定的期限和范围内将专利的使用权授予被许可方,许可方不得再将该项专利许可给任何第三人使用,但专利许可方自己保留使用该项专利制造和销售产品的权利。

(3)普通许可,又称非排他许可,指专利的许可方在一定的期限和范围内将专利的使用权授予被许可方,但同时许可方仍可以将该项专利的使用权授予其他被许可方,并保留自己使用该项专利制造和销售产品的权利。

除针对许可类型进行约定外,对于被许可方是否可以进行分许可(转授权),即是否允许被许可方将专利再次许可给第三方使用,专利实施许可合同中一般也会予以明确约定;如果允许被许可方进行分许可,会进一步视情况约定被许可方进行分许可时是否需要取得许可方的同意。

3. 其他约定

除前述关于授权许可的主要约定之外,根据合同双方的商业诉求,专利实施许可合同中还可能会根据被许可方的需求设置被许可方相应的选择权(在一定期间内,允许被许可方根据对被许可专利的评估结论,有权选择是否继续履行协议),以及除期限届满外的其他终止条件等具体安排。

(二)知识产权的归属约定

针对专利实施许可合同涉及许可方、被许可方未来基于被许可专利进一步开发产生的专利或其他知识产权的归属问题,专利实施许可合同一般也会予以明确约定,一般较为常见的方式如下:

首先,明确被许可专利的归属。由于被许可专利归属于许可方,针对该事项,一般会作为事实陈述由合同双方确认。另外,在协议的陈述保证部分,通常也可能会要求许可方对被许可专利的归属作出相应的陈述保证。

其次,明确未来因被许可方使用被许可专利而产生的相应知识产权的归属。较为常见的安排为约定该等知识产权归属于被许可方,但对于许可方针对该等知识产权是否可以享有相应权利,双方也会在协议中根据商业安排进行明确的约定。

最后,明确未来许可方基于被许可专利而产生的相应知识产权的归属。该等知识产权一般约定归属于许可方,但可根据商业安排约定被许可方在何种范围和程度上享有一定权利。例如,可约定被许可方在授权许可的范围内自动享有免费使用的普通许可权。

（三）专利使用费及其支付的相关约定

除关于授权许可及知识产权的相关约定外，专利实施许可合同中另一主要商业条款即约定专利使用费及其支付的条款。虽然根据协议双方之间的商业安排，针对专利使用费及其支付的条款各有不同，但一般较为惯常的协议安排会采取以下方式：

1. 首笔款项

首笔款项一般会约定为固定金额，在协议签署之日后的一定时间内支付，并且一般不会设置其他付款前提。

2. 里程碑付款

里程碑付款一般会根据被许可专利所涉新药研发管线的里程碑事件设定相应的付款前提。例如，根据提交临床试验申请，进入临床Ⅰ期、Ⅱ期或Ⅲ期（或病人入组情况），新药上市获得批准等里程碑事件设置每一里程碑事件达成后的付款金额。

3. 商业化后的付款安排

针对产品实现商业化之后的付款安排，一般会根据年净销售额是否达到约定金额而设置相应的付款前提及付款金额。部分协议也会将产品实现商业化之后的付款安排纳入里程碑付款条款。

（四）专利实施许可的备案

除上述专利实施许可的主要条款外，关于专利实施许可是否完成备案也需要予以关注。

根据我国《专利实施许可合同备案办法》及《专利法实施细则》（2010 年修订）的规定，专利权人与他人订立的专利实施许可合同，应当自合同生效之日起 3 个月内向国务院专利行政部门备案。

根据我国法律的相关规定，专利实施许可合同备案并非专利实施许可生效的前提条件，专利实施许可通常于专利实施许可合同签署时生效。但是，备案可以达到对专利实施许可的状态进行公示的效果，从而起到对抗第三人的作用。

对于独占性及排他性专利实施许可而言，如果没有备案登记，权利人违反约定再次向第三方授权许可的，第三方得以适用善意第三人抗辩，在先的独占性及排他性被许可人可能无法追究善意第三方的侵权责任，仅可追究权利人的违约责任。如果在先许可没有备案登记，权利人再次向第三方授予独占性许可或排他性许可并经备案的，在后的独占性或排他性被许可人可以对抗在先被许可人，从而禁止在先被许可人实施专利技术方案，在先被许可人仅可通过追究权利人违约责任获得救济。

由此可知，专利实施许可合同未完成备案对于被许可人的使用权构成潜在的法律风险，因此建议生物医药企业一旦在研发管线时涉及被许可专利（独占或排他许可）情形，就应积极办理专利实施许可合同备案手续。

二、委托开发与合作开发模式下的核心关注要点

在新药研发成本高、药品研发竞争激烈的情况下，越来越多的生物医药企业倾向于与研发服务外包（Contract Research Organization，CRO）、高校或医院等机构开展委托开发或合作开发，以降低研发成本，提高研发效率。但两种模式下，产品知识成果的归属以及费用承担和收益分享的机制完全不同，进而会影响发行人的会计处理，因此会受到监管部门的关注。

例如，上海复旦张江生物医药股份有限公司（已上市）在科创板首次申报时被暂缓审议，即与此问题相关。上市委关注发行人与上海医药合作开发特定药物的研发是受托开发还是合作开发，以及费用承担和收益占有不对等是否具有商业合理性。

关于委托开发与合作开发的会计处理影响，本文不进行阐述，而将着重阐述委托开发与合作开发过程中产生的发明创造的权利归属的不同。

委托开发与合作开发过程中产生的发明创造的权利归属存在显著不同，我国《民法典》和《专利法》均对此进行了规定。

（一）委托开发

根据《民法典》第859条和《专利法》第8条的规定，委托开发完成的发明创造的权利归属优先根据法律规定、各方的约定进行确定，若没有明确的规定、约定，申请专利的权利归属于研究开发人，即被委托人；委托人有权免费实施，并在被委托人转让专利申请权时享有同等条件下的优先受让权。

（二）合作开发

根据《民法典》第860条和《专利法》第8条的规定，合作开发完成的发明创造

的权利归属优先根据各方的约定进行确定，若各方没有对此进行明确约定，合作开发完成的发明创造的权利归属，由合作开发的当事人共有。此外，根据《专利法》第 14 条的规定，对于共有的专利权或专利申请权优先按照各方约定的方式行使，若共有人未约定行使方式，共有人许可他人实施专利所收取的使用费应与其他权利人进行分配。另外，共有人除了可以单独实施和以普通许可的方式许可他人实施共有的专利权外，以其他方式行使时还应取得其他权利人的同意。

根据上述规定，委托开发与合作开发完成的发明创造的权利归属和行使方式适用约定优先的原则，若生物医药企业未与相关各方就此进行约定，在委托开发模式下，其将无法获得该知识产权，而仅有权免费实施；在合作开发模式下，该知识产权由各方共有，由此将会对生物医药企业行使该权利产生限制，如许可使用费需要与其他权利人分配、必须取得共有人的同意等。为避免上述情况的发生，建议生物医药企业在委托开发和合作开发合同中，对技术成果的权属范围、使用方式和收益分配方式等进行明确约定。

根据我们的项目经验，实践中还存在企业直接与高校或医院等机构的教授、医生等员工签署研发服务合同的情况。根据职务发明相关规定，此种情形下，即使合同中已约定知识产权归属于药企，该知识产权也可能因被认定为高校或医院等机构的职务发明而处于权属不确定的状态。因此，生物医药企业应避免直接与个人签署研发服务合同，而应当直接与高校或医院等机构签署；已经与个人签约的，应尽可能与该个人所任职单位协商并书面确定相关权利的归属。

三、职务发明核心关注要点

生物医药企业大多会设立研发部门，由研发人员主导并开展药品研发，这一过程中不可避免地会遇到职务发明的相关问题。

如悦康药业集团股份有限公司（科创板已上市）、长春百克生物科技股份公司（科创板已上市）等均涉及该问题。监管部门的关注核心为：发行人董监高、核心技术人员名下是否拥有与发行人主营业务相关的知识产权或技术成果，是否来源于前任职单位，是否存在纠纷或潜在纠纷；相关人员是否涉及违反保密协议、竞业禁止等合同约定，是否存在纠纷及潜在纠纷。

针对职务发明的核心法律问题，我们简要总结如下：

（一）职务发明权属

生物医药企业的产品研发离不开企业技术人员的参与，其技术成果应当归谁所有，这涉及职务发明权属问题，我国《专利法》和《专利法实施细则》对该问题进行了如下规定：

《专利法》第 6 条、《专利法实施细则》第 12 条规定，职务发明的相关权利由单位享有，且以下几种情形均应当被认定为职务发明：(1) 本职工作中作出的发明创造；(2) 履行本单位交付的本职工作之外的任务所作出的发明创造；(3) 辞职、退休或调动工作一年内作出的，与其在原单位承担的本职工作或原单位分配的任务有关的发明创造；(4) 主要利用单位的物质技术条件所完成的发明创造，即主要利用单位的资金、设备、零部件、原材料或者不向外公开的技术资料完成的发明创造。另外，《专利法》第 6 条还规定，对于"利用本单位的物质技术条件所完成的发明创造"，单位与发明人或者设计人对相关权利归属作出约定的，从其约定。

虽然法律法规已经就职务发明的范围、权属设置了上述规则，但相关规定并不十分明确，仍有解释的空间，如未就"与其在原单位承担的本职工作或者原单位分配的任务有关的发明创造""主要是利用本单位的物质技术条件"中的"有关"和"主要"作出明确阐述。另外，《专利法》第 6 条还规定了利用本单位的物质技术条件所完成的发明创造的权属问题适用约定优先原则。

因此，为了全面保护企业的权益、确定相关知识产权的归属，建议生物医药企业就员工在履行职务期间所产生的技术成果的知识产权归属进行明确约定，并制定与之相关的规章制度。可在劳动合同、员工手册或类似的公司制度性文件中明确约定职务发明的范围，如约定"员工利用公司的物质技术条件所完成的发明创造的专利申请权归公司所有"，并促使员工签收确认该等协议或制度性文件。

此外，对于新入职员工完成的发明创造，若该发明创造产生于该员工从原单位离职的一年内，则根据《专利法》的上述规定，其可能被认定为原单位的职务发明，即申请专利的权利归属于原单位。因此，企业还应当注意对新入职员工进行知识产权背景调查，并要求新入职员工填写知识产权调查表及承诺函，以避免本单位员工完成的发明创造的专利权和专利申请权被认定为该员工原单位的职务发明。

（二）职务发明的奖励和报酬

如上文所述，生物医药企业常常会涉及职务发明的问题，虽然职务发明的权利归属于单位,但根据《专利法》第 15 条的规定,职务发明的发明人有权从单位处获得一定数额的奖励和报酬。因此,职务发明的奖励和报酬制度的设立与执行对生物医药企业来说,也非常重要。《专利法实施细则》第 77 条、第 78 条对职务发明的奖励与报酬进行了规定。具体如下:

在单位未与发明人就职务发明奖励与报酬的支付方式和数额达成约定或制定相关规章制度的情况下,对于发明专利,单位应当至少发放奖金 3000 元/项,对于实用新型或外观设计专利,单位应当至少发放奖金 1000 元/项。职务发明实施后,单位还应当从实施该专利的营业利润中提取一定比例发放报酬,发明或者实用新型专利提取比例不低于 2%,外观设计专利提取比例不低于 0.2%,或者参照上述比例,给予发明人一次性报酬;另外,单位许可他人实施该专利的,还应当将不低于使用费的 10% 作为报酬给予发明人或设计人。

根据我们的项目经验,实践中不少生物医药企业存在未与发明人约定职务发明的奖励与报酬的支付方式和数额,也未建立职务发明的奖励与报酬制度的情况。如前文所述,职务发明人可向企业主张相应产品营业利润的一定比例作为其职务发明的报酬。如药品获得市场成功,往往意味着高额的营业利润,所以发明人的这一主张可能会给企业带来较大的财务负担。因此,建议生物医药企业建立职务发明的奖励与报酬制度,按照不低于法定最低要求的标准发放职务发明奖励,并约定一次性发放职务发明报酬的数额。

此外,对于生物医药企业尚未建立相关制度但已经实际发放相应的奖励和报酬的情形,为防范法律风险,除了尽快建立职务发明的奖励与报酬制度之外,企业还可以与职务发明人签订确认书,由职务发明人确认其已收到符合法律法规规定的职务发明的奖励与报酬,并作出不再进一步主张任何职务发明奖励与报酬的承诺。

四、产品核心竞争力与技术自由实施分析

生物医药企业的核心竞争力来源于其产品和技术的先进性。例如,在研产品对应的化合物、靶点、适应证等在全球范围内是否都具有创新性,是评价一家生物医药企业核心竞争力的关键因素;如果该产品不能获得有效的专利授权,一方面从侧面说明其新颖性不够,另一方面也会增加该企业自身侵犯第三方专利的风

险。又如,科创板上市,其"科创属性"通常需要5项与主营业务相关的发明专利来佐证。

因此,生物医药企业需要在产品研发前、研发过程中、上市后等节点以及在IPO过程中,对相关产品是否存在侵犯第三方专利的风险进行分析,即技术自由实施分析(Freedom To Operate,以下简称FTO分析)。

(一)FTO分析的主要步骤

FTO分析,是指为确定一项技术或者一个产品的实施是否侵犯第三方知识产权所进行的法律尽职调查。一般来说,FTO分析主要包括以下六个步骤:

确定检索数据库:国内检索可以选用Incopat、Soopat、中国上市药品目录集等;国外专利可采用DWPI、SIPOABS、Drugfuture等;序列数据库可选用EMBL、GenBank等。

确定药品核心技术:根据研发人员对目标药品的说明及相关技术文档,确定目标药品的核心技术方案。

制定检索策略:由于药品的复杂性,为保证检索的全面性,需要结合多种检索方式,可先检索名称、同义词、近义词、靶点、适应证及其上下位概念等关键词;当出现较多无关专利时,可再用专利分类号进行范围限定。另外,还可以对关键发明人、竞争对手、生物序列进行补充检索。

进行专利筛选:先对检索得到的所有专利进行初步筛选,排除明显不相关的专利,再根据核心技术方案的内容筛选出高度相关的专利。

进行侵权分析:先确定药品与高度相关的专利所对应的技术特征,然后根据"全面覆盖原则"和"等同原则"进行侵权风险分析,判断该药品相关的技术特征是否处于高度相关的专利的保护范围。

提出解决方案:根据侵权分析结果,确定高风险专利的范围,并给出应对方案,如提出无效请求或第三方公众意见,还可以根据专利的具体情况给出规避法律风险的建议。

应当注意的是,对于FTO分析中发现存在侵权风险的尚未获得授权的专利申请,由于专利申请人可能会根据专利审查情况对该专利申请进行修改,最终授权的专利文本与FTO分析时的专利申请文本之间可能会存在差异。建议企业密切关注对比文件的审查和授权情况,从而根据专利申请的修改情况,再对目标药品的侵权风险进行评估。

（二）建立关键节点的 FTO 风险评估机制

为有效防范专利侵权风险，生物医药企业应至少在立项前、上市前等关键节点建立 FTO 风险评估机制。

首先，在药品立项之前，生物医药企业需要进行 FTO 分析，以了解相关药品的专利情况，为药品研发提供方向和建议。

其次，在药品研发完成后进入临床试验前以及药品上市前，生物医药企业均有必要进行 FTO 分析，以了解目标市场相关专利情况，对可能面临的专利侵权风险作出预测和评估。

最后，在融资并购或药品技术转让交易过程中，生物医药企业也需要进行 FTO 分析，以帮助投资方或受让方评估标的的价值和风险。

当然，生物医药企业还可以根据相关药品的具体情况在其他节点进行 FTO 分析，以评估相关风险。

五、研发服务外包的具体模式及其对发行人经营的影响

药品研发涉及大量的研发服务外包（CRO）行为，因此其也是监管部门关注的重点。例如，上海谊众药业股份有限公司（科创板已上市）、苏州泽璟生物制药股份有限公司（科创板已上市）等均因其 CRO 合作模式、稳定性以及相关资质等问题被上交所问询。

上市审核机构一般会从以下几个方面关注药品研发企业 CRO 服务的具体情况：

其一，具体模式、合同签署、主要协议约定、研发主要项目、合作研发权利义务相关约定、费用承担与研发成果权利归属、目前已取得的研发成果等。

其二，上述 CRO 服务是否实际是合作研发，发行人和 CRO 在研发过程中各自的角色、作用、所参与的主要内容；CRO 服务是否涉及发行人的核心技术或核心研发步骤，发行人持续经营能力是否依赖于 CRO 和合作研发或相关单位。

其三，CRO 服务单位是否具备相应的资质；与境外 CRO 企业合作的，是否符合所在国相关法律法规的规定及相应伦理道德要求。

其中，上述第一点以及第二点主要从 CRO 合同的具体条款出发，需要判断的

核心要点是该等 CRO 服务是否为纯粹的研发服务外包，是否涉及合作研发的实质，知识成果的归属是否全部由发行人享有。第三点则需要结合 CRO 机构具体服务的内容，进一步比照法律法规判断 CRO 机构是否具备相应的资质。

例如，笔者承办的一单新药研发企业科创板上市项目（第五套标准），我们即通过以下几个标准对发行人的 CRO 服务进行了分类：是从事临床前研究的 CRO 还是临床开发阶段的 CRO；如果是从事临床前研究，是否涉及毒理或药代动力学的分析，是否涉及研发生产外包组织（Contract Development and Manufacturing Organization，CDMO）的服务。

通过上述业务划分，我们大体可以归纳如下：单纯从事早期临床前研究的 CRO 机构不需要特别的资质证照，但如果涉及毒理或药代动力学的分析，则需要具备 GLP 认证以及试验动物使用许可证；单纯从事临床试验阶段 CRO 服务的机构不需要特别的资质；从事 CDMO 服务的机构还需要药品生产许可证。

六、临床用药的合法合规性

临床试验是药品研发及上市的核心环节，大部分情况下，药品研发企业临床研究阶段的原料药及临床用药均是采取合同加工外包（Contract Manufacture Organization，CMO）形式进行，因此上市审核机构通常会关注发行人当前原料药、临床用药委托的具体情况，是否合法合规，是否涉及发行人关键核心技术；受托方是否具备相应资质，是否受到相应处罚及存在相关违法违规事项。

通常情况下，药品研发企业与 CMO 机构的合作分为原料药 CMO 及制剂 CMO 两部分，通常先由上游原料药 CMO 企业，根据发行人的设计，对原料药的工艺、生产流程等工艺路线进行开发和验证，后经由制剂 CMO 企业，根据发行人的设计，对制剂处方进行验证及开发。

在原料药 CMO 环节下，一般原料药工艺验证、研发批次及临床批次的生产需要 CMO 机构具备相应的药品生产许可证且生产环境需满足药品生产质量规范（Good Manufacturing Practice，GMP）要求。但原料药生产中控、分析方法验证及稳定性研究等分析服务则不需要特殊的资质要求。

在制剂 CMO 环节下，制剂处方前验证，制剂处方工艺开发、优化及相关质量验证，制剂研发样品生产等，需要 CMO 机构具备相应的药品生产许可证且生产环境需满足 GMP 要求。制剂处方前研究、制剂生产中控、分析方法验证及制剂产品稳定性研究等分析服务，则不需要特殊的资质要求。

七、商业贿赂问题

针对产品已经进入商业化的医药研发企业，商业推广活动过程中是否存在商业贿赂问题将被监管机关重点关注。

例如，上海复旦张江生物医药股份有限公司（已上市）在科创板首次申报时被暂缓审议，上市委即对其市场推广费用的合理性表示关注。

IPO 审核部门一般会从以下几个方面关注市场推广行为的合法性及合理性：（1）发行人推广商的选取标准，管理控制制度；报告期内是否发生较大变化；推广商是否与公司存在关联关系，是否具有合法的经营资质及能力。（2）发行人自身营销团队和推广商的具体职责划分。（3）发行人推广费用与可比公司的对比情况，相关费用支出是否具有合理性，是否存在直接或变相向客户（学术机构或人员）赠送礼金、高额礼品等商业贿赂行为。（4）代理商及员工是否涉及行贿；发行人是否存在商业贿赂违法违规行为，是否被相关部门处罚。（5）发行人与推广商是否存在关于防范商业贿赂的约定；相关责任的划分、承担情况。

根据我国《反不正当竞争法》第 7 条、第 8 条的规定，经营者不得采用财物或其他手段贿赂相关单位或者个人，以谋取交易机会或者竞争优势；经营者不得对其商品的性能、功能、质量、销售状况、用户评价等作虚假或者引人误解的商业宣传，欺骗、误导消费者。

针对商业贿赂问题，发行人一般需要结合自身学术推广的营销模式，发行人报告期内销售费用明细，发行人《内部审计制度》《反商业贿赂管理制度》等内部控制制度，发行人主要销售人员的资金流水，相关市场监管部门出具的《合规证明》，发行人报告期内重要客户、供应商的走访和函证，来证明自身商业推广行为的合法性和合理性，不存在通过贿赂以谋取交易机会或者竞争优势的情形，亦不存在虚假宣传、欺骗、误导消费者的情形。

八、总结

近年来，生物医药行业发展迅速，上市项目越来越多，IPO 审核过程中关注的内容也越来越丰富。生物医药企业需注意在共性问题中满足行业普遍标准,需要结合自身业务特点对重点问题进行差异化分析,寻找合适的解决方案,如此才能满足 IPO 的监管要求。

CAR－T细胞治疗业务的外资准入探析

——兼谈CAR－T企业的境外上市架构

贾海波　郑泽坤*

*作者简介：

贾海波，中伦律师事务所上海办公室资本市场部合伙人，电邮为：jiahaibo@ zhonglun. com。

郑泽坤，中伦律师事务所上海办公室私募基金与资管部非权益合伙人，电邮为：zhengzekun@ zhonglun. com。

2021 年 6 月，国家药品监督管理局（以下简称药监局）发布一项批件，我国由此迎来首款 CAR – T 细胞治疗产品——阿基仑赛注射液（商品名：奕凯达）获批上市①。CAR – T 细胞疗法（Chimeric Antigen Receptor T – Cell Immunotherapy），即嵌合抗原受体 T 细胞免疫疗法，是肿瘤治疗的一种新型精准靶向疗法，被视为人类克服肿瘤的漫漫征途中新的希望。

阿基仑赛注射液从研发伊始，到其获批上市、定价和医保安排，均获得了社会的广泛关注，其高昂的定价更是引发了热议。相应地，CAR – T 细胞疗法的商业化潜力也不断刺激着投资界的神经。自 2020 年 6 月"中国 CAR – T 第一股"Legend Biotech Corporation（传奇生物技术公司）在美国纳斯达克首发上市以来，短短一年有余，已有永泰生物、药明巨诺、亘喜生物、科济药业等免疫细胞治疗企业登陆美国和我国香港特别行政区的资本市场。

如同诸多前沿业务一样，科技发展不断向法律监管提出新的问题，冷静地看待 CAR – T 细胞治疗业务，在监管眼中，CAR – T 细胞治疗业务的属性为何？由什么部门监管？是否涉及基因治疗技术？会否属于外商投资禁止类业务？从事 CAR – T 细胞治疗开发并且目标为境外上市的创新药企（CAR – T 企业）应当如何选择企业架构？本文中，笔者试图交叉对比医药行业监管和外商投资监管的现行制度，并且佐以上市案例的实证资料，进而探析 CAR – T 细胞治疗业务的外商投资准入政策，以指导 CAR – T 企业的架构搭建。

一、概念之辨：从"CAR – T"到"免疫细胞治疗"到"基因治疗技术"

需要写在前面的是，作为长期从事境外上市业务的中国律师，笔者未敢越俎代庖，讨论 CAR – T 细胞治疗的医学内涵，而是试图从各类法律法规、监管文件的文本出发，厘清监管部门之间以及法律文件之间的关系，做一些法律从业人员擅长的文本逻辑梳理工作。

（一）外资监管

2020 年 1 月 1 日，我国《外商投资法》开始施行，正式确立了我国对外商投资

① 参见《国家药监局批准阿基仑赛注射液上市》，载国家药品监督管理局网，https://www.nmpa.gov.cn/yaowen/ypjgyw/20210623094232187.html。

实行负面清单管理制度①。负面清单，是指国家规定在特定领域对外商投资实施的准入特别管理措施，其规定禁止投资的领域（禁止类业务），外国投资者不得投资；限制投资的领域（限制类业务，与禁止类业务合称外资受限业务），外国投资者进行投资应当符合其规定的条件；外商投资准入负面清单以外的领域，按照内外资一致的原则实施管理。②

如前文所述，本文的结论仿佛唾手可得，讨论 CAR－T 细胞治疗业务的外商投资准入政策，只需比对其是否属于负面清单规定的外资受限业务即可。然而，事实并非如此，审视负面清单的规定好似雾里看花。

综观负面清单，CAR－T 细胞治疗业务通常被认为与“人体干细胞、基因诊断与治疗技术开发和应用”这一禁止类业务③有关。然而，负面清单的颁布者国家发展改革部门和商务部门往往不会正本清源地解释相关业务的指向究竟为何，这也导致从业者们对这几个常用名词之内涵和外延的解析困难——从“CAR－T 细胞治疗”到“人体干细胞、基因诊断与治疗技术”，具体而言，到“基因治疗技术”，尚有一段路程要走。

寻求 CAR－T 细胞治疗的含义，或者其属性，终需细究其行业监管部门的认知，那么，CAR－T 细胞治疗的行业监管部门为何？

（二）行业监管

对于 CAR－T 细胞治疗的技术大类体细胞治疗，我国采用“双轨制”监管，分别适用于其技术和产品两个面向。所谓“双轨制”，根据国家卫健委于 2019 年 1 月对十三届全国人大一次会议第 6238 号建议（关于快速推进细胞免疫治疗临床转化应用的建议）的答复，国家卫健委对由医疗机构自行研发制备并在本医疗机构内开展的体细胞治疗进行管理；而对按照药品生产的体细胞制剂，则依照《细胞治疗产品研究与评价技术指导原则（试行）》向药监局申请临床试验和上市许可。换言之，一方面，作为一种医疗技术的 CAR－T 细胞治疗，由国家卫健委监管；另一方面，药监局监管产品化的 CAR－T 细胞治疗，将其纳入药品上市审批。

---

① 参见《外商投资法》第 4 条。

② 参见《外商投资法》第 28 条。

③ 《外商投资准入特别管理措施（负面清单）（2021 年版）》“九、科学研究和技术服务业”第 19 项。

1. 技术面:作为医疗技术的 CAR - T 细胞治疗目前只能限于医疗机构的临床研究

医疗技术是指医疗机构及其医务人员以诊断和治疗疾病为目的,对疾病作出判断和消除疾病、缓解病情、减轻痛苦、改善功能、延长生命、帮助患者恢复健康而采取的医学专业手段和措施。① 医疗技术临床应用的前提是其经过临床研究论证,且安全性、有效性确切。②

免疫细胞疗法的医疗技术路径,肇始于 2009 年 5 月原卫生部发布的《首批允许临床应用的第三类医疗技术目录》(已废止)(以下简称《首批医疗技术目录》),免疫细胞治疗技术③属于首批允许临床应用的第三类医疗技术。虽然免疫细胞治疗技术曾列于《首批医疗技术目录》,然而,根据后续出台的《限制临床应用的医疗技术(2015 版)》,截至 2023 年 5 月,免疫细胞治疗技术仅能按照临床研究的相关规定执行,其临床应用受到限制。④

何谓临床研究?根据《医疗卫生机构开展临床研究项目管理办法》的规定,临床研究是指在医疗卫生机构内开展的所有涉及人的药品(含试验药物)和医疗器械(含体外诊断试剂)医学研究及新技术的临床应用观察等;临床研究实行医疗卫生机构立项审核制度,经医疗卫生机构批准立项的临床研究方可在该机构内实施。通常而言,CAR - T 企业不具有医疗机构资质,因此其并非从事临床研究的适格机构,无法选择卫健委管辖的医疗技术临床应用路径,更何况目前 CAR - T 细胞治疗技术的临床应用受到政策限制。

CAR - T 企业只有产品化一项现实选择,将 CAR - T 细胞疗法作为医药产品纳入药监局下辖的药品上市通道。

2. 产品面:药监局对 CAR - T 细胞治疗产品的管理定位

至此,CAR - T 企业的行业监管部门逐渐清晰,既然产品化是 CAR - T 企业

---

① 参见《医疗技术临床应用管理办法》第 2 条。

② 参见《医疗技术临床应用管理办法》第 2 条、第 9 条。

③ 《首批医疗技术目录》称为"自体免疫细胞(T 细胞、NK 细胞)治疗技术"。

④ CAR - T 细胞治疗技术尚存临床应用的曙光,根据国家卫健委于 2019 年 3 月 29 日发布的《体细胞治疗临床研究和转化应用管理办法(试行)》(征求意见稿),开展体细胞治疗临床研究和转化应用的医疗机构及其临床研究项目和转化应用项目均应当具备相应条件,在国家卫健委备案,并在备案项目范围内开展体细胞治疗临床研究和转化应用。截至 2023 年 5 月,该征求意见稿尚未落地。

唯一的商业化路径,那么“双轨制”下,药监局是其行业监管部门。回到本文的题述问题,CAR－T 细胞治疗产品是否涉及基因治疗技术,进而 CAR－T 细胞治疗业务是否属于禁止类业务“人体干细胞、基因诊断与治疗技术开发和应用”,药监局的态度为何?

如同多数新兴领域,监管态度有一个逐渐明晰的过程。2017 年 12 月 18 日,原国家食品药品监督管理总局发布《细胞治疗产品研究与评价技术指导原则(试行)》(以下简称《细胞治疗产品指导原则》),对细胞治疗产品在药品监管项下开展研发的技术要求作出了总体阐述,这被视为药品监管部门指导细胞治疗产品商业化路径的开山之举。《细胞治疗产品指导原则》未细分细胞治疗产品的类型,由于细胞治疗类产品技术发展迅速且产品差异性较大,其主要是基于当时的认知,提出涵盖各类型产品的一般技术要求,主管部门将逐步完善、细化与修订不同细胞类别产品的具体技术要求。

自《细胞治疗产品指导原则》发布以来,我国细胞治疗产品的研发和注册申报数量明显增加,特别是免疫细胞治疗产品。①随着技术的发展、认知的提升和经验的积累,在免疫细胞治疗产品这一细分类别,药监局于 2021 年 2 月审核的《免疫细胞治疗产品临床试验技术指导原则(试行)》(以下简称《免疫细胞治疗产品指导原则》),以指导相关产品的研发并提供可参考的技术标准。根据《免疫细胞治疗产品指导原则》,免疫细胞治疗是指利用患者自身或供者来源的免疫细胞,经过体外培养扩增、活化或基因修饰、基因编辑等操作,再回输到患者体内,激发或增强机体的免疫功能,从而达到控制疾病的治疗方法;嵌合抗原受体 T 细胞(CAR－T)是目前细胞免疫治疗的一种主要研究类型,②经过基因修饰或编辑的免疫细胞治疗产品如 CAR－T,兼具基因治疗产品的特性。③由此可知,药监局明确了 CAR－T 细胞治疗产品属于一类免疫细胞治疗产品,并与基因治疗产品联系在一起,认可了其具有基因治疗产品的特性。

从基因治疗的角度审视 CAR－T,根据药监局于 2020 年 9 月发布的《基因治疗产品药学研究与评价技术指导原则(征求意见稿)》,CAR－T 细胞治疗产品被

① 参见《免疫细胞治疗产品临床试验技术指导原则(试行)》,“一、概述(一)前言”。
② 参见《免疫细胞治疗产品临床试验技术指导原则(试行)》,“一、概述(一)前言”。
③ 参见《免疫细胞治疗产品临床试验技术指导原则(试行)》,“一、概述(二)目的和适用范围”。

明确归属为离体基因修饰细胞治疗类产品。① 此外，药监局还发布了几份文件提示 CAR－T 细胞治疗产品与基因修饰治疗产品之间的关系。②

在行业监管部门（药监局）的定位下，无论是从细胞治疗产品还是从基因治疗产品的角度，CAR－T 细胞治疗产品涉及基因治疗技术都有据可循，可以说，“CAR－T 细胞治疗”到“基因治疗技术”的桥接已经完成。也就是说，现有政策依据已经可以支持或提示下述结论——CAR－T 细胞治疗业务涉及基因治疗技术，属于禁止类业务“人体干细胞、基因诊断与治疗技术开发和应用”，因此，根据我国现行外资准入政策，外国投资者不得投资 CAR－T 细胞治疗业务。

CAR－T 细胞治疗业务才启幕不久，技术和监管将长期处在动态平衡之中。关于 CAR－T 细胞治疗业务的外资准入判断，一方面，要期待主管部门予以充分阐释；另一方面，地方政策似乎有一些松动。如上海市人民政府于 2019 年 8 月发布《上海市新一轮服务业扩大开放若干措施》，进一步放宽服务业外资市场准入限制，推进医疗科技领域的项目合作和取消外资准入限制，争取允许外商投资人体干细胞、基因诊断与治疗技术开发和应用。③ 后续发展，拭目以待。

二、CAR－T 企业的境外上市架构

面对一项禁止类业务，在广开境外融资渠道与遵守外资准入规定之间，协议控制架构（VIE）仍然是多数企业的选择。就香港上市而言，一家上市申请人如若采用 VIE 架构，需要接受香港联合交易所（以下简称香港联交所）制定的有关“最小限度原则”（Narrowly－Tailored）的审核。简言之，VIE 架构仅可适用于外资受限业务。CAR－T 企业如何面对这般审核？

（一）CAR－T 企业搭建 VIE 架构的必要性

如何解决 CAR－T 企业搭建 VIE 架构必要性之问题，也就是论证 CAR－T 细胞治疗业务属于外资受限业务（禁止类业务），上述讨论已经给出一种解法。在监管文件的脉络逐渐清晰之前，抱着更加审慎的态度，CAR－T 企业解决这一必

---

① 参见《基因治疗产品药学研究与评价技术指导原则（征求意见稿）》“二、定义和范围”。

② 如《基因治疗产品非临床研究与评价技术指导原则（试行）》、《基因修饰细胞治疗产品非临床研究与评价技术指导原则》（征求意见稿）。

③ 参见《上海市新一轮服务业扩大开放若干措施》，载上海市人民政府网，https://www.shanghai.gov.cn/nw44142/20200824/0001－44142_61405.html。

要性问题，往往会选择诉诸监管部门的意见，通过访谈的形式得到监管部门认可 CAR－T 细胞治疗业务属于禁止类业务“人体干细胞、基因诊断与治疗技术开发和应用”的口径。例如，科济药业控股有限公司（CARsgen Therapeutics Holdings Limited，简称科济药业）（02171. HK）在其香港上市招股书中披露，其属地药监局确认其在研的 CAR－T 细胞治疗产品涉及基因治疗技术，因此禁止外商投资。[①] 同样，药明巨诺（开曼）有限公司［JW（Cayman）Therapeutics Co.，Ltd.，简称药明巨诺］（2126. HK）在其香港上市招股书中披露，其属地药监局确认其从事的 CAR－T 细胞治疗产品研发涉及基因治疗技术的开发。[②]

从这些 CAR－T 企业披露的香港上市招股书中，也可以一窥药监局对 CAR－T细胞治疗的定位。

（二）CAR－T 企业的架构选择

据笔者观察，目前境外上市的 CAR－T 企业多经历了“境内架构—红筹重组—境外上市”的过程，其中，科济药业和传奇生物两则案例颇具特点，前者中外合资境内架构在红筹重组（搭建 VIE 架构）之前存续时间较长，后者采用了外资直投架构（未搭建 VIE 架构）。

1. 半路出海——科济药业

科济药业的境内运营实体成立于 2014 年 10 月，成立之初即采用中外合资境内架构；2018 年 4 月，科济药业的境内全资子公司与境内运营实体签署 VIE 协议，搭建了协议控制架构。既然科济药业是一家 CAR－T 企业，那么，自境内运营实体设立至受到协议控制的三年半时间，科济药业所从事的业务依据我国的外资准入政策如何理解？

科济药业的上市招股书披露道[③]，2014 年至 2018 年（中外合资境内架构的存续期间），科济药业主要从事早期发现和研究工作（early－stage exploration and research work），未从事任何禁止类业务，符合我国的外商投资产业政策，这基于以下理由：（1）禁止类业务“人体干细胞、基因诊断与治疗技术开发和应用”的范畴并无明文规定；（2）2014 年至 2017 年，我国没有将 CAR－T 细胞治疗归属于基因

① 科济药业香港联交所主板上市招股书，第 306 页。
② 药明巨诺香港联交所主板上市招股书，第 281 页。
③ 科济药业香港联交所主板上市招股书，第 307～309 页。

治疗技术的明确规定，直到2017年12月《细胞治疗产品指导原则》和2021年2月《免疫细胞治疗产品指导原则》的出台，才明确CAR－T细胞治疗是免疫细胞治疗的一种类型，并具有基因治疗产品的特性；(3)在中外合资境内架构存续期间，科济药业与原国家食品药品监督管理部门正常开展关于临床前事宜的沟通，未收到监管部门关于其架构合规性的任何质疑。

从科济药业的披露中可以思考，除非设立伊始便以VIE架构示人，CAR－T企业或许可以采用外商投资境内架构着手，但是，研发的核心阶段启动之际，如获得临床试验批件、受试者入组和给药前，CAR－T企业应当完成红筹重组(搭建VIE架构)，由VIE公司从事CAR－T研发工作，以符合我国外资准入政策。

2. 特立独行——传奇生物(美国纳斯达克上市)

根据传奇生物纳斯达克上市招股书的披露，截至招股书之日(2020年6月5日)，禁止类业务“人体干细胞、基因诊断与治疗技术开发和应用”的范畴并无明文规定，适用暂不明确；传奇生物从事CAR－T细胞治疗的研究和开发，其认为CAR－T细胞治疗不涉及人体干细胞或基因诊断与治疗，应当不属于“人体干细胞、基因诊断与治疗技术开发和应用”；同时，相关政府部门(未披露具体政府部门)确认传奇生物所从事的CAR－T细胞治疗的研究和开发符合我国的外商投资准入政策；传奇生物的中国法律顾问也表示，为从事CAR－T细胞治疗的研究和开发，传奇生物在重大方面遵守我国法律法规，取得了所有重大政府批准和证照。

传奇生物未搭建VIE架构，采用外商直投红筹架构，是截至目前CAR－T企业境外上市的特例。

(三)中国证监会境外上市备案新规的影响

2023年2月17日，中国证券监督管理委员会(以下简称中国证监会)发布了《境内企业境外发行证券和上市管理试行办法》并配以五项监管规则适用指引(合称“备案新规”)，打破了原有对境外发行上市活动(如H股、大红筹上市、小红筹上市)的监管差异，一改往日对红筹架构境外上市的“弱监管”的状态，统一将境内企业境外间接(如红筹架构)发行上市与直接(如H股)发行上市纳入中国证监会备案监管范围。

中国证监会发布的监管规则适用指引中，明确要求发行人在备案报告中阐明发行人(含子公司及境内运营主体)业务牌照资质涉及外商投资准入限制或禁止领域情况，并要求发行人的中国律师在专项法律意见中发表通过协议控制架构安排控制的境内运营主体是否涉及外商投资限制或禁止领域的法律意见。

由此可见，在中国证监会境外上市新规正式施行后，采取 VIE 架构经营外商投资禁止类领域的红筹企业境外上市，需要直面中国证监会的考察，监管态度如何，亟待进一步观察。可以确定的是，这一领域长期以来的模糊地带将逐步明晰，有助于市场主体的主动调整、合规运营。

三、结语

CAR－T 细胞治疗业务是一类具有交叉领域特征、重大创新因素、医疗安全挑战的新兴敏感业务，在等待监管部门释明的同时，从业律师应当笃行严谨作风，厘清现有监管框架，作出前瞻性的判断。对于此类业务，监管部门出台具体的监管政策也当慎之又慎，一着棋错，可能抹杀新兴行业的发展，抑或造成敏感行业的失序；无论何者，都应该竭力避免。

民办医院 A 股 IPO 上市的相关法律问题

郭克军　魏海涛　刘永超*

*作者简介：

郭克军，中伦律师事务所北京办公室资本市场部合伙人，电邮为：guokejun@ zhonglun. com。

魏海涛，中伦律师事务所北京办公室资本市场部合伙人，电邮为：weihaitao@ zhonglun. com。

刘永超，中伦律师事务所北京办公室资本市场部合伙人，电邮为：liuyongchao@ zhonglun. com。

2009年颁布的《中共中央、国务院关于深化医药卫生体制改革的意见》开启了新一轮医疗改革并鼓励和引导社会资本发展医疗卫生事业，随后一系列促进社会办医发展的政策措施纷纷出台。2020年6月起生效的《基本医疗卫生与健康促进法》作为我国卫生健康领域第一部基础性、综合性法律，再次明确国家鼓励和引导社会办医。2019年修订的《证券法》的实施及资本市场的注册制改革为民办医院A股IPO创造新机遇。本文将结合民办医院及其行业监管、民办医院上市的政策法规支持、民办医院上市路径等，对民办医院A股IPO上市面临的主要法律问题进行分析。

一、民办医院及其行业监管

（一）医疗机构及其主要分类

根据《医疗机构管理条例》（2022年修订）的规定，医疗机构指依法取得《医疗机构执业许可证》并从事疾病诊断、治疗活动的医院、卫生院、疗养院、门诊部、诊所、卫生所（室）以及急救站等。

1. 营利性医疗机构与非营利性医疗机构

根据原卫生部、国家中医药管理局、财政部、原国家计委联合制定的《关于城镇医疗机构分类管理的实施意见》（以下简称《医疗机构分类管理意见》），依据医疗机构的经营目的、服务任务，以及执行不同的财政、税收、价格政策和财务会计制度，医疗机构划分为非营利性医疗机构和营利性医疗机构。非营利性医疗机构是指为社会公众利益服务而设立和运营的医疗机构，不以营利为目的，其收入用于弥补医疗服务成本，实际运营中的收支结余只能用于自身的发展，如改善医疗条件、引进技术、开展新的医疗服务项目等；营利性医疗机构是指医疗服务所得收益可用于投资者经济回报的医疗机构，政府不举办营利性医疗机构。非营利性医疗机构又区分为政府举办的非营利性医疗机构和民办非营利性医疗机构。

2. 公立医疗机构与民办医疗机构

根据《全国医疗卫生服务体系规划纲要（2015—2020年）》，医疗卫生服务体系主要包括医院、基层医疗卫生机构和专业公共卫生机构等。医院分为公立医院和社会办医院。其中，公立医院分为政府办医院（根据功能定位，主要划分为县办医院、市办医院、省办医院、部门办医院）和其他公立医院（主要包括军队医院、国有和集体企事业单位等举办的医院)。县级以下为基层医疗卫生机构,分为公立和社会办两类。专业公共卫生机构分为政府办专业公共卫生机构和其他专业公共卫生机构(主要包括国有和集体企事业单位等举办的专业公共卫生机构)。根据属地层级的不同,政府办专业公共卫生机构划分为县办、市办、省办及部门办四类。(见图1)①

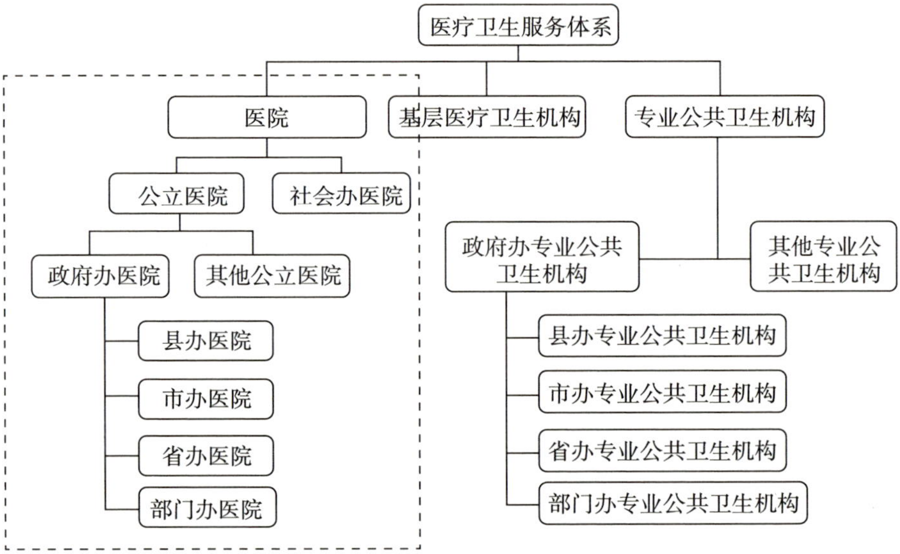

图1 医疗卫生服务体系

3. 其他

根据《医疗机构基本标准(试行)》《医院评审暂行办法》等相关规定,医疗机构按照其医疗执业条件(包括但不限于床位数、科室设置、人员、房屋、设备及其内部制度完备性等)可分为三级(一级、二级、三级)。

此外,根据原国家卫生和计划生育委员会制定的《医疗机构管理条例实施细则》(2017年修正),按照专业性质划分,医院还可分为综合医院、中医医院、中西医结合医院、民族医医院、专科医院、康复医院等。

(二)行业监管

医院作为医疗卫生服务的提供者,在我国医疗卫生服务体系中发挥着重要作

① 参见《全国医疗卫生服务体系规划纲要(2015—2020年)》。

用。根据《国务院办公厅关于改革完善医疗卫生行业综合监管制度的指导意见》，卫生健康行政部门是医疗卫生服务行业监管主要负责部门，医疗保障、市场监督管理、药品监督管理[①]、中医药管理[②]、发展改革等部门依法承担相应监管职责。

医疗卫生服务行业属于强监管行业，针对医院等医疗机构的行业监管政策法规覆盖医疗机构及其医疗服务、药品、医疗器械、医保制度、医护人员等各方面。

（三）小结

综上所述，医院作为医疗机构之一，可区分公立和民办、营利和非营利的性质。其中，公立医院应当为非营利性质；民办医院可分为营利性民办医院和非营利性民办医院。

民办医院属于医疗卫生服务行业，卫生健康行政部门为业务主管部门，医疗保障、市场监督管理等部门依法承担相应监管职责；民办医院及其医疗服务、药品、医疗器械、医保制度、医护人员等方面均受到行业政策法规严格监管。

二、民办医院上市路径

根据我们了解到的过往案例，我国民办医院主要通过独立IPO或上市公司并购重组方式实现在A股、港股或美股资本市场上市。

就民办医院境内A股上市而言，爱尔眼科(300015. SZ)以新设医疗机构方式于2009年实现境内上市，成为我国民办医院境内A股IPO独立上市第一股，何氏眼科(301103. SZ)、华厦眼科(301267. SZ)、普瑞眼科(301239. SZ)以及三博脑科(301293. SZ)均于创业板注册制后以独立IPO方式申请上市。此外，实践中存在民办医院通过境内上市公司并购重组方式实现境内A股上市的案例。其中，有从事药品、医疗器械研发、销售等相关业务的上市公司，如复星医药(SH. 600196)、济民医疗(SH. 603222)、盈康生命(SZ. 300143)等通过收购或设立医院等方式布局医疗服务业，打通上下游产业链；也有原主营业务与医疗服务不属于同一产业链的上市公司，如创新医疗(SZ. 002173)、宜华健康(SZ. 000150)等因看好医疗服

---

① 根据2018年《深化党和国家机构改革方案》，组建国家药品监督管理局，由国家市场监督管理总局管理，主要职责是负责药品、化妆品、医疗器械的注册并实施监督管理。

② 根据2018年《深化党和国家机构改革方案》，国家中医药管理局由国家卫生健康委员会管理。

务业前景，通过收购医院等方式进军医疗服务业，变更主营业务。[①]

由于估值等原因影响，我国民办医院赴美上市案例较少，目前美股上市案例中主要有泰和诚控股（NYSE：CCM）2009 年美国纽交所上市案及新风天域（NYSE：NFH）2019 年 12 月收购和睦家医疗案[②]。

与境内 A 股 IPO 独立上市及美股上市相比，民办医院港股 IPO 上市的成功案例较多，凤凰医疗（HK. 01515，已更名为华润医疗）、和美医疗（HK. 01509）、弘和仁爱医疗（HK. 03869）、宏力医疗管理（HK. 09906）、海吉亚医疗（HK. 06078）等一批民办医院主要通过红筹方式实现香港联交所上市；康宁医院（HK. 02120）、康华医疗（HK. 03689）以 H 股方式实现香港联交所上市。

本文以下论述主要针对民办医院境内 A 股 IPO 独立上市展开。

三、民办医院 A 股 IPO 独立上市的政策法规支持

（一）医疗机构改革

2009 年 3 月，《中共中央、国务院关于深化医药卫生体制改革的意见》开启了新一轮医疗改革并鼓励和引导社会资本发展医疗卫生事业，鼓励社会资本依法兴办非营利性医疗机构。

此后，《国务院关于鼓励和引导民间投资健康发展的若干意见》、国家发展改革委等《关于进一步鼓励和引导社会资本举办医疗机构的意见》（以下简称《社会资本办医意见》）、《国务院关于促进健康服务业发展的若干意见》等一系列政策性法规先后颁布，鼓励和支持社会资本举办各类医疗机构，自主申办营利性或非营利性医疗机构；加大对发展社会办医的支持力度，鼓励社会资本举办和发展具有一定规模、有特色的医疗机构，引导有条件的医疗机构向高水平、高技术含量的大型医疗集团发展。

2015 年 6 月，国务院办公厅发布的《关于促进社会办医加快发展若干政策措施》（以下简称《加快社会办医的政策措施》）支持符合条件的社会办营利性医疗机构上市融资或发行债券，对接多层次资本市场。此外，在放宽准入、促进资源流

---

① 参见徐沫、卢苑：《冲刺 IPO，民办医院你准备好了吗？》，载中伦网，http://www.zhonglun.com/content/2019/10-18/1346264136.html。

② 根据新风天域公开信息披露，新风天域收购和睦家交易完成后，新风天域更名为新风医疗集团。

动和共享、优化税收、医保、收费等方面规定了促进社会办医发展的政策措施。

2019年6月，国家卫生健康委员会、国家医疗保障局等联合发布《关于促进社会办医持续健康规范发展的意见》，明确在拓展社会办医空间、扩大用地供给、落实税收优惠政策、简化行政审批手续等方面加大政府支持社会办医力度，进一步促进社会办医持续健康规范发展。

第十三届全国人大常委会第十五次会议通过并于2020年6月生效的《基本医疗卫生与健康促进法》是我国卫生与健康领域第一部基础性、综合性法律，明确规定医疗卫生服务体系坚持以非营利性医疗卫生机构为主体、营利性医疗卫生机构为补充，鼓励和引导社会力量依法举办医疗卫生机构，支持和规范社会力量举办的医疗卫生机构与政府举办的医疗卫生机构开展多种类型的医疗业务、学科建设、人才培养等合作。

上述一系列鼓励和支持社会办医的法规政策，为民办医院的发展进一步创造良好环境和条件。此外，2014年原国家卫计委发布的《关于控制公立医院规模过快扩张的紧急通知》和2017年国务院办公厅发布的《关于建立现代医院管理制度的指导意见》均提出，要从严控制公立医院床位规模、建设标准和大型医用设备配备，合理控制公立综合性医院数量和规模。该等限制公立医院扩张的政策也在一定程度上给民办医院带来了发展机会。

（二）注册制改革

国务院办公厅发布的《加快社会办医的政策措施》明确提出，支持民办营利性医疗机构上市融资、对接多层次资本市场。资本市场的注册制改革，为民办医院A股IPO独立上市带来新机遇。2018年11月，上交所设立科创板并试点注册制；2020年3月，修订后的《证券法》实施，全面推行注册制；2020年4月，中央全面深化改革委员会第十三次会议审议通过了《创业板改革并试点注册制总体实施方案》，创业板注册制改革大幕正式拉开。2020年6月，《创业板首次公开发行股票注册管理办法（试行）》（已失效）、《创业板上市公司证券发行注册管理办法（试行）》（已失效）等一系列创业板注册制新规正式生效。2023年2月，中国证监会发布全面实行股票发行注册制相关制度规则，证券交易所、全国股转公司、中国结算、中证金融、中国证券业协会配套制度规则同步发布实施，A股全面实行股票发行注册制的制度安排正式落地。

注册制改革在缩短IPO企业的排队上市时间、优化IPO发行上市条件、拓宽融资渠道等方面,为民办医院境内A股IPO上市提供利好条件。

四、民办医院A股IPO独立上市的相关法律问题分析

(一)医院"改制"①

如上文所述,民办医院可区分为营利性民办医院和非营利性民办医院。非营利性民办医院通常采用民办非企业单位的组织形式,从事非营利社会服务活动,其本身不能作为上市主体。如果民办医院拟进行A股IPO独立上市,可由营利性质的公司制主体承接原民办非企业单位医院(以下简称民非医院)相关资产和债权债务的方式实现。

1. 民非医院直接变更为公司制医院的合规性探讨

(1)国家法律层面尚未出台针对民非医院变更为公司制医院的具体程序要求

民非医院设立、变更及注销,接受卫生健康主管部门和民政部门的双线管理;公司制医院设立、变更及注销,接受卫生健康主管部门和市场监督管理部门的双线管理。

根据《医疗机构分类管理意见》的规定,医疗机构如要变更其营利性或非营利性的性质,必须得到原设置机关和卫生行政部门等相关部门的批准,并按《医疗机构管理条例》规定的程序和手续办理相应的变更手续。根据《社会资本办医意见》的规定,社会资本举办的非营利性医疗机构原则上不得转变为营利性医疗机构,确需转变的,须经原审批部门批准并依法办理相关手续。

据此,民非医院和公司制医院在性质、功能定位和登记主管机关等方面均存在差异。除上述法规就民办非营利性医疗机构变更为营利性质需经原审批机关批准作出原则性规定外,截至目前,国家法律层面尚未出台针对民非医院直接变更为公司制医院的具体程序要求。

(2)民非医院直接变更为公司制医院案例的合规性分析

A. 已有民非医院直接变更为公司制医院的案例

我们注意到,在已完成的上市公司收购医院案例中,存在个别地区收购标的

---

① 本文的医院"改制"主要指民办非企业单位非营利性质的医院变更为公司制营利性质的医院。

依据当地政府支持性文件由民非医院直接变更为公司制医院的案例。例如：

在金陵药业（SZ.000919）收购仪征医院案例中，根据金陵药业的公开披露信息，仪征医院前身为民办非企业单位，2012 年经过审计、评估后，医院的股东大会同意医院由民办非企业单位的非营利性医疗机构变更为公司制的营利性医疗机构，扬州市卫生局同意医院性质变更并向其核发了新的《医疗机构执业许可证》，仪征市人民政府同意医院改制并由改制后的公司承接民办非企业单位的全部资产及债权债务。

在千足珍珠[①]收购建华医院案例中，根据千足珍珠的公开披露信息，建华医院前身齐齐哈尔工程学院附属建华医院为民办非企业单位，2015 年建华医院改制为有限公司的方案取得黑龙江省卫生和计划生育委员会的批复，黑龙江省卫生和计划生育委员会同意改制后的公司承接原民办非企业单位的资产并向其核发了新的《医疗机构执业许可证》。

B. 合规性分析

如上文所述，民非医院和公司制医院的性质、功能及登记主管机关均不相同，国家现行法律层面尚未出台针对民非医院直接变更为公司制医院的具体程序要求。民非医院的登记主管机关为民政部门，其设立、变更及注销等应当符合民办非企业单位的相关程序要求并经民政部门审核；公司制医院的登记主管机关为市场监督管理部门，其设立、变更及注销应当符合有限责任公司或股份有限公司的相关程序要求并报市场监督管理部门审核或备案。卫生健康主管机关作为医疗服务行业主管机关，其对民非医院变更为公司制医院的批复意见可作为该等医疗机构执业性质变更的依据，但其对于执业主体由民非医院变更为公司制医院的过程中涉及的资产或债权债务的承接或处置并不具备当然的职权。因此，在国家法律层面就民非医院直接变更为公司制医院具体程序、资产承接或处置等出台明确规定或具体细则之前，医院经营性质的变更及经营性质变更后的公司制医院承接民非医院的资产或债权债务，均应当在现有法律法规框架下进行。

上述公开披露的上市公司收购医院案例，均未涉及标的医院从民办非企业单位直接变更为公司过程中资产承接的法律依据及原民非医院的资产情况、注销情

---

① 千足珍珠已更名为“创新医疗”（SZ.002173）。

况及其相应的法律依据，其由民非医院变更为公司制医院的过程是否合规，尚待结合其未公开披露的具体实施程序加以确认。

2. 民非医院“改制”流程建议

根据现行法律法规的规定，在综合考虑医疗机构性质变更、资产及债权债务承接、税务登记、民办非企业单位注销等问题的基础上，民非医院拟“改制”上市的，建议采用新设公司制医院受让原民非医院相关资产、债权债务，并在受让完成后注销原民非医院的方式实现，具体建议流程如下：

（1）制订方案

民非医院的举办人及理事会结合民非医院的经营、资产、债权债务等情况制订切实、可行的方案。

（2）新设公司制医院及其设立登记

综合考虑后续的资产、股权重组等情况，确定新设公司制医院的股权结构并作为变更后营利性医院的经营主体，完成包括市场监督、税务及其他必要的设立登记①。

依据《医疗机构分类管理意见》的规定，非营利性医疗机构承担社会职能并享受国家税收优惠政策，营利性医疗机构按章纳税。考虑到纳税主体及纳税政策的变更，新设公司制医院应当根据税务机关要求重新办理税务登记。

（3）划定资产范围并进行审计、评估

根据拟订的方案确定变更资产的具体范围。资产范围确定后，对变更范围内的资产进行审计和评估，确定资产价值。

（4）资产转让及过户

根据《民办非企业单位登记管理暂行条例》（以下简称《民非登记管理条例》）的规定，任何单位和个人不得侵占、私分或者挪用民办非企业单位的资产；民办非企业单位在办理注销登记前，应当在业务主管单位和其他有关机关的指导下，成立清算组织，完成清算工作。如营利性的公司制医院直接承接非营利性的民非医院资产，存在被认定为侵占、私分民非医院资产的合规性风险，应当依据现行法律法规规定通过资产转让方式变更资产权属。

---

① 根据《国务院办公厅关于加快推进“三证合一”登记制度改革的意见》（国办发〔2015〕50号）的要求，税务登记、组织机构代码证及营业执照已合并为统一的营业执照。

因此，建议由民非医院与新设公司制医院签署资产转让协议，确定资产转让的交割时点并约定特定资产的过户安排。此外，为确保主体变更过程与医院经营性质的变更同步完成，可将资产转让协议的生效时间设定为，卫生健康主管部门审批通过医疗机构性质变更并向公司制医院核发新的《医疗机构执业许可证》的时间。

在资产转让的相关安排中，要特别注意划拨土地及其地上建筑物的转让问题。根据《城镇国有土地使用权出让和转让暂行条例》等法律法规的规定，划拨土地及其地上建筑物进行转让的，需要取得市、县人民政府土地管理部门和房产管理部门批准并补交土地出让金。

(5)取得卫生健康主管部门审批同意并办理医护人员执业地点变更

如上文所述，根据《社会资本办医意见》等相关法律法规的规定，医疗机构性质变更需要取得医疗机构原审批部门批准。"改制"方案应当整体报送向原民非医院核发《医疗机构执业许可证》的卫生健康主管部门并取得其审批同意，卫生健康主管部门同意变更方案后向新设公司制医院核发新的《医疗机构执业许可证》。

医疗机构的设置需要相应配置一定数量的医生和护士，在卫生健康主管部门向新设公司制医院核发新的《医疗机构执业许可证》之同时，新设公司制医院应当完成医疗机构的医护人员的执业地点变更。此外，国家鼓励医师多点执业，《医师执业注册管理办法》等相关法规明确了医师多点执业具体注册管理程序，在新旧医疗机构变更运行的过渡期间，可以通过医护人员的多点执业申请完成以确保医生执业的合法合规性。

(6)医保定点单位、新农合的资质变更

若民非医院属于医保定点单位或新农合定点单位，须及时向医保中心申请办理医保定点单位或新农合定点单位的变更。

(7)注销民办非企业单位

根据《民非登记管理条例》的规定，民办非企业单位的章程应当包括终止程序和终止后资产的处理；民办非企业单位在办理注销登记前，应当在业务主管单位和其他有关机关的指导下，成立清算组织，完成清算工作。

(二)医院托管模式合规性

1. IPO 上市案例中的医院托管

在过往民办医院港股 IPO 上市成功案例中，我们注意到凤凰医疗(已更名为华润医疗)、弘和仁爱、康宁医院等案例披露其业务模式中包含通过提供托管的方式向非营利性医院提供经营管理、咨询服务并收取管理费(凤凰医疗港股 IPO 上市案例中,还包括提供药品、医疗器械及耗材的供应链业务)获取收益,受托管的非营利性医院产权及其资产性质未发生变更。

其中,2015 年以 H 股方式登陆香港联交所主板的康宁医院,在 2018 年申请境内 A 股 IPO 时被否,当时中国证监会反馈的问题有:"披露并说明所管理医院未列入合并范围的原因,向其提供资金、收取管理服务费用是否属于分红的行为,是否符合会计准则的要求;是否涉及科室承包、租赁,是否符合相关法律法规的规定……说明与各家医院和科室合作的具体会计处理方式"。

2. 医院托管与科室出租、承包

《国务院关于促进健康服务业发展的若干意见》提出,"鼓励企业、慈善机构、基金会、商业保险机构等以出资新建、参与改制、托管、公办民营等多种形式投资医疗服务业"。《国务院办公厅关于支持社会力量提供多层次多样化医疗服务的意见》提出,"支持社会办医疗机构引入战略投资者与合作方,加强资本与品牌、管理的协同,探索委托知名品牌医疗实体、医院管理公司、医生集团开展经营管理等模式"。

我国《基本医疗卫生与健康促进法》《医疗机构管理条例》《国务院办公厅关于支持社会力量提供多层次多样化医疗服务的意见》等法律法规,均明令禁止医疗机构对外出租、承包医疗科室的行为。

据此,在医疗机构改革的大背景下,国家政策层面支持通过医院托管模式投资医疗服务业,探索多样化的医疗机构管理模式。同时,相关法律法规明确禁止并严厉打击医疗机构科室承包、出租行为。由于目前国家相关法律法规层面并未对医疗机构托管与科室承包、租赁行为进行明确界定,实践中需根据具体情形审慎判断,如医院托管被认定为科室承包、出借的,将存在较大合规性风险。

3. 医院托管与"变相分红"

根据《社会资本办医意见》的规定,非营利性医疗机构所得收入除规定的合理支出外,只能用于医疗机构的继续发展。对违反经营目的、收支结余用于分红或变相分红的,卫生部门要责令限期改正;情节严重的,按规定责令停止执业,并依法追究法律责任。

因此,民非医院的收支结余不得用于分红或变相分红。医院托管模式下,托管方通过向民非医院收取托管费形式获取收益,该等托管费一般来自民非医院的收入,向托管方支付可能被认定为变相分红,因此存在合规性风险,与民办非企业单位的非营利属性相悖。上述康宁医院申请 A 股 IPO 上市案例中,其受托管民非医院向康宁医院支付管理服务费行为是否构成变相分红,是当时受到中国证监会重点关注的问题之一。

4. 小结

综上所述,医院托管模式下,受托的民非医院向托管方收取管理费的行为可能会被认为是非营利性的民非医院变相分红;此外,由于目前国家相关法律法规层面并未对医院托管与科室租赁、承包作出明确界定,实践中可能存在以"医院托管"之名、行"科室租赁、承包"之实的情形,因此,医院托管模式存在合规性风险,结合过往案例,在境内 A 股 IPO 上市审核中可能会受到重点关注。

(三)医院执业及其医疗服务合规性

如上文所述,医疗卫生服务行业属于强监管行业,民办医院作为医疗卫生服务的提供者,其医疗服务活动、医护人员等依据相关法律法规均受到严格监管。笔者认为,民办医院在申请境内 A 股 IPO 上市过程中,可能会受到关注的行业特殊法律问题主要有:

1. 医院执业及医疗服务资质

根据民办医院实际从事的业务经营活动,监管部门可能关注医院及其医护人员是否依法注册或取得相应资质并在资质许可范围及有效期内从事执业经营活动。

民办医院从事医疗服务过程中通常涉及的资质,包括但不限于《医疗机构执业许可证》《大型医用设备配置许可证》等。

医院执业医师应当经批准该医院执业的卫生主管部门注册。此外,国家鼓励医师多点执业,根据《关于推进和规范医师多点执业的若干意见》《医师执业注册管理办法》等相关规定,拟执业医师确定主要执业机构并注册完成的,在同一省级行政区划内其他医疗机构执业申请备案即可;跨省级行政区划执业的,应当另行申请增加执业注册。

2. 医疗纠纷

根据《医疗纠纷预防和处理条例》的规定,医疗纠纷系指医患双方因诊疗活动引发的争议。

医疗纠纷是医疗服务行业较为特殊的问题之一，民办医院报告期内是否存在重大医疗纠纷、是否构成医疗事故、是否涉及重大行政处罚或诉讼仲裁、报告期各期涉及医疗纠纷的经济赔偿、补偿等问题可能在上市监管审核中受到关注，建议对拟 IPO 上市民办医院是否存在前述情形进行核查。

3. 医疗广告

根据《医疗广告管理办法》及原卫生部《关于进一步加强医疗广告管理的通知》的规定，医疗机构发布医疗广告前应当取得《医疗广告审查证明》，《医疗广告审查证明》有效期为 1 年，发布医疗广告应当在有效期内发布且内容应当与《医疗广告审查证明》审批内容一致。

民办医院发布医疗广告的，应当核查是否取得《医疗广告审查证明》，是否依照经审批内容及有效期发布。此外，应就民办医院发布医疗广告的合规性，向卫生健康主管机关和市场监督管理部门进行确认。

4. 互联网医疗

在国务院办公厅《关于促进“互联网 + 医疗健康”发展的意见》出台后，2018 年 7 月，国家卫生健康委员会和国家中医药管理局联合发布《互联网诊疗管理办法(试行)》《互联网医院管理办法(试行)》《远程医疗服务管理规范(试行)》。

近年来，随着互联网医疗的兴起，很多民办医院逐步拓展互联网诊疗服务、加速互联网医院建设。民办医院从事互联网医疗服务，应当根据上述法规规定，及时向卫生健康主管部门申请许可或办理审批。

(四)其他

针对医疗机构的自有物业，应当关注发行人拥有的土地使用权及房产是否已经依法取得权属证明；该等自有物业的实际用途是否与规划用途相符；如存在在建工程的，是否已按照工程进度取得《建设工程规划许可证》《建设用地规划许可证》《建筑工程施工许可证》等相应证书，后续取得房产权属证书是否存在障碍等。

特别地，对于从民非医院受让的划拨土地及地上建筑物，应当按照《城镇国有土地使用权出让和转让暂行条例》等法律法规的规定申请得到市、县人民政府土地管理部门和房产管理部门批准并补交土地出让金。

针对租赁物业，主要应当关注租赁物业是否取得相关权属证明、租赁物业规划用途与实际用途是否相符、租赁房产是否完成房屋租赁备案等。

五、结语

在深化医疗机构改革的大背景下，民办医院 IPO 上市有利于更快地实现资源整合并加速市场扩张，实现管理、医疗技术、服务质量以及规模化运营各方面的升级；资本市场注册制改革为我国民办医院 A 股 IPO 上市带来新机遇。与此同时，我国推行广泛的医疗卫生服务行业监管政策，民营医院 A 股 IPO 上市及上市后持续信息披露将医疗卫生服务行业监管与资本市场监管相结合，有利于促进我国医疗卫生行业持续健康发展。

IPO审核中疫苗制品全周期流程关注要点

叶 莹[*] 吴 帆

[*] 作者简介：

叶莹，中伦律师事务所武汉办公室私募基金与资管部合伙人，电邮为：yeying@ zhonglun. com。

相较于《药品管理法》《传染病防治法》《药品注册管理办法》等药品通用监管规范,我国 2019 年通过的《疫苗管理法》从疫苗研制和注册、生产和批签发、流通、上市后管理全周期流程,对我国境内的疫苗行业进行了体系化的规定。2022 年 7 月,国家药品监督管理局发布了《疫苗生产流通管理规定》。至此,我国疫苗制品的研发、注册和上市有了更为明确的规定和指导,我国疫苗企业的上市规范也具备了更加明确的依据。本文将就 IPO 审核中,疫苗制品全周期流程被特别关注的重点问题进行梳理总结。

一、疫苗企业 IPO 概况

经检索证券信息披露媒体①的公告,截至 2023 年 3 月,国内 A 股已上市疫苗药企如表 1 所示:

表 1　国内 A 股已上市疫苗药企

序号	公司名称	时间	市场类型
1	辽宁成大(600739)	1996 年上市	上交所主板
2	智飞生物(300122)	2010 年上市	深交所创业板
3	沃森生物(300142)	2010 年上市	深交所创业板
4	康泰生物(300601)	2017 年上市	深交所创业板
5	万泰生物(603392)	2020 年上市	上交所主板
6	康华生物(300841)	2020 年上市	深交所创业板
7	神州细胞(688520)	2020 年上市	上交所科创板
8	康希诺(06185/688185)	2019 年 H 股上市/ 2020 年 A 股上市	港交所/上交所科创板
9	成大生物(688739)	2021 年上市	上交所科创板
10	欧林生物(688319)	2021 年上市	上交所科创板

① 本文检索平台包括中国证券监督管理委员会网(www.csrc.gov.cn/pub/zjhpublic)、上海证券交易所网(www.sse.com.cn)、深圳证券交易所网(www.szse.cn)、北京证券交易所网(www.bse.cn)、巨潮资讯网(www.cninfo.com.cn)、见微数据网(www.jianweidata.com)。

续表

序号	公司名称	时间	市场类型
11	百克生物(688276)	2021 年上市	上交所科创板
12	金迪克(688670)	2021 年上市	上交所科创板
13	华兰疫苗(301207)	2022 年上市	深交所创业板

二、疫苗制品全周期流程的关注要点

(一)疫苗研制和注册阶段

从法律规定来看,从事疫苗研制,应当依照《药品管理法》第 17 条第 1 款[①]的规定,遵守药物临床试验质量管理规范。开展疫苗临床试验,应依照《药品管理法》第 19 条[②]的规定,需要获得临床试验批件;依照《疫苗管理法》第 16 条第 2 款[③]、《药品注册管理办法》第 22 条[④]的规定,应当由符合国家药品监督管理局和国家卫生健康委员会规定条件的三级医疗机构或者省级以上疾病预防控制机构实施或者组织实施。申请疫苗注册,应当依照《药品管理法》第 24 条的规定,"经国务院药品监督管理部门批准,取得药品注册证书"。另外,根据《疫苗管理法》第 19 条第 2 款的规定,对疾病预防、控制急需的疫苗和创新疫苗,应当予以优先审评审批。

根据上述规定,疫苗制品因为其"度身定做"的《疫苗管理法》,在疫苗研制环节具有更高的合规要求,但在注册环节部分疫苗制品享受着优先审评审批的"快速通行证"。

在 IPO 项目审核中,涉及疫苗研制和注册阶段的关注要点如表 2 所示:

---

① 《药品管理法》第 17 条第 1 款规定:"从事药品研制活动,应当遵守药物非临床研究质量管理规范、药物临床试验质量管理规范,保证药品研制全过程持续符合法定要求。"

② 《药品管理法》第 19 条规定:"开展药物临床试验,应当按照国务院药品监督管理部门的规定如实报送研制方法、质量指标、药理及毒理试验结果等有关数据、资料和样品,经国务院药品监督管理部门批准……"

③ 《疫苗管理法》第 16 条规定:"开展疫苗临床试验,应当经国务院药品监督管理部门依法批准。疫苗临床试验应当由符合国务院药品监督管理部门和国务院卫生健康主管部门规定条件的三级医疗机构或者省级以上疾病预防控制机构实施或者组织实施……"

④ 《药品注册管理办法》第 22 条规定:"药物临床试验应当在具备相应条件并按规定备案的药物临床试验机构开展。其中,疫苗临床试验应当由符合国家药品监督管理局和国家卫生健康委员会规定条件的三级医疗机构或者省级以上疾病预防控制机构实施或者组织实施。"

表 2　疫苗研制和注册阶段的关注要点

公司名称	公告名称及时间	反馈问题摘录	反馈答复总结
康泰生物（300601）	《国浩律师（上海）事务所关于公司首次公开发行人民币普通股（A 股）股票并在创业板上市之补充法律意见书（二）》/2018 年 11 月 27 日	（1）说明专利的形成过程；目前专利的使用情况，是否与发行人主要产品相关；非专利技术的保护措施，未申请专利保护的原因及合理性；说明关联方拥有或使用与发行人业务相关的商标、专利等知识产权的情况。（2）说明是否存在对核心技术人员的依赖，是否与其他机构或研发人员存在纠纷及潜在纠纷；说明专利、核心技术是否涉及相关技术人员在原单位的职务成果，技术人员是否违反竞业禁止的有关规定，是否存在违反保密协议的情形，是否可能导致发行人的技术存在纠纷及潜在纠纷。（3）说明发行人是否存在受让专利情形；如果存在，请说明受让专利的时间、转让方、交易价格、转让方取得专利的方式以及与发行人之间是否存在关联关系	（1）介绍发行人所有专利，并分类介绍形成过程及是否与主要产品相关；通过内控制度、与相关人员签署保密协议、对相关人员实施激励等措施对非专利技术予以保护；采取非专利技术形式的保护更符合公司的利益，且并不适合公开；关联方未使用相关知识产权。（2）从发行人的研发管理制度、规范操作流程、注重以团体形式协作等方面降低对核心技术人员的依赖。（3）通过查询转让协议、出具承诺函、公开查询等方式证明
康希诺（06185/688185）	《康希诺生物股份公司中信证券股份有限公司关于发行注册环节反馈意见落实函之回复报告》/2020 年 6 月 7 日	公司 MCV2、MCV4、DTcP 及 PCV13i 项目的临床试验方案，均为 Ⅰ 期试验达到主要研究终点后即进入 Ⅲ 期试验；请对照药品临床试验和注册管理相关的规定，说明非一类生物制品不开展 Ⅱ 期试验需要满足的条件；同类已上市竞品、已进入或完成 Ⅲ 期试验的竞品是否也未开展 Ⅱ 期试验，发行人上述四项疫苗从 Ⅰ 期直接进入 Ⅲ 期，能否说明实质开展临床后、在临床试验阶段面临的风险和不确定性相对较小	从同类已上市产品的相关案例、已获得审评专家评估、已有前期研究等方面予以说明（康希诺对该问题的答复详见下文分析）

续表

公司名称	公告名称及时间	反馈问题摘录	反馈答复总结
成大生物（688739）	《辽宁成大生物股份有限公司首次公开发行股票并在科创板上市申请文件第二轮审核问询函之回复报告》/2020年8月24日	(1)说明该项核心技术的主要表现形式，主要以知识产权形式还是以技术秘密形式；(2)除首轮问询回复内容外，上述核心技术是否仍存在其他纠纷或潜在纠纷；(3)请发行人说明辽宁省药品监督管理局是否系上述4项药品注册批件的有权主管部门，上述批件的批准单位是不是国家药品监督管理局	(1)从具体情况及保护措施等方面说明核心技术的表现形式；(2)根据相关方出具的说明或访谈记录说明不存在其他纠纷或潜在纠纷，说明公司的核心技术已形成独有的、完全自主的技术路线，不存在因侵犯第三方知识产权而导致不能实施的情形；(3)从相关法规历次修改沿革及现行法规定予以说明
欧林生物（688319）	《关于成都欧林生物科技股份有限公司首次公开发行股票并在科创板上市申请文件审核问询函的回复》/2020年9月10日	明确发行人核心产品、1类创新疫苗的具体分类，披露重组金葡菌疫苗Ⅱ期临床试验进展情况，如临床试验设计方案、试验终点、计划入组人数及招募完成情况，预计完成时间等……	详细介绍发行人核心产品、疫苗具体分类及重组金葡菌疫苗Ⅱ期临床试验进展情况
华兰疫苗（301207）	《关于华兰生物疫苗股份有限公司首次公开发行股票并在创业板上市申请文件的第二轮审核问询函之回复报告》/2021年4月7日	(1)披露发行人与中国科学院过程工程研究所共同所有的两项专利，是否存在其他限制发行人权利的条款。(2)披露放弃3项专利申请的原因，放弃申请对相关在研产品技术的保护、相关涉及疫苗产品的未来研发与销售规划存在的不利影响。(3)披露发行人与华兰基因合作研发的具体情况，相关合作研发涉及的委托研发金额、定价依据与公允性，发行人对关联方是否存在技术依赖。(4)结合有关协议的具体条款，分析并披露有关在研产品在未来是否存在因知	(1)列明相关协议约定，说明发行人对相关专利的所有权清晰、无权利负担与其他瑕疵；(2)说明相关专利申请被驳回的原因，说明相关专利与主营义务的关系不大，放弃该专利的申请对后期疫苗产品的研发进度和销售不会产生重大不利影响；(3)详细说明公司具备从事基因工程类疫苗的技术储备和相关研发人员，以及与华兰基因合作开发疫苗是为了加快攻坚速度，强调发行人具有非专利的核心技术竞

续表

公司名称	公告名称及时间	反馈问题摘录	反馈答复总结
		识产权限制而无法商业化生产的风险，共有知识产权是否存在无须发行人同意而转让或授权第三方使用的情形	争优势，不存在对关联方的技术依赖；(4)详细说明具体合作研发情况及权利受限情况，不存在无须发行人同意而转让或授权第三方使用专利的情形

在上述案例中，监管机构主要关注两个方面：其一，疫苗临床试验批件及药品注册证书的政策法规要求、取得进展情况、预计完成时间等。其二，疫苗核心技术来源，包括专利的形成过程、使用情况，非专利技术的保护、未申请专利的原因，是否存在受让专利情形，受让价格是否公允，是否存在关联关系，是否存在与其他人合作开发情形，是否形成对核心技术人员的依赖，是否涉及技术人员在原单位的职务发明及是否存在潜在专利纠纷等问题。

其他药品在研制和注册阶段，上述问题也往往会被监管机构问及。但监管机构对康希诺 IPO 项目中就非一类疫苗"是否可以在Ⅰ期临床试验结束后，免于Ⅱ期临床试验，直接进入Ⅲ期临床试验"提出问询，这在其他医药行业中并不常见。因为根据《药品注册管理办法》第 21 条①的规定，药物临床试验需要经历Ⅰ期、Ⅱ期、Ⅲ期、Ⅳ期以及生物等效性试验；且目前没有明确的文件对非一类生物制品不开展Ⅱ期试验需满足的条件进行规定。在案例中，康希诺主要从以下方面对该问题进行论证：其一，列举其他疫苗公司已上市非一类生物制品未开展Ⅱ期研究的情况；其二，临床前研究过程中进行了充分的安全性、药效学评价及药理毒理等研究，同时与参照品相比显示出相同或优于同类产品的相关指标；其三，经与 CDE（Center for Drug Evaluation，国家药品监督管理局药品审评中心）药审专家就临床试验方案进行沟通并获得认可。应当说，康希诺就该问题的答复较为合理，从康希诺最终成功上市的结果来看，该答复也得到监管部门的认可，这对于今后其他

① 《药品注册管理办法》第 21 条规定："药物临床试验分为Ⅰ期临床试验、Ⅱ期临床试验、Ⅲ期临床试验、Ⅳ期临床试验以及生物等效性试验。根据药物特点和研究目的，研究内容包括临床药理学研究、探索性临床试验、确证性临床试验和上市后研究。"

疫苗企业在遇见同类问题时提供了重要参考。

（二）疫苗生产和批签发阶段

1. 关于疫苗生产

根据《药品管理法》第 41 条第 1 款和《疫苗管理法》第 22 条的规定，[①]从事疫苗生产和普通药品一样，都需要取得药品生产许可证。然而，疫苗生产实施严格准入制度，其特殊规定在于：

其一，对于疫苗生产企业而言，《疫苗管理法》第 22 条第 3 款规定，从事疫苗生产活动，疫苗生产企业应当具备下列条件“（一）具备适度规模和足够的产能储备；（二）具有保证生物安全的制度和设施、设备；（三）符合疾病预防、控制需要”。对于新开办的疫苗生产企业，《疫苗生产流通管理规定》第 10 条中规定，“除符合疫苗生产企业开办条件外，还应当符合国家疫苗行业主管部门的相关政策”，这意味着新开办的疫苗生产企业即便符合全部硬性条件，主管部门仍然可以结合届时的相关政策灵活管控新开办的疫苗生产企业的数量。

其二，尽管依据现行《药品管理法》第 32 条 [②]的规定，疫苗行业已经不属于禁止委托生产的行业，但《疫苗管理法》第 22 条第 4 款对疫苗委托生产提出了限制性条件，即疫苗企业只有在超出疫苗生产能力确需委托生产的，在经国务院药品监督管理部门批准后，方可委托生产。《疫苗生产流通管理规定》第 12 条则进一步细化委托的限制性条件，规定只有存在以下情形之一，疫苗生产企业才可以提出申请：(1) 国务院工业和信息化管理部门提出储备需要，且认为疫苗持有人现有生产能力无法满足需求的；(2) 国务院卫生健康管理部门提出疾病预防、控制急需，且认为疫苗持有人现有生产能力无法满足需求的；(3) 生产多联多价疫苗的。

---

① 《药品管理法》第 41 条第 1 款规定：“从事药品生产活动，应当经所在地省、自治区、直辖市人民政府药品监督管理部门批准，取得药品生产许可证。无药品生产许可证的，不得生产药品。”《疫苗管理法》第 22 条规定：“国家对疫苗生产实行严格准入制度。从事疫苗生产活动，应当经省级以上人民政府药品监督管理部门批准，取得药品生产许可证。从事疫苗生产活动，除符合《中华人民共和国药品管理法》规定的从事药品生产活动的条件外，还应当具备下列条件：（一）具备适度规模和足够的产能储备；（二）具有保证生物安全的制度和设施、设备；（三）符合疾病预防、控制需要。疫苗上市许可持有人应当具备疫苗生产能力；超出疫苗生产能力确需委托生产的，应当经国务院药品监督管理部门批准。接受委托生产的，应当遵守本法规定和国家有关规定，保证疫苗质量。”

② 《药品管理法》第 32 条规定：“药品上市许可持有人可以自行生产药品，也可以委托药品生产企业生产……血液制品、麻醉药品、精神药品、医疗用毒性药品、药品类易制毒化学品不得委托生产；但是，国务院药品监督管理部门另有规定的除外。”

在 IPO 项目审核中,监管机构主要关注发行人从事疫苗生产是否具备全部资质,取得资质过程是否合法合规,以及发行人对 GMP(Good Manufacturing Practices),药品执行情况、疫苗制品是否严格按照注册标准进行生产等。疫苗生产阶段的关注要点见表 3:

表 3 疫苗生产阶段的关注要点

公司名称	公告名称及时间	反馈问题	反馈答复总结
康泰生物(300601)	《国浩律师(上海)事务所关于公司首次公开发行人民币普通股(A 股)股票并在创业板上市之补充法律意见书(二)》/2018 年 11 月 27 日	说明生产经营过程中需要的资质,包括资质名称、认证单位、认证时间、认证期限、是否存在续证风险等;发行人是否具备疫苗生产企业所应具备的全部资质	提供发行人已获得的所有资质证照,结合现行法律规定予以说明
		疫苗作为严格行政管制产品,说明发行人对 GMP 执行情况、发行人对疫苗质量的控制措施	提供发行人 GMP 认证及执行情况、主管部门合规证明以及发行人内控制度
康华生物(300841)	《北京市中伦律师事务所关于成都康华生物制品股份有限公司首次公开发行股票并在创业板上市的补充法律意见书(二)》/2019 年 4 月 11 日	结合发行人及其子公司的具体业务情况,补充披露发行人、发行人子公司及相关人员是否取得从事业务所必要的全部资质、许可或认证,取得过程是否合法合规,有效期限能否覆盖发行人业务开展期间;重点说明发行人使用人血白蛋白进行疫苗生产是否取得相应的资质或经过审批程序,使用过程是否合法合规	结合业务情况、政策、法规,说明发行人、子公司及相关人员的资质合规情况;结合法律规定及发行人批签发报告等文件说明
成大生物(688739)	《辽宁恒信律师事务所关于辽宁成大生物股份有限公司首次公开发行股票并在科创板上市的补充法律意见书(一)》/2020 年 9 月 28 日	结合发行人生产经营各环节涉及的监管政策,说明发行人及其相关从业人员是否具备生产经营所必要的业务资质(含许可、认证等)	通过查阅相关法规及比对发行人现有资质证照来论证

2. 关于疫苗批签发

其他药品在获得上市许可后即可进行上市销售，疫苗制品则不同。依据2021年3月1日开始生效的新版《生物制品批签发管理办法》第2条的规定，[①]疫苗类制品、血液制品、用于血源筛查的体外诊断试剂等生物制品在获得上市许可后，在每批产品上市销售前或者进口时，还需要经指定的批签发机构进行审核、检验，在获得批签发证明后方可上市销售或进口。

在IPO项目审核中，监管机构主要关注发行人执行批签发制度的情况，批签发审核结果，以及未过检产品的数量、未过检的原因、未过检产品的处理方式等。疫苗在批签发环节的关注要点见表4：

表4 疫苗批签发环节的关注要点

公司名称	公告名称及时间	反馈问题	反馈答复总结
康华生物(300841)	《北京市中伦律师事务所关于成都康华生物制品股份有限公司首次公开发行股票并在创业板上市的补充法律意见书(二)》/2019年4月11日	说明发行人在药品生产质量管理规范和国家药品标准的相关内部控制是否有效；自生产疫苗以来，所有疫苗产品是否均履行相应的中检院批签发和检验程序，相关库存产品是否存在大批报废、过期或变质的情况，是否存在过期疫苗进入流通环节的情形	介绍发行人建立的内控制度；提供发行人批签发记录；说明发行人报废、过期或变质的情况，以及对应处理情况
成大生物(688739)	《辽宁成大生物股份有限公司首次公开发行股票并在科创板上市申请文件第二轮审核问询函之回复报告》/2020年8月24日	未通过批签发申请的疫苗对发行人经营业绩的影响，如多次未通过批签发是否面临其他处罚或整改措施	具体介绍未通过批签发的原因，通过说明该批未通过的比例较低、数量较少、金额总计低等论证对经营业绩影响小，结合现行法规及自身情况说明不存在面临受处罚的情况

① 《生物制品批签发管理办法》第2条规定："本办法所称生物制品批签发，是指国家药品监督管理局对获得上市许可的疫苗类制品、血液制品、用于血源筛查的体外诊断试剂以及国家药品监督管理局规定的其他生物制品，在每批产品上市销售前或者进口时，经指定的批签发机构进行审核、检验，对符合要求的发给批签发证明的活动……"

续表

公司名称	公告名称及时间	反馈问题	反馈答复总结
金迪克(688670)	《江苏金迪克生物技术股份有限公司首次公开发行股票并在科创板上市申请文件的审核问询函之回复报告》/2020 年 12 月 18 日	(1)批签发制度执行的具体情况,包括批签发频率、流程、过检要求、所需时间等;(2)以表格形式列示报告期内的生产产品数量、通过批签发产品数量和未过检产品数量,未过检产品的原因、处理方式及相关会计处理	(1)从介绍发行人批签发具体流程、批签发结果等方面予以说明;(2)以表格形式予以答复
欧林生物(688319)	《上海市瑛明律师事务所关于成都欧林生物科技股份有限公司首次公开发行人民币普通股股票并在科创板上市的补充法律意见书(一)》/2020 年 9 月 10 日	报告期内是否存在产品质量问题,是否存在由此导致的医疗事故或医疗纠纷;发行人产品是否存在不良反应事件导致影响产品批签发的情况	出具相关监管部门的合规证明予以说明;访谈发行人不良反应处理部门并以表格形式呈现不良反应数据

(三)疫苗流通阶段

我国药品在流通环节上从最初的多票制逐步形成当下的两票制,目前正在全面推行的“4 + 7”药品带量采购更是为以后实现全行业的一票制作足了铺垫。近年来,疫苗管理体制的改革和完善加速,推动了疫苗行业率先形成一票制的流通模式。

根据《疫苗管理法》第 2 条①的规定,疫苗包括免疫规划疫苗和非免疫规划疫苗。免疫规划疫苗也即俗称的一类苗,由国家向公民免费提供,公民应当接种。一类苗的生产带有社会公益性质,生产企业多为事业单位和国有企业。一类苗之外的所有预防疫苗属于二类苗,也即非免疫规划疫苗。二类苗由民众自愿、自费接种,其研发生产和销售在多数情况下是市场化行为。

因而,一类苗由政府在省级平台统一采购,不需要市场推广环节,二类苗则不同。2016 年以前,二类苗的流通是通过代理形式,生产企业只需把产品以出厂价

① 《疫苗管理法》第 2 条规定:“……本法所称疫苗,是指为预防、控制疾病的发生、流行,用于人体免疫接种的预防性生物制品,包括免疫规划疫苗和非免疫规划疫苗。”

销售给经销商，由经销商负责终端的推广、销售和配送。2016 年《疫苗流通和预防接种管理条例》①修订，规定二类苗的采购纳入省级集中招标平台，生产企业负责直接对接并配送至县级疾控中心。自此，疫苗流通全部实现一票制。

《疫苗生产流通管理规定》第 24 条、第 25 条对疫苗流通明确规定，持有人、疾病预防控制机构可以自行配送疫苗，也可以委托符合药品经营质量管理规范冷藏冷冻药品运输、储存条件的企业配送、区域仓储疫苗。

在 IPO 项目审核中，监管机构主要关注发行人是否通过省级公共资源交易平台进行直销，是否全面执行一票制等。疫苗在流通阶段的关注要点见表 5：

表 5 疫苗流通阶段的关注要点

公司名称	公告名称及时间	反馈问题	反馈答复总结
康华生物（300841）	《北京市中伦律师事务所关于成都康华生物制品股份有限公司首次公开发行股票并在创业板上市的补充法律意见书（二）》/2019 年 4 月 11 日	（1）补充说明《国务院关于修改〈疫苗流通和预防接种管理条例〉的决定》发布过渡期销售模式是否符合规定，是否存在违规经销的情形；（2）补充披露发行人直销是否均通过省级公共资源交易平台进行，是否履行相应的招投标或遴选程序；（3）说明疫苗产品销售过程是否严格遵守《国务院关于修改〈疫苗流通和预防接种管理条例〉的决定》规定，是否有效识别客户适格性	将《国务院关于修改〈疫苗流通和预防接种管理条例〉的决定》有关疫苗销售模式的规定予以梳理，并结合地方的落地政策及企业销售模式予以说明
成大生物（688739）	《辽宁恒信律师事务所关于辽宁成大生物股份有限公司首次公开发行股票并在科创板上市的补充法律意见书（一）》/2020 年 7 月 27 日	疫苗一票制对疫苗行业的影响，公司是否已全面执行一票制	详细介绍一票制对疫苗行业流通环节的影响及发行人的销售模式

① 《疫苗流通和预防接种管理条例》虽已被《国务院关于修改和废止部分行政法规的决定（2020）》废止，但疫苗一票制的流通模式由《疫苗管理法》在“第四章 疫苗流通”中加以规范。

（四）疫苗上市后管理阶段

相较于《药品管理法》,《疫苗管理法》对疫苗的上市后管理更为细化、全面。《疫苗管理法》第 59 条规定:“疫苗上市许可持有人应当根据疫苗上市后研究、预防接种异常反应等情况持续更新说明书、标签,并按照规定申请核准或者备案。国务院药品监督管理部门应当在其网站上及时公布更新后的疫苗说明书、标签内容。”第 60 条规定:“疫苗上市许可持有人应当建立疫苗质量回顾分析和风险报告制度,每年将疫苗生产流通、上市后研究、风险管理等情况按照规定如实向国务院药品监督管理部门报告。”

在监管机构对康华生物的 IPO 审核案例中,就问及康华生物“是否严格按照 2018 年 8 月 16 日中共中央政治局常务委员会的会议精神‘履行主体责任义务,建立质量安全追溯体系,落实产品风险报告制度’”。

与《药品管理法》相比,《疫苗管理法》还将“异常反应监测和处理”独立设为一章,在该章的第 54 条第 2 款要求“疫苗上市许可持有人应当设立专门机构,配备专职人员,主动收集、跟踪分析疑似预防接种异常反应,及时采取风险控制措施,将疑似预防接种异常反应向疾病预防控制机构报告,将质量分析报告提交省、自治区、直辖市人民政府药品监督管理部门”;在该章的第 56 条第 2 款中还规定,“接种非免疫规划疫苗所需的补偿费用,由相关疫苗上市许可持有人承担”。

《疫苗生产流通管理规定》对于疫苗生产、流通管理规定了三类报告制度。第一类是第 18 条和第 19 条规定的持有人停产前或恢复生产前应当向所在地省级药品监督管理部门报告;第二类是第 20 条规定的持有人发现可能会影响疫苗产品质量的重大偏差或重大质量问题的,应当立即向所在地省级药品监督管理部门报告;第三类是第 21 条规定的持有人应当在每年 4 月底前通过“国家药品智慧监管平台的药品业务管理系统”上传上年度的质量年度报告。

监管机构对疫苗上市后管理阶段的关注要点见表 6:

表6　疫苗上市后管理阶段的关注要点

公司名称	公告名称及时间	反馈问题	反馈答复总结
康泰生物(300601)	《国浩律师(上海)事务所关于公司首次公开发行人民币普通股(A股)股票并在创业板上市之补充法律意见书(二)》/2018年11月27日	(1)说明是否存在使用发行人产品对接种者造成不良反应情形,目前发行人与接种者,各级疾病预防控制机构和接种单位、经销商、推广商等之间是否存在纠纷或潜在纠纷;报告期内发行人是否受到监管机构处罚。(2)具体分析并说明发生2013年疫苗事件的原因、后续进展情况	具体说明发行人所涉事件情况,行政机关调查结果,并提供相关行政通报文件
		结合发行人自身经营情况,说明是否遵守上述法律法规,是否存在相关违法行为;说明从成立至今是否存在使用发行人产品对接种者造成不良反应或责任事故情形,是否存在此方面纠纷或潜在纠纷	从发行人承诺、主管单位出具证明等方面予以说明
康华生物(300841)	《北京市中伦律师事务所关于成都康华生物制品股份有限公司首次公开发行股票并在创业板上市的补充法律意见书(二)》/2019年4月11日	说明设立以来是否存在违反国家药品标准和药品生产质量管理规范、编造虚假生产检验记录等生产经营的违法行为,是否违反《药品管理法》《药品生产质量管理规范》有关规定,是否严格按照2018年8月16日中共中央政治局常务委员会的会议精神"履行主体责任义务,建立质量安全追溯体系,落实产品风险报告制度"	从研发、采购、生产、销售、冷链运输等方面分别介绍;从监管部门出具合规证明、内控制度等方面予以说明
	《北京市中伦律师事务所关于成都康华生物制品股份有限公司首次公开发行股票并在创业板上市的补充法律意见书(四)》/2019年9月10日	(1)补充披露是否存在产品质量问题或有效期届满导致发行人产品召回或退货的情况,如是,说明发行人是否采取有效整改措施,是否存在被处罚风险;(2)说明截至反馈意见回复日是否存在使用	(1)说明已根据内控标准履行批签发程序,不存在监管提及的情况;(2)从法律要求、发行人疑似预防接种异常反应(AEFI)发生率、内控制度、合规证明等角度予以说明

续表

公司名称	公告名称及时间	反馈问题	反馈答复总结
		发行人产品对接种者造成不良反应情形及不良反应对受种者的具体影响，目前发行人与接种者、各级疾病预防控制机构和接种单位、经销商、推广商等之间是否存在纠纷或潜在纠纷，发行人是否受到监管机构处罚	
成大生物(688739)	《辽宁恒信律师事务所关于辽宁成大生物股份有限公司首次公开发行股票并在科创板上市的补充法律意见书(一)》/2020 年 7 月 27 日	(1)报告期内是否存在因产品质量问题引发的产品安全事故、相关诉讼、纠纷或负面报道，如存在，请说明具体情况；(2)报告期内各主要直销客户是否存在产品质量方面的处罚或负面报道，如是，说明对发行人经营业绩的影响并作补充风险提示，并说明发行人与主要客户之间是否存在产品质量责任追溯或赔偿等机制或类似安排	(1)从公开查询、发行人的说明、相关主管部门的合规证明等方面予以说明；(2)从公开查询、发行人内控制度等方面予以说明
欧林生物(688319)	《上海市瑛明律师事务所关于成都欧林生物科技股份有限公司首次公开发行人民币普通股股票并在科创板上市的补充法律意见书(一)》/2020 年 9 月 10 日	(1)报告期内发行人产品是否存在产品质量问题，是否存在由此导致的医疗事故或医疗纠纷；(2)发行人产品是否存在不良反应事件导致影响产品批签发的情况	(1)从相关主管部门的合规证明、公开查询、发行人的说明及对疾控中心开展访谈等方面予以说明；(2)对现行法规进行梳理、对发行人相关技术负责人访谈并取得承诺、发行人批签发情况等方面予以说明
金迪克(688670)	《江苏金迪克生物技术股份有限公司首次公开发行股票并在科创板上市申请文件的审核问询函之回复报告》/2020 年 12 月 18 日	报告期内，发行人是否存在产品质量问题或纠纷，质量问题或纠纷的具体情况；是否发生公司产品召回事件，具体整改或处理的情况；是否存在纠纷或潜在纠纷；是否发生安全生产事故	从相关主管部门出具的合规证明予以说明

续表

公司名称	公告名称及时间	反馈问题	反馈答复总结
华兰疫苗(301207)	《安徽承义律师事务所关于华兰生物疫苗股份有限公司首次公开发行股票并在创业板上市的补充法律意见书(一)》/2021 年 4 月 7 日	(1)披露历史上发行人是否存在因产品质量事项而被行业主管部门处罚,与相关方存在赔偿、纠纷或诉讼的情形,如存在,请披露相关纠纷的具体情况及整改措施。(2)披露发行人为保障疫苗产品质量所建立的内部控制与监督制度及相关制度的落实情况	(1)说明报告期内的不良反应赔偿与产品质量无关,出具相关部门的合规证明等;(2)详细列举发行人内部相关制度

从笔者检索到的上述案例可以看出,监管机构对疫苗上市后管理阶段的反馈问题颇多,其中主要涉及:(1)是否存在使用发行人产品对接种者造成不良反应的情形及不良反应对受种者的具体影响;(2)发行人与主要客户之间是否存在产品质量责任追溯或赔偿等机制或类似安排;(3)发行人与各级疾病预防控制机构和接种单位、经销商、推广商等之间是否存在纠纷或潜在纠纷;(4)是否存在违反国家药品标准和药品生产质量管理规范、编造虚假生产检验记录等生产经营的违法行为,是否存在因产品质量问题引发的产品安全事故、相关诉讼、纠纷或负面报道。

三、结语

近年来,“疫苗”曾两度长期占据国内新闻热搜,前一次是因 2018 年的长生生物疫苗事件,后一次便是因肆虐全球的新冠疫情。2018 年的疫苗事件,极大程度动摇了国人对疫苗产业的信心,当时的疫苗股票乃至医药板块一度集体暴跌。沉重的代价带来的是立法的完善、监管的从严以及行业的自省。类似于 2018 年那场灾难性的疫苗事件会不会再度上演,我们无法预料,但 2020 年在面对新冠疫情时,国内疫苗类药企所展现的疫苗研制能力和研制速度让国人为之骄傲。当下新冠疫苗的红利风口已经消失,如何调整业务结构,调整产能布局,才是红利期后疫苗企业最需要思考的问题。我们相信,随着资本市场注册制改革的全面推开、逐步深入,可以预见的是,未来将有更为优秀的国内疫苗药企进入资本市场,从而登上更为广阔的发展平台。

医校合作模式 A 股 IPO 审核法律关注要点

张　明　许晶迎[*]　陈　墨

[*]作者简介：

张明，中伦律师事务所北京办公室资本市场部合伙人，电邮为：zhangming@ zhonglun. com。

许晶迎，中伦律师事务所北京办公室资本市场部非权益合伙人，电邮为：xujingying@ zhonglun. com。

医学是一门实践科学,优秀临床医学专业人才的培养需依托高水平的医院作为实践基地来完成。医院作为医学院的附属或教学医院是行业内的普遍现象,哈佛大学医学院附属麻省总医院,北京协和医院、四川大学华西医院等国内外知名医院均为大学或医学院教学医院或附属医院。一方面,附属医院高水平的临床能力可以为医学院提供良好的临床教育平台;另一方面,医学院不断地培养高素质医学人才,从附属医院获得大量的临床数据,进行深入的学术研究,可以促进附属医院发展新的诊疗技术,提高临床水平。

虽然医校合作的模式在医疗服务行业已是普遍现象,但由于此前社会资本举办的医疗机构长期缺席资本市场,该模式并未在 A 股 IPO 审核项下被正式审视或探讨过。随着诸如华厦眼科、三博脑科等一批优秀医疗机构通过交易所上市委员会的审核,该上市模式下的关注要点也不断被检视、提炼。本文谨就医校合作模式在 A 股 IPO 审核过程中可能会被关注的问题进行总结分析。

一、医校合作模式概述及 IPO 审核项下的关注点

本文探讨的医校合作模式,系指医疗机构与高等院校作为两个独立的民事主体之间的合作模式,该模式下医疗机构与高等院校的资产相互独立,且相互之间没有任何行政或隶属关系。

根据《普通高等医学院校临床教学基地管理暂行规定》的规定,高等医学院校临床教学基地分附属医院、教学医院和实习医院三种类型,其中,高等医学院校的附属医院、教学医院承担或部分承担高等医学院校的“临床理论教学、临床见习、临床实习、毕业实习”任务。医校合作模式下,医疗机构通常作为非高等医学院校直接领导的附属医院或教学医院与高等院校合作(下文“附属医院”结合上下文亦包括教学医院类型)。

具体而言,医校之间合作模式的特征通常有以下几点,如表 1 所示:

表 1　医校之间合作模式的特征

	医疗机构	高等院校/医学院
名称	可以使用院校名称并张挂院牌对外进行交流	可以将临床医学院、附属医院作为院校部所对外展示

续表

	医疗机构	高等院校/医学院
资产	产权清晰,各自独立	产权清晰,各自独立
业务	自主办院和管理运营权利	仅对学科建设相关事务方面拥有管理权
人员	独立的人事任免权,根据协议约定为院校培养学生、安排临床见习	医院部分员工可以根据相应规定取得院校包括教授、副教授、讲师等在内的相应职称
科研	承担部分高等院校的科研任务	为医疗机构的学科建设和理论研究提供支撑

基于医校合作模式的上述特性,结合已有案例,目前A股IPO审核项下的主要关注点集中在名称使用、人员独立性等问题上,底层审核逻辑则主要是解释清楚该等问题是否会影响独立性及持续经营能力。

独立性审核要求,说明医校之间是否就商号及商标的使用存在纠纷及潜在纠纷;说明医疗机构对外进行市场宣传的方式,以何种品牌、名称进行市场宣传,经营场所以何品牌、名称进行公示,与患者间的诊疗协议、挂号及通知等文件以何品牌、名称落款;高校冠名权对发行人业务的重要性影响。

独立性审核还要求,说明医疗机构的医生(员工)在高等院校或医学院担任教授或导师是否符合教育部关于医院和大学合作的规定;是否存在职务发明的情况,是否利用高等院校或医学院的技术成果。

持续经营能力审核要求,关注医疗机构是否凭借高校冠名开拓市场、吸引客户、维持品牌知名度,失去冠名权是否会对发行人的持续经营能力产生重大不利影响。

二、名称使用的合规性

(一)医疗机构命名的二元性

如前文所述,目前社会办医疗机构与公立大学或医学院合作,并成为其附属医院的情况亦较为普遍,较为知名的如表2所示:

表 2　社会办医疗机构与公立大学或医学院合作

序号	工商名称	医院名称
1	武汉爱尔眼科医院有限公司	武汉爱尔眼科医院/武汉大学附属爱尔眼科医院
2	厦门眼科中心有限公司	厦门大学附属厦门眼科中心医院
3	温州康宁医院股份有限公司	温州康宁医院/温州医科大学附属康宁医院
4	东莞东华医院有限公司	东莞东华医院/中山大学附属东华医院
5	苏州九龙医院股份有限公司	上海交通大学医学院附属苏州九龙医院
6	南京明基医院有限公司	南京明基医院/南京医科大学附属明基医院
7	南京同仁医院有限公司	南京同仁医院/东南大学医学院附属医院

社会办营利性医疗机构由于具有法人主体资格以及医疗机构属性，同时持有《营业执照》及《医疗机构执业许可证》。其中，医疗机构执业许可名称申请及变更由卫生行政主管部门根据行业规定核准，而工商登记名称申请及变更由市场监督管理部门根据行业规定核准。因此，医疗机构的工商名称和医院名称可以存在差异。值得特别提示的是，高校名称仅可以用于医疗机构名称，不得用于工商名称。

医疗机构名称与工商名称在对外使用上存在一定边界。医疗机构在日常经营、进行科研及学术交流活动时，可以使用医疗机构的名称；在向供应商进行采购，对接医保（尤其是医保结算账户）、市场监督管理、税务、社保等主管部门，申请专利、域名、商标权等情况下，则应使用工商名称。

（二）使用高等院校名称的合规性

公办高等院校（尤其是教育部直属的高等院校），其校名、校誉作为一项潜在国有无形资产，在资产管理中应满足相关的规则。具体如表 3 所示：

表 3　校名、校誉在资产管理中应满足的规则

文　件	内　　容
《教育部直属高等学校国有资产管理暂行办法》	高校应当坚持安全完整与注重绩效相结合的原则，建立国有资产有偿使用制度，积极推进国有资产整合与共享共用，提高国有资产使用效益
	高校应当加强对本单位专利权、商标权、著作权、土地使用权、非专利技术、校名校誉、商誉等无形资产的管理，依法保护，合理利用，并按照国家有关规定及时办理入账手续，加强管理

续表

文 件	内 容
《普通高等医学院校临床教学基地管理暂行规定》	高等医学院校的教学医院承担高等医学院校的部分临床理论教学、临床见习、临床实习和毕业实习任务；被批准的教学医院和实习医院，张挂教学医院或实习医院院牌，并可在国内外的交流中使用此称号

1. 审批、授权程序的合规性

成为附属医院与变更医疗机构名称通常系“一揽子”的审批过程。医疗机构与高校建立合作并成为其教学或附属医院，一般会与高校签署书面协议，约定双方在临床教学、科研及人才培养等方面的权利义务。

《普通高等医学院校临床教学基地管理暂行规定》第29条规定，“各省、自治区、直辖市教委、高教局、教育厅（局）、卫生厅（局）、中医药管理局联合组成本省、自治区、直辖市高等医学院校附属医院和教学医院审定工作组……审定位于本省、自治区、直辖市内高等医学院校附属医院并报国家教育委员会备案，同时按医院类别抄报卫生部或国家中医药管理局……”卫生行政主管部门按上述要求成立评估专家组，对医疗机构是否具备作为教学医院的条件进行评估；通过评估后，卫生行政主管部门会出具是否同意该医疗机构作为教学医院的审批意见。一般情况下，前述程序履行完毕后，卫生行政主管部门会另行出具同意医疗机构名称变更的审批意见。

高校内部是否获得充分授权并履行必要审议程序，则以该相关高校内部的具体规则为准。以华厦眼科为例，根据厦门大学内部制定的《厦门大学校名、校标使用管理办法》，使用厦门大学校名、校标，应当报校长办公会审议，经许可使用校名、校标的任何单位和个人，应当与学校签订相关使用协议。

在部分省市，卫生主管部门对非直属医院和教学医院实行动态管理，每隔一定期间便进行一次重新评审。考虑到医疗机构具有直接面向患者的终端属性，其作为大学（尤其是知名大学或专业医学院）附属医院的稳定性对其持续吸引患者就医具有较为重要的作用，也系IPO审核项下监管部门对于是否影响持续盈利能力的考量因素，因此是否合法合规、持续稳定地具备附属医院资格并使用该等名称，应作为重点关注问题。

2. 应否有偿使用

除前文提及的审批手续，医疗机构与高等院校通过签署合作协议约定双方的具体权利、义务关系。基于附属医院与高等院校之间合作关系的特殊性，医疗机构既承担了大量的人员实习、科学研究等教学任务，也为医学专业的科研教学提供了相关设备、技术、临床、专业人员等方面的支持。同时，医疗机构通过与高等院校合作在办医声誉、人才培养、职称评定、医疗技术等方面取得一定竞争优势。因此，医疗机构与高等院校之间的合作系基于各自特殊地位的包括人、财、物在内的"一揽子"合作关系，系双方合作共赢的产物。

鉴于对高校的名称使用仅为该等合作基础上的衍生问题，上述文件虽然规定了高校名称作为一项资产应当被有偿使用的原则，但在实践中，作为教学医院的医疗机构未额外向院校支付费用的情形比比皆是。这符合医疗机构作为高等院校教学或附属医院的本质，具有一定合理性。

目前，诸如华厦眼科、三博脑科等均未就使用高校名称向高校额外支付相关费用。但值得注意的是，就该等高校"冠名"的问题已经引起了监管机构的关注。在华厦眼科项目上会前的审核中心落实意见函中，深交所上市委要求该公司"补充披露发行人子公司厦门眼科中心持续使用'厦门大学'作为其企业名称的合规性、合理性，未支付对价的合理性，是否可长期持续使用"。华厦眼科在其 IPO 申报文件的问询回复[①]中披露："根据 2016 年 10 月 27 日厦门眼科中心与厦门大学签署的合作协议，协议双方并未约定厦门眼科中心在使用'厦门大学附属厦门眼科中心'名称时需直接向厦门大学支付对价……公司承诺：如未来厦门大学要求本公司或本公司下属子公司厦门眼科中心进一步直接支付一定的冠名使用费，本公司将与厦门大学积极协商，并愿意在合理对价范围内支付冠名使用费。"

三、人员的独立性

与其他行业中，发行人的相关人员在科研院校兼职，须被重点核查及关注的情况有所不同，医校合作模式的人员兼职具有一定的合理性及法规支持。

---

① 《关于华厦眼科医院集团股份有限公司首次公开发行股票并在创业板上市的审核中心意见落实函的回复》，问题二，载 http://reportdocs.static.szse.cn/UpFiles/rasinfodisc/RAS_00017A12CBE0963FE35A9AF54672EF3F.pdf。

根据《普通高等医学院校临床教学基地管理暂行规定》的相关规定，附属医院可根据教学情况，为具有各级医疗卫生职称的人员评定或报请相应的教学职称。该等规定为致力于打造医、教、研全面发展的学院型民营医院的办院模式提供了合规性政策支持，也与附属医院承担一定的教研、临床实践职能的定位相符，具有合理性。

在是否可能构成职务发明的问题上，医疗机构亦与其他行业存在明显不同。作为医疗服务行业，医疗机构在日常的经营活动中所使用的技术主要为疾病的诊断和治疗技术等。根据《专利法》第25条的规定，对疾病的诊断和治疗方法不授予专利权。因此，医疗机构在核心业务上所使用的技术通常不属于专利技术，不存在需要获得专利授权或申请专利保护的情形。

医疗机构使用的诊断和治疗技术主要来源于学习研究行业内的专业知识，并通过与行业内专家研讨、开展诊疗服务获得经验等不断提升、优化。医疗机构与高等院校或医学院的合作中，会承接部分科研课题，该等课题的研究成果以研究报告、科研论文等形式呈现，不涉及职务发明。

关于上述知识产权成果的归属，实践中通常由医疗机构、校方、参与的个人三方根据项目立项情况、各方投入资源及参与程度等因素，在相关研究课题申报时协商确定知识产权归属及署名，以确认相关知识产权成果不存在权属争议或纠纷。

四、结语

根据《中共中央、国务院关于深化医药卫生体制改革的意见》（中发〔2009〕6号）的规定，为健全各类医院的功能和职责，需“优化布局和结构，充分发挥城市医院在危重急症和疑难病症的诊疗、医学教育和科研、指导和培训基层卫生人员等方面的骨干作用”。为建立可持续发展的医药卫生科技创新机制和人才保障机制，调整高等医学教育结构和规模，需“加强全科医学教育，完善标准化、规范化的临床医学教育”。

在我国，社会办医疗机构与高等院校或医学院合作成为其附属医院的情况较为普遍。医疗机构在提升自身学术研究水平和临床水平的同时，也为医学院提供了良好的临床教育基地。例如，2005年，东华医院正式成为中山大学非直属附属医院，其心内科、烧伤整形科、肾内科等先后获批成为中山大学硕士学位培养点；2009 年，南京明基医院挂牌成为南京医科大学承担临床驻点班教学任务的综合性附属医院；2018 年，树兰（杭州）医院正式挂牌北京航空航天大学附属树兰国际医院。此外，上海交通大学医学院附属苏州九龙医院、同济大学附属天佑医院、苏州大学附属瑞华医院等社会办医疗机构均为公立大学或医学院附属医院。

社会办医院作为医疗卫生服务体系不可或缺的重要组成部分，是满足人民群众多层次、多元化医疗服务需求的重要主体。加深医校合作是助力社会办医院向专业化、规模化、高水平医疗管理集团迈进的重要途径。我们也期待越来越多优秀的社会办医院早日在资本市场崭露头角，借助资本市场的力量实现健康、持续、蓬勃的发展。

从上市角度详谈生物医药企业与高校、科研院所的合作

赵昱东* 金梦阳 周希涵

*作者简介：

赵昱东，中伦律师事务所上海办公室资本市场部合伙人，电邮为：stevezhao@ zhonglun. com。

校企合作是企业提高研发实力与核心技术的重要方式。在生物医药行业，企业与高校、科研院所及其科研人员间的合作尤为普遍。据不完全统计，2022年上半年，港股、A股总计有26家境内生物医药企业上市，其中，港股5家，创业板10家，科创板9家，上交所主板2家。经检索上述企业的招股说明书，这26家生物医药企业均与高校、科研院所或其科研人员开展了合作，包括：(1)技术合作；(2)人员合作。

根据我们对市场的观察，上市监管部门往往会对生物医药企业进行的校企合作的法律合规性予以重点关注。基于此，结合近年来A股的系列案例和我们的实操经验，本文将从上市监管部门的审核关注视角，对生物医药企业与高校、科研院所开展合作涉及的合规要点予以总结分析，以期为读者提供参考。

一、生物医药企业与高校、科研院所合作的监管框架

(一)总体监管态度

总体来说，在满足不发生利益冲突等原则的前提下，国家对企业开展与高校、科研院所的合作一直持开放和支持的监管态度。近年来，随着《教育部、科技部关于加强高等学校科技成果转移转化工作的若干意见》(教技〔2016〕3号)、《财政部关于进一步加大授权力度 促进科技成果转化的通知》(财资〔2019〕57号)、《科学技术进步法》(2021年修订)等一系列法律法规的先后出台，企业与高校、科研院所开展合作的监管原则得以进一步细化。

(二)涉及的IPO法规监管要点(以科创板为例)

诚如前述，生物医药企业开展与高校、科研院所合作的主要内容为核心技术与科研人员。因此，就上市角度而言，相关IPO监管法规对生物医药企业开展校企合作的监管要点亦围绕核心技术与科研人员等展开，具体包括技术权属、核心专利数量、独立性、无侵权风险等方面。以科创板为例，生物医药企业开展与高校、科研院所合作涉及的主要IPO监管法规如表1所示：

表 1　生物医药企业开展与高校、科研院所合作涉及的主要 IPO 监管法规

序号	法规	具体规定
1	《首次公开发行股票注册管理办法》	第 12 条:…… (二)主营业务、控制权和管理团队稳定,首次公开发行股票并在主板上市的,最近三年内主营业务和董事、高级管理人员均没有发生重大不利变化;首次公开发行股票并在科创板、创业板上市的,最近二年内主营业务和董事、高级管理人员均没有发生重大不利变化;首次公开发行股票并在科创板上市的,核心技术人员应当稳定且最近二年内没有发生重大不利变化;发行人的股份权属清晰,不存在导致控制权可能变更的重大权属纠纷,首次公开发行股票并在主板上市的,最近三年实际控制人没有发生变更;首次公开发行股票并在科创板、创业板上市的,最近二年实际控制人没有发生变更; (三)不存在涉及主要资产、核心技术、商标等的重大权属纠纷,重大偿债风险,重大担保、诉讼、仲裁等或有事项,经营环境已经或者将要发生重大变化等对持续经营有重大不利影响的事项。
2	《科创属性评价指引(试行)》(2022 年修正)	一、支持和鼓励科创板定位规定的相关行业领域中,同时符合下列 4 项指标的企业申报科创板上市: (1)最近三年研发投入占营业收入比例 5% 以上,或最近三年研发投入金额累计在 6000 万元以上; (2)研发人员占当年员工总数的比例不低于 10%; (3)应用于公司主营业务的发明专利 5 项以上; (4)最近三年营业收入复合增长率达到 20%,或最近一年营业收入金额达到 3 亿元。
3	《公开发行证券的公司信息披露内容与格式准则第 57 号——招股说明书》	第 48 条:发行人应披露主要产品或服务的核心技术及技术来源,相关技术所处阶段(如处于基础研究、试生产、小批量生产或大批量生产阶段);披露核心技术是否取得专利或其他技术保护措施。 发行人应按重要性原则披露正在从事对发行人目前或未来经营有重大影响的研发项目、进展情况及拟达到目标,报告期研发费用占营业收入的比例等。与他人合作研发的,应披露合作协议主要内容、权利义务划分约定及采取的保密措施等。 发行人应披露保持技术持续创新的机制、技术储备及创新安排等。 第 73 条:发行人应分析披露其具有直接面向市场独立持续经营的能力,主要包括: …… (七)发行人不存在主要资产、核心技术、商标有重大权属纠纷,重大偿债风险,重大担保、诉讼、仲裁等或有事项,经营环境已经或将要发生重大变化等对持续经营有重大影响的事项。 ……

续表

序号	法规	具体规定
4	《上海证券交易所股票发行上市审核规则》	第 39 条:本所发行上市审核机构可以根据需要,就申报科创板企业的发行上市申请文件中与发行人业务与技术相关的问题,向本所科技创新咨询委员会进行咨询;科技创新咨询委员会所提出的咨询意见,可以供本所审核问询参考。

二、生物医药企业与高校、科研院所开展技术合作的合规要点

(一)概述

根据《促进科技成果转化法》等规定和市场实践,生物医药企业与高校、科研院所开展技术合作的最常见方式包括:(1)企业受让(买断)高校、科研院所的技术成果;(2)高校、科研院所许可企业使用其技术成果;(3)高校、科研院所以其技术成果作价入股企业;(4)高校、科研院所与企业共同合作研发。由于上市监管部门对生物医药企业以不同合作方式开展校企合作有着不同的审核关注点,因此下文将简析生物医药企业以各类合作方式与高校、科研院所开展技术合作所需关注的合规要点。

(二)生物医药企业受让(买断)高校、科研院所技术成果的合规要点

1. 审批/备案问题

根据《促进科技成果转化法》《事业单位国有资产管理暂行办法》《财政部关于进一步加大授权力度　促进科技成果转化的通知》(财资〔2019〕57 号)等的规定,高校、科研院所对其持有的技术成果,原则上均可由高校、科研院所自主审批决定,但涉及国家秘密、国家安全的除外。关于生物医药企业自高校、科研院所受让(买断)技术成果涉及的审批、备案程序要求,具体如表 2 所示:

表 2　生物医药企业自高校、科研院所受让(买断)技术成果涉及的审批、备案程序要求

科技成果类型	应履行的审批、备案程序
一般性技术成果	由高校、科研院所自主审批决定; 无须报主管部门和财政部审批或者备案
涉及国家秘密、国家安全及关键核心技术的技术成果	授权中央级研究开发机构、高等院校的主管部门按照国家有关保密制度的规定进行审批; 于前述主管部门批复之日起 15 个工作日内将批复文件报财政部备案

2. 资产评估问题

根据《事业单位国有资产管理暂行办法》《财政部关于进一步加大授权力度促进科技成果转化的通知》(财资〔2019〕57 号)等的规定,高校、科研院所向企业转化技术成果的行为,由高校、科研院所自主决定是否进行资产评估。经进一步考察部分高校、科研院所公开的管理规定,我们发现就转让或者作价入股形式而言,绝大多数高校均明文要求须对拟转让技术成果进行资产评估;就技术许可形式而言,不同高校的规定有所差异,如复旦大学要求除非项目公司属于国有全资企业,否则对外实施技术成果许可必须进行价值评估;武汉大学则规定许可实施的技术成果可不进行资产评估。

此外,值得一提的是,因高校、科研院所向生物医药企业转让技术成果往往会涉及评估作价问题,所以在交易节奏的安排上,需考虑引入第三方评估机构完成拟转让知识产权的评估并完成全部评估流程对交割时间的影响。一般而言,知识产权评估需要一两个月,具体根据技术成果的复杂性来确定评估的时间。

3. 交易及定价方式问题

根据《促进科技成果转化法》的规定,生物医药企业受让(买断)高校、科研院所技术成果主要有三种交易及定价方式,即协议定价、在技术交易市场挂牌交易和拍卖。可能是由于协议定价在交易流程上具有灵活性、保密性等优势,实践中高校、科研院所之间的技术成果转让主要以协议定价的方式进行,如药康生物(688046)便曾以协议定价的方式,自南京大学生物研究院受让相关知识产权。

就协议定价方式而言,生物医药企业自高校、科研院所受让技术成果,需关注以下合规要点:

(1)协议定价存在最低价格限制。大多数高校一般均要求协议价格应在评估价格的基础上确定。

(2)协议定价应予公示。通过协议定价的,高校、科研院所应当在本单位公示科技成果名称和拟交易价格,公示时间不少于 15 日。项目公司则需要关注转让方是否完成了该公示工作,以及公示过程中是否有第三方提出异议而影响转让最终完成。

(3)涉密科技成果转化仅能协议定价,以免在公开挂牌交易或者拍卖中泄露。

(4)转让交易涉及的科技成果完成人、转移转化工作参与人及其直系亲属有在受让企业持股或担任法人代表、董事、监事、高管等关键管理人员的,被称为关联交易。关联交易一般禁止协议定价。比如,复旦大学、武汉大学等均明确规定,若科技成果的转让或许可属于关联交易,须通过挂牌交易或拍卖定价。

(三)生物医药企业自高校、科研院所取得技术成果授权许可的合规要点

关于技术成果授权许可,上市监管部门往往会关注该等授权许可的合法合规性。特别是,对于采用 License - in(许可引进)模式的生物医药企业而言,来自高校、科研院所的技术成果授权许可往往是其商业模式不可或缺的一部分。

根据我们对市场的观察,目前 A 股 IPO 的监管审查基本要求为:发行人的主要核心技术应当为自有技术成果。若发行人的核心技术中存在部分授权技术成果的情况,可能会成为上市监管部门关注的问题,并会重点关注技术成果授权许可的稳定性、技术成果授权许可的合理性、技术成果授权许可对发行人业务的影响等问题。

以海和生物为例,其与中国科学院上海药物研究所等高校、科研院所达成了多项药物技术的全球独占许可,但由于目前 A 股 IPO 监管对采用 License - in 模式的生物医药企业的审核较为谨慎和严苛,海和生物上市失败。相较之下,采用 License - in 模式的生物医药企业在港股上市成功的可能性更大。目前,采用 License - in 模式的生物医药企业在港股上市的成功案例包括再鼎医药(09688)、云鼎新耀(01952)。

(四)高校、科研院所技术成果作价入股企业的合规要点

根据我们对相关案例的观察,上市监管部门针对高校、科研院所技术成果作价入股企业,往往重点关注:(1)出资所用的技术是否涉及职务成果和纠纷;(2)出资评估作价的公允性,是否存在高估的情形,是否属于出资不实。结合我们的实操经验,为进一步避免技术成果作价入股产生的相关争议,建议在作价入股合同中进一步明确以下问题:(1)技术资料的交接和权利的移交、技术入股方的技术培训和指导;(2)后续改进成果的权属;(3)技术成果(如专利)被宣告无效或权利终止后股东间、股东与公司间的关系;(4)技术入股一方后续转让股权或撤资时,技术入股对应的股权价格。

在技术成果作价入股企业领域,另一个值得关注的点是专利使用权是否可作价入股。虽然从法律法规层面来讲,《公司法》等法律并未禁止专利使用权作价入

股。在 IPO 审查实践中，除了 2009 年上市的罗普斯金（002333）存在专利使用权出资的情况，未被要求整改，近年来上市的赛诺医疗（688108）和芯源微（688037）均就专利使用权情况进行了整改。因此，谨慎起见，我们建议拟 IPO 生物医药企业尽量不要接受专利使用权作为出资。如果股东已以专利使用权出资，亦建议具体问题具体分析；如果无法作出合理解释，可考虑在监管机构可以接受的前提下弥补出资瑕疵，甚至通过出资置换等方式对专利使用权出资进行规范。

（五）高校、科研院所与企业共同合作研发的合规要点

根据《公开发行证券的公司信息披露内容与格式准则第 57 号——招股说明书》等相关招股说明书的披露与格式要求等规定：与其他单位合作研发的，应披露合作协议的主要内容——权利义务划分约定及采取的保密措施等。在实操层面上，上市监管部门近年来重点关注该等共同合作研发技术的权属是否清晰、无争议等问题，如迈普医疗（301033）、科前生物（688526）等。

基于相关上市合规要求，我们建议，生物医药企业在与高校、科研院校签署书面协议时，应注意明确合作研发项目所涉相关事项（主要包括合作方式、知识产权权益归属、保密义务等），以避免以下相关问题：（1）研发费用非由各方独立核算；（2）企业占用高校或科研机构场地设备而未支付相应对价；（3）违反高校或科研机构管理规定让学生或其他科研人员参与合作研发项目；（4）共有知识产权利益归属约定不明；（5）企业无偿或以不合理价格受让高校或科研机构知识产权等。

在申报前，如发现上述缺乏商业合理性的企业占利行为，建议采用由高校或科研机构出具《说明函》（主要表明双方就相关事项不存在纠纷）、补签协议、补偿差价等方式予以规范。

三、生物医药企业与高校、科研院所开展人员合作的合规要点

（一）高校、科研院所技术人员兼职、入股问题

根据《科学技术进步法》等法律规定，我国对高校中的非党员领导干部及不属于参照公务员法管理的领导人员的兼职、入股行为持鼓励态度，但对高校中的党员领导干部的兼职、入股行为持限制或禁止态度，具体如表 3 所示：

表 3 高校中的党员领导干部的兼职、入股行为限制或禁止

人员类型	适用原则
非党员领导干部及不属于参照公务员法管理的领导人员	鼓励不属于党员领导干部*（包括非党员领导干部）的高校类科研人员在企业兼职领薪或在职创办企业
党员领导干部	限制或禁止作为党员领导干部的高校类科研人员在企业兼职领薪或经办企业

注：* 根据中央纪委国家监委官网关于“党员领导干部”的解释，“高校或科研机构的党政领导干部”一般指：公办高校或科研机构的领导班子（如正副校长、正副党委书记、党委常委等副厅局级以上的领导）及其他六级（处级副职）以上管理岗位的中共党员。

综上，生物医药企业在聘用高校、科研院所技术人员或接受其入股时应注意：(1)该技术人员的兼职、入股行为是否符合高校类科研人员校外兼职的相关法律法规的规定；(2)该技术人员的兼职、入股行为是否已取得主管部门的审批同意。

（二）高校、科研院所技术人员离岗创业问题

除了上述兼职方式外，根据《实施〈中华人民共和国促进科技成果转化法〉若干规定》的规定，高校、科研院所技术人员亦可选择离岗创业，如曾拟申报科创板的瑞博生物董事长便采用了离岗创业方案。但需要注意的是，由于“离岗创业原则上不超过 3 年时间内科研院校可以为科研人员保留人事关系”，在科研人员保留人事关系的情况下，为保证其一直在拟上市生物医药企业处工作，可以要求科研人员出具承诺“若最长 3 年的离岗创业期限届满前，未能与科研院校签署继续离岗创业的协议，其将从科研院校办理离职手续并全职在拟上市生物医药企业处工作”。

（三）高校、科研院所技术人员（非员工）可否接受股权激励问题

根据《监管规则适用指引——发行类第 4 号》《监管规则适用指引——发行类第 5 号》《上市公司股权激励管理办法》《〈首次公开发行股票注册管理办法〉第十二条、第十三条、第三十一条、第四十四条、第四十五条和〈公开发行证券的公司信息披露内容与格式准则第 57 号——招股说明书〉第七条有关规定的适用意见——证券期货法律适用意见第 17 号》等规定，发行人首发申报前实施员工持股计划的，原则上应当全部由公司员工构成，仅对于：(1)参与员工持股计划时为公司员工，离职后按照员工持股计划章程或者协议约定等仍持有员工持股计划权益

的人员，可不视为外部人员；(2)新《证券法》施行之前（2020 年 3 月 1 日之前）制订的员工持股计划，参与人包括少量外部人员的，可不作清理。

根据上述规定，我们理解对于新制订的以限制性股权为授予方式的激励计划，激励对象应均为公司员工或与公司存在雇佣关系的人员，如要实现对高校、科研院所技术人员（非员工）的激励，主要可通过以下两种形式：

1. 以期权方式授予高校、科研院所技术人员

“证券期货法律适用意见第 17 号”明确要求，员工持股计划的范围原则上为全体公司员工；2020 年 3 月 1 日后，员工持股计划及员工持股平台中不能存在非公司员工。我们理解，可以以期权方式授予高校、科研院所技术人员（非员工），但最迟须在行权时将该等高校、科研院所技术人员纳入为公司员工。

2. 为高校、科研院所人员单独设立平台

鉴于上述规定，我们认为对于高校、科研院所技术人员（非员工）的“激励”，较为稳妥的做法应当是不将其认定为员工持股计划，而是采取单独为非公司员工设立持股平台的形式给予其一定的公司股权。

就上述两种对高校、科研院所技术人员（非员工）的激励形式，发行人仍需关注股份支付问题。根据《企业会计准则第 11 号——股份支付》，产生股份支付的对象不仅包括员工，还包括为企业提供服务的其他方，因此，对非员工进行股权激励可能会产生股份支付问题。对此，建议企业在股权激励的实施阶段，聘请会计师对相关情况进行规划，避免对公司的财务数据产生重大不利影响。另外，就高校、科研院所人员担任股东的资格问题，需要满足高校、科研院所人员兼职、持股本身的法律法规要求（详见本文第三部分之第 1 点“高校、科研院所技术人员兼职、入股问题”）。

四、结语

从上市角度而言，监管部门对生物医药企业与高校、科研院所开展的技术合作的关注重点包括：(1)高校、科研院所技术成果转化的评估或备案、资产评估、交易定价问题；(2)高校、科研院所技术成果授权许可与核心技术的关系问题；(3)高校、科研院所技术入股的合规性问题；(4)高校、科研院所的合作协议内容问题；(5)高校、科研院所技术人员的兼职、入股、股权激励问题。当下大多

生物医药企业或多或少与高校、科研院所开展合作,因此就上述上市关注问题的合规要点,须在生物医药行业领域的投融资、并购、IPO 和日常运营中引起足够重视。

CHAPTER 02

大健康产业并购及投融资

基因检测服务行业核心资质盘点

陈芳 高欣 胡韵*

*作者简介：

陈芳，中伦律师事务所上海办公室私募基金与资管部合伙人，电邮为：catherinechen@zhonglun.com。

高欣，中伦律师事务所上海办公室私募基金与资管部合伙人，电邮为：shaungao@zhonglun.com。

胡韵，中伦律师事务所上海办公室私募基金与资管部非权益合伙人，电邮为：huyun@zhonglun.com。

基因检测服务呈现蓬勃发展态势，广泛应用于体外诊断性检测服务（IVD）、辅助生殖、癌症筛查、遗传病筛查、伴随诊断等多个领域，近年来获得投资机构的青睐和关注。

基因检测服务行业因其自身的特殊性，在监管方面有很多特殊要求。本文将从主体资质、人员资质和产品资质三个方面分析梳理基因检测服务行业涉及的核心资质。

一、基因检测服务行业的主体资质

（一）《医疗机构执业许可证》

根据《医疗机构管理条例》的规定，从事疾病诊断、治疗活动的医院、卫生院、疗养院、门诊部、诊所、卫生所（室）以及急救站等医疗机构执业，必须进行登记，领取《医疗机构执业许可证》。

目前，市场上开展基因检测的除医院之外的第三方机构，大多选择以医学检验实验室的类别申请《医疗机构执业许可证》，因此还需要遵守《医学检验实验室基本标准（试行）》和《医学检验实验室管理规范（试行）》的相关规定。

取得《医疗机构执业许可证》只是可以合法开展基因检测业务的第一步。根据原国家食品药品监督管理总局办公厅、原国家卫生和计划生育委员会办公厅于2014年2月9日颁布的《关于加强临床使用基因测序相关产品和技术管理的通知》（食药监办械管〔2014〕25号，以下简称“25号文”）的相关规定，原国家卫生计生委确定的基因测序临床应用试点单位，可以按照医疗技术临床应用管理的相关规定试用基因测序产品，并做好相应技术的验证与评价。

另外，《医学检验实验室管理暂行办法》第26条规定：“医学检验实验室开展基因扩增、艾滋病检测、产前筛查与诊断、胚胎植入前遗传学筛查与诊断等特殊检验项目，应按照国家卫生健康委相关规定通过有关部门审核后，方可开展。”

因此，取得《医疗机构执业许可证》后，开展基因检测的主体还要就其基因检测活动中所使用的医疗技术取得事先审批。

（二）医学检验项目审核管理：临床基因扩增检验实验室设置批复

医疗机构应当按照核准登记的医学检验科下设专业诊疗科目设定临床检验项目、提供临床检验服务，主要包括临床血液与体液检验、临床化学检验、临床免疫检验、临床微生物检验、临床细胞分子遗传学和临床病理等专业大类。新增医学检验科下设专业或超出已登记的专业范围开展临床检验项目，应当按照《医疗机构管理条例》有关规定办理变更登记手续。然而，《医疗机构临床检验项目目录（2013 年版）》在 2013 年后没有修订，基因检测企业很多新的技术没有列入该目录。《国家卫生计生委办公厅关于临床检验项目管理有关问题的通知》（国卫办医函〔2016〕167 号）提出："对于未列入《医疗机构临床检验项目目录（2013 年版）》，但临床意义明确、特异性和敏感性较好、价格效益合理的临床检验项目，应当及时论证，满足临床需求。"这为基因检测企业更精准地核准登记临床检验提供了一个法律依据。

另外，根据《医疗机构临床实验室管理办法》（2020 年修订）、《医疗机构临床基因扩增检验实验室管理办法》（以下简称《临床基因扩增实验室管理办法》）等相关规定，开展临床基因扩增检验技术的医疗机构，应向省级卫生行政部门提出临床基因扩增检验实验室设置申请，通过技术审核后办理临床基因扩增检验项目的登记工作；对于擅自开展临床基因检验项目的医疗机构，由省级卫生行政部门依据《医疗机构管理条例》第 47 条和《医疗机构管理条例实施细则》第 80 条处罚，并予以公告。公告所需费用由被公告医疗机构支付。

（三）病原微生物实验室安全监管

《病原微生物实验室生物安全管理条例》第 4 条规定："国家对病原微生物实行分类管理，对实验室实行分级管理。"第 18 条规定，根据实验室对病原微生物的生物安全防护水平，并依照实验室生物安全国家标准，将实验室分为一级、二级、三级、四级。第 22 条规定，三级、四级实验室，需要从事某种高致病性病原微生物或者疑似高致病性病原微生物实验活动的，应当报省级以上人民政府卫生主管部门或者兽医主管部门批准。目前市场中，大多数基因检测企业的实验室设置为二级病原微生物实验室（BSL－2）。

根据《新型冠状病毒实验室生物安全指南》（第二版），新冠病毒培养、动物感染实验，应当在生物安全三级实验室操作；未经培养的感染性材料在采用可靠的方法灭活前进行的病毒抗原检测、血清学检测、核酸提取、生化分析，以及临床样本的灭活等操作，应当在生物安全二级实验室进行，同时采用生物安全三级实验室的个人防护。在 2021 年、2022 年常态化核酸检测的过程中，某些基因检测企业的下属实验室持有当地卫生健康委员会办公室或某市临床检验中心审核的新冠病毒核酸检测批复，依此被认定为具备开展新冠病毒核酸检测条件的检测机构。

（四）医疗器械生产许可证、医疗器械经营许可证

根据《医疗器械生产监督管理办法》，开办第二类、第三类医疗器械生产企业的，应当向所在地省、自治区、直辖市食品药品监督管理部门申请生产许可。

根据《医疗器械经营监督管理办法》，经营第一类医疗器械无须许可和备案，经营第二类医疗器械实行备案管理，经营第三类医疗器械实行许可管理。

目前，国内规模较大的基因检测公司（如华大基因等），均会向基因检测的上游发展，自行生产、经营与基因检测相关的测序仪、测序试剂和耗材，一般还获取了《医疗器械生产许可证》及《医疗器械经营许可证》。

二、基因检测服务行业的人员资质

（一）临床基因扩增检验技术人员上岗证书

根据《临床基因扩增实验室管理办法》的规定，医疗机构临床基因扩增检验实验室人员应当经省级以上卫生行政部门指定机构技术培训合格后，方可从事临床基因扩增检验工作；医疗机构临床基因扩增检验实验室如使用未经培训合格的专业技术人员从事临床基因扩增检验工作的，则由省级卫生行政部门责令其停止开展临床基因扩增检验项目，并予以公告，公告所需费用由被公告医疗机构支付。

（二）母婴保健技术考核合格证书

根据《国家卫生计生委办公厅关于规范有序开展孕妇外周血胎儿游离 DNA 产前筛查与诊断工作的通知》（国卫办妇幼发〔2016〕45 号）以及《产前诊断技术管理办法》的要求，从事孕妇外周血胎儿游离 DNA 产前筛查与诊断的专业技术人员应符合以下所有条件：(1) 从事临床工作的，应取得执业医师资格；(2) 从事医技和辅助工作的，应取得相应卫生专业技术职称；(3) 符合《从事产前诊断卫生专业技术人员的基本条件》；(4) 经省级卫生健康主管部门考核合格，取得从事产前诊断的《母婴保健技术考核合格证书》或者《医师执业证书》中加注母婴保健技术（产前诊断类）考核合格的。

此外，从事孕妇外周血胎儿游离 DNA 产前检测的实验室人员应当经过省级以上卫生计生行政部门组织的临床基因扩增检验技术培训，并获得培训合格

证书。

对于非医疗机构和非医务人员开展孕妇外周血胎儿游离 DNA 采血或检测的，按照非法行医进行查处；对不具备资质开展孕妇外周血胎儿游离 DNA 检测或采血的，按照《医疗机构管理条例》第 47 条、《产前诊断技术管理办法》第 30 条等规定进行处罚。

（三）从事体外诊断试剂的质量管理人员

根据《医疗器械监督管理条例》《体外诊断试剂注册与备案管理办法》《体外诊断试剂分类规则》的规定，与人类基因检测相关的试剂属于第三类体外诊断试剂。根据《医疗器械经营质量管理规范》的规定，从事体外诊断试剂的质量管理人员中，应当至少有 1 人为主管检验师，或具有检验学相关专业大专及以上学历或者中级以上专业技术职称，并从事检验相关工作 3 年以上工作经历。从事体外诊断试剂验收和售后服务工作的人员，应当具有检验学相关专业中专以上学历或者具有检验师初级以上专业技术职称。

三、基因检测服务行业的产品资质：《医疗器械注册证》

根据“25 号文”的相关规定，基因测序诊断产品（包括基因测序仪及相关诊断试剂和软件），通过对人体样本进行体外检测，用于疾病的预防、诊断、监护、治疗监测、健康状态评价和遗传性疾病的预测等，符合医疗器械的定义，应作为医疗器械管理，并应按照《医疗器械监督管理条例》及相关产品注册的规定申请产品注册；未获准注册的医疗器械产品，不得生产、进口、销售和使用。其中，用于临床检测的基因测序仪、诊断软件产品，按照《医疗器械注册与备案管理办法》的相关程序和要求申请注册；相关体外诊断试剂，按照《体外诊断试剂注册管理办法》（已失效）的相关程序和要求申请注册。

根据《医疗器械注册与备案管理办法》确立的监管原则，第一类医疗器械（以下简称Ⅰ类医疗器械）实行备案管理。第二类医疗器械（以下简称Ⅱ类医疗器械）。第三类医疗器械（以下简称Ⅲ类医疗器械）实行注册管理。根据相关法律规定，常见基因检测产品的分类如下：

（一）作为Ⅰ类医疗器械管理的基因检测产品

根据 2014 年 1 月 14 日颁布的《国家食品药品监督管理总局办公厅关于基因

分析仪等3个产品分类界定的通知》(食药监办械管〔2014〕8号,以下简称“8号文”)的规定,测序反应通用试剂盒(测序法)划为Ⅰ类医疗器械管理产品。

(二)作为Ⅲ类医疗器械管理的基因检测产品

根据“8号文”的规定,基因分析仪(一种由移液模块、成像检测模块、数据处理模块及显示控制部分组成,通过对样本中DNA或RNA分析,检测人基因数量和序列变化的医疗器械)作为Ⅲ类医疗器械管理。

根据《国家食品药品监督管理总局办公厅关于多功能超声骨刀等127个产品分类界定的通知》(食药监办械管〔2015〕104号)的规定,对特定基因进行分析的基因检测试剂盒,通常被划分为Ⅲ类医疗器械进行管理。

《体外诊断试剂分类规则》根据产品风险程度由低到高,将体外诊断试剂分为第一类、第二类、第三类产品。与人类基因检测相关的试剂属于第三类产品。

(三)需要视情况而确定的基因检测产品

“8号文”规定:“胎儿染色体非整倍体(T21、T18、T13)基因检测(测序法)Z值计算软件:由表1、表2两部分组成,导入并计算由BGISEQ基因分析仪输出的特定(21、18和13号)染色体上的有效DNA序列数据,获得对应染色体唯一比对比率(UR%),与正常样本比较获得Z值,用于产前染色体非整倍体(T21、T18和T13)基因检测数据计算。如果软件仅使用通用函数计算,不按照医疗器械管理;如果使用企业特有算法,则作为Ⅱ类医疗器械管理。分类编码6870。”

虽然根据“25号文”的规定,基因测序诊断产品应当按照医疗器械进行管理,取得相应的备案或注册许可证,但在目前基因检测服务行业内,普遍存在使用未取得医疗器械注册或备案的基因检测产品的现象。

以肿瘤基因检测服务行业为例,在2018年7月23日之前,直到《2018年07月23日准产批件发布通知》发布,原国家食品药品监督管理总局尚未批准任何相关基因检测产品。随后,由广州燃石医学检验所有限公司申请的“人EGFR/ALK/BRAF/KRAS基因突变联合检测试剂盒(可逆末端终止测序法)”获得准产批件,成为中国首个获得批准的NGS肿瘤多基因检测试剂盒。

此外,基因检测服务行业中大量使用了进口产品,而根据《医疗器械注册与备案管理办法》的规定,申请注册或者办理备案的进口医疗器械,应当在申请人或者备案人注册地或者生产地所在国家(地区)已获准上市销售,但很多进口基因检测产品在其母国尚未获准上市销售,因此在我国国内暂时无法申请注册或办理备案。

值得关注的是,越来越多的基因检测产品(如基因检测试剂盒等)通过创新医疗器械特别审查程序成功获得审批上市。

四、基因检测服务行业涉及的人类遗传资源监管

除了上文提及的主体资质、人员资质、产品资质之外,基因检测企业在开展业务过程中,一般会涉及人类遗传资源采集、保藏、利用、对外提供等,需要根据《人类遗传资源管理条例》进行相关审批或备案。

2022 年 3 月 21 日,科学技术部在其官方网站发布了《人类遗传资源管理条例实施细则(征求意见稿)》。该征求意见稿作为将《人类遗传资源管理条例》各项制度全面落地的配套实施细则,非常具有实务指导价值。

初创生物医药企业公司架构及融资方案设计

葛永彬　董剑平[*]

[**] 作者简介：

葛永彬，中伦律师事务所上海办公室资本市场部合伙人，电邮为：geyongbin@ zhonglun. com。

董剑平，中伦律师事务所上海办公室资本市场部合伙人，电邮为：dongjianping@ zhonglun. com。

近年来，随着香港联交所及科创板先后允许未有收益或盈利的生物医药企业上市，中国生物医药产业规模持续增长，生物医药领域企业的设立、融资、产品交易、产品上市、公司上市等活动日益活跃，即便在2020年新冠疫情的背景下，生物医药行业的热度也未削减。公开资料显示，截至2021年4月，共有7家适用科创板第五套标准的生物医药企业在科创板上市，共有31家18A生物医药企业在港交所主板上市，仅2021年第一季度就有41家生物医药企业在纳斯达克交易所上市。如何设计完美的公司架构以便于公司顺利实现境内外融资和上市，如何制订合适的员工激励计划以便公司留存优秀人才等问题，对于初创生物医药企业而言十分重要，笔者建议，生物医药企业创始人尽快重视这些问题，以专业方式加以应对，为创业成功助力。

本文将结合笔者的执业经验，讨论如何根据公司创始人身份、融资资金来源和目标资本市场设计合适的公司架构，如何在融资交易文件谈判时平衡创始人和投资方利益，以及如何设计股权激励方案等重点问题，以期为生物医药企业创始人提供解决这些问题的思路。

一、公司架构

公司架构是初创生物医药企业首先需要关注并解决的问题。目前，生物医药企业常见的境内外上市架构有四种，笔者将介绍其结构及存在的法律问题，并总结在架构设计时需要考量的主要因素。

（一）离岸红筹架构

离岸红筹架构（见图1）以我国香港特别行政区和美国的资本市场为主要上市目的地。该架构优势包括：

（1）直接由离岸的开曼公司作为融资和上市主体，外籍创始人和境外投资人投资和退出不受外汇管制政策影响，对于美元投资人吸引力较大；

（2）对于中国内地以外经营较多的企业而言（如美国子公司、欧洲子公司等），开曼公司完成融资后，便于将资金提供给境外子公司使用，且便于在境外进行支付结算。

离岸红筹架构涉及的主要法律问题包括：

（1）就中国籍创始人而言，涉及中国境内居民境外融资返程投资的外汇登记

[依据《国家外汇管理局关于境内居民通过特殊目的公司境外投融资及返程投资外汇管理有关问题的通知》(汇发〔2014〕37号)(以下简称“37号文”)登记]手续的办理；

(2)就中国境内人民币投资机构而言，涉及国家发展改革委和商务部相关对外投资(Outbound Direct Investment，ODI)备案手续的办理；

(3)就中国籍员工参与激励计划而言，涉及“37号文”及《国家外汇管理局关于境内个人参与境外上市公司股权激励计划外汇管理有关问题的通知》(汇发〔2012〕7号)(以下简称“7号公告”)项下的备案登记手续办理；

(4)该架构中，如果企业后续有在中国境内上市(如科创板)的安排，那么相对而言，开曼公司的上市门槛可能较高[①]，目前成功上市案例有格科微、九号智能和华润微电子等。

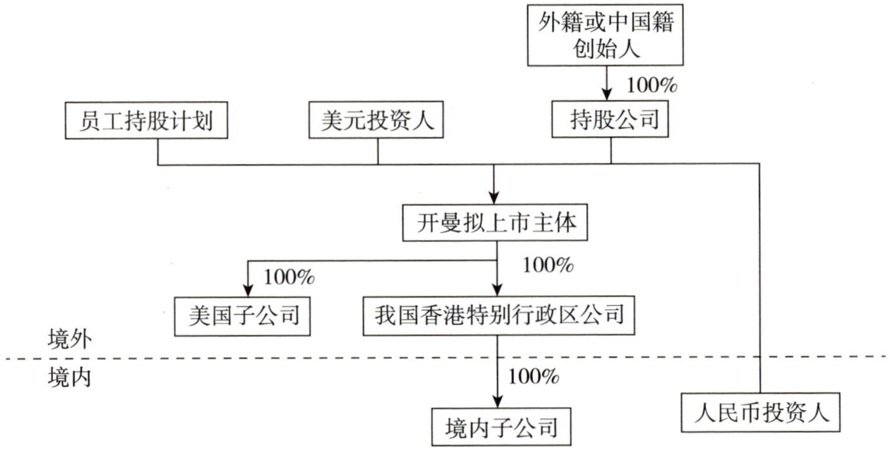

图1　离岸红筹架构

---

① 关于科创板的上市门槛，参见《证监会关于开展创新企业境内发行股票或存托凭证试点的若干意见》第3条的规定“……已在境外上市的大型红筹企业，市值不低于2000亿元人民币；尚未在境外上市的创新企业(包括红筹企业和境内注册企业)，最近一年营业收入不低于30亿元人民币且估值不低于200亿元人民币，或者营业收入快速增长，拥有自主研发、国际领先技术，同行业竞争中处于相对优势地位。”和《上海证券交易所科创板股票上市规则》(2020年12月修订)第2.1.3条及第2.1.4条的规定“……红筹企业，可以申请发行股票或存托凭证并在科创板上市。营业收入快速增长……尚未在境外上市红筹企业，申请在科创板上市的，市值及财务指标应当至少符合下列标准之一：(一)预计市值不低于人民币100亿元；(二)预计市值不低于人民币50亿元，且最近一年营业收入不低于人民币5亿元……发行人具有表决权差异安排的，市值及财务指标应当至少符合下列标准中的一项：(一)预计市值不低于人民币100亿元；(二)预计市值不低于人民币50亿元，且最近一年营业收入不低于人民币5亿元……”

（二）境内架构

境内架构（见图2）以我国境内资本市场或我国香港特别行政区H股为主要上市目的地。该架构优势包括：

（1）有利于引入境内人民币机构投资人的资金，不涉及跨境投资等手续办理；

（2）由于母公司设立在中国境内，在部分地区有利于申请当地政府优惠政策和补贴；

（3）鉴于我国境内资本市场为主要上市目的地，相较于我国香港特别行政区和美国市场，在部分细分行业，投资人可以享受相对较高的估值；

（4）虽然境外投资人投资和退出受外汇管制影响，但外商直接投资（Foreign Direct Investment，FDI）相较于对外投资（ODI）在外汇管制方面更为宽松，因此公司可以较方便地引入境外投资机构的资金，融资渠道更多元化。

境内架构涉及的主要法律问题包括：

（1）公司在上市前须变更登记为股份有限公司，通常方式是净资产折股，自然人股东须缴纳所得税或申请缓缴，较境外架构公司相对烦琐；

（2）境外员工参加激励计划的持股平台为有限合伙企业时，可能存在中外合资有限合伙企业登记手续较为复杂的问题；

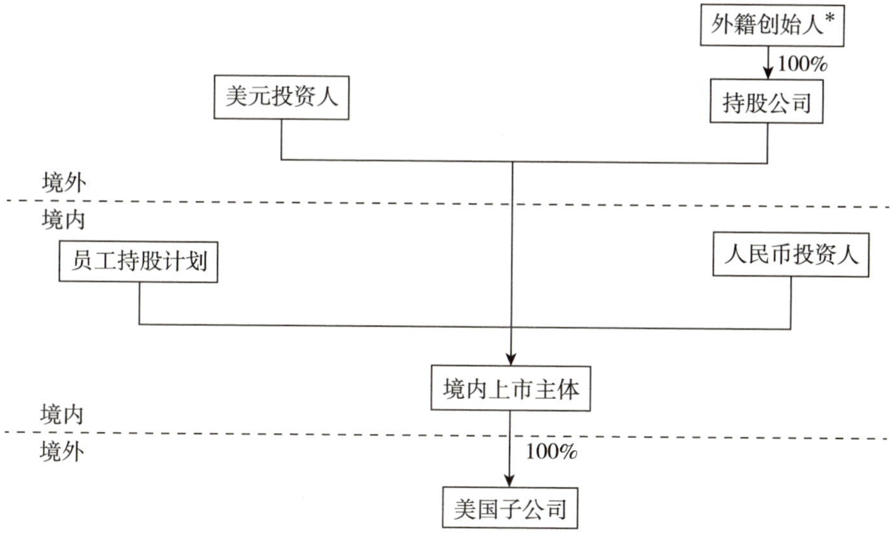

图2　境内架构

注：* 创始人亦可为中国籍。

(3)境内或H股上市涉及股东穿透核查,H股上市应向中国证监会履行备案程序①。

(三)双层架构("骑墙架构")

双层架构(见图3)暂时保留中国境内和境外两个融资平台,主要适用于尚未确定上市目的地的企业。该架构优势包括:

(1)融资渠道多元化,境内人民币投资人可以投资于境内融资平台,境外投资人可以投资于境外融资平台,境外投资人资金进出公司不受外汇管制政策的影响;

(2)境内人民币投资人无须以完成对外投资(ODI)备案作为投资的交割条件,提高了融资交易的确定性;

(3)在员工激励方面,境内外融资平台上可分别设立激励计划平台,实现被激励对象实际持有公司权益份额,增强激励效果。

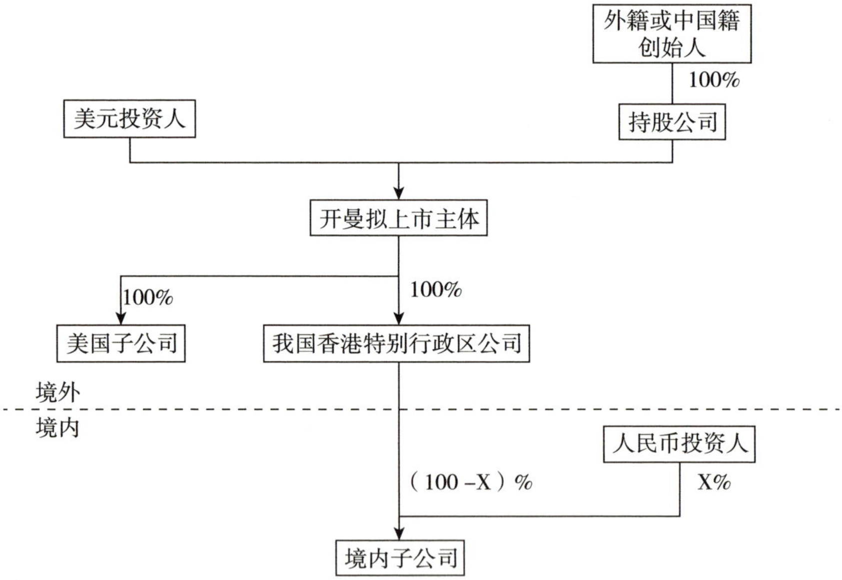

图3 双层架构

---

① 《境内企业境外发行证券和上市管理试行办法》(中国证券监督管理委员会公告〔2023〕43号)第2条规定,"境内企业直接境外发行上市,是指在境内登记设立的股份有限公司境外发行上市";第13条规定:"境外发行上市的境内企业,应当依照本办法向中国证监会备案,报送备案报告、法律意见书等有关材料,真实、准确、完整地说明股东信息等情况。"

双层架构可能涉及以下法律问题：

(1)就中国籍创始人而言，涉及“37 号文”登记手续的办理。

(2)在交易结构方面，相较于纯粹的红筹架构和境内架构更为复杂。由于公司尚未确定最终以境外融资平台还是以境内融资平台作为拟上市主体，因而境内外投资人通常都会要求享有将来在境外或境内融资平台持股的选择权，公司须为投资人准备一份认股权证(warrant)①。

(3)在投资人权利和公司治理方面，由于投资人分别在境内外融资平台持股，若投资人权利的行使及公司股东会和董事会的表决分别在境内外融资平台实施，则相关程序和效率会大打折扣。因此，双层架构中，通常会选择在适用普通法法域的境外融资平台层面安排投资人权利和相关表决权。

(4)在确定拟上市主体后，双层架构涉及一系列重组，其中涉及重组资金来源及税务成本等问题。

(四)VIE 架构

VIE 架构(见图 4)通常适用于特定限制或禁止外商投资的领域，在生物医药领域常见于涉及 ICP 许可证的在线医疗领域和涉及人体干细胞、基因诊断与治疗技术的开发和应用领域，该架构优势包括：

(1)自某互联网企业美国上市项目开始，除网络游戏和金融领域存在 VIE 控制权协议被法院认定为“以合法手段掩盖非法目的”的司法判例外，中国监管机构并未明确认定 VIE 架构违反法律规定。VIE 架构为部分限制和禁止外商投资的业务领域实现境外上市提供了解决方案。

(2)对于 VIE 架构企业的境外上市问题，我国《境内企业境外发行证券和上市管理试行办法》和中国证监会答记者问明确在遵守境内法律法规的前提下，满足合规要求的 VIE 架构企业备案后可以境外上市。

(3)VIE 架构的其他优势与离岸红筹架构类似。

---

① 根据该认股权证，投资人有权在符合特定条件的情况下认购拟上市主体的股份。

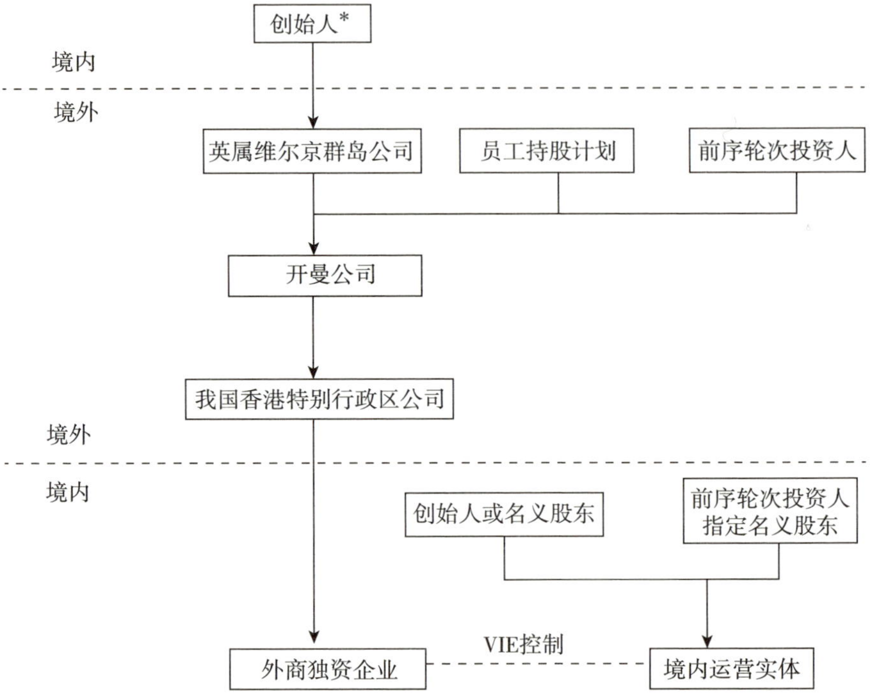

图4　VIE 架构

注：* 创始人亦可为外籍人士。

VIE 架构可能涉及以下法律问题：

(1) VIE 架构项下，境外融资平台的境外投资人无法在境内运营实体直接持股，而须通过一系列控制权协议间接享有境内运营实体的权益和收益；若境内运营实体及其名义股东违反控制权协议，如名义股东不服从公司决策、擅自处置境内运营实体资产、争夺境内运营实体控制权等，则境外融资平台的投资人的权益可能受到不利影响。

(2) VIE 架构使限制和禁止外商投资的行业可由外资间接参与，VIE 架构的合法性未被法律明确认可。VIE 控制权协议的效力可能受到个案司法判决的影响；在一些我国香港特别行政区上市案例中，VIE 架构也可能因部分地区的主管政府部门无法出具合规证明而受到挑战。

(3) 就中国境内人民币投资机构而言，涉及国家发展改革委和商务部相关对外投资(ODI)备案手续的办理。

(4)在境外上市全面备案制的背景下，满足合规要求的 VIE 架构企业境外上市和红筹架构境外上市一样，需向中国证券监督管理机构履行备案程序①；VIE 架构企业境外上市亦须遵守负面清单②的约定。

(5)根据香港联交所上市决策 HKEx－LD43－3(2022 年 1 月更新)，要求 VIE 控制权协议的采用只限于解决外资拥有权规限，即外资鼓励类和允许类业务须从境内运营实体剥离(Narrowly－tailored 原则)。

(五)小结

公司架构设计的主要考量因素包括创始人身份、预期上市目的地、融资渠道、运营所在地、员工激励、行业准入等。实践中，公司架构的设计应在前期调研工作的基础上，权衡创始人、投资人、公司运营、所在行业、相关政府部门备案审批程序等多方诉求，并综合考虑运营成本、税务、时间等因素。然而，没有最完美的公司架构设计，只有最适合公司发展的架构设计。

二、融资交易文件中的利益平衡

初创生物医药企业最常见的融资方式是从私募股权投资机构(PE/VC)取得融资，这意味着生物医药企业的创始人须以稀释股权和让渡公司部分表决权作为代价来换取投资人的资金以维持公司的运营。融资方案的设计，如何既能保护创始人利益又能兼顾投资人诉求是创始人必须重视的问题。本部分节选融资交易文件中常见的“对赌条款”“领售权(Drag－Along Right)条款”“董事席位与否决

---

① 对于 VIE 架构上市的具体核查要求和监管口径，我国《境内企业境外发行证券和上市管理试行办法》及配套指引的相关规定主要集中在发行人备案报告中对 VIE 架构搭设的原因、背景等进行披露；以及境内律师在法律意见书中对 VIE 架构进行核查并出具意见的要求。《监管规则适用指引——境外发行上市类第 2 号：备案材料内容和格式指引》附件备案报告示范文本中规定，“……4. 发行人存在协议控制架构的，说明：(1)协议控制架构搭建的原因及具体安排，包括协议控制架构涉及的各方法律主体的基本情况、主要合同的核心条款和交易安排等。(2)协议控制架构可能引发的控制权、相关主体违约、税务等风险。(3)风险应对措施安排”。

② 我国《境内企业境外发行证券和上市管理试行办法》第 8 条规定：“存在下列情形之一的，不得境外发行上市：(一)法律、行政法规或者国家有关规定明确禁止上市融资的；(二)经国务院有关主管部门依法审查认定，境外发行上市可能危害国家安全的；(三)境内企业或者其控股股东、实际控制人最近 3 年内存在贪污、贿赂、侵占财产、挪用财产或者破坏社会主义市场经济秩序的刑事犯罪的；(四)境内企业因涉嫌犯罪或者重大违法违规行为正在被依法立案调查，尚未有明确结论意见的；(五)控股股东或者受控股股东、实际控制人支配的股东持有的股权存在重大权属纠纷的。”

权条款”，举例说明融资交易文件中创始人和投资人的利益平衡问题。

（一）对赌协议

对赌协议是指融资过程中，投资人与目标公司、目标公司股东或实际控制人等就目标公司的估值及其调整机制、公司未来若干年内应达到的目标的合意约定。实践中，对赌协议的触发条款一般涉及公司未来若干年的业绩目标、能否在规定时间内上市等。对赌方式一般包括现金补偿、股权回购等。如何合理约定对赌条款、平衡投资人和创始人的权益，需要谈判技巧及法律实操经验。

对赌条款举例如下：如果公司不能在2025年1月1日前实现合格IPO或者未能在2024年9月30日前完成IPO申报，本轮投资人有权要求公司或者创始人以某价格回购本轮投资人所持有的全部或部分股权。

在对赌条款中分别更有利于维护投资人和创始人利益的要点如表1所示：

表1 对赌条款要点

投资人	创始人
业绩对赌 要求在投资后一段时期内目标公司需实现的业绩指标，若未能实现该等指标，创始人团队有义务以股权或以现金向投资人进行补偿	股权激励 要求增加对公司经营者或实际控制人的奖励性条款，约定经营业绩超过某水平时，以超过部分对经营者或实控人奖励股份
上市对赌 如果公司未能在×年×月×日实现合格IPO，投资人有权要求公司或创始人回购投资人所持有的全部或部分股权	设置补偿上限 对现金补偿提出限额，要求以投资人的投资额或以创始人届时持有的公司股权变现所得为限承担补偿责任

（二）领售权

领售权亦称拖售权或强制出售权，是指领售权人向第三方转让股权时，有权按照与其他股东（受领人，包括创始人团队）之间的事先约定，强制其他股东以相同交易条件在同一时间将股权转让给第三方的权利。

领售权条款举例如下：本轮投资完成后，如公司未能实现在2024年12月31日前完成合格IPO，并且本轮投资人未能依据本协议第×条约定的股权回购实现完全退出，且自本轮投资人未能依据本协议第×条实现完全退出之日起4个月内，未有除公司和创始人之外的其他方按照本协议第×条规定的价格和条件购买本轮投资人届时所持有公司的全部股权，则持有本轮超过51%投票权的投资人

(领售发起人)有权提出领售方案,通过一项交易或者一系列相关交易以合并、重组、股权出售、资产出售或任何其他形式将公司全部或实质全部出售给第三方(以上行为简称整体出售)。

在领售权条款中分别更有利于维护投资人和创始人利益的要点如表 2 所示:

表 2　领售权条款要点

投资人	创始人
优先股股东有权领售 持股比例超过 10% 的投资人即可发起领售; 持股比例超过 2/3 投资人同意,即可实施领售	时间标准 约定领售权仅在自本轮融资交割起 × 年后方可行使
	估值标准 1. 设定出售价格不得低于最低公司整体估值的金额; 2. 出售的价格须超过本轮投资后估值的 × 倍
	限定转让对象 限定未来出售事件中的买方不得是投资人的关联方

(三)董事席位与否决权

为了获得对公司重要事项的话语权,投资人通常会要求委派一名董事,对特定重大事项的决策拥有一票否决权。如果同一轮融资中有多名投资人,一般会将董事席位给予领投方,跟投方就不再享有委派董事的权利。

董事席位条款举例如下:各方同意,本轮投资方有权提名一名董事,且就以下约定的目标公司重大事项,须经本轮投资方提名的董事同意。“重大事项”包括:(1) 制定、修改目标公司章程的议案;(2) 目标公司增加或减少注册资本;(3) 任何目标公司与股东、子公司、董事、高级管理人员及其他关联方之间的关联交易;(4) 目标公司通过单个交易或一系列交易进行单笔或累计金额超过人民币 × 万元的重大资产处置及签署相应的资产处置协议,或在该等资产上设置抵押或其他第三方权利等。

在董事席位条款中分别更有利于维护投资人和创始人利益的要点如表 3 所示:

表 3 董事席位条款要点

投资人	创始人
董事会席位 为了获得对公司重要事项的话语权，通常一个投资人要求委派一名董事	观察员席位 对于股权占比较小的投资人，只允许委派一名无投票权的观察员列席董事会
单方否决权 投资人对公司董事会特定重大事项的决策拥有一票否决权	共同否决权或有条件的单方否决权 1. 特定重大事项的决策需要×分之×的投资人董事（而非每一位投资人董事）的批准； 2. 投资人持股比例低于×%，则丧失否决权
扩大否决权事项的外延 针对“修改章程”这一事项可包括增加或减少注册资本、变更经营范围、变更股东会或董事会的结构或表决规则等任何章程记载事项的变更	设定否决权适用的前置条件并缩小范围 1. 针对某一重大决策不得连续使用一票否决权； 2. 设置某一时间段内可以使用一票否决权的次数； 3. 针对正常经营事项不得行使否决权

三、股权激励

如何吸引并留住人才对初创生物医药企业长远发展具有重大意义。其中，股权激励是创始人与员工分享公司发展成果并激励员工长期为公司服务的有效方式。对于初创生物医药企业而言，用一部分股权激励作为员工报酬的一部分，也可减轻企业现金支付的压力。然而，不同公司架构的初创生物医药企业，其股权激励方案的设计也有所不同。本部分将结合笔者的实践操作，介绍离岸红筹架构公司的股权激励方案设计以及股权激励退出机制。

（一）股权激励架构

我们以离岸红筹架构的生物医药公司为例，若公司的被激励对象既有中国籍人士，又有外籍人士，图 5 展示了典型的股权激励架构：

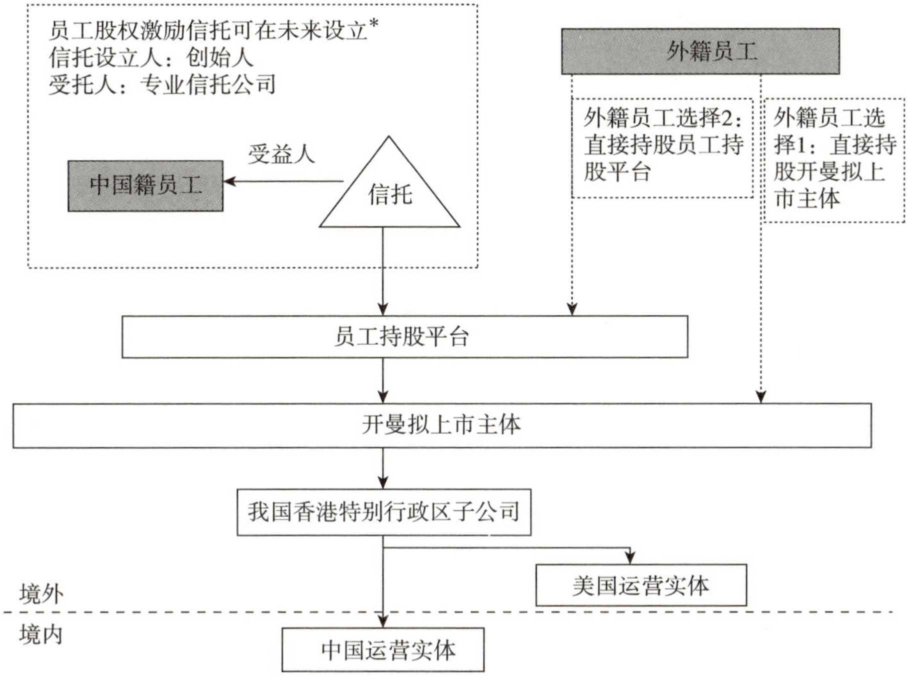

图 5　股权激励架构

注：* 目前，中国籍员工将以与外籍员工相同的方式签署期权协议，但该期权协议应约定，在公司IPO后行使期权，中国籍员工未来将被授予员工股权激励信托下的受益权。

搭建图5所示的股权激励架构，通常涉及以下几个主要步骤：

（1）针对中国籍员工因无法办理"37号文"登记而不能直接持有海外公司股权的问题搭建信托架构，可能涉及签署信托契约（trust deed）、确定信托机构等；

（2）外籍员工一般可直接持股开曼拟上市主体，但可视情况设立一个境外员工持股平台，统一间接通过境外员工持股平台持股，便于股份登记和管理；

（3）制订股权激励计划，其中应包括股权激励的退出机制和收回机制等内容，并应针对中国籍员工和外籍员工作相应的不同安排；

（4）准备与股权激励计划配套的期权授予协议或限制性股票授予协议以及其他相关的附属文件，包括归属通知、行权申请书等；

（5）公司内部董事会和/或股东会决议批准股权激励计划；

（6）确定激励对象名单和授予的期权或限制性股票数量，并和激励对象签署期权授予协议或限制性股票授予协议等相关文件；

(7)如有需要，可聘请税务师优化 ESOP 架构，优化和减轻税负，尤其是针对美籍员工，因美国税法规定了多种不同的激励形式，税负影响也不相同，包括激励性股票期权(Incentive Stock Options, ISOs)、非法定期权(Nonqualified Stock Options, NSOs)等，可能要根据美国税法要求相应修改激励计划和授予协议。

(二)股权激励的退出机制

在初创生物医药企业遍地开花的年代，人们的关注焦点常常在于企业如何进行股权激励，给予哪些员工股权激励，而容易忽视员工离职、业绩不达标时，如何收回激励股权。同时，对激励对象而言，通过股权退出获得的高额收益是更丰厚的激励利益；没有退出机制，激励难免沦为鸡肋。常见的股权激励退出机制如表 4 所示：

表 4　股权激励退出机制

<table>
<tr><th rowspan="2">个人特殊情形</th><th rowspan="2">未归属</th><th colspan="2">已归属*</th></tr>
<tr><th>上市前</th><th>上市后</th></tr>
<tr><td>退休；
死亡或丧失劳动能力</td><td>自动失效</td><td>可继续保留至上市后半年内行权，其余部分作废</td><td>在半年内行权，否则自动失效</td></tr>
<tr><td>主动离职；
聘用合同到期，不再续聘；
因不胜任岗位工作、考核不合格被辞退</td><td>自动失效</td><td>在聘用文件中有特殊约定的，按照约定执行</td><td>在半年内行权，否则自动失效</td></tr>
<tr><td rowspan="2">因贪污、受贿、索贿、盗窃、泄密等违法违纪行为，直接或间接损害公司利益、声誉；
因犯罪行为被依法追究刑事责任</td><td>自动失效</td><td colspan="2">自动失效且
追回收益(若有)</td></tr>
<tr><td colspan="3">公司有权要求激励对象对公司利益、声誉造成的损失进行赔偿</td></tr>
</table>

注：* 指满足协议约定的特定条件后(如员工在公司工作已满四年)，员工所持期权已达到可行权状态。

一套完整的股权激励方案，往往需要由几种股权激励基础模式组合而成，较为复杂，其中退出机制与股权激励的模式是密切相关、相互呼应的。只有事先对股权激励的退出机制进行细致、公平的约定，才能达到激励的效果，同时也能避免事后产生争议。

四、结语

创始人创办生物医药企业无疑都寄予了厚望,怀揣着能够创办一家属于中国的药企的目标不断前行。然而,每家生物医药企业,其公司架构、融资方案等设计的差异会对公司的发展产生不同的影响。没有最好的方案设计,只有最适合的方案设计。对于初创生物医药企业来说,有好的公司架构和成功的融资方案,是迈向远大征程的第一步,接下来,如何在业务层面合规运营,不因违反法律法规的禁止性规定而导致企业遭受处罚或停滞不前,是创始人和投资人需要不断思考并解决的问题。本文以上所提及的公司架构、融资方案、股权激励的不同设计方案,为笔者根据客户实践操作中遇到的相关问题的总结,不同的生物医药企业应根据自身的特点审慎地选择应用。

生物医药企业海外并购关注要点（德国篇）

龚乐凡　郭　闻*

* 作者简介：
龚乐凡，中伦律师事务所上海办公室私募基金与资管部合伙人，电邮为：lefangong@ zhonglun. com。
郭闻，中伦律师事务所上海办公室私募基金与资管部合伙人，电邮为：guowen@ zhonglun. com。

受地缘政治因素的影响,中国企业海外投资并购面临着新的挑战和障碍。这是近年来中国企业海外投资并购时关注的首要问题。

根据笔者的实务经验,欧美国家作为目的国(东道国)针对外国投资的审查(简称 FDI 审查)或已成为不可避免的大趋势,这也成为跨境投资并购交易“生死攸关”的重要环节。对于中国企业而言,海外投资还同时面临国内海外投资的审批。这些都对交易的流程、时间表乃至最终的成功与否有着至关重要的影响。轻视“出境 + 入境”审批和时间表管理,会令交易功亏一篑。

2020—2022 年,地缘政治的变化伴随着全球性公共健康及社会和经济危机,众多国家和地区加强其相关医疗研发领域以及大健康市场的严格准入审查,德国亦不例外。新冠疫情初期,德国立法部门为贯彻欧盟法律要求和应对公共健康危机,对其 FDI 审查规定启动了若干项修正案以加大审查力度。目前,投资者似乎对全球经济和外商直接投资的复苏抱有更高期望[①],对 2023 年度全球并购交易回暖亦持乐观态度[②]。但从目前趋势来看,各国家和地区外国投资审查制度趋严,中企海外投资并购决策依然须审慎,做好前期准备。

本文旨在聚焦中国企业在德国开展生物医药企业领域投资并购时面临的德国外商投资审查及相关实务要点,并结合成功的流程管理模型以及实际案例,协助企业认清复杂和不断变化的法律环境。

一、赴德投资并购生物医药企业概况和趋势

得益于稳定的经济体系、友善的营商环境、相对较低的劳动力成本增速,以及先进的科技、优质的基础建设和高度发达的研发框架,德国对境外投资者一直都具有较强的吸引力。根据科尔尼发布的 2023 年《外商直接投资信心指数报告》,德国高居全球第四位和欧洲国家榜首[③],预计中国企业将持续关注德国的投资并购机会。

德国是中国企业赴欧投资并购的重要目的国。2016—2017 年,中国企业对德

① See Kearney, *Cautious optimism*: *The* 2023 *FDI Confidence Index*, https://www. kearney. com/foreign - direct - investment - confidence - index/2023 - full - report.

② SS& C Intralinks, Forecast of global and regional M&A activity through 01, 2023.

③ See Kearney, *Cautious optimism*: *The* 2023 *FDI Confidence Index*, https://www. kearney. com/foreign - direct - investment - confidence - index/2023 - full - report.

投资达到高峰。然而,过去几年间,由于中国对外投资监管要求趋严、全球经济增长放缓以及德国外商投资审查力度加强等因素影响,中国赴德投资交易数量下跌,且以中小规模交易为主。

具体至生物医药行业,尽管对德国医药行业投资并购的监管和外商投资审查力度较大,2022 年度,市场上仍然涌现出一些中企投资并购德国生物医药行业的案例,如沃比医疗宣布其以 5 亿欧元的价格成功收购德国神经介入企业 Phonex GmbH,华东医药宣布其以 1.05 亿欧元的价格收购德国上市生物制药公司 Heidelberg Pharma(海德堡制药)总计 35% 的股权进而成为其第二大股东,以及再生医学企业 ReLive(睿生科技)收购德国生物科技公司 Co. Don AG。由此可以看出,德国企业卓越的研发及创新能力对中国资本仍具有较强的吸引力。

考虑近期对海外投资需求的释放,我们认为中国企业赴德投资并购的总体趋势持增长态势。然而,考虑到德国近几年不断收紧的 FDI 审查态势,中国企业海外投资并购德国生物医药企业时,须尤其重视其 FDI 审查制度,对拟议交易是否存在当地的外商投资限制进行法律分析,将 FDI 审查所带来的交易不确定性纳入整体交易架构设计考虑之中,避免交易在签约或交割后面临的监管风险,包括交易被撤销等风险。

以下我们将对德国 FDI 审查制度及其在生物医药领域投资并购项目中的适用进行简述。

二、德国 FDI 审查制度及其在生物医药行业领域中的法律适用

基于公共秩序、国家和公共安全的考虑,任何非欧盟企业或个人直接或间接收购德国企业超过特定比例的股份或表决权时,将会触发德国联邦经济事务与气候行动部(以下简称德国经济部)的外商投资审查;取决于标的公司所处的行业,德国经济部 FDI 审查的触发门槛以及后续的审查要求不尽相同;就该等审查,德国经济部将会作出最终决定,决定类型包括批准或无异议证明(Non-objection Certificate)、期限届满后假定批准或作出明确规定、公法合同或禁止交易等。

根据德国经济部发布的 2022 年度《德国投资审查:事实与数字》(*Investment Screening in Germany: Facts & Figures*),2022 年度德国 FDI 审查共计 306 起,其中,262 起属于跨行业审查,占比 86%;关于中国的 FDI 审查共计 37 起,位居第三,仅次

于美国(110 起)和英国(40 起);健康和生物科技(Health & Biotech)领域的 FDI 审查共计 34 起,位居第二,仅次于对信息和通信技术(Information & Communication Technology,87 起)行业的 FDI 审查。因此可以看出,中国企业赴德投资并购的 FDI 审查较多,以及德国在健康和生物科技领域的 FDI 审查的频率均相对较高。

下文将进一步就德国 FDI 审查方式、审查流程和时限、审查决定及该等决定对投资并购交易的影响等进行介绍,就德国 FDI 审查制度在生物医药行业领域中的适用予以重点关注。

(一)德国 FDI 审查概览及生物医药行业 FDI 审查的特点

德国对于外商直接投资进行审查的法律依据主要是《对外贸易法》(AWG)和《对外贸易条例》(AWV)。虽历经修订,但就目前法律框架而言,德国外商投资审查方式主要包括特定行业(sector - specific)投资审查机制、跨行业(cross - sector)投资审查机制两种,不同的审查方式所适用的对象和审查触发门槛等有所区别,具体如表 1 所示:

表 1　德国外商投资审查方式所适用的对象和审查触发门槛

事项	特定行业审查	跨行业审查		
适用对象	所有外国投资人在德收购	非欧盟外国投资人在德收购		
业务性质	与军事国防相关	关键业务	特定业务	其他业务
具体业务领域	特定军事装备 & IT(Information Technology)安全产品*	AWV 第 55a 条第 1 款第 1 ~ 7 项: 关键基础设施运营或软件(如水、能源、医药和健康领域相关公司); 云计算服务; 国家通信或远程信息处理基础设施、电信监控、具有时事性和广泛影响力的媒体	AWV 第 55a 条第 1 款第 8 ~ 27 项: 关键产品或技术(特定医疗器械、特定体外诊断医疗器械、基本药物、核或量子技术、保密专利或实用新型); 其他	所有其他业务部门/技术,如达到审查门槛,都可能被德国经济部依职权审查;为确保交易稳定性,建议主动申报并取得无异议证明
审查门槛	10% 的表决权	10% 的表决权	20% 的表决权	25% 的表决权
申报义务	必须	必须	必须	自主

续表

事项	特定行业审查	跨行业审查		
禁止交易的可能	存在	存在	存在	无
审核期限	根据德国经济部官网发布的 2022 年度申报的案件统计[1]： ·32% 的交易(99 起)在 1 个月以内； ·43% 的交易(132 起)审核时限在 1 ~2 个月； ·12% 的交易(36 起)超过 2 个月； ·13% 的交易(39 起)仍在审理中(截至 2023 年 1 月 9 日)。 从上述数据可以看出,超过 75% 的交易在 2 个月内审核完成。值得关注的是,根据交易类型和复杂度,法定的潜在审核期限可能长达 10 个月之久(见下述进一步对 FDI 审查流程的介绍)。			

注：＊目标公司开发或生产明确列出的武器,目标公司开发或生产保密专利或实用新型项下的军事技术产品,目标公司开发或生产具有 IT 安全功能、用于处理机密信息和重要组件的产品,目标公司为德国《安全审查法》(Sicherheitsüberprüfungsgesetz,SÜG)下的国防关键设施。

从行业领域来看,中企赴德投资并购生物医药企业通常属于“跨行业审查”的范围。然而,生物医药企业细分领域较广,既有可能涉及跨行业审查中的“特定业务”(AWV 第 55a 条第 1 款第 8 ~11 项[2]),从而仅在收购该等标的公司 20% 以上的表决权时须向德国经济部申报;又有可能涉及跨行业审查中的“关键业务”,从而在收购该等标的公司 10% 以上的表决权时须向德国经济部申报;涉及其他业务类型的生物医药企业,则只有在投资者收购 25% 以上表决权时才触发 FDI 审查。此外,根据德国 FDI 审查规定,除上述一般性的审查原则外,中企还须特别关注进一步收购表决权、非典型的控制权收购和间接收购德国企业等特殊情形下的审查要求,具体而言:

(1)进一步收购表决权。如果中企已经持有德国公司的相应表决权,其拟进一步收购表决权并达到特定门槛时,同样触发德国 FDI 审查要求。

---

① See Investment Screening in Germany: Facts & Figures (All figures as per 09 January 2023), https://www.bmwk.de/Redaktion/EN/Publikationen/Aussenwirtschaft/investment - screening - in - germany - facts - figures.pdf? __blob = publicationFile&v = 10.

② 包括个人医疗防护面罩及其主要原料研发、制造企业;医疗产品及其原材料和活性生物的研发、生产和临床推广企业,或被授权的医药产品销售企业;用于诊断、预防、监测、预测、预后、治疗或缓解重症和高度传染性疾病的药品研发、生产企业;用于提供生理或病理状态信息,或用于诊断、监测和治疗重症和高度传染性疾病的体外诊断医疗器械的研发、生产企业。

(2)非典型的控制权收购。德国 FDI 审查不仅包括境外投资人直接对德国标的公司的股份或者表决权的收购,也可能存在一些"非典型的控制权收购"。例如,通过股东协议授予境外投资人具体的权利或权力但未反映在表决权层面,或在董事会和监事会占据多数席位,或存在有关战略业务或人事事项的否决权、特定信息权等①,该等"非典型的控制权收购"安排均受制于德国 FDI 审查规定。

(3)间接收购。任何间接收购同样受制于德国 FDI 审查,因此,即使是间接股权结构的变化,也须从德国 FDI 审查的角度进行评估。

(4)中国"外资企业"赴德收购。原则上,欧盟成员国内的企业如果在德国的并购标的不属于特定行业,就不受制于上述 FDI 审查。然而,即使是 100% 的欧盟成员国企业赴德进行收购,如其用在中国投资设立的 WFOE(Wholly Foreign Owned Enterprise,外商独资企业)作为直接收购主体,也可能引发德国政府方面的关注,面临德国 FDI 审查。原因在于,虽然 WFOE 的实际控制人是欧盟成员国企业,德国政府仍然可能会认为该 WFOE 的管理决策独立于其股东(欧盟成员国企业),即 WFOE 在公司治理和业务开展方面具备一定的独立性,从而需要进一步审查。

综上,德国 FDI 审查规定较为复杂,审查的范围较广、门槛较低,且存在被德国经济部禁止交易的可能。因此,赴德投资并购生物医药企业时,须对每笔交易进行逐案逐议,并对具体的交易安排是否受制于德国 FDI 审查进行初步评估。

(二)德国 FDI 审查流程

基于上述对德国 FDI 审查概览的介绍,就 FDI 审查的具体流程而言(同样适用于生物医药领域的投资并购),德国经济部有权在给予投资者提前书面通知的情况下径行展开调查,投资者也应依据相关规定主动申报或申请签发无异议证明②。基本审查流程如图 1 所示③:

① 参见西盟斯律师事务所:《德国进一步扩大外国直接投资审查》,载微信公众号"西盟斯全球法律资讯"2021 年 5 月 28 日,https://mp.weixin.qq.com/s/poIsClW3Ow3VJ2KR9UvO9Q。

② Foreign Trade and Payments Act (Außenwirtschaftsgesetz – AWG), Section 14a.

③ See Investment Screening in Germany, https://www.bmwi.de/Redaktion/DE/Artikel/Aussenwirtschaft/investitionspruefung.html.

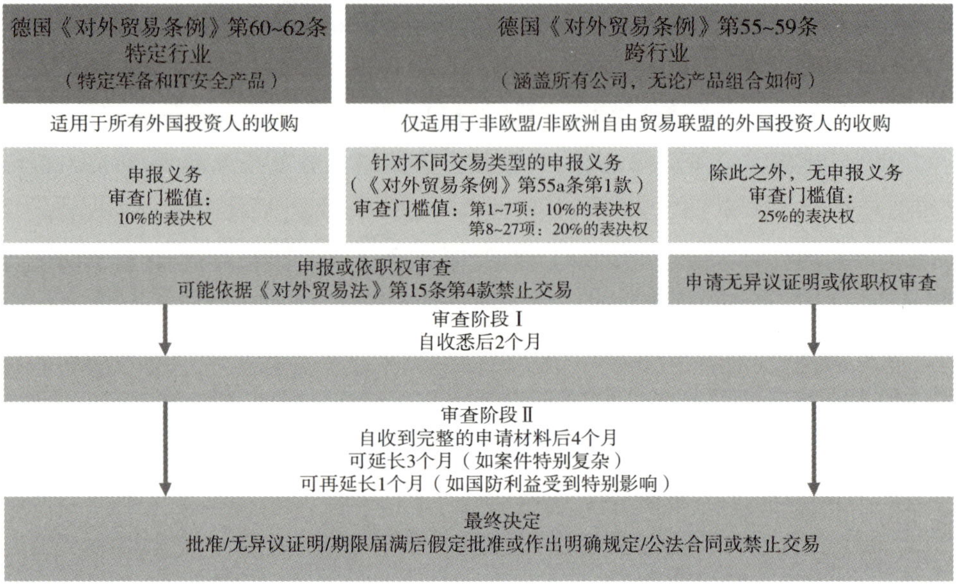

图1 审查流程

1. 必须申报的交易项目

对于涉及特定行业审查或跨行业审查特别列明的27项业务的投资并购交易项目，倘若收购的表决权达到相应门槛，投资方就有义务就其交易进行主动申报，且必须在收购合同签订后立即以书面或电子形式向德国经济部提交报告，该报告中应当特别载明收购交易、收购者以及拟被收购的德国公司所涉业务领域的主要特征。

2. 自主申报的交易项目

对于并未予以特别限制的一般业务，倘若收购投票权达到25%的门槛，则该类型交易虽然为自主申报，但为了规避德国经济部依职权审查可能带来的不确定性，建议投资者主动向德国经济部申请签发无异议证明。投资者申请无异议证明的，应当在申请文件中写明收购交易、收购者以及拟被收购的德国公司所涉业务领域的主要特征。

3. 依职权审查和“除斥期间”规则

无论是必须申报的交易项目还是自主申报的交易项目，德国经济部均可主动依职权进行审查。德国经济部依职权启动审查程序，其应当自知悉并购协议签署之日起2个月内,对该交易行为展开审查,并以书面或电子形式通知收购方和被收购的德国公司审查程序已经开始;否则,其干预职能失效,视作其已经向投资者签发许可(Clearance)或无异议证明。

在投资者主动申报交易项目的情况下,德国经济部也应当自收到报告之日或者收到申请文件之日起2个月内启动审查程序,否则其干预职能失效,视作其已经向投资者签发许可或无异议证明。另外,自并购协议订立之日起已逾5年的,德国经济部不得启动审查程序。

4. 审查时限

综上所述,德国FDI审查程序的起点,是德国经济部知悉并购协议签署之日,或者投资者提交报告或无异议证明申请之日。根据德国FDI的规定,审查程序开始后,投资者须向德国经济部提交详细的全部交易材料;德国经济部收到全部交易材料之日起4个月内,有权对交易的安全性和合规性进行深入审查,并采取限制措施或对交易当事人施加义务,以确保公共秩序和国家安全不受影响。当然,如果德国经济部和企业进入商谈程序,或德国经济部要求交易相关主体补充提交材料,则所耗费的时间不能计入上述的4个月内。此外,上述4个月的审查期间并非绝对不变的,如审查过程中遭遇事实或法律难题,该审查期间可延长3个月;如牵涉国防利益等重大情节,审查期间可再行延长1个月。

根据德国经济部提供的近两年数据分析,2022年306起投资案例中25%左右的交易审查时限超过2个月,相较于2021年的审查时限(300起投资案例中,仅13%的交易审查时限超过2个月),整体审核和时限呈现出趋严的态势。因此,赴德投资并购项目面临的FDI审查及其时限对整体交易时间表安排至关重要。

(三)德国FDI审查最终决定的类型及对收购交易的影响

1. 德国FDI审查几种最终决定情形

德国经济部审查后,对于符合条件的交易,将向投资人作出批准或者签发无异议证明;对于不符合条件的交易,德国经济部有权作出禁止交易的决定,或颁布相关指引(附条件批准),以确保公共秩序和国家安全免受影响。简言之,德国经济部基于国家安全、公共秩序和安全的考量对外国投资者收购德国企业进行个案审查,其可能的审查结果如图2所示:

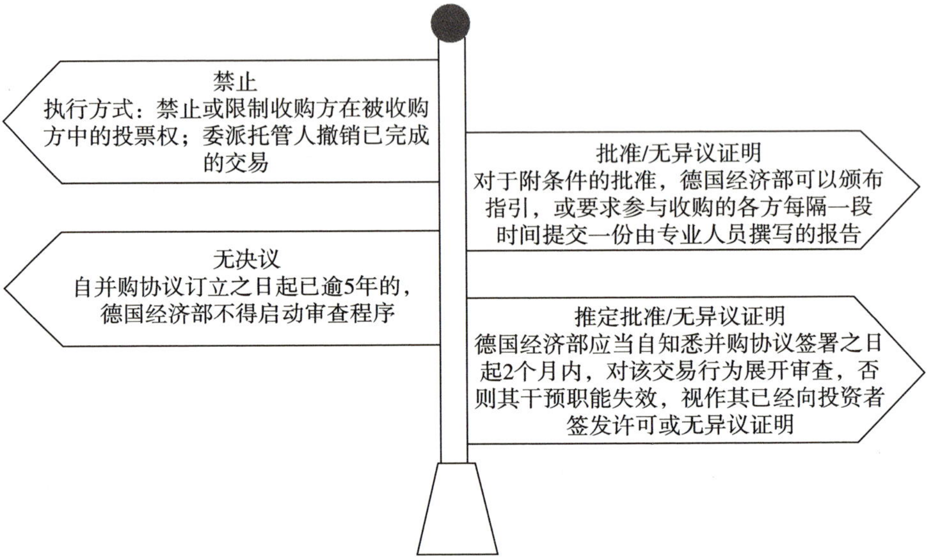

图2 德国 FDI 的审查决定

德国经济部禁止交易的命令通常以两种方式执行：其一，禁止或限制非欧盟居民或企业在被收购企业中的投票权；其二，委派托管人撤销已完成的交易，相关费用由收购方承担。德国经济部对交易项目批准或许可时，也可能附带一定的条件，即向参与收购的各方颁布指引，以维护德国或其他欧盟成员国的基本安全利益。在此情况下，德国经济部可以要求参与收购的各方每隔一段时间向其提交一份书面或电子形式的报告，报告中须载明其遵守规定或履行合同义务的有关情况，且必须由专业人员撰写，该专业人员应基于其培训经验、执业资格或专业知识，以适当的方式对合同的履行情况进行监督，使之符合法律的规定及标准。

2. 最终决定对收购交易的影响

就该等审查决定对并购交易的影响而言，在未取得德国经济部事先批准的情况下，特定行业和跨行业投资审查机制项下的交易仍处于未完成的状态，该等交易的法律文书暂不生效，部分交割措施亦暂不可执行。任何违反此类禁令的行为都将受到刑事制裁，包括为期 3 个月至 5 年的监禁和罚款。即便对于无申报义务的收购（跨行业审查中的关键业务和特定业务之外的其他业务收购），如收购方未主动申请德国经济部出具无异议证明，德国经济部依然有职权启动对相关收购交易的审查,最长可在并购协议签署后5年内仍面临监管风险。

根据德国经济部公布的数据,2022年306起投资案例中,有7起案件(约占2%)被德国经济部决定采取限制性措施,包括禁止交易、附加条件、公法合同和行政指令。因此,赴德投资并购交易项目面临的FDI审查对交易成功至关重要。

如上文所述,赴德收购生物医药企业通常属于跨行业审查的范围,且既有可能涉及跨行业审查中的特定业务(20%门槛),又有可能涉及跨行业审查中的关键业务(10%门槛)。因此,赴德收购生物医药企业在德国FDI审查框架内很可能落入必须申报的交易类别,从而面临交易的不确定性。

三、德国FDI审查之并购生物医药企业实务要点分析

基于笔者经验而言,即便中企开展资产收购,仍有可能落入德国经济部FDI审查框架范围内,符合特定情形的,收购方须主动向德国经济部申报交易。经提交初步申报材料且德国经济部初步审查后,如经济部决定对本项目进行深度审查,收购方将可能需要进一步按要求向德国经济部提交一份详细的通知表格,进一步就交易安排等情况进行说明;在深度审查阶段,德国经济部可能还会围绕收购方的资本构成、产品性质等进行多轮询问,具体而言:

(1)关于资本构成。德国经济部可能会重点关注资本构成的类型、收购的动机、利益和期望等。这意味着,如果是一个多层嵌套的基金和SPV架构,审查可能仍会穿透关注最终的资本构成。

(2)关于产品。德国经济部可能会围绕着产品提出诸多问询,包括产品、服务和业务运营情况、市场上是否有替代产品、主要竞争对手信息、与安全或公共秩序相关的专利或其他知识产权、欧盟业务开展情况,以及公司是否受限或制裁等。此外,并购交易中的数据安全也是德国经济部的一个关注点。

综上,德国经济部就具体项目进行审查时相当细致,不仅全面审查所有权结构和最终受益所有权人,而且对特殊的资本构成也较为关注;在收购标的产品方面,也具有针对性。在面对这些问询时,需要收购方基于商业角度回应,同时也需要境内外律师团队共同协作,以配合德国经济部顺利完成FDI审查,避免进入公法合同谈判环节,甚至面临拟议交易被直接禁止的风险。

四、中企赴德投资并购生物医药企业：流程管理模型与实施建议

在与跨国的投资银行和并购顾问合作与交流过程中，我们了解到相当数量和比例的中国企业海外并购以失败告终，无论是作为收购方的中国企业，还是作为中介的投资银行或并购顾问，都耗费了大量的时间和精力，最终结果却不尽如人意。

笔者在长期从事跨境并购交易过程中发现，跨境交易的失败往往是因为交易双方交易经验、语言、文化等角度存在差异，产生了较大的认知鸿沟；未能提前管理好对关键问题的预期，也没有系统性地对问题进行防范和应对，在宏观和微观层面对项目的管理都出现了不同的问题，从而导致有些国家的出售方对中国买家望而生畏。

基于过往多年的并购交易经验，我们总结了成功执行跨境交易项目的“EAR模型”，如图3所示。

综上，鉴于FDI审查在赴德收购中扮演的重要角色，基于我们的实务经验，提出以下关注点供中国投资人参考：

（1）拟在德国布局生物医药的中资企业须持续关注欧盟、德国最新投资政策和外商投资审查法律框架的变化。

（2）在交易初始阶段，即审慎对拟议交易是否触发德国FDI审查进行全面评估，提前对该程序做足准备，模拟一旦进入FDI审查阶段可能发生的场景，并将其与交易交割安排统一纳入考虑，整体统筹交易时间表并设计好交易条款（包括一旦禁止交易，如何妥善“分手”）。

（3）值得一提的是，中企赴德投资并购必然涉及国内相关境外投资政府审批或备案；涉及国有企业的，还须考虑内部立项和审批。我们认为，该等监管或合规要求和时间节点也应一并考虑，为交易进程中可能遇到的障碍和出现的意外提前作足准备，以提高交易效率，确保交易的确定性。

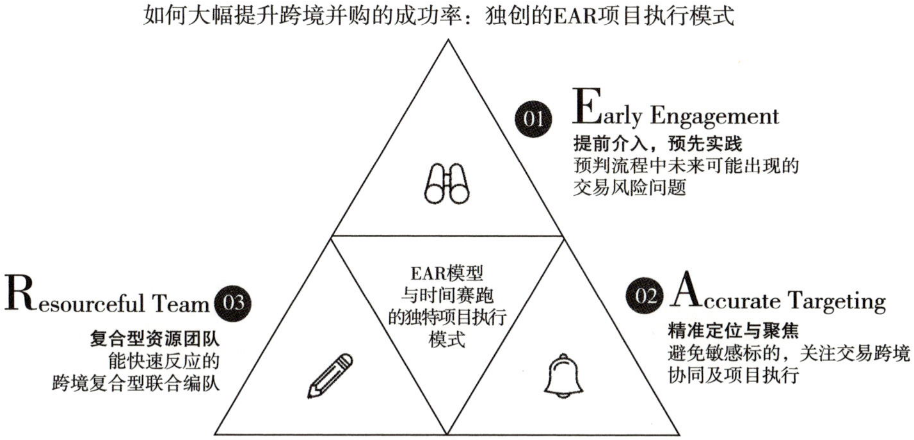

图3　EAR 模型

跨境并购通常较为复杂、涉及多法域的法律问题且节奏紧促，尤其是通过竞标程序收购境外优质标的并购项目，存在更大的不确定性。因此，交易各方除聚焦协议本身重要条款的谈判之外，还需境内外律师协同筹划，为交易的顺利交割共同努力。

解密核医学之高端医疗影像设备PET/CT

朱　颖　钟　洋*　程　平

* 作者简介：

朱颖，中伦律师事务所上海办公室资本市场部合伙人，电邮为：juliazhu@ zhonglun. com。

钟洋，中伦律师事务所上海办公室资本市场部非权益合伙人，电邮为：zhongyang@ zhonglun. com。

一、引言

作为现代医学的新兴学科，核医学（Nuclear Medicine）利用放射性核素诊断和治疗疾病，能全面反映病变基因、分子、代谢及功能状态，更早洞察疾病分子层面的信息，辅助临床研究攻克神经病学、肿瘤学和心脏病学的重大疾病，特别是以 PET/CT 为代表的核医学成为推动肺癌诊疗进入精准医疗时代的关键因素。① 为了促进我国核医学的发展和建设，国家先后出台关于核医学的相关指导意见或规划，具体参见表 1：

表 1　核医学相关指导意见或规划

序号	时间	发布主体	文件名称	相关内容
1	2016 年 3 月 4 日	国务院办公厅	《国务院办公厅关于促进医药产业健康发展的指导意见》（国办发〔2016〕11 号）	加快医疗器械转型升级，研制核医学影像设备 PET – CT 及 PET – MRI 等高性能诊疗设备
2	2017 年 5 月 26 日	科学技术部办公厅	《“十三五”医疗器械科技创新专项规划》	重点开发与国外主流产品技术水平相当的高灵敏度、高分辨力、全数字的 PET – CT/MRI、SPECT/SPECT – CT 等核医学成像系统整机
3	2021 年 5 月 26 日	国家原子能机构、科技部、公安部、生态环境部等八部门	《医用同位素中长期发展规划（2021—2035 年）》	加大自主研发力度，重点针对双探头可变角人体 SPECT/CT、快速成像 PET/CT、PET/MR 等高端诊疗设备的研发力度； 开展简易 SPECT、PET/CT 等设备国产化研发（2021—2025 年）。开展 PET/CT、PET/MR 等高端诊疗设备国产化研发（2021—2035 年）；

① 参见《核医学推动精准医疗时代来临，开启肺癌治疗新格局》，载网易网 2021 年 9 月 10 日，https://3g.163.com/dy/article/GJH72TN605457FUK.html。

续表

序号	时间	发布主体	文件名称	相关内容
				2021—2025 年推广核医学科建设,2025 年实现三级综合医院核医学科全覆盖。2026—2035 年持续推广核医学科建设,在全国范围内实现“一县一科”

上述相关指导意见或规划中,尤其值得关注的是《医用同位素中长期发展规划(2021—2035 年)》,该规划是我国首个针对核技术在医疗卫生应用领域发布的纲领性文件,对提升医用同位素相关产业能力水平、保障健康中国战略实施具有重要意义。按照该规划的要求,全国约有 3000 家医院需要建立核医学科。[①] 可以预见,我国核医学建设将会在未来 15 年左右进入蓬勃发展的新时期。然而,我国当前核医学发展不充分、不均衡,很多人更是“谈核色变”。

本文依据核医学相关法律法规的规定,并且结合团队在核医学领域的投融资实务经验,以正电子发射型电子计算机断层显像(Positron Emission Tomography,PET)与 X 射线计算机断层扫描成像(Computed Tomography,CT,与 PET 合称 PET/CT)为例,对医疗机构建设以 PET/CT 为代表的核医学以及医疗器械生产企业境内生产经营 PET/CT 所需的主要资质进行法律分析和初步总结。

二、核医学及 PET/CT 的基本概念和发展现状

(一)核医学及 PET/CT 的基本概念

核医学,指利用放射性核素诊断或治疗疾病或进行医学研究的技术。按照应用和研究的范围侧重点不同,核医学大概可分为核医学基础和临床核医学[②],关于核医学的具体分类参见图 1:

---

① 参见中华医学会核医学分会:《核医学科建设与管理指导意见》(2021 版),载《中华核医学与分子影像杂志》2021 年第 12 期。

② 参见安锐、黄钢主编:《核医学》(第 3 版),人民卫生出版社 2015 年版,第 1 ~2 页。

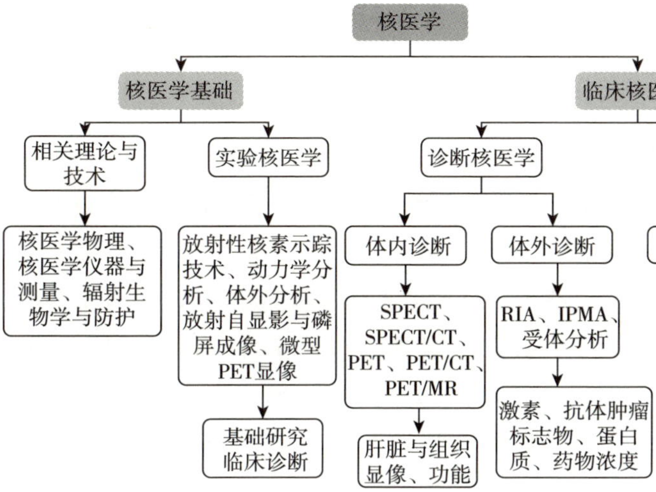

图 1　核医学的分类

由图 1 可见，PET/CT 是核医学范畴下诊断核医学下属体内诊断的一种类型，PET/CT 可同时获得 PET 功能影像和 CT 解剖影像，克服了 PET 影像缺乏解剖信息的难题，在肿瘤诊断、精准医疗、临床医学研究等方面有着无可比拟的优势。①具体而言，PET/CT 主要由探测系统、计算机数据处理系统、图像显示和断层床等组成，探测系统中的探头和计算机处理系统中的重建技术对成像的速度和质量有着重要的影响。随着影像技术的发展与进步，PET/CT 各组成设备也得到了更新，极大弥补了先前的不足。②

（二）核医学及 PET/CT 的发展现状

根据中华医学会核医学分会 2020 年 12 月 25 日发布的《2020 年全国核医学现状普查结果简报》③，截至 2019 年 12 月 31 日，全国从事核医学专业相关的科（室）1148 个，较 2017 年（927 个）增加了 23.8%（221 个）。从单位性质来看，公立单位 908 个，民营单位 139 个，军队单位 80 个，公私合营单位 21 个。三级医院 968 家，其中三级甲等医院 805 家；二级医院 118 家；其他 62 家。此外，全国正电子显

---

① 参见蔡丹杰、石洪成：《全身 PET/CT 临床研究的现状及展望》，载《中华核医学与分子影像杂志》2022 年第 1 期。

② 参见杜名、辛军：《PET/CT 应用现状及进展》，载《中国临床医学影像杂志》2021 年第 12 期。

③ 参见中华医学会核医学分会：《2020 年全国核医学现状普查结果简报》，载《中华核医学与分子影像杂志》2020 年第 12 期。

像设备合计 427 台（其中 PET/CT 404 台、PET/MR 23 台），较 2017 年（307 台）增加了 39.1%（120 台）。全国 34.1% 的医疗机构配备了正电子显像设备，其中配置于三级医疗机构的占 87.2%。

我国核医学在医院种类、设立地域等多方面发展不平衡且不充分，特别是在 PET/CT、PET/MR 等高端医疗影像设备产品市场，进口品牌占据较大优势和比例。

申万宏源研究报告①显示，我国 PET/CT 人均保有量不足，2020 年中国每百万人 PET/CT 保有量仅为 0.61 台，远不及美国（约为 5.7 台）、澳大利亚（约为 3.7 台）、比利时（约为 2.9 台）等发达国家。2019 年国内 PET/CT 检查次数约 85 万次，较 2017 年增长 63%（其中肿瘤显像与筛查占比超过 96%）。2020 年中国 PET/CT 市场规模约为 13.2 亿元（2015—2020CAGR 高达 17.9%），预计 2030 年可达 53.4 亿元（对应 2.4 台/百万人的保有量，2020—2030CAGR 为 15%）。可以预见，我国 PET/CT 市场未来发展潜力巨大、前景无限。

三、医疗机构核医学相关资质

（一）放射诊疗管理

核医学的发展建立在使用放射性同位素的基础之上，因此除了满足普通药物管制制度之外，也应当遵循放射药物管理制度的相关规定。依据《放射诊疗管理规定》（2016 年修正）、《放射性同位素与射线装置安全和防护条例》（2019 年修订）、《放射性同位素与射线装置安全许可管理办法》（2021 年修改）、《核医学科建设与管理指导意见（2021 版）》等相关规定，除了医疗机构通常的《医疗机构执业许可证》《排污许可证》等行业通常经营资质之外，医疗机构新建、扩建、改建核医学工作场所须委托有资质的机构进行职业病危害与环境影响评价，并经省级卫生健康、生态环境行政部门批准，取得《放射诊疗许可证》《辐射安全许可证》，这两证的申请及评审的相关流程参见图 2、图 3：

---

① 参见陈烨远：《医学影像设备行业深度研究：医疗器械高地，XR 和 CT 类趋向成熟》，载新浪财经网 2022 年 2 月 15 日，https://cj.sina.com.cn/articles/view/7426890874/1baad5c7a001011mzd。

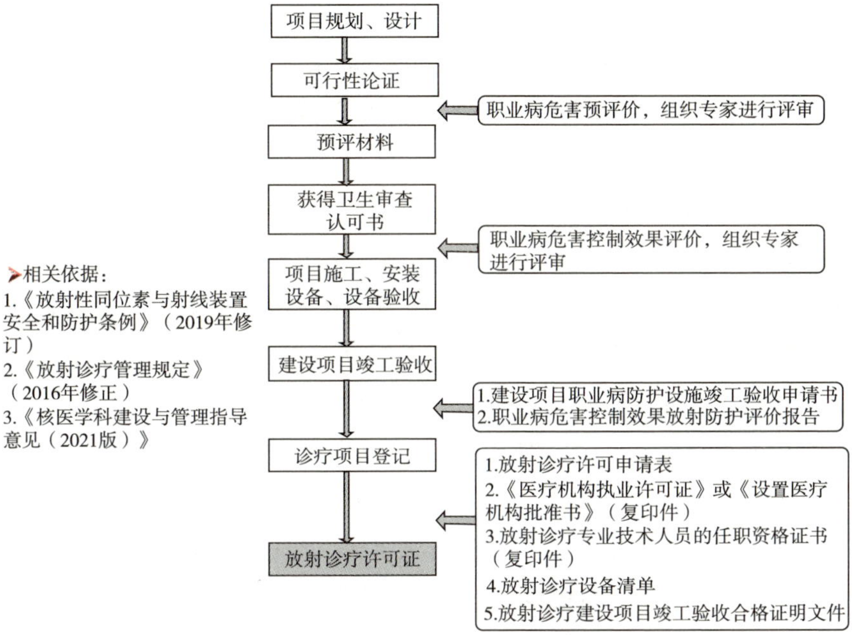

图 2 《放射诊疗许可证》的申请和评审流程

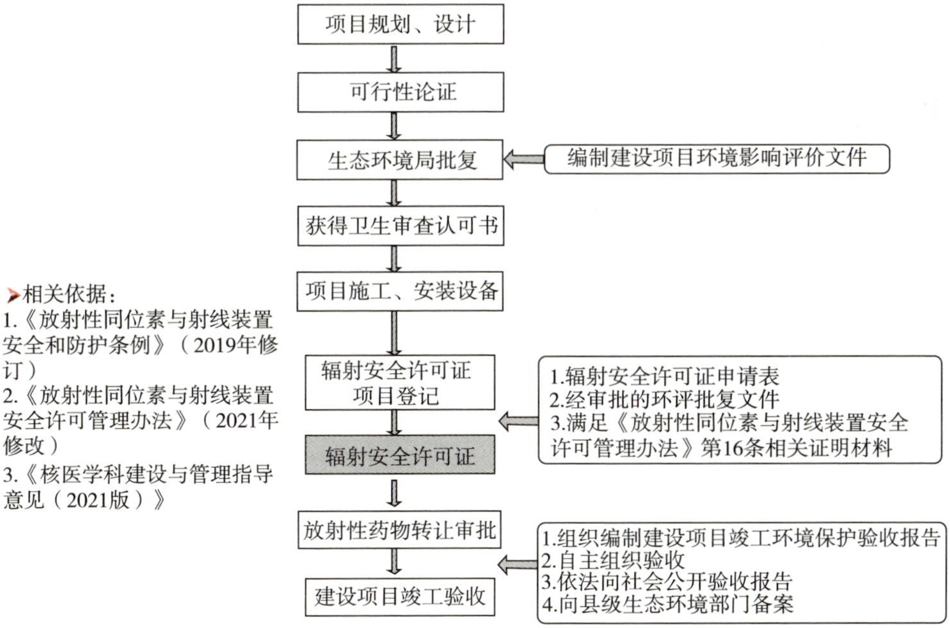

图 3 《辐射安全许可证》的申请和评审流程

此外,依据《放射性药品管理办法》(2022 年修订),医疗机构新建核医学科,在获得《放射诊疗许可证》《辐射安全许可证》的基础之上,还应向省级药品监督管理部门申办《放射性药品使用许可证》。上述三证均获得之后,医疗机构方可进行核医学临床工作。

(二)医用设备配置管理

依据国家卫健委 2023 年 3 月 3 日发布的《大型医用设备配置许可管理目录(2023 年)》,PET/CT 属于乙类大型医用设备,由省级卫健委负责配置管理。因此,医疗机构配置 PET/CT 应当向省级卫健委申请备案,取得乙类大型医用设备配置备案证明或者许可证。

依据国家卫健委办公厅 2021 年 6 月 30 日发布的《社会办医疗机构大型医用设备配置"证照分离"改革实施方案》,社会办医疗机构乙类大型医用设备配置许可实行告知承诺制。具体而言,一次性告知申请人配置乙类大型医用设备许可条件和所需材料。对申请人自愿承诺符合许可条件并按要求提交材料的,要当场作出许可决定;自由贸易试验区内社会办医疗机构乙类大型医用设备配置由审批改为备案管理,由医疗机构向所在地省级卫生健康行政部门申请备案,不受大型医用设备配置规划限制。

四、PET/CT 生产企业相关资质

(一)注册管理

依据《医疗器械注册与备案管理办法》第 8 条、《医疗器械监督管理条例》(2021 年修订)第 6 条及第 13 条之规定,我国对医疗器械按照风险程度实行分类管理制度,第一类医疗器械实行产品备案管理,第二类、第三类医疗器械实行产品注册管理。依据《医疗器械分类目录》(原国家食品药品监督管理总局公告 2017 年第 104 号)"第 17 组合功能融合成像器械——02 正电子发射及 X 射线计算机断层成像系统",PET/CT 属于第三类医疗器械,即"具有较高风险,需要采取特别措施严格控制管理以保证其安全、有效的医疗器械"。因此,PET/CT 生产企业应当向国家药品监督管理局进行医疗器械注册,依法获得《医疗器械注册证》。

(二)生产许可管理

依据《医疗器械生产监督管理办法》第 10 条之规定,我国对医疗器械实行生

产许可与备案管理制度。由于 PET/CT 属于第三类医疗器械，因此其生产企业应当向所在地省、自治区、直辖市食品药品监督管理部门申请生产许可，依法获得《医疗器械生产许可证》。

（三）经营许可管理

依据《医疗器械经营监督管理办法》第 4 条、第 10 条之规定，我国对医疗器械实行生产许可与备案管理制度。由于 PET/CT 属于第三类医疗器械，因此其生产企业应当向所在地设区的市级食品药品监督管理部门申请经营许可，依法获得《医疗器械经营许可证》。

（四）辐射安全许可管理

依据《放射性同位素与射线装置安全和防护条例》（2019 年修订）第 5 条、第 6 条之规定，生产、销售射线装置的单位，应当依法取得《辐射安全许可证》。依据《射线装置分类》（原环境保护部、原国家卫计委公告 2017 年第 66 号），PET/CT 属于第Ⅲ类射线装置，因此其生产企业应当向所在地省、自治区、直辖市人民政府生态环境主管部门申请辐射安全许可管理，依法获得《辐射安全许可证》。

（五）委托生产备案管理

依据《医疗器械生产监督管理办法》第 32 条、第 34 条之规定，医疗器械生产企业可以委托其他依法具备资质的企业生产医疗器械。由于 PET/CT 属于第三类医疗器械，如果 PET/CT 生产企业委托其他企业生产，应当向所在地省、自治区、直辖市食品药品监督管理部门办理委托生产备案，依法获得《医疗器械委托生产备案凭证》。

（六）网络销售与交易备案管理

依据《医疗器械网络销售监督管理办法》第 8 条、第 9 条之规定，从事医疗器械网络销售的企业应当填写医疗器械网络销售信息表，并向所在地设区的市级食品药品监督管理部门备案；从事医疗器械网络销售的企业，应当通过自建网站或者医疗器械网络交易服务第三方平台开展医疗器械网络销售活动。通过自建网站开展医疗器械网络销售的企业，应当依法取得《互联网药品信息服务资格证书》。

此外，依据《医疗器械网络销售监督管理办法》第 15 条、第 16 条之规定，从事医疗器械网络销售的企业如果通过医疗器械网络交易服务第三方平台提供者开展医疗器械网络销售活动，第三方平台提供者应当依法取得《互联网药品信息服务资格证书》，并且应当向所在地省级食品药品监督管理部门备案，填写医疗器械网络交易服务第三方平台备案表。

因此，PET/CT 生产企业通过网络销售或者交易，应当按照上述规定依法进行网络销售与交易备案管理。

五、结语

本文依据相关法律法规，梳理了医疗机构建设以 PET/CT 为代表的核医学以及医疗器械生产企业生产经营 PET/CT 的相关资质。具体而言，除了《医疗机构执业许可证》等行业通常经营资质之外，医疗机构建设以 PET/CT 为代表的核医学还需要《放射诊疗许可证》《辐射安全许可证》《放射性药品使用许可证》以及乙类大型医用设备配置备案证明或者许可证。此外，医疗器械生产企业境内生产经营 PET/CT，需要依法获得《医疗器械注册证》《医疗器械生产许可证》《医疗器械经营许可证》《辐射安全许可证》；如果涉及委托生产，需要依法获得《医疗器械委托生产备案凭证》；如果涉及网络销售与交易，需要依法进行医疗器械网络销售备案并获得《互联网药品信息服务资格证书》。

核医学是提升我国医疗整体精准诊疗能力和水平，助力癌症防治、缓解民生痛点的重要领域。在《医用同位素中长期发展规划（2021—2035 年）》等相关规划文件的指引之下，我们相信以 PET/CT 为代表的核医学将会稳定快速发展，助力健康中国建设！

药品中的刚需战略品：血液制品行业法律实务关注要点

朱　颖　胡愔子*　程　平

*作者简介：

朱颖，中伦律师事务所上海办公室资本市场部合伙人，电邮为：juliazhu@ zhonglun. com。

胡愔子，中伦律师事务所上海办公室资本市场部合伙人，电邮为：tedhu@ zhonglun. com。

作为临床医疗中治疗部分疾病的刚需药品和直接影响国计民生的战略物资，血液制品在危重病患者、遗传性疾病、自身免疫性疾病的治疗中具有其他药品不可替代的重要地位，血液制品行业的健康与稳定发展更是关乎国家长远发展战略布局。特别是伴随着人口老龄化时代的加速到来，老年病以及手术的增加使血液制品的需求不断加大。另外，在应对此前新冠疫情的蔓延上，以白蛋白和静注人免疫球蛋白为代表的治疗性血液制品成为救治新冠重型患者的重要药物。例如，《新型冠状病毒肺炎诊疗方案（试行第九版）》中明确提出，可在病程早期将静注COVID－19 人免疫球蛋白用于有高危因素、病毒载量较高、病情进展较快的患者。

鉴于单采血浆站新设的严格要求、血液制品生产企业的总量控制、血液制品的进口管控等诸多因素的影响，血液制品行业具有较强的资源属性和较高的行业壁垒，长期以来我国血液制品市场都处于供不应求的状态。本文依据血液制品相关监管政策和法律法规，基于相关实务经验，对血液制品行业法律实务关注要点进行初步分析和探究。

一、血液制品的基本概念以及主要分类

依据 2015 年版《中华人民共和国药典》的界定，血液制品是指从健康人或经特异免疫的人血浆中分离、提纯或应用重组 DNA 技术制备而来的血浆蛋白组分或血细胞成分的生物制品。按照功能和结构的不同，我国目前自主研发的血液制品主要分为白蛋白、免疫球蛋白和凝血因子三大类，大约共计 15 种上市产品。需要特别说明的是，血液制品的生产原料为人体血液中的血浆，血浆在人体血液中占比约 55%，血浆中仅有约 7% 为血浆蛋白，血浆蛋白中血蛋白占比约 60%、免疫球蛋白占比约 15%、凝血因子占比约 1%。我国血液制品种类、生物学功能、主要产品及主要用途详见表 1①：

① 参见《血制品行业深度报告：国家生物安全战略物资，血制品行业迎来大机遇！》，载微信公众号“国广有话说”2021 年 7 月 8 日，https://mp.weixin.qq.com/s?src=11&timestamp=1684476563&ver=4537&signature=xOBMMAJKOsiDTlXkWE-h7GLfBjfnpl-CFdX2RDxyC9FpQ5rOuMLchh5gg7RFT5HpxvhX7dxH8tnk7e01Ozc-nwQSv5xblDgKou-iT8g-ezO0YoatylrrNVKbCChszhVJ&new=1。

表 1　血液制品种类、生物学功能、主要产品、主要用途

种类	生物学功能	主要产品	主要用途
白蛋白	调节血浆渗透压、运输、解毒和营养供给	人血白蛋白	失血创伤、烧伤引起的休克；脑水肿及损伤引起的颅压升高；肝硬化及肾病引起的水肿或腹水；低蛋白血症的防治；新生儿高胆红素血症等
免疫球蛋白	中和外毒素；阻断病毒、细菌黏附；清除病原微生物	人免疫球蛋白	适用于原发性免疫球蛋白缺乏症；继发性免疫球蛋白缺陷病；自身免疫性疾病等，主要用于预防麻疹、肝炎等其他传染性疾病
		静注人免疫球蛋白（ph4）	增强免疫力，治疗原发性免疫球蛋白缺乏症、继发性免疫球蛋白缺乏症和自身免疫性疾病等
		静注乙型肝炎人免疫球蛋白（ph4）	预防乙型肝炎，适用于乙型肝炎表面抗原阳性母亲所生的婴儿、意外感染的人群等
		组织胺人免疫球蛋白	主要用于预防支气管哮喘、过敏性皮肤病、荨麻疹等过敏性疾病
		乙型肝炎人免疫球蛋白	主要用于乙型肝炎的被动免疫、治疗，以及肝移植等
		狂犬病人免疫球蛋白	主要用于狂犬病被动免疫和治疗
		破伤风人免疫球蛋白	主要用于预防和治疗破伤风，尤其适用于对破伤风杆菌有过敏反应者
		抗人 T 细胞猪免疫球蛋白	主要用于临床器官移植的免疫排斥预防及治疗，骨髓移植的移植植物抗宿主反应预防，重型再生障碍性贫血、纯红再生障碍性贫血等疾病的治疗

续表

种类	生物学功能	主要产品	主要用途
凝血因子	参与凝血过程	人凝血因子Ⅷ	用于治疗甲型血友病和获得性凝血因子Ⅷ缺乏而导致的出血症
		重组人凝血因子Ⅷ	用于血浆凝血因子Ⅷ缺乏的甲型血友病治疗
		冻干人凝血酶	局部止血药，辅助用于处理普通外科腹部切口，肝脏手术创面和扁桃体手术创面的渗血
		人纤维蛋白黏合剂	局部止血药，辅助用于处理烧伤创面、普通外科腹部切口、肝脏手术创面和血管外科手术创面的渗血
		人纤维蛋白原	主要用于治疗异常纤维蛋白血症、纤维蛋白原缺乏症
		人凝血酶原复合物	主要治疗先天性和获得性凝血因子Ⅱ、Ⅶ、Ⅸ、Ⅹ缺乏症，如乙型血友病等

二、血液制品行业产业链条以及市场发展现状

（一）血液制品行业市场格局

血液制品诞生于20世纪40年代“二战”时期，目前国外血液制品行业呈现寡头竞争态势。① 我国血液制品行业起源于20世纪60年代，截至2021年年底，国内正常生产的血液制品企业共28家。2021年28家血液制品生产企业的单采血浆站共采集血浆约9455吨，较2020年增长约13.4%，较2019年增长约2.7%。近年来大型血液制品公司通过兼并和收购的方式，使我国血液制品行业集中度大幅提升，目前已经形成以大型血液制品公司为主的寡头垄断格局。②

根据《2020年中国九地区120家医院住院患者血液制品使用情况调查分析》，

---

① 参见《【信达证券医药专题】海外血制品龙头如何看待中国市场》，载微信公众号“一科大松树”2020年3月21日，https://mp.weixin.qq.com/s?src=11&timestamp=1684476547&ver=4537&signature=qXNq*sye5-YRCvjoxdSPhNC3gWaRimlaiXNknBw-YUkdA1IUmh4id4T38ESOxshJfQr0ohUL3zZ5E8PQRJP50Dd7InxM5nub7FFCdtRkKyNufA2BZWCavGbjAbDRv-Nr&new=1。

② 参见《华兰生物工程股份有限公司2021年年度报告》，载http://www.hualanbio.com/news/22_298。

我国血液制品的使用以重症医学科、外科系统为主,内科系统主要集中在血液内科和消化内科等少数科室。血液制品当中人血白蛋白处方量、使用数量及药品总费用均位列首位,其次为人免疫球蛋白。凝血因子类血液制品中,凝血酶处方量占比最高,其次是人纤维蛋白原、人凝血酶原复合物,重组人凝血因子类使用较少,人纤维蛋白原总费用最多。①

鉴于血液制品的重要地位和战略属性,血液制品行业一直备受关注和重视。例如,全国政协委员、贵州省政协副主席李汉宇在2020年全国"两会"提出"关于大力发展血液制品产业"的提案,建议从国家层面研究多渠道采集原料血浆的政策,解决相关企业原料血浆供应缺乏的实际困难。又如,全国政协委员、清华大学生命科学学院教授罗永章在2021年全国"两会"提出"加快构建血液制品安全保障体系"的提案,呼吁把血液制品纳入重要国家战略储备物资。

(二)血液制品行业产业链条

血液制品行业产业链条主要包括三个部分,上游为血浆采集、中游为血液制品、下游为血液制品需求方,血液制品行业产业链条详见图1:

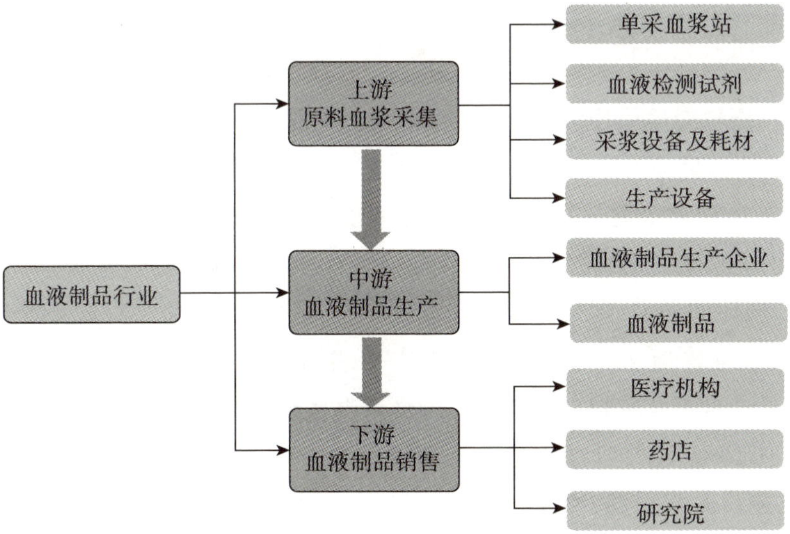

图1 血液制品行业产业链条

① 参见霍记平等:《2020年中国九地区120家医院住院患者血液制品使用情况调查分析》,载《临床药物治疗杂志》2022年第3期。

需特别注意的是，依据《血站管理办法》《单采血浆站管理办法》等相关法规，我国血液制品行业实行“双轨制”，即献血、献浆两套体系严格分离，医疗机构输血用血浆与企业生产成分血液制品无交集，血液制品行业“双轨制”详见图2：

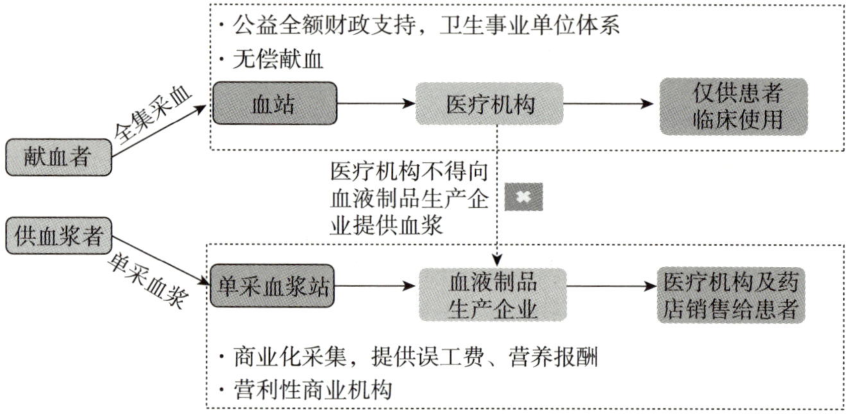

图2　血液制品行业“双轨制”

三、血液制品行业业务与资质要求

（一）原料血浆采集以及使用

血液制品的原料来源于血液制品生产单位设置的单采血浆站采集的原料血浆。自2007年8月以来，由于原料血浆供应下降等原因，国内凝血因子Ⅷ制剂市场供应紧张。为缓解凝血因子Ⅷ制剂市场供应短缺局面，原国家食品药品监督管理局（已撤销，现为国家药品监督管理局）决定，在确保安全的前提下，组织开展价拨生产凝血因子Ⅷ制剂半成品——冷沉淀的试点工作，从尚未生产凝血因子Ⅷ制剂的血液制品生产企业调集原料血浆分离出的冷沉淀，集中到具有凝血因子Ⅷ制剂生产批准文号的企业进行凝血因子Ⅷ制剂的生产。关于单采血浆站、原料血浆采集、价拨冷沉淀的主要法律法规以及法律实务关注要点概括如表2所示：

表 2 单采血浆站、原料血浆采集、价拨冷沉淀的主要法律法规和法律实务关注要点

序号	生效日期	颁布主体	规定名称	法律实务关注要点
1	2006 年 3 月 25 日	卫生部(已撤销,现为国家卫健委)、国家发展改革委等九部门	《关于单采血浆站转制的工作方案》	(1)血液制品生产企业是否从其设置的单采血浆站采集原料血浆; (2)单采血浆站是否向设置其的血液制品生产企业之外的单位供应原料血浆
2	2007 年 12 月 11 日	国家食品药品监督管理局(已撤销,现为国家药品监督管理局)	《关于开展价拨凝血因子生产用冷沉淀试点工作的通知》(国食药监安〔2007〕748 号)	(1)血液制品企业是否依法获得国家药品监督管理局下发的关于开展价拨冷沉淀试点的批文; (2)价拨冷沉淀双方是否将签订的协议(包括冷沉淀质量标准、冷藏运输条件要求等)、增加冷沉淀制备或使用外购冷沉淀制备凝血因子Ⅷ制剂的制检规程等相关资料分别报所在地省级药品监督管理局备案,同时抄送中国药品生物制品检定所及其授权生物制品批签发的省级药品检验所
3	2012 年 1 月 10 日	卫生部(已撤销,现为国家卫健委)	《关于单采血浆站管理有关事项的通知》(卫医政发〔2012〕5 号)	(1)申请设置新的单采血浆站的血液制品生产企业是否符合其注册的血液制品不少于 6 个品种(承担国家计划免疫任务的血液制品生产企业不少于 5 个品种),且同时包含人血白蛋白、人免疫球蛋白和人凝血因子三类制品; (2)确定血液制品生产企业注册血液制品品种时,同种成分不同剂型和规格的血液制品应按一个品种计算

续表

序号	生效日期	颁布主体	规定名称	法律实务关注要点
4	2016年1月19日	国家卫计委（已撤销，现为国家卫健委）	《单采血浆站管理办法》（2016年修订）（国家卫计委令第8号）	（1）单采血浆站是否符合关于血浆站设置审批的相关条件，包括但不限于符合采供血机构设置规划、单采血浆站设置规划以及《单采血浆站基本标准》要求的条件，是否具有符合要求的卫生专业技术人员、场所及卫生环境、单采血浆机械及其他设施等； （2）单采血浆站是否依法持有《单采血浆许可证》； （3）单采血浆站是否符合关于执业的相关要求，包括但不限于向持有《供血浆证》的供血浆者采浆、建立供血浆者管理档案、处理医疗废物等
5	2016年11月23日	国家卫计委（已撤销，现为国家卫健委）、国家食品药品监督管理总局（已撤销，现为国家药品监督管理局）	《关于促进单采血浆站健康发展的意见》（国卫医发〔2016〕66号）	血液制品生产企业不得进口原料血浆
6	2020年12月30日	国家药品监督管理局、国家卫健委	《中华人民共和国药典（2020年版）》	献血浆者的选择，血浆采集、检验、包装及标签、储存、运输，特异性免疫性血浆制备及其献血浆者免疫要求，是否符合药典的相关规定
7	2021年9月2日	国家卫健委办公厅	《献血浆者须知（2021年版）》	单采血浆站是否采集非划定区域内的供血浆者和其他人员的血浆，是否使用单采血浆机采集血浆，是否存在手工操作采集血浆，是否对供血浆者进行相应的体格检查和血液检测

续表

序号	生效日期	颁布主体	规定名称	法律实务关注要点
8	2021 年 12 月 10 日	国家卫健委	《单采血浆站基本标准（2021 年版）》	单采血浆站是否符合该标准规定的科室设置、人员配备、房屋建筑、设备设施及急救药品、信息管理、规章制度等基本标准
9	2022 年 2 月 14 日	国家卫健委办公厅	《单采血浆站实验室质量管理规范（2022 年版）》	单采血浆站实验室是否符合该规范规定的组织和人员、实验室质量管理体系文件、实验室设施和环境、设备、试剂与耗材、安全与卫生等相关质量管理规范，是否依法持有病原微生物实验室备案证明
10	2022 年 7 月 1 日	国家卫健委	《单采血浆站质量管理规范（2022 年版）》	单采血浆站是否符合该规范规定的组织和人员、建筑设施与环境、仪器设备、物料、安全与卫生、信息系统、质量监控和持续改进、质量文件和记录等相关管理规范

（二）血液制品生产以及销售

血液制品属于生物制品行业的细分领域，血液制品生产企业生产及销售血液制品不仅需要满足血液制品管理的特殊规定，而且需要满足生物制品以及药品管理的一般规定。关于血液制品生产及销售的主要法律法规以及法律实务关注要点如表 3 所示：

表 3　血液制品生产及销售的主要法律法规和法律实务关注要点

序号	生效日期	颁布主体	规定名称	法律实务关注要点
1	2001 年 5 月 25 日	国务院办公厅	《中国遏制与防治艾滋病行动计划（2001—2005 年）》	从 2001 年起，我国不再批准新的血液制品生产企业
2	2006 年 2 月 27 日	国务院办公厅	《关于印发中国遏制与防治艾滋病行动计划（2006—2010 年）的通知》（国办发〔2006〕13 号）（已失效）	我国继续实行血液制品生产单位总量控制

续表

序号	生效日期	颁布主体	规定名称	法律实务关注要点
3	2015 年 6 月 1 日	国家发展改革委等七部门	《推进药品价格改革的意见》	自 2015 年 6 月 1 日起，血液制品取消原政府制定的药品价格
4	2016 年 2 月 6 日	国务院	《血液制品管理条例》(2016 年修订)	(1) 血液制品生产单位必须达到国务院卫生行政部门制定的《药品生产质量管理规范》规定的标准，依法获得药品 GMP 证书(依据《药品管理法》及《国家药监局关于贯彻实施〈中华人民共和国药品管理法〉有关事项的公告》，自 2019 年 12 月 1 日起，取消药品 GMP 认证，不再受理 GMP 认证申请，不再发放药品 GMP 证书)； (2) 血液制品生产单位不得出让、出租、出借以及与他人共用《药品生产企业许可证》和产品批准文号； (3) 血液制品生产单位不得向无《单采血浆许可证》的单采血浆站或者未与其签订质量责任书的单采血浆站及其他任何单位收集原料血浆； (4) 血液制品生产单位生产国内已经生产的品种，必须依法向国务院卫生行政部门申请产品批准文号；国内尚未生产的品种，必须按照国家有关新药审批的程序和要求申报
5	2019 年 12 月 1 日	全国人大常委会	《药品管理法》(2019 年修订)	(1) 血液制品不得委托生产； (2) 血液制品等国家实行特殊管理的药品不得在网络上销售

续表

序号	生效日期	颁布主体	规定名称	法律实务关注要点
6	2020 年 10 月 1 日	国家药监局	《关于发布〈药品生产质量管理规范（2010 年修订）〉血液制品附录修订稿的公告》（国家药监局公告 2020 年第 77 号）	（1）血液制品生产企业的企业负责人、生产管理负责人、质量管理负责人和质量受权人是否符合相应的资质要求；（2）血液制品生产企业是否定期开展血液制品检验实验室能力评估，确保实验结果准确、可靠和检验过程信息记录的真实、准确、完整和可追溯
7	2021 年 3 月 1 日	国家市监总局	《生物制品批签发管理办法》（2020 年修订）（国家市监总局令第 33 号）	上市销售或者进口的血液制品必须通过批签发，血液制品产品的生产检验周期包括生产、审核、检验、批签发等环节
8	2022 年 1 月 19 日	广东省药品交易中心	《广东联盟双氯芬酸等药品集中带量采购文件》	血液制品首次进入集采，涉及静注人免疫球蛋白、人血白蛋白、人凝血因子Ⅷ、人纤维蛋白原、人免疫球蛋白 5 个血液品种

四、血液制品外商投资与进口监管政策

（一）血液制品外商投资政策

我国血液制品外商投资政策经历从限制到放宽的过程。具体而言，1995 年至 2015 年 3 月，国家发展改革委和商务部发布的《外商投资产业指导目录》均明确规定血液制品的生产属限制外商投资的产业，而 2015 年 3 月修订的《外商投资产业指导目录》取消了该类外商投资限制并且延续至今。依据现行有效的《鼓励外商投资产业目录》（2022 年版）、《外商投资准入特别管理措施（负面清单）》（2021 年版），血液制品的生产既不属于鼓励外商投资产业目录范围，也不属于外商投资准入的负面清单范围。

目前我国血液制品行业中，存在外资控股或者参股国内血液制品的生产企业，例如，澳大利亚血液制品巨头杰特贝林（CSL Behring）全资控股武汉中原瑞德

生物制品有限责任公司，西班牙血液制品巨头基立福（Grifols）参股上海莱士血液制品股份有限公司且作为第一大股东。

（二）血液制品进口监管政策

鉴于血液制品的行业特殊性和安全性要求，我国对于血液制品进口采取严格的监管，目前允许进口的血液制品只有人血白蛋白和重组人凝血因子Ⅷ。关于血液制品的进口监管政策以及法律实务关注要点概括如表 4 所示：

表 4　血液制品的进口监管政策和法律实务关注要点

序号	生效/召开日期	颁布主体	规定名称	法律实务关注要点
1	1985 年 8 月 26 日	海关总署、卫生部（现为国家卫健委）	《关于禁止Ⅷ因子制剂等血液制品进口的通知》	为了防止艾滋病等传染病跨国传染，我国自 1985 年起禁止进口除人血白蛋白以外的血液制品
2	2002 年 7 月 10 日	国家药监局	《关于进一步加强牛源性及其相关药品监督管理的公告》（国药监注〔2002〕238 号）	我国自 2002 年起禁止从疯牛病疫区进口人血白蛋白
3	2007 年 12 月 12 日	国家食品药品监督管理局（已撤销，现为国家药品监督管理局）	国家食品药品监督管理局新闻发布会	为了缓解凝血因子Ⅷ供应紧张的局面，满足血友病患者的用药需求，我国自 2007 年 11 月起允许进口重组人凝血因子Ⅷ

根据相关数据统计，2014 年至 2022 年 8 月我国血液制品的进口数量在 2019 年以前呈上升趋势，2019 年达到峰值 287.87 吨后开始逐年下降。从进口金额来看，爱尔兰是我国最主要的血液制品进口来源地，2021 年我国从爱尔兰进口血液制品交易金额达 42,065.71 万美元，占 2021 年我国血液制品进口金额的 82.26%。其中，2021 年我国血液制品最大需求省份是上海市，上海市的进口金额占到全国的 86.38%。[①]

① 参见《2022 年中国血液制品行业全景速览：我国血液制品行业发展势头良好，市场规模持续扩大》，载微信公众号“智研咨询”2022 年 10 月 24 日，https://mp.weixin.qq.com/s?src=11&timestamp=1684476582&ver=4537&signature=YL-FWMzO6v3*32PjkORtJJS1h9ftvxilhYoMMzJ1yak*ofD5yQ3tFzRmfHCThA1Kg0iZUNRxvcvBoVxzZ8hZNJZtWC*L5bh*GiUi5ozSrvv4e26lZ*vdwLGRc9N6i6Zd&new=1。

五、结语

基于血液制品的行业特殊性和极高的安全性要求，我国已经建立起从原料血浆采集到血液制品生产及销售各个环节全链条的监管规则，致力于保障血液制品的质量。特别是伴随着老年化社会的加速到来，血液制品的地位和作用将进一步得到提高和发挥。

本文对血液制品概念以及分类、行业产业链条以及市场发展现状、业务以及资质要求、外商投资与进口监管政策等方面的法律实务关注要点进行分析和总结，以期为血液制品行业法律实务提供些许参考和指引。

CHAPTER 03

大健康产业监管与合规

《关于原料药领域的反垄断指南》重点解析及企业合规建议

侯彰慧* 赵琳格 许聿宁

*作者简介：

侯彰慧，中伦律师事务所北京办公室公司业务部合伙人，电邮为：houzhanghui@zhonglun.com。

原料药领域关涉人民群众的生命安全和身体健康，兹事体大，而其市场集中度高、消费者需求迫切等特点导致垄断行为频发，市场乱象丛生，因而向来受到反垄断执法机构的重点关注。2020 年 10 月 30 日，国家市场监管总局发布了《关于原料药领域的反垄断指南（征求意见稿）》（以下简称《征求意见稿》）。2021 年 11 月 18 日，国务院反垄断委员会发布了《关于原料药领域的反垄断指南》（以下简称《原料药指南》）。这是继 2017 年国家发展改革委颁布《短缺药品和原料药经营者价格行为指南》（以下简称《价格行为指南》）后，国家第二次出台原料药领域的反垄断执法指引文件，也是继《关于汽车业的反垄断指南》（以下简称《汽车业指南》）和《关于平台经济领域的反垄断指南》后，国务院反垄断委员会出台的第三部行业反垄断指南。《原料药指南》旨在指引执法机构在原料药领域的执法行为，规范原料药领域经营者经营行为，降低反垄断合规风险。

在相关市场界定、横向垄断协议、纵向垄断协议、滥用市场支配地位、经营者集中等多个方面，《原料药指南》均对现有规则体系有所完善与突破。

一、明确原料药相关商品市场界定的基本原则

（一）不同品种原料药可能被界定为同一市场

在相关市场界定方面，《原料药指南》延续了需求替代性和供给替代性分析的基础方法，强调在具体情况下，具有替代性的不同品种原料药也可能构成同一相关市场。这一表述与《价格行为指南》中“药品和原料药还需考虑该品种可制备药剂或者终端药品的种类、用途、治疗效果等”的意见相互呼应。根据该表述，当下游可制备药剂或终端药品存在替代性时，上游不同品种原料药存在被界定为同一相关市场的可能。

（二）原料药可进一步细分为生产市场与经销市场

《原料药指南》明确提出，原料药的相关商品市场可进一步细分为生产市场与经销市场。该市场界定的逻辑考虑了生产与经销环节面向的客户群体及销售方式的不同，也延续了《汽车业指南》相关规定的思路，后者提出汽车经销市场可进一步细分为汽车批发市场与汽车零售市场。实践方面，在 2020 年国家市场监管总局针对三家葡萄糖酸钙原料药经销企业实施垄断行为的行政处罚决定中（葡萄糖酸钙原料药垄断案），相关商品市场就被界定为相关原料药的销售市场。

（三）原料药是否会根据不同质量等级和适用范围进一步细分

虽然《原料药指南》删去了《征求意见稿》中的“同种原料药的生产市场和经销市场可能根据原料药的不同质量等级和适用范围进一步细分”，而采用了“并可能根据具体情况作进一步细分”这一更宽泛的表述。但根据原料药的不同质量等级和适用范围进一步细分商品市场的原则在实践中已得到了多次应用。例如，在2017年，国家发展改革委针对两家异烟肼原料药生产企业实施垄断行为的行政处罚决定中，执法机构根据用途、性能、质量标准和价格上的较大差异，将相关商品市场界定为医药级异烟肼原料药市场；在葡萄糖酸钙原料药垄断案中，执法机构也根据产品品质和用途的不同，将葡萄糖酸钙原料药细分为注射用和口服用两个市场。

二、详细列举原料药行业垄断协议的形式

（一）同业竞争者之间沟通敏感信息存在横向垄断风险

《原料药指南》指出，“原料药生产企业通过第三方（如原料药经销企业、下游药品生产企业）及展销会、行业会议等沟通协调原料药销售价格、产能产量、产销计划等敏感信息”，一般会构成《反垄断法》禁止的垄断协议行为。根据上述规定，执法机构在关注同业竞争者之间沟通敏感信息时，将不只着眼于竞争者之间的直接沟通，亦会关注竞争者通过第三方进行的沟通。在涉及沟通敏感信息的垄断协议执法实践方面，国家发展改革委在2016年针对三家艾司唑仑原料药生产企业实施垄断行为的行政处罚决定具有典型意义。在该案中，国家发展改革委认为当事企业之一与同业竞争者交换了价格信息，且此后“当事人涨价行为与其他具有竞争关系的经营者具有一致性”，因而认定当事人实施了“固定或变更商品价格”的垄断协议。

这一规定也意味着，不仅沟通敏感信息的同业竞争者有横向垄断协议的风险，协助他们沟通敏感信息的第三方也会面临被处罚的风险。值得关注的是，2022年修正的《反垄断法》中增加了“经营者不得组织其他经营者达成垄断协议或者为其他经营者达成垄断协议提供实质性帮助”的规定，经营者违反该规定将面临与垄断协议直接参与者同样的处罚，即没收违法所得，并处上一年度销售额1%以上10%以下的罚款等。

（二）生产协议、联合采购协议的达成存在横向垄断风险

《原料药指南》规定，“原料药生产企业与具有竞争关系的其他经营者通过联合生产协议、联合采购协议、联合销售协议、联合投标协议等方式商定原料药生产数量、销售数量、销售价格、销售对象、销售区域等”，一般会构成《反垄断法》禁止的垄断协议行为。上述规定与《汽车业指南》相关规定所体现的立场有较大的差异。《汽车业指南》明确提出联合生产协议、联合采购协议等横向协议，“通常能够增进效率和促进竞争，有利于增加消费者福利”，因而汽车业经营者可以根据《反垄断法》第 20 条①争取该等横向协议豁免，适用禁止横向垄断协议的规定。

因此，《原料药指南》对联合生产协议、联合采购协议等横向协议采取更为严格的态度，意味着原料药企业达成相关协议的行为获得《反垄断法》第 20 条项下豁免的可能性更低。

（三）不生产、销售原料药的承诺同样存在横向垄断风险

《原料药指南》明确，“原料药生产企业与具有竞争关系的其他原料药经营者达成不生产或者不销售原料药、其他原料药经营者给予补偿的协议”，一般会构成《反垄断法》禁止的垄断协议行为。

该规定是对中国现有垄断立法的一个突破，意味着原料药生产企业不能再以补偿方式避免其他竞争者进入市场，以维持自己在原料药市场上的竞争优势。这一规定与欧美反垄断执法对“反向支付/延迟支付”（pay for delay）安排的关注与争议存在异曲同工之处。“反向支付”安排即原研药公司向仿制药公司支付相关利益，以要求仿制药公司放弃挑战原研药专利的有效性，推迟仿制药进入市场的时间。自 2003 年美国第六巡回法院在 La. Wholesale Drug Co. v. Hoechst Marion Roussel, Inc. 案中认定反向支付安排属于分割市场的横向垄断协议以来②，反向

---

① 《反垄断法》第 20 条规定：“经营者能够证明所达成的协议属于下列情形之一的，不适用本法第十七条、第十八条第一款、第十九条的规定：（一）为改进技术、研究开发新产品的；（二）为提高产品质量、降低成本、增进效率，统一产品规格、标准或者实行专业化分工的；（三）为提高中小经营者经营效率，增强中小经营者竞争力的；（四）为实现节约能源、保护环境、救灾救助等社会公共利益的；（五）因经济不景气，为缓解销售量严重下降或者生产明显过剩的；（六）为保障对外贸易和对外经济合作中的正当利益的；（七）法律和国务院规定的其他情形。属于前款第一项至第五项情形，不适用本法第十七条、第十八条第一款、第十九条规定的，经营者还应当证明所达成的协议不会严重限制相关市场的竞争，并且能够使消费者分享由此产生的利益。”

② La. Wholesale Drug Co. v. Hoechst Marion Roussel, Inc., 2003 U.S. App.

支付安排在欧美受到越来越多的挑战。

中国的司法实践关注了“反向支付”。在2022年1月审结的一起案件[①]中，最高人民法院主动对非垄断纠纷中的反向支付安排进行了反垄断审查，并表示如发现反向支付安排存在涉嫌违反《反垄断法》的证据，可以进一步审理，也可以向反垄断执法机构移送涉嫌违法线索以供进一步调查。

（四）将折扣、返利、供货情况与价格挂钩将引发纵向垄断风险

《原料药指南》对《反垄断法》中限制转售价格的形式进行了详细列举，包括：固定经销企业利润、折扣和返点；以提供返利、优先供货、提供支持等措施奖励，或者以取消返利、减少折扣甚至拒绝供货或者解除协议等惩罚措施相威胁。《原料药指南》指出，这些行为均会被认定为构成变相限制转售价格，进而存在被认定为纵向垄断协议而受到处罚的风险。

在扬子江药业纵向垄断协议案（国市监处〔2021〕29号）中，扬子江药业制定了精细的绩效考核制度和监督机制，激励各级销售人员和各级经销商严格执行固定和限定价格政策；另外，其与各级经销商签订各类协议时规定，一旦经销商有乱定价行为，将会受到扣发奖金、停止报销费用、断货等惩罚。因此，将返利、折扣、供货情况与价格挂钩的行为具有较高的纵向垄断风险。

（五）着重强调纵向地域限制或客户限制的反竞争风险

《原料药指南》对于地域限制与客户限制的规定，相较于《征求意见稿》和现行各法律法规，均存在明显突破。《征求意见稿》对地域限制和客户限制的态度停留在“原料药生产企业、经销企业应当避免对下游企业实施地域限制或者客户限制”。在现行《反垄断法》中，地域限制和客户限制则被纳入滥用市场支配地位的分析框架中，仅在实施地域限制和客户限制的经营者具有市场支配地位的情况下，被认定为垄断行为的风险才比较高。《汽车业指南》则进一步提出地域限制和客户限制在某些情形下可能提高效率，如经销商为保护和建立品牌形象实施的地域限制。但是，《原料药指南》特别强调，地域限制和客户限制可能导致市场分割、价格歧视，削弱原料药市场竞争，使原料药和药品价格明显高于竞争水平。

截至目前，我国尚未出现反垄断执法机构单独以实施了地域限制或客户限制

---

① 阿斯利康有限公司诉江苏奥赛康药业有限公司侵害发明专利权案，（2021）最高法知民终388号。

为由进行查处的案例。在扬子江药业纵向垄断协议案中，执法机构认为"当事人通过限制销售区域、严禁不同销售区域窜货、违约惩罚等措施进一步加强了其协议条款的强制性和惩罚性，使得经销商只能遵守其产品价格要求"。类似地，在2016年美敦力医疗器械纵向垄断案中，执法机构认为当事人采取的限制经销商转售商品的销售对象和销售区域的行为在与纵向价格措施并用时，强化了限制转售价格的实施效果。因此，就目前的执法实践而言，地域限制或客户限制可能仅被执法机构作为纵向垄断的加重情节进行处罚。但在未来，不排除执法机构对原料药行业的地域限制或客户限制行为进行单独处罚的可能。

三、阐明认定垄断协议的执法思路

（一）可以借助间接证据认定协同行为

《原料药指南》第8条明确，如果认定协同行为的直接证据较难获取，可以根据《禁止垄断协议暂行规定》第6条规定，按照逻辑一致的间接证据，认定经营者对相关信息的知悉情况，判定经营者之间是否存在协同行为。

在2016年的艾司唑仑药品垄断协议案中，虽然常州四药并未明确同意其他竞争者提出的联合抵制和涨价主张，但由于其在会议上与竞争者就未来业务安排和价格等敏感信息进行了交流，且其停止供货和涨价的时间点与其他竞争者高度一致，涨价幅度与会上的提议基本一致，因此执法机构认定常州四药与其他竞争者存在协同行为，对其进行处罚。在《原料药指南》出台后，不排除执法机关仅依据市场行为存在一致性的间接证据而对经营者之间的协同行为进行认定的可能性。

（二）轴辐协议的认定考虑经营者的主观过错

《原料药指南》第9条明确，禁止经营者组织其他经营者达成垄断协议或者为其他经营者达成垄断协议提供实质性帮助。具有竞争关系的原料药经营者可能借助与其他经营者之间的纵向关系，或者由其他经营者组织、协调，达成具有横向垄断协议效果的轴辐协议。这一行为也被2022年修正后的《反垄断法》禁止。《原料药指南》指出，分析纵向关系时，经营者是否协助其他经营者达成垄断协议，主要考虑经营者是否应知或者明知其他经营者与同一原料药经销企业签订相同、相似或者具有相互配合关系的协议。

在2018年的冰醋酸药品垄断协议案中，冰醋酸原料药批发商通过电话沟通、组织会议等形式帮助上游三家冰醋酸原料药生产商交流市场行情、产销量信息并协助传达涨价意愿，由此促成上游三家冰醋酸原料药生产商达成垄断协议。由于此案发生时，原《反垄断法》对轴辐协议中组织、帮助者的处罚范围仅限于行业协会，因此协助上游原料药生产商达成垄断协议的下游原料药经销商未受处罚。在2022年修正后的《反垄断法》生效的背景下，原料药经营者组织、帮助达成垄断协议的，都将面临和达成垄断协议相同的法律责任。

据此，原料药企业在日常经营中应谨慎考虑其他企业与同一原料药经销企业的合作关系，以降低落入自身因存在“故意”或“过失”而被执法机构认定存在轴辐协议的风险。

四、市场支配地位认定的执法思路

认定企业滥用市场支配地位行为以企业具有市场支配地位为前提，而考虑企业是否具有市场支配地位通常依据其市场份额。

（一）评估市场份额考虑经销企业控制生产企业销量的比例

《原料药指南》指出，确定原料药经销企业市场份额可以考虑该经销企业控制生产企业销售量的比例。我们理解，这与原料药领域大量存在的独家经销（包销）模式有关。从过往执法案例来看，原料药经销企业取得独家经销的地位被认定为具有市场支配地位的风险较高：

在2020年的葡萄糖酸钙原料药垄断案中，当事企业与江西新赣江达成了包销注射用葡萄糖酸钙原料药的口头协议，从浙江瑞邦大量购买了注射用葡萄糖酸钙原料药，与某公司达成了不对外销售注射用葡萄糖酸钙原料药的书面协议。执法机构认为，当事企业通过上述途径控制了中国注射用葡萄糖酸钙原料药销售市场。

在2015年的湖北某医药公司滥用市场支配地位案中，执法机构认为当事企业通过与上游盐酸川芎嗪原料药生产企业分别签订独家代理协议，实际控制了盐酸川芎嗪原料药国内货源，取得了盐酸川芎嗪原料药国内销售市场的支配地位。

（二）共同支配地位的认定考虑市场结构、相关市场透明度、相关商品同质化程度、经营者行为一致性

《原料药指南》指出，“认定两个以上的原料药经营者具有市场支配地位，还应

当考虑市场结构、相关市场透明度、相关商品同质化程度、经营者行为一致性等因素。”考虑到目前执法机构和司法机构尚未对认定共同滥用市场支配地位的具体情形作出解释，这一规定帮助企业明确了认定共同支配地位的考量因素。

此外，可能与共同滥用市场支配地位混淆的一种情形是，实施了滥用行为的经营者之间具有实际控制关系，因而被视为同一主体，而非共同滥用市场支配地位。例如，在2020年的葡萄糖酸钙原料药垄断案中，由于普云惠公司部分员工同时在康惠公司任职，两公司财务联系紧密，执法机构认定普云惠公司实际受康惠公司控制；同时，由于太阳神公司的业务由康惠公司决定，且将利润大部分返还康惠公司，太阳神公司实际也受康惠公司控制。综合上述因素，执法机构认定三家当事企业具有统一、协调的经营意志，并不互相独立，因此视为同一当事人，且合并计算了三家企业的市场份额。此种情形符合欧盟竞争法下“单一经济体”的概念。《原料药指南》则以“原料药经营者对其他经营者进行实际控制”阐述这一情形。

五、对医药领域企业的合规启示与建议

我国医药领域反垄断执法力度不断强化，《原料药指南》发布至今，已查处多起滥用市场支配地位案件，这彰显了国家维护市场竞争、保障国计民生的决心。在这样的背景下，原料药领域经营者应加快反垄断合规体系的建设，警惕在生产销售等经营活动中触碰反垄断红线。因此，基于最新出台的《原料药指南》和我们在反垄断合规工作中的实践经验，我们对各医药领域企业作出以下合规建议：

第一，企业应避免与其他医疗领域经营者达成商定原料药生产数量、销售数量、销售价格、销售对象、销售区域的联合生产协议、联合采购协议、联合销售协议或联合投标协议，也应避免通过补偿与其他经营者达成不生产或者不销售药品的协议；

第二，企业应避免与其他医疗领域经营者在会议或沟通中交换销售价格、产能产量、产销计划等敏感信息；

第三，企业应避免直接或通过第三方（如经销商等）与其他经营者交流关于销售价格、产销计划、产量规模等商业敏感信息；

第四，企业应避免采取固定经销商利润、折扣和返点等手段变相限制下游经

销商或药品生产企业的转售价格；

第五，企业应避免以与返利、折扣甚至供货条件相关的激励或惩罚手段，影响下游经销商、药品生产企业转售价格；

第六，如企业发现其可能参与了横向垄断协议，应尽早与专业人士沟通，排查合规风险，主动向反垄断执法机构汇报，以争取减轻或免除处罚；

第七，企业应及时与专业人士沟通，评估相关交易是否需要进行经营者集中申报。

医药健康行业反垄断合规实务及应对

蒋蕙匡　贾　申*　郭　程　陈清澄

* 作者简介：

蒋蕙匡，中伦律师事务所北京办公室合规与政府监管部合伙人，电邮为：jianghuikuang@ zhonglun. com。

贾申，中伦律师事务所北京办公室合规与政府监管部顾问，电邮为：jiashen@ zhonglun. com。

医药健康历来属于强监管行业，在反垄断合规领域亦如此。仅过去四年，我国反垄断执法机构在医药健康行业共查办垄断案件上百件，其中垄断协议案件 9 件，滥用市场支配地位案件 11 件，滥用行政权力排除、限制竞争案件 37 件，违法实施经营者集中案件 3 件，经营者集中案件 95 件，罚没金额超 15.5 亿元。[①] 从上游原料药生产、中游成品药生产和医疗器械制造到下游连锁药房与医院，从生产环节到流通环节，再到与医疗机构相关的协会、药品采购联盟等，医药健康各个领域和环节的经营者都会面临反垄断合规风险。（见图 1）

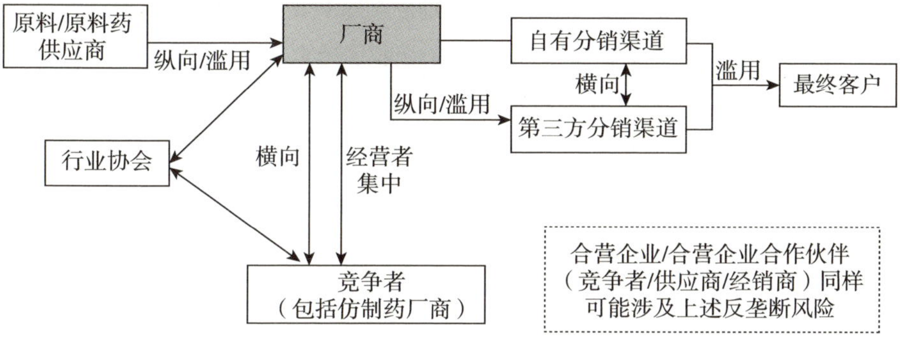

图 1　医药健康行业合规场景

2022 年 8 月 1 日，《反垄断法》(2022 年修正）开始施行。此前，国家市场监督管理总局（以下简称国家市监总局）已对外发布 6 部配套法规征求意见稿，于 2023 年 3 月 10 日公布配套法规，自 2023 年 4 月 15 日起施行。在新《反垄断法》及配套新规逐渐生效落地的背景下，经营者实施反垄断违法行为须承担的违法责任大幅提高，监管机构对涉及国计民生的医药健康等行业的监管力度也进一步加强。本文旨在对包括原料药、成品药（含中成药）、医疗器械、药品流通等在内的医药健康行业各细分领域的反垄断风险进行梳理，并结合相关案例提示反垄断合规要点，以帮助该领域的企业应对新《反垄断法》生效后逐渐强化的监管要求和合规风险。

一、原料药领域反垄断合规亮点

原料药一般指化学原料药，即在疾病的预防和治疗等过程中能起到直接药理

① 2019—2021 年数据参见《中国反垄断执法年度报告（2019）》《中国反垄断执法年度报告（2020）》《中国反垄断执法年度报告（2021）》，2022—2023 年 2 月的数据来自团队内部统计。

作用,但仍需进一步加工成医药制剂后才能直接作用于机体的药物成分。原料药的上游原材料主要来自化工合成、农业生物发酵和动植物提取,下游主要应用领域为医药制剂、保健品等。

我国原料药产品适用药品监管相关规定,由于直接关系到医药制剂的成效和国计民生,原料药产品需接受严格的行业监管。国家对药品生产经营实行行业准入许可制度,根据《药品管理法》的规定,从事药品生产/经营的企业应取得药品生产许可证和/或经营许可证,且药品生产经营的全过程应持续遵守严格的法定要求。在药品上市许可持有人制度下,下游药企对原料药研制和生产的要求进一步提高。除严格的行业准入壁垒外,原料药领域也具有较高的技术工艺壁垒和安全环保政策要求,因此相较于其他医药健康领域细分行业而言,原料药行业的准入门槛相对更高,原料药市场竞争也相对不充分,从而引起反垄断监管机构更多的执法关注。据统计,原料药领域反垄断调查和处罚案例主要集中于滥用市场支配地位和横向垄断协议行为。

近年来,我国对原料药领域的反垄断执法力度显著增强。《国务院办公厅关于进一步做好短缺药品保供稳价工作的意见》(国办发〔2019〕47 号)明确要求,反垄断执法机构应以最严的标准依法查处原料药领域垄断、价格违法等行为,坚持从重从快查处原料药领域垄断行为。过去三年数据显示,原料药依旧为反垄断执法重点领域,国家市监总局和省级市监局查处了 12 件原料药领域滥用市场支配地位案件,其中,国家市监总局开出了高达 2.527 亿元和 1.007 亿元的反垄断罚单,山东、辽宁、浙江、安徽、广东等省市执法机构也不断深化原料药领域垄断案件查处工作。2021 年 11 月,《国务院反垄断委员会关于原料药领域的反垄断指南》(国反垄发〔2021〕3 号,以下简称《原料药指南》)正式实施,进一步细化了原料药领域垄断行为的分析和认定标准。基于原料药领域易形成垄断格局的特点和呈收紧趋势的监管环境,本文归纳了原料药领域易触发垄断风险的合规要点以供市场经营者参考。

(一)原料药领域滥用市场支配地位行为

我国《反垄断法》禁止具有市场支配地位的经营者滥用市场支配地位,从事排除、限制市场竞争的行为,否则将可能被没收违法所得,并处上一年度销售额 1% 以上 10% 以下的罚款。

由于原料药领域市场集中度和准入门槛相对较高，原料药企业通常对下游企业具有较强的话语权。此外，作为原料药领域常见的合作方式，原料药生产企业通常会与原料药经销企业达成独家经销协议或独家代理协议。在独家经销协议的安排下，特别是跨境独家经销的安排下，原料药经销企业在特定原料药相关市场上可能拥有很高的市场份额，甚至达到100%。上述因素综合考虑，可能导致原料药企业被认定具有市场支配地位，而其大幅提高原料药销售价格、拒绝供货或附加与销售产品无关的交易条件等行为也会被指控属于滥用市场支配地位。具体而言：

1. 不公平高价：较成本加价过高，或价格涨幅过大

《原料药指南》第15条对认定"不公平高价"行为作了比较细致的规定，以下行为可能被认定为构成"不公平高价行为"：(1)销售价格明显高于其他经营者在相同或者相似市场条件下销售同种原料药或者可比较原料药的价格，以及相关期间的成本变化；(2)销售价格明显高于同一经营者在其他相同或者相似市场条件区域销售原料药的价格；(3)在市场环境稳定、成本（进价）未受显著影响的情况下，超过合理幅度提高原料药销售价格；(4)在成本（进价）增长的情况下，销售原料药的提价幅度明显高于成本增长幅度；(5)通过其他经营者以流转过票等方式，高价销售原料药。

在实践中，"高价"行为可能包括横向高价（与其他经营者相比，或者与其他区域相比）、纵向高价（与成本相比）以及流转高价（层层流转加价）。某种高价行为是否认定为"不公平"高价，以下执法案例可供参考（见表1）。

➤ **执法案例总结**

表1 "不公平"高价执法案例

案例名称	处罚时间	不公平高价行为
左卡尼汀原料药垄断案①（该原料药用于心肌病、骨骼肌病、心律失常、高脂血症，以及低血压和透析中肌痉挛等）	2023年1月18日	涉案企业在成本基本稳定的情况下短时间内将平均价格提高至此前平均售价的2.05倍，最高价格提高至此前平均售价的3.17倍至3.96倍，并且价格涨幅最高达到了成本涨幅的8.27倍至11.09倍

① 参见辽市监反垄断处罚〔2023〕1号行政处罚决定书。

续表

案例名称	处罚时间	不公平高价行为
河南苯酚原料药垄断案①（该原料药用于生产鸡眼膏）	2021 年 9 月 27 日	涉案企业销售苯酚原料药的价格较历史价格上涨达 6.8 倍至 9.2 倍，销售均价较采购均价上涨幅度达 3.3 倍至 7.3 倍
葡萄糖酸钙原料药垄断案②（该原料药用于缺钙症及过敏性疾患）	2020 年 4 月 9 日	涉案经营者销售注射用葡萄糖酸钙原料药的价格相比采购价格提高了 9.5 倍至 27.3 倍，相比三年前的销售价格上涨了 19 倍至 54.6 倍，并且通过内部分工和流转过票的方式提高 7.6 倍
扑尔敏原料药垄断案③（该原料药用于鼻炎、皮肤黏膜过敏及缓解流泪、打喷嚏、流涕等感冒症状）	2018 年 12 月 30 日	涉案经营者销售扑尔敏原料药的价格为平均采购成本的 3 倍至 4 倍，在生产和采购成本没有发生重大变化的情况下价格增长明显超过正常幅度
异烟肼原料药垄断案④（该原料药用于生产抗结核类药物）	2017 年 7 月 28 日	两个涉案经营者销售的异烟肼价格分别为上一年度最高价格的 19 倍和 3.52倍

表 1 案例中，相较成本价或历史价提价低至 2 倍左右、高至 27 倍都可能被认定为不公平高价行为。但提价幅度本身并不必然足以证明涉案经营者的不公平高价行为，还要考虑涨价是否有合理的商业理由，以及价格设定是否明显偏离产品实际价值，以便认定涨价或设定高价是否构成“不公平”。

➢ 合规风险提示

我们理解，为降低不公平高价垄断行为风险，企业可以避免任意制定过高或过低的产品销售价格，尤其要避免短期内大幅提价或降价行为，保留历次涨价的记录和依据备查。

---

① 参见豫市监处字〔2021〕1 号行政处罚决定书。

② 参见国市监处〔2020〕8 号行政处罚决定书。

③ 参见国市监处〔2018〕21 号、22 号行政处罚决定书。

④ 参见国家发展和改革委员会〔2017〕1 号、2 号行政处罚决定书。

2. 附加不合理交易条件：要求回购或独家经销，附加保证金等不合理费用

不合理的交易条件，指经营者为了达到交易之外的其他目的，对交易相对人施加与交易标的无关的要求。在交易双方市场力量对比悬殊的情况下，双方"一致"达成的协议可能因一方具有市场支配地位而被认定为附加不合理交易条件。《原料药指南》细致列举了附加不合理交易条件的行为，如在价款外附加其他不合理费用、对原料药销售的合同期限和支付方式以及运输和交付方式等附加不合理限制、对原料药销售地域和对象等附加不合理限制等。[①] 实践中常见的不合理交易条件，还包括控制产品的分销权和回购权、以达成交易为条件要求收购、对库存和售后服务的限制等。具体执法案例见表2：

➤ **执法案例总结**

表2　不合理交易条件执法案例

案例名称	处罚时间	附加不合理条件行为
氯解磷定原料药垄断案[②]（该原料药用于急性有机磷酸酯类杀虫剂中毒）	2021年11月17日	涉案经营者为下游药企设定了最低采购量；未足量采购的，要求支付违约金，但该最低采购量超出了下游药企的实际需求。同时，涉案经营者在未对下游药企提供实质性技术服务的情况下要求下游药企每年支付技术服务费，损害了下游制剂生产企业的利益
盐酸溴己新原料药垄断案[③]（该原料药用于急性及慢性支气管炎、哮喘、支气管扩张、肺气肿）	2020年11月1日	涉案经营者要求药品生产企业将生产的注射用盐酸溴己新药品全部交由其销售，未经其许可，药品生产企业不得自行销售、赠与或授权第三方销售

---

① 《原料药指南》第19条规定，"具有市场支配地位的原料药经营者，滥用其市场支配地位，在涉及原料药的交易中附加不合理交易条件，排除、限制市场竞争，损害交易相对人合法权益和消费者利益。分析是否构成上述行为，可以考虑以下因素：（一）要求药品生产企业将全部或者部分药品交由其销售；（二）要求药品生产企业按照指定的交易对象、价格、数量等条件销售药品；（三）要求药品生产企业或者经销企业提供药品收入分成；（四）要求提供不合理的保证金，或者在原料药价款之外附加其他不合理费用；（五）对原料药销售的合同期限、支付方式、运输及交付方式等附加不合理的限制；（六）对原料药或者药品的销售地域、销售对象等附加不合理限制；（七）附加与交易标的无关的其他不合理交易条件"。

② 参见沪市监反垄处〔2021〕3220190101511号行政处罚决定书。

③ 参见浙市监案〔2020〕14号行政处罚决定书。

续表

案例名称	处罚时间	附加不合理条件行为
葡萄糖酸钙原料药垄断案①（该原料药用于缺钙症及过敏性疾患）	2020 年 4 月 9 日	涉案经营者利用市场支配地位，以注射用葡萄糖酸钙原料药供应为条件，强制要求下游制剂生产企业将生产的葡萄糖酸钙注射液回购给涉案经营者，或者作为涉案经营者的代工厂按照其指令销售葡萄糖酸钙注射液
水杨酸甲酯原料药垄断案②（该原料药用于"伤湿止痛膏""风油精""活血止痛膏"等药品生产）	2017 年 1 月 11 日	涉案经营者在取得药用水杨酸甲酯原料药的全国总代理权后，以要求缴纳保证金的方式要求独家代理下游药企生产的成品药，否则以各种理由拒绝供货

表 2 案例中，涉案经营者提出的交易条件包括要求独家代理、回购、最低采购量、不合理的保证金和其他费用，此类交易条件与交易标的本身无关，但由于涉案经营者具有较强的市场控制力，下游企业为了获取产品不得不接受涉案经营者提出的不合理条件，这也易被认定为滥用市场支配地位行为。

➢ 合规风险提示

如前文所述，由于独家经销企业市场话语权较强，与下游市场地位较为悬殊，因此交易过程中附加不合理交易条件行为的违法风险相对较高。我们理解，企业可以在与下游制剂生产企业的交易过程中避免要求回购或分成，以及要求提供不合理的保证金或在产品价格之外附加其他不合理费用。

3. 拒绝交易：通过不合理条件变相拒绝交易，为清理市场持续拒绝供货

《原料药指南》列举的拒绝交易行为，包括经营者没有正当理由实质性削减与交易相对人的现有销售数量或者拖延、中断与交易相对人的现有交易，拒绝与交易相对人开展新的交易，将原料药包销后拒绝与交易相对人交易，以及通过设置

---

① 参见国市监处〔2020〕8 号行政处罚决定书。

② 参见鄂工商处字〔2017〕201 号行政处罚决定书。

限制性条件变相导致交易相对人难以与其进行交易。[①] 除上述列举的行为外，实际案例中常见的拒绝交易行为，还包括为下游企业设定难以接受的不合理交易条件以变相拒绝交易，因此附加不合理的交易条件和拒绝交易可能是同一垄断行为的一体两面。具体执法案例见表3。

➢ **执法案例总结**

表3　常见拒绝交易行为执法案例

案例名称	处罚时间	拒绝交易行为
巴曲酶原料药垄断案[②]（该原料药用于治疗急性脑梗死和缺血性症状）	2021年1月22日	涉案经营者作为境内唯一的巴曲酶原料药销售企业，以下游制剂企业面临众多诉讼、债务负担沉重、需要面谈等为由始终不予报价，并且将原料药供应作为谈判筹码要求收购该下游制剂企业股权；由于一直拒绝供应原料药，该下游企业停产
扑尔敏原料药垄断案[③]（该原料药用于鼻炎、皮肤黏膜过敏及缓解流泪、打喷嚏、流涕等感冒症状）	2018年12月30日	涉案经营者以无货为由拒绝向下游生产商供应扑尔敏原料药，并且将缴纳高额保证金、回购成药、成药涨价并提成等不合理交易条件作为供货条件，变相拒绝与下游厂商的交易。其拒绝交易行为导致扑尔敏原料药市场供应紧张，提升了市场价格预期，促使扑尔敏原料药价格快速上涨，部分下游厂商被迫减产停产

① 《原料药指南》第16条规定，“具有市场支配地位的原料药经营者，滥用其市场支配地位，没有正当理由拒绝销售原料药，排除、限制市场竞争，影响药品正常供应，损害交易相对人合法权益和消费者利益。分析是否构成上述行为，可以考虑以下因素：（一）没有正当理由，在与交易相对人开展交易过程中，实质性削减与交易相对人的现有销售数量或者拖延、中断与交易相对人的现有交易；（二）没有正当理由，拒绝与交易相对人开展新的交易；（三）没有正当理由，将原料药包销后，拒绝与交易相对人交易；（四）没有正当理由，设置限制性条件，变相导致交易相对人难以与其进行交易”。

② 参见国市监处〔2021〕1号行政处罚决定书。

③ 参见国市监处〔2018〕21号、22号行政处罚决定书。

续表

案例名称	处罚时间	拒绝交易行为
重庆苯酚原料药垄断案①(该原料药用于生产鸡眼膏)	2016 年 11 月 24 日	涉案经营者作为市场上唯一的苯酚原料药生产企业,为清理市场并帮助总代理迅速提高苯酚原料药向下游销售的价格,从而获取垄断利润,在近两年的时间里除了向独家总代理销售苯酚以外,拒绝向其他下游生产企业和医药公司供货,大客户和老客户提出的购买请求均被拒绝,导致市场上苯酚原料药的价格上涨近 42 倍
别嘌呤原料药垄断案②(该原料药用于高尿酸血症,即痛风)	2015 年 10 月 28 日	涉案经营者为消耗完市场存量的别嘌醇原料药,从而抬高价格,清理别嘌醇制剂市场,控制其他别嘌醇制剂生产企业的生产能力,并达到提高别嘌醇成品药市场占有率、谋取超额利益的目的;连续半年拒绝向市场(包括独家代理和其他下游制剂企业)销售别嘌醇原料药。按别嘌醇原料药市场推算,当事人在拒绝交易行为发生后的近 1 年时间里,其别嘌醇制剂市场占有率提高了 47 个百分点

从表 3 案例来看,占据市场支配地位的经营者通常可能为达成交易外的其他目的,通过不合理的交易条件变相拒绝交易,或者为清理市场从而推动涨价而在一段时间内持续拒绝交易。

➤ 合规风险提示

拒绝交易的滥用市场支配地位行为在当事人是市场上唯一的原料药生产商或者经销商,即具有 100% 市场份额时更为常见——只有当下游制剂企业没有其他替代性的供货来源时,拒绝交易行为才能帮助行为者达到获取垄断利润的目的。对于市场支配力强的原料药生产企业或者经销企业,应当避免草率取消与下游制剂企业或下游医药经销企业的商业合作,建议在中断、取消合作或设置限制性条件之前,做好商业合理性评估,并保留决议记录和依据备查。

---

① 参见渝工商经处字〔2016〕15 号行政处罚决定书。
② 参见渝工商经处字〔2015〕15 号行政处罚决定书。

（二）横向垄断协议：与竞争者交流敏感信息，通过书面或非正式沟通方式协调一致

除滥用市场支配地位外，横向垄断协议同样是原料药领域较为常见的垄断违法行为。对于单一原料药市场而言，由于市场上竞争者较少，为获取垄断利润，原料药厂商或经销商具有进一步排除竞争的动机，并且在市场集中度较低的情况下，一旦实施横向垄断协议，对下游企业利益和市场秩序的影响会更大。根据《原料药指南》，原料药企业达成横向垄断协议的方式一般包括"通过联合生产协议、联合采购协议、联合销售协议、联合投标协议等方式商定原料药生产数量、销售数量、销售价格、销售对象、销售区域等"①，通过第三方（如经销企业和行业协会）沟通销售价格和销售数量等敏感信息。实践中达成横向垄断协议的方式，还可能包括非正式途径沟通（如微信沟通或聚餐）或消极协同。有关执法案例如表4所示：

➤ **执法案例总结**

表4　横向垄断协议行为执法案例

案例名称	处罚时间	横向垄断协议行为
CP樟脑原料药垄断案②（该原料药用于防腐、驱虫及防虫蛀）	2021年6月8日	价格协调：涉案经营者通过在涉及另一产品的加工协议中约定CP樟脑原料药的市场份额和销售价格达成了垄断协议，并且通过会面、微信和电话等方式互相询问市场行情，协商销售价格
醋酸氟轻松原料药垄断案③（该原料药用于接触性皮炎、特应性皮炎、脂溢性皮炎、湿疹、皮肤瘙痒症、银屑病、神经性皮炎等瘙痒性及非感染性炎症性皮肤病）	2021年4月25日	价格协调，分割市场：三家涉案经营者通过会谈、签订协议和备忘录的方式达成分割市场和提高售价的垄断协议，并通过聚餐、聚会、微信沟通的方式确认垄断协议价格，后实施了垄断协议

---

① 参见《原料药指南》第6条。

② 参见苏市监反垄断案〔2021〕1号、2号、3号行政处罚决定书。

③ 参见津市监垄处〔2021〕1号、2号、3号行政处罚决定书。

续表

案例名称	处罚时间	横向垄断协议行为
冰醋酸原料药垄断案[1]（该原料药用于晚期肾脏衰竭、尿毒症等疾病）	2018 年 12 月 5 日	价格协调：前期三家涉案经营者通过第三方机构与对方交换产销量等敏感信息，未经过任何形式的直接沟通就形成了涨价合意
艾司唑仑药品垄断案[2]（该原料药用于镇静、催眠和抗焦虑）	2016 年 7 月 22 日	价格协调，联合抵制：某涉案经营者在协商会议上对其他经营者不对外供货和联合涨价的倡议未表示反对，且此后实际执行了该倡议，因此被认定为与其他涉案经营者实施了意思联络，达成垄断协议

从表 4 案例可知，横向垄断协议的达成并不以书面协议为必要，非正式的沟通方式甚至面对面交流都可能被认定为达成横向垄断协议。比如，在醋酸氟轻松原料药垄断案中，除书面协议外，涉案经营者达成垄断协议的方式还包括微信沟通、聚餐等非正式形式。此外，除明示参与垄断协议外，竞争者的消极协同行为也会被认定为达成垄断协议。比如，在上述艾司唑仑药品垄断案中，涉案经营者未表示反对的行为也被认定为与其他经营者达成垄断协议。

➢ 合规风险提示

总之，除达成书面协议并签字这种典型的横向垄断协议外，不形成书面协议的非正式沟通、消极参与都可能被认定为达成横向垄断协议。自 2022 年新《反垄断法》生效起，垄断协议执法力度进一步加强。建议原料药企业与竞争对手沟通时保持高度警惕，尽可能避免交流价格、产量等敏感信息；在参与竞争者之间的任何会议或聚会时，建议格外注意避免交换上述敏感信息，必要时寻求内部或外部法律顾问进行协助。

（三）轴辐合谋：通过第三方经营者与竞争者达成垄断协议

除涉案经营者之间达成横向垄断协议的情形外，原料药企业通过平台、行业协会或其他第三方间接达成垄断协议的轴辐合谋行为同样值得关注。2022 年《反垄断法》明确禁止了轴辐合谋，规定“经营者不得组织其他经营者达成垄断协议或

① 参见国市监处〔2018〕17 号、18 号、19 号行政处罚决定书。

② 参见国家发展改革委〔2016〕5 号、6 号、7 号行政处罚决定书。

者为其他经营者达成垄断协议提供实质性帮助”,《原料药指南》也专条规定了轴辐协议:“经营者不得组织原料药经营者达成垄断协议或者为其达成垄断协议提供实质性帮助。具有竞争关系的原料药经营者可能借助与其他经营者之间的纵向关系,或者由其他经营者组织、协调,达成具有横向垄断协议效果的轴辐协议。”根据《原料药指南》分析经营者之间的协议是否属于轴辐协议,主要考虑“原料药经营者是否应知或者明知其他经营者与同一原料药经销企业签订相同、相似或者具有相互配合关系的协议”。[①] 因此,认定轴辐协议的关键,在于判断原料药经营者是否具有与其他竞争者形成一致意思联络的主观故意。

➢ 执法案例总结

在冰醋酸原料药垄断案[②]中,冰醋酸原料药批发商分别与三家原料药生产商进行电话沟通,交流市场行情和产销量信息,并提出共同提高冰醋酸原料药的价格,三家原料药生产商分别表达了涨价意愿。后原料药批发商又组织其中两家生产商开会商议涨价事宜并将会议内容转达第三家生产商,最终促成三家原料药生产商达成垄断协议。

在该案中,三个涉案经营者经由原料药批发商达成涨价的横向垄断协议;虽然三个经营者没有直接共同沟通达成垄断协议事宜,但都具有与其他两家经营者达成垄断协议的主观故意。由于该案发生时,对轴辐协议中组织、帮助者的处罚范围仅限于行业协会,没有处罚其他经营者的法律依据,因此协调、帮助达成垄断协议的原料药批发商最终未受处罚。在新《反垄断法》生效的场景下,由于对组织和帮助者的处罚范围已不只限于行业协会,类似案例可能就会面临执法机构不同的认定和处理方式。

➢ 合规风险提示

随着新《反垄断法》生效,对轴辐合谋中组织者的处罚范围已从行业协会扩大到组织达成垄断协议或提供实质性帮助的一切经营者,因此可以预测,对轴辐合谋的监管和处罚力度将更加严格。建议原料药企业谨慎参与行业协会组织的会议,避免与竞争对手就价格、客户等竞争性敏感信息进行交流。

---

① 参见《原料药指南》第 9 条。

② 国市监处〔2018〕17 号、18 号、19 号行政处罚决定书。

二、成品药领域反垄断合规要点

成品药包括化学药、生物药与中成药，化学药与中成药企业的上游企业是原料药中间体企业，生物药企业的上游为生物材料企业。原料药是各种制剂中的有效成分，但不能直接作用于机体，而化学药则是为满足疾病诊断和治疗等需要而制备的可直接作用于人体的不同给药形式。中药是根据中医药理论配置和使用的药用物质和制剂，包括中药材、中药饮片和中成药等，而生物药是利用基因变异或 DNA 重组等技术，借助生物体、生物组织或细胞、体液等活体生产的大分子药，如抗体、疫苗和血液制品。①

与原料药准入门槛高、市场竞争分散的行业特点不同，成品药领域市场规模更大，竞争相对激烈，并且成品药的经销网络较为成熟和成规模。对于不涉及专利创新药的成品药企而言，相较于原料药领域，该等成品药企滥用支配地位的可能性更小，但成品药生产企业为进行经销商管理达成并实施纵向垄断协议，特别是转售价格限制（Resale Price Maintenance，RPM）行为更为常见。2021 年 4 月 15 日，国家市监总局发布对某药业集团限制下游企业药品转售价格的纵向垄断协议行为的处罚决定，处以其 2018 年销售额 3% 的罚款计 7.64 亿元，创下医药健康企业垄断违法行为最高罚款纪录，标志着成品药领域反垄断执法力度大大增强。除成品药生产企业中常见的纵向垄断协议外，成品药经销商也可能为分割市场、提高产品售价或者为抵制其他经营者进入市场而达成横向垄断协议。但相较于原料药而言，成品药经销市场竞争相对激烈，因此横向垄断违法案例相对较少。

（一）纵向垄断协议：直接或变相限制或固定下游经销商的转售价格

常见的纵向垄断协议行为包括通过合同、调价通知等书面形式直接限制或固定向第三方转售的价格，或者通过提供返利、减少折扣、拒绝供货等奖惩措施变相限制或固定转售价格。《反垄断法》规定，除转售价格限制外，国务院反垄断执法机构认定的其他垄断协议也可能构成纵向垄断协议②。实践中常见并且普遍被认为是纵向垄断协议的行为，还包括地域限制和客户限制，要求交易相对方只能

---

① 参见龚嫣寒：《医药行业研究专题（一）》，载微信公众号“西安瑞鹏资产管理有限公司”2021 年 3 月 12 日，https://mp.weixin.qq.com/s/Bw95gdYQqw6Ufj5XCAz9SQ。

② 参见《反垄断法》第 18 条。

在特定区域范围内供货，或者只能向特定客户供货。

在医药流通环节，对于不同销售终端，医药经销渠道存在差异。医院作为销售终端时，药品销售通常采用集中采购的方式进行，不仅价格较低，而且药品种类较少，对每种药品数量有一定限制；连锁或单体零售药店作为销售终端时，药品经销采商业模式，以议价的方式销售；在代理模式下，从医药生产企业到经销企业或销售终端之间可能存在完整的代理体系，如全国划大区或各省/自治区/直辖市代理；随着电商平台的兴起和发展，医药电商渠道成为药品流通环节的重要组成部分，医药电商 B2C 模式的发展越发迅猛。对于集采模式而言，药品销售不以议价为销售方式，药品限价并不当然构成违法纵向垄断协议行为；对于商业销售、代理等其他经销渠道而言，上游生产企业或上级代理或经销企业为实现对下游经销体系的管控而实施的转售价格限制，则具有较高的垄断行为风险。

➢ **执法案例总结**

在某药业公司纵向垄断协议案①中，当事人与部分经销商签订了包含最低转售价格限制的销售合作协议、价格管控协议和渠道代理合作协议，明确规定了经销产品的终端零售价，并且禁止经销商窜货至协议以外区域或者挂网销售，价格违约或者销售区域违约的经销商将接受停止发货和支付违约金等惩罚措施。除了在书面经销协议中约定 RPM 内容以外，RPM 纵向垄断协议也可能通过书面函件和电邮、调价通知、微信甚至口头通知的方式达成。例如，在某药业集团纵向垄断协议案②中，涉案企业通过调价函、微信上发布降价通知和口头通知等方式与终端药店达成纵向垄断协议。

此外，虽然成品药领域的垄断处罚案例多发生于化学药企，中成药领域同样面临着较高的纵向垄断协议风险。与化学药企类似，中成药企通常也具有较为成熟的经销体系和控销模式，对下游经销价格、区域以及客户的管控可能被认定为纵向垄断协议。比如，在某中成药企反垄断调查案中，执法机关对涉案企业的某一中成药产品进行了调查，认为该药企对该涉案产品的经销商转售价格实施了价格控制，涉嫌构成纵向垄断协议。对于认定垄断协议而言，相关参与企业无须具有市场支配地位，只要实施了相关行为，就存在被认定为达成并实施纵向垄断协

---

① 参见琼市监处罚〔2022〕32 号行政处罚决定书。

② 参见国市监处〔2021〕29 号行政处罚决定书。

议的风险。与滥用市场支配地位垄断行为中将某具体医药产品界定为相关产品市场类似，在纵向垄断协议案中，执法机关通常也会以某具体产品为抓手展开调查，如上述中成药企反垄断调查案中，执法机关聚焦于涉案企业生产销售的某特定中成药产品，认为涉案企业对该涉案产品的价格控销行为构成纵向垄断协议。但是，如前文所述，在药品集采的销售模式下，对药价的限制并不当然构成违法纵向垄断协议行为。

值得注意的是，《反垄断法》第 18 条第 3 款规定了“安全港”制度，并且从具体条文看，并未将转售价格维持的纵向垄断协议（RPM 行为）排除在“安全港”适用范围外。如果涉案企业能够证明在相关市场的市场份额低于特定标准，则不予禁止纵向垄断协议行为，这增加了企业抗辩纵向垄断协议行为的可能性。根据国家市监总局 2023 年 3 月 10 日公布、自 2023 年 4 月 15 日起施行的《禁止垄断协议规定》，这一特定标准由国家市监总局规定。并且，从《反垄断法》条文看，经营者应承担其行为没有排除、限制竞争的举证责任。根据此前实践，执法机构普遍倾向于认为 RPM 行为有较大可能性，具有排除、限制竞争效果，经营者很难证明其垄断行为不具有反竞争性。比如，在某药业集团纵向垄断协议案①中，涉案经营者提出其产品市场份额较低，相关行为不会产生排除、限制竞争的影响，但国家市监总局认为，该抗辩理由不成立，该类协议原则上应禁止，并且当事人的垄断行为不仅限制了市场竞争，而且直接或间接提高了相关产品价格，导致零售价格以及医院价格没有降到其应降到的竞争水平价格，损害了消费者的利益。因此，RPM 行为是否可以成功主张适用“安全港”制度，仍具有不确定性。

➢ 合规风险提示

对于包括化学药、生物药以及中成药的成品药企以及医药流通企业而言，不管是线上还是线下的经销商管控，均应谨防纵向垄断协议风险。我们理解，成品药企或医药流通企业应避免通过书面函件、电子邮件、调价通知等各种形式对下游经销商实施直接转售价格限制，或者采取固定利润、折扣和返点等手段变相限制经销商的产品转售价格。

（二）横向垄断协议：为应对低价政策协同涨价、联合抵制、划分市场

除纵向垄断协议外，成品药领域的横向垄断协议风险同样值得关注。对于厂

① 参见琼市监处罚〔2022〕32 号行政处罚决定书。

商数量较少、市场竞争较为有限的成品药产品，经营者更倾向于与竞争者达成横向垄断协议以实施涨价或划分市场行为。并且经营者之间达成横向垄断协议的行为往往是为了应对低廉的市场价格，意图通过横向垄断协议在低价体系下谋利。

➢ **执法案例总结**

例如，在别嘌醇片横向垄断案①中，全国获得别嘌醇片批准文号的生产厂家有15 家，但 2014 年以来至反垄断调查发生时实际生产别嘌醇片的企业只有 3 家。此外，别嘌醇片列入了国家基本药物目录和国家低价药目录，价格低廉，为谋取垄断利益，涉案企业召开数次会议达成垄断协议，协议内容包括协商统一上涨别嘌醇片价格、分割销售市场，以及在划定区域内进行招投标工作。从别嘌醇片的实际经销情况和销售数据来看，该垄断协议得到了实质性实施。

当成品药企同时也是上游原料药的生产企业时，经营者之间可能在原料药和成品药两个市场都实施横向垄断协议行为，两个横向垄断协议相互配合以最大限度攫取垄断利益。例如，在艾司唑仑药企横向垄断协议案②中，全国范围内实际生产艾司唑仑原料药的企业只有 3 家涉案，这 3 家企业同时也生产下游成品药艾司唑仑片。为应对 2014 年出台的低价药政策，涉案企业通过会议、电话、短信、邮件等各种方式在艾司唑仑原料药市场达成并实施了联合抵制交易的垄断协议，同时在艾司唑仑片剂市场也达成并实施了固定或变更商品价格的垄断协议。涉案企业通过艾司唑仑原料药领域的抵制交易协议拒绝向其他下游企业供货，以排除艾司唑仑片剂市场的竞争，实现艾司唑仑片的价格上涨。可以说，就原料药达成的横向垄断协议是手段，其目的在于实现成品药市场上的横向垄断。

除了固定或变更商品价格、划分市场等较为典型和常见的横向垄断协议之外，药企之间联合实施的抵制行为也可能构成横向垄断协议。在上海公立医疗机构药品集团采购联盟案③中，上海公立医疗机构药品集团要求省级招标平台上的参选企业报送药品结算价、市场占有率等材料，并通过专家遴选程序确定药品采购目录；对于未入选采购目录的企业，所有会员医院拒绝与之交易。由于该案中

---

① 参见国家发展改革委〔2016〕1 号、2 号、3 号、4 号行政处罚决定书。

② 参见国家发展改革委〔2016〕5 号、6 号、7 号行政处罚决定书。

③ 参见沪工商案字〔2018〕第 000201710008 号、第 000201710009 号行政处罚决定书。

的联合抵制行为由第三方组织发起，并非药企之间达成的垄断协议，参选药企对于联合抵制的产生并无主观过错，因此执法机关只对相关第三方经营者的联合抵制行为进行了调查。另外，该案中参选药企经由第三方组织上海公立医疗机构药品集团达成联合抵制的行为也构成轴辐同谋，在新《反垄断法》生效背景下，此类轴辐协议行为将面临更严格的监管。因此，成品药企业需谨防经由第三方组织达成横向垄断协议的风险，避免因参与任何行业联盟或药品采购组织而增加反垄断合规风险。

➢ **合规风险提示**

为降低上述成品药领域的横向垄断协议风险，成品药企应尽量避免以任何形式与竞争者交流产品价格等敏感信息或分割市场等内容；在参与任何行业组织或联盟时，对第三方的协调行为进行反垄断合规评估，避免被认定为经由行业组织或其他经营者达成横向垄断协议。

三、医疗器械领域反垄断合规要点

与原料药领域相同，医疗器械领域同样一直是反垄断监管机构的执法重点。医疗器械与人体健康安全息息相关，因此从研发到生产再到流通环节都面临着严格的监管要求。根据《医疗器械分类目录》，监管部门对医疗器械实施分类监管，按照安全和风险程度将医疗器械分为一到三类，第一类医疗器械通过常规化管理就能保证其安全，而第三类医疗器械对人体健康具有高程度风险，因此须实施最严格审慎的监管；第二类医疗器械监管程度介于第一类与第三类之间。根据《医疗器械监督管理条例》《医疗器械生产监督管理办法》《医疗器械经营监督管理办法》《医疗器械注册与备案管理办法》等监管规定，医疗器械本身需进行备案（第一类）或注册（第二类、第三类），医疗器械生产企业须取得生产许可证，经营企业也须取得经营备案凭证（第二类）或经营许可证（第三类）。此外，从事医疗器械运输和流通业务也有一定的准入门槛，须申请医疗器械第三方物流资质。

较高的准入门槛和监管要求导致市场竞争相对不充分，品牌供应商往往具有强势的市场地位。再加上一家医院销售同种医疗器械，品牌数量往往有限，品牌供应商据此具有更强大的话语权，因此被认定实施纵向垄断协议等垄断行为的风险相对较高。医疗器械领域复杂严格的监管要求也滋生了行政垄断风险。医疗器械的生产和经营由所在地设区的市级药监部门备案或许可，地方政府部门可能会利用行政权力排除、限制竞争，如为医疗机构指定医药器械配送企业、排斥外地经营者进入本地市场竞争等。

（一）纵向垄断协议：固定或限定转售价格

如前文所述，医疗器械领域的高监管要求和医疗器械产品本身的特殊属性导致品牌供应商及其产品在行业内具有显著的优势地位。因此，下游经销商对医疗器械品牌供应商及其产品具有一定的依赖性，议价能力不足，在这种情况下，品牌供应商可能被认定为通过纵向垄断协议对下游经销商实施管控，尤以转售价格限制最为突出（见表5）。

➢ **执法案例总结**

表5 纵向垄断协议行为执法案例

案例名称	处罚时间	纵向垄断协议行为
某医疗器械贸易企业纵向价格限制案①	2022年12月30日	涉案企业通过直接参与商谈、电子邮件、电话、制定最低转售指导价、面对面告知、微信、电子邮件等方式，将涉案商品销售价格告知给经销商，要求其执行或者不低于指导价销售。此外，涉案企业要求经销商强制要求在经销商销售系统中安装软件，以电子表格的形式报送产品售价信息，并制定了包括提高进货价、缩小授权销售区域、取消评级资格等在内的惩罚措施
某药械企业纵向价格限制案②	2022年6月24日	涉案企业与一级经销商签署协议，规定涉案产品价格不得低于建议指导价的一定比例，并通过经销商会议、销售人员微信告知和口头通知等方式限定经销商的销售价格。此外，涉案企业还建立了经销商管理规定和考核评估机制以加强经销商价格管控，并通过监控和处罚措施维护经销商价格体系

① 参见京市监垄罚〔2022〕06003号行政处罚决定书。

② 参见京市监垄罚〔2022〕06001号行政处罚决定书。

续表

案例名称	处罚时间	纵向垄断协议行为
某医疗器械企业纵向价格限制案①	2016 年 12 月 1 日	涉案企业通过分销和经销协议、邮件和口头通知等方式，与交易相对人达成固定和限定转售价格的垄断协议，包括直接固定转售价格、固定平台商毛利率、限定经销商最低投标价和到医院的最低售价，并通过内部考核、撤销低价中标产品、查处低价窜货等措施确保纵向垄断协议得以实施
七家隐形眼镜片企业纵向价格限制案②	2014 年 5 月	涉案框架镜片和隐形眼镜生产企业普遍对下游企业进行了不同形式的转售价格维持，如在《销售合同》中要求下游企业按“建议零售价”销售产品，并以扣减保证金、取消销售返利、罚款、停止供货、口头（邮件）警告等惩罚性措施确保价格转售体系维持

基于现有案例，医疗器械领域的纵向垄断协议主要集中于转售价格维持行为；达成纵向垄断协议的行为方式包括签订书面协议，以及邮件、微信或口头通知，并且通常会以扣减保证金、罚款、停止供货和警告等惩罚措施，以及对经销商的价格行为进行监控，保证纵向垄断协议实施。

➤ **合规风险提示**

为避免纵向垄断协议风险，建议不在经销协议中约定价格管控相关内容，不通过邮件、微信和口头等各种渠道对经销商的销售价格进行管控，以及不在经销商管理制度中规定价格管控或将控价作为考核指标。

（二）行政性垄断：限定购买和使用指定经营者提供的产品

如前文所述，医疗器械生产、经营和流通企业都需要取得相应的资质才能从事医疗器械相关业务，市场竞争的不充分性和严格的监管要求导致较高的行政垄断行为风险。医疗器械领域最为常见的滥用行政权力排除、限制竞争行为是限定或者变相限定单位或者个人经营、购买、使用指定医疗器械经营者提供的产品。

---

① 参见国家发展改革委〔2016〕8 号行政处罚决定书。

② 参见《部分眼镜镜片生产商维持转售价格行为被依法查处》，载中央政府门户网，http://www.gov.cn/xinwen/2014-05/29/content_2689910.htm。

此外，由于监管要求的地方属性，同样可能存在滥用行政权力妨碍外地产品进入本地市场，或者排斥外地经营者在本地从事经营投资活动的行政性垄断行为。

➢ **执法案例总结**

2022年6月9日，国家市监总局发布了“2022年制止滥用行政权力排除、限制竞争执法专项行动案件(第一批)”[①]，在公布的12起滥用行政权力排除、限制竞争的相关案件中，2起典型案例涉及药械供应市场中地方政府部门滥用行政权力，通过签订合作协议等方式来排除、限制竞争的行为。例如，湖南省市场监管局纠正双峰县卫生健康局滥用行政权力排除、限制竞争行为案中，该卫生健康局与某药企签订合作协议，约定提供该药企所在辖区内所有公立医疗机构所需药品、耗材、器械设备等的一部分采购量；在广西壮族自治区市场监管局纠正都安瑶族自治县卫生健康局滥用行政权力排除、限制竞争行为案中，该卫生健康局通过红头文件要求辖区内所有公立医疗机构优先采购某药企生产销售的药品和医疗器械并使用其配送服务。上述案件涉及的垄断行为均为限定单位购买指定药械经营者提供的产品，限制了终端医疗机构自由选择药械供应商的权利，排除了其他医药供应商参与市场竞争。

➢ **合规风险提示**

虽然在迄今为止的行政垄断行为处罚案例中暂未发现涉案企业被处罚的情形，调查对象基本都是实施行政性垄断行为的行政主体或法律授权的组织，但调查处理结果通常是要求涉案行政主体或法律授权的组织解除与涉案企业已有的合作协议或取消对涉案企业的优惠待遇，使项目中止或终止，对涉案企业的业务开展产生不利影响。此外，一旦相关行政垄断协议被执法机构调查、被公众媒体投诉和举报或者涉及行政诉讼，涉案企业的声誉也将受到负面影响。因此，医药企业在与政府机构的合作中需谨防行政垄断风险，对与政府部门签订的合作协议或安排进行反垄断合规审核评估，避免在宣传中突出政府部门角色。

四、医药健康领域知识产权相关反垄断合规要点

知识产权对于技术密集的医药健康领域具有重要意义，由于知识产权相关交

---

① 参见国家市场监督管理总局竞争政策协调司网，https://www.samr.gov.cn/jzxts/tzgg/qlpc/202206/t20220608_347613.html。

易频繁,医药领域也是知识产权垄断行为的高发区。医药企业的核心研发管线可能基于第三方授权许可的专利产品和技术,许可人利用其专利权优势可能向被许可人提出不合理的高价许可费或者与交易标的本身无关的交易条件。拥有知识产权的经营者也可能通过知识产权相关协议排除其他特定经营者,或者限制相对人的技术改进和交易自由,产生排除、限制市场竞争的效果。

根据《国务院反垄断委员会关于知识产权领域的反垄断指南》(以下简称《知识产权反垄断指南》),利用知识产权排除、限制竞争的行为包括达成和实施可能排除、限制竞争的知识产权协议、涉及知识产权的滥用市场支配地位行为、涉及知识产权的经营者集中,以及涉及知识产权的其他垄断情形,如专利联营和标准必要专利相关问题。《禁止滥用知识产权排除、限制竞争行为规定(征求意见稿)》(以下简称《滥用知识产权规定》)吸收借鉴了《知识产权反垄断指南》的规定,在《国家市场监督管理总局关于禁止滥用知识产权排除、限制竞争行为的规定》(2020 年修订)的基础上进一步阐明和完善了滥用知识产权排除、限制竞争行为的行为认定规则,增加了知识产权领域认定市场支配地位的考量因素、涉知识产权经营者集中申报相关具体规定,并且强化了法律责任,与新《反垄断法》保持一致。可以预见,监管机关对知识产权领域的反垄断执法力度将进一步加强。

医药领域涉及知识产权的反垄断行为,主要集中于达成和实施具有排除、限制竞争效果的知识产权协议。比如,医药研发领域的技术许可协议可能会约定排他性回授或独占性回授条款(目的在于让许可人获得被许可人通过使用许可知识产权获得的技术改进或新成果);以及许可人要求被许可人不得对其许可专利提出异议的不质疑条款,如比较有代表性的“药品专利反向支付协议”。医药领域常见的涉知识产权滥用市场支配地位行为,还包括对知识产权许可施加不公平高价、拒绝许可、要求搭售以及附加不合理的交易条件等,根据域外反垄断调查或诉讼实践,一些典型的滥用市场支配地位行为还包括产品跳转(product hopping)和专利长青(patent evergreening)等,但该等行为在国内尚无相关案例。

医药领域具有排除、限制竞争效果的知识产权协议,可能更多发生在药品专利权人与仿制药申请人之间。以不质疑条款为例,药品专利人为禁止仿制药申请人对其专利权提出无效挑战,承诺给予仿制药申请人一定利益补偿。《滥用知识产权规定》规定,具有市场支配地位的经营者没有正当理由,不得在行使知识产权的过程中禁止交易相对人对其知识产权的有效性质疑。《知识产权反垄断指南》提供了分析不质疑条款是否产生排除、限制市场竞争作用的一系列考量因素，包括许可人是否要求所有的被许可人不质疑其知识产权的有效性、不质疑条款涉及的知识产权许可是否有偿、不质疑条款涉及的知识产权是否可能构成下游市场的进入壁垒、不质疑条款涉及的知识产权是否阻碍其他竞争性知识产权的实施、不质疑条款涉及的知识产权许可是否具有排他性，以及被许可人质疑许可人知识产权的有效性是否可能因此遭受重大损失。

在某药品专利权人与某仿制药申请人侵害发明专利权纠纷案①中，最高人民法院对“药品专利反向支付协议”作出认定：“药品专利权利人承诺给予仿制药申请人直接或者间接的利益补偿（包括减少不利益等变相补偿），仿制药申请人承诺不挑战该药品相关专利权的有效性或者延迟进入该专利药品相关市场的协议。”判断药品专利反向支付协议是否产生排除、限制竞争效果，可以重点考察“在仿制药申请人未撤回其无效宣告请求的情况下，药品相关专利权因该无效宣告请求归于无效的可能性”；判断反向支付协议是否对市场产生损害，一般主要考察“是否实质延长了专利权利人的市场独占时间、是否实质延缓或者排除了实际的和潜在的仿制药申请人的市场进入”。最高人民法院提出的认定标准即对应于上述《知识产权反垄断指南》所规定考量要素中的“是否可能构成下游市场的进入壁垒”和“被许可人质疑许可人知识产权的有效性是否可能因此遭受重大损失”。

国内目前尚无对医药领域反向支付协议及其他专利协议作出处罚决定的案例，但可能具有排除和限制竞争效果的知识产权协议和安排仍应引起重视。医药企业在签订专利许可协议或者达成其他知识产权相关安排时应尽量避免不质疑、排他性回授和独占性回授等条款，同时避免在许可专利时限制专利的使用领域、对象和应用商品数量等。

五、医药健康领域经营者集中反垄断合规要点

除滥用市场支配地位、垄断协议和行政性垄断行为外，经营者集中反垄断审查同样是反垄断监管重点。值得关注的是，近三年来医药健康行业在经营者集中

① 参见（2021）最高法知民终 388 号民事裁定书。

申报案件中始终占有突出比例，基于此，我们在本章中根据执法趋势，总结了医药健康行业经营者集中的三个反垄断合规特点，并在此基础上进行要点提示。

经营者集中反垄断审查一直是反垄断监管重点行为之一，与垄断协议和市场支配地位等事后监管不同，经营者集中审查属于事前监管，因此集中交易在交割前须向监管机构申报并获得批准，未依法进行申报、未经批准或者未履行批准要求就实施集中将受到罚款等行政处罚。医药健康行业经营者集中反垄断合规特点，主要包括在实施申报后可能会被附条件批准，医院领域整合加速申报案件较多，以及互联网医疗领域应报未报案件频发。

（一）经营者集中附条件批准：经营者少、集中度高的市场中经营者集中面临更大风险

自2008年我国旧《反垄断法》生效至2022年，经营者集中申报被禁止或附条件批准的案例共有59个，其中禁止3个，附条件批准36个，7个附条件批准的案例涉及医药领域。[①] 医药健康行业市场进入门槛较高，需要投入巨额资金和满足非常高的技术标准，而附条件批准的交易基本是行业中实力较强、市场份额较高的医药企业间的“强强联合”，因此较容易引起监管部门的关注。

➢ 执法案例总结

在2019年某境内生物科技企业与某荷兰企业新设合营企业案[②]中，从2018年4月12日申报方向国家市监总局提交材料到2019年10月16日获附条件批准，共历时552天。该案涉及的相关市场包括上游NF级羊毛脂胆固醇市场以及下游维生素D3市场，中方合营方在上游和下游市场均有业务开展，外方合营方在下游市场开展业务。本案较为特别的是，合营企业生产的产品是上游材料生产出下游产品的唯一关键中间产品，一般不对外生产或销售，也没有单独的相关市场。由于合营双方在下游市场上存在横向重叠和纵向重叠，监管机关认为双方在中间产物层级设立合营企业将“统一双方维生素D3核心原材料价格，协调维生素D3核心原材料数量，进而消除双方在维生素D3市场的独立竞争，减少维生素D3市

---

① 参见《中国反垄断执法年度报告（2019）》《中国反垄断执法年度报告（2020）》《中国反垄断执法年度报告（2021）》《中国反垄断执法年度报告（2022）》。

② 参见《市场监管总局关于附加限制性条件批准某生物高科股份有限公司与某公司新设合营企业案反垄断审查决定的公告》，载国家市场监督管理总局网2019年10月18日，https://gkml.samr.gov.cn/nsjg/fldj/201910/t20191018_307458.html。

场竞争者数量”。为减少对市场竞争的排除、限制作用，国家市监总局对该项交易施加的限制性条件，包括双方保持各自维生素 D3 相关业务的完全相互独立、不得利用合营企业交换竞争性敏感信息或达成垄断协议等，以及合营企业独立运营，不得从事中间产品生产业务以外的任何业务。

在 2020 年某跨国工业公司收购另一跨国工业公司的电气医疗生命科学生物制药业务案①中，收购业务涉及的相关产品市场包括细胞培养血清、微载体等 25 个市场，国家市监总局认为该次交易对其中 10 个市场都存在排除和限制竞争的影响。由于目标业务市场经营者数量少，收购完成后市场力量和市场控制力将显著强于其他竞争者，并将显著提升市场集中度。基于此，国家市监总局提出的附加限制条件，包括剥离收购方的部分业务以及向剥离买方提供相关有形资产。

➢ **合规风险提示**

上述两个代表性案例中，涉案相关市场都具有经营者数量少、竞争有限的特点，交易双方合并后将占有非常高的市场份额，显著提高市场集中度，国家市监总局分别对案涉交易施加了行为性救济和结构性救济的限制条件。对于技术和资金门槛高、市场本身集中度较高的医药产品耗材、原料和仪器市场，具有较高市场份额的企业在与竞争对手或者上下游企业开展合并交易时，应尽早请反垄断专业律师对交易结构和安排进行反垄断风险评估，并对可能存在的竞争问题确定相应的应对方案。

（二）医院领域经营者集中：近年来整合加速、申报案件众多

近三年来，医疗领域主要巨头加速对地方医院的整合，医院领域经营者集中案件显著增多。就交易性质而言，近年来医院领域经营者集中的交易形式多样，其中大部分集中案例为股权收购交易，新设合营企业交易相对较少。在相关市场界定上，由于医院领域的地域性较强，近年来集中案例界定的相关市场基本都为城市综合医疗服务市场或某科室医疗服务市场。基于现有案例，医院领域集中案件大多以简易程序申报并较容易获得批准，其原因在于医院领域市场集中度较低，参与集中的经营者在相关市场的份额也相对较低，对市场竞争的影响相对较

---

① 参见《市场监管总局关于附加限制性条件批准某公司收购某医疗生命科学生物制药业务案反垄断审查决定的公告》，载中国竞争法律与政策网 2020 年 3 月 1 日，https://cclp.sjtu.edu.cn/Show.aspx?info_lb=672&info_id=4639&flag=648。

小(见表6)。

➤ 执法案例总结(近三年典型案例)

表6 医院领域经营者集中执法案例

案件名称	相关市场	批准时间
嘉兴某股权投资合伙企业收购北京某医院管理公司股权案	城市儿科诊所医疗服务市场	2022年1月30日
某香港控股公司收购上海某医院管理公司股权案	城市骨科医院医疗服务市场	2021年12月31日
北京某医院管理公司收购北京某医疗投资管理公司股权案	太原综合医院医疗服务市场	2021年9月6日
某医疗控股公司收购淮安某医院公司股权案	城市综合医院服务市场	2021年5月25日
北京某集团公司与某医院控股公司新设合营企业案	北京市综合性医院医疗服务市场	2020年8月17日
某投资公司收购深圳某妇产医院等两家公司股权案	深圳市妇产科/儿科/中医科/口腔科医院医疗服务市场	2020年6月23日
某眼科医院集团公司收购天津某企业管理公司股权案	城市眼科医疗服务市场	2020年1月6日
某健康科技产业公司收购江西某医疗管理公司股权案	城市综合性医院医疗服务市场	2019年12月30日
厦门某医疗健康投资公司收购上海某医疗供应链管理公司股权案	厦门综合医院医疗服务市场和康复医院医疗服务市场	2019年12月30日
天津某企业管理公司收购大连某眼科医院公司等19家公司股权案	城市眼科医疗服务市场	2019年11月18日
某健康基金管理公司与某日本综合商社公司等经营者新设合营企业案	昆明市儿科医院医疗服务市场; 济南市肾病医院医疗服务市场; 上海市机构养老服务市场	2019年7月29日

➢ 合规风险提示

随着新《反垄断法》的生效，违法实施经营者集中行为面临着更严重的处罚，对未依法申报的处罚额度从 50 万元提高到了 500 万元。医院领域的交易标的属于重资产、营业额大，容易触发现行申报门槛。为避免潜在的高额处罚，建议医院领域各企业对于符合申报条件的合并交易做到应报尽报，在投资立项初期的尽职调查过程中同步展开反垄断申报评估工作。

（三）经营者集中未依法申报：互联网医药领域违法申报频发

互联网医药领域违法申报频发，如表 7 所示：

➢ 执法案例总结

表 7　互联网医药领域执法案例

案例名称	处罚时间	业务领域	违法行为	处罚结果
某在线诊疗公司与某电信服务公司新设合营企业未依法申报案①	2022 年 4 月 22 日	某在线诊疗公司主营业务包括在线诊疗服务、消费型医疗、医疗健康品等产品的销售、健康管理及健康互动等；某电信服务公司在日本从事电信服务	双方在进行经营者集中申报前就进行了交割并完成了合营企业的工商登记	双方分别罚款 50 万元
某健康投资公司与某医药流通公司新设合营企业未依法申报案②	2021 年 12 月 31 日	某健康投资公司主要从事心脑血管系统类疾病药物、骨骼肌肉系统类疾病药物等生产和销售；某医药流通公司在零售、物流、健康等领域从事业务	双方在进行经营者集中申报前就进行了交割并完成了合营企业的工商登记	双方分别罚款 50 万元
某互联网医疗公司收购某药品零售公司股权未依法申报案③	2021 年 11 月 16 日	收购方从事医药电商、互联网医疗、智慧医疗、消费医疗和医疗健康医药服务业务；被收购方从事药品零售业务	双方的收购交易在进行经营者集中申报以前就进行了交割和工商登记	对收购方罚款 50 万元

① 参见国市监处罚〔2022〕17 号行政处罚决定书。
② 参见国市监处罚〔2021〕122 号行政处罚决定书。
③ 参见国市监处罚〔2021〕104 号行政处罚决定书。

续表

案例名称	处罚时间	业务领域	违法行为	处罚结果
某药品生产销售公司收购另一药品生产销售公司股权未依法申报案①	2020年6月25日	收购方从事现代中药、化学药、生物制剂、保健品的研发、生产和销售;被收购方从事药品制造、销售和生物制品、药品、化工产品(不含危险化学品)、中成药的研究开发等	收购方拟通过多项股权收购间接持有被收购方83.35%的股权,有关交易已全部完成股权变更登记但此前未依法申报	对收购方罚款30万元
某体检公司及其关联方收购另一体检公司股权未依法申报案②	2017年5月5日	收购方与被收购方都主营健康体检业务	该交易为分步骤进行的"一揽子"交易,除最后一步外前几次收购均已实施且未申报	对收购方罚款30万元
某医药产业公司收购某制药公司股权未依法申报案③	2015年9月16日	收购方集团业务包括药品制造研发、医药分销零售、医疗服务和药械与医学诊断;被收购方为生产原料药、针剂和制剂的综合制药企业	收购方集团计划收购被收购方65%的股权,其中35%通过收购方收购,该部分收购未经申报即完成	对收购方罚款20万元

以上案例显示,近几年来医药健康行业里经营者集中未依法申报风险较高的领域,集中在互联网医药流通和互联网医疗企业,其次是医药生产销售企业,其他细分领域如健康体检的处罚案例相对较少。这一趋势部分归结于互联网企业近年来在医药健康行业广泛投资布局,医药电商及在线医疗领域发展脚步加快,相关合并交易数量也相应增多。

根据新《反垄断法》,不具有排除、限制竞争效果的处罚额度从50万元提高到500万元,对于具有排除、限制竞争效果的未依法申报交易,除责令停止实施集中、限期处分股份或者资产、限期转让营业以及采取其他必要措施恢复到集中前的状态以外,还将处以上一年度销售额10%以下的罚款。由此可见,新《反垄断法》对

① 参见国市监处〔2020〕11号行政处罚决定书。

② 参见商法函〔2017〕206号行政处罚决定书。

③ 参见商法函〔2015〕669号行政处罚决定书。

违法实施经营者集中的处罚力度大大加强，未经依法申报即实施经营者集中的违法风险也相应显著提高。

> **合规风险提示**

在新《反垄断法》实施背景下，经营者集中未依法申报的风险和违法成本大幅提高，建议医药健康行业企业进一步关注经营者集中申报合规。此外，自 2022 年 8 月 1 日新《反垄断法》生效起，新的拟议交易适用新法规定，违法实施经营者集中的处罚将大幅提高，建议医药健康企业梳理历史交易是否需要补报，避免被施以巨额罚款。

六、结语

根据上述对医药健康行业各细分领域的反垄断风险的总结，我们梳理了以下合规义务清单供医药健康行业企业参考（见表 8）。

表 8　合规义务清单

<table>
<tr><th>业务领域</th><th colspan="2">风险</th><th>案例列举</th><th>合规建议</th></tr>
<tr><td rowspan="3">原料药领域</td><td rowspan="3">滥用市场支配地位</td><td>不公平高价</td><td>· 左卡尼汀原料药垄断案
· 河南苯酚原料药垄断案
· 葡萄糖酸钙原料药垄断案
· 扑尔敏原料药垄断案
· 异烟肼原料药垄断案</td><td>避免任意制定过高或过低的产品销售价格，尤其要避免短期内大幅提价或降价行为，保留历次涨价的记录和依据备查</td></tr>
<tr><td>附加不合理交易条件</td><td>· 水杨酸甲酯原料药垄断案
· 盐酸溴己新原料药垄断案
· 葡萄糖酸钙原料药垄断案
· 氯解磷定原料药垄断案</td><td>在与下游制剂生产企业的交易过程中避免要求回购或分成，或者要求提供不合理的保证金或在产品价格之外附加其他不合理费用</td></tr>
<tr><td>拒绝交易</td><td>· 重庆苯酚原料药垄断案
· 巴曲酶原料药垄断案
· 扑尔敏原料药垄断案
· 别嘌呤原料药垄断案</td><td>市场支配力较强的生产或经销企业应当避免草率取消与下游制剂或经销企业的商业合作，建议在中断、取消合作或设置限制性条件之前做好商业合理性评估，并保留决议记录和依据备查</td></tr>
</table>

续表

业务领域	风险	案例列举	合规建议
	横向垄断协议	· CP 樟脑原料药垄断案 · 醋酸氟轻松原料药垄断案 · 冰醋酸原料药垄断案 · 艾司唑仑药品垄断案	与竞争对手沟通时保持高度警惕,尽可能避免交流价格、产量等敏感信息;建议在参与竞争者之间的任何会议或聚会时格外注意避免交换前述敏感信息,必要时寻求内部或外部法律顾问进行协助
	轴辐合谋	· 冰醋酸原料药垄断案	谨慎参与行业协会组织的会议,避免与竞争对手就价格、客户等竞争性敏感信息进行交流
成品药领域	纵向垄断协议	· 某药业公司纵向垄断协议案 · 某药业集团纵向垄断协议案	避免通过书面函件、电子邮件、调价通知等各种形式对下游经销商实施直接转售价格限制,或者采取固定利润、折扣和返点等手段变相限制经销商的产品转售价格
成品药领域	横向垄断协议	· 别嘌醇片横向垄断案 · 艾司唑仑药企横向垄断案 · 上海公立医疗机构药品集团采购联盟案	尽量避免以任何形式与竞争者交流产品价格等敏感信息或分割市场等内容;在参与任何行业组织或联盟时,对第三方的协调行为进行反垄断合规评估,避免被认定为经由行业组织或其他经营者达成横向垄断协议
医疗器械领域	纵向垄断协议	· 某医疗器械贸易企业纵向价格限制案 · 七家隐形眼镜片企业纵向价格限制案 · 某医疗器械企业纵向价格限制案 · 某药械企业纵向价格限制案	不在经销协议中约定价格管控相关内容,不通过邮件、微信和口头等各种渠道对经销商的销售价格进行管控,以及不在经销商管理制度中规定价格管控或将控价作为考核指标
医疗器械领域	行政性垄断	· 湖南省市场监管局纠正双峰县卫生健康局滥用行政权力排除、限制竞争行为案 · 广西壮族自治区市场监管局纠正都安瑶族自治县卫生健康局滥用行政权力排除、限制竞争行为案	在与政府机构的合作中需谨防行政垄断风险,对与政府部门签订的合作协议或安排进行反垄断合规审核评估,避免在宣传中突出政府部门角色

续表

业务领域	风险	案例列举	合规建议
与知识产权相关的医药健康领域	具有排除、限制竞争效果的知识产权协议	·某药品专利权人与某仿制药申请人侵害发明专利权纠纷案	在签订专利许可协议或者达成其他知识产权相关安排时，应尽量避免不质疑、排他性回授和独占性回授等条款，同时避免在许可专利时限制专利的使用领域、对象和应用商品数量等
医药健康领域	经营者集中附条件批准	·2019年某境内生物科技企业与某荷兰企业新设合营企业案 ·2020年某跨国工业公司收购另一跨国工业公司的电气医疗生命科学生物制药业务案	与竞争对手或者上下游企业开展合并交易时，应尽早请反垄断专业律师对交易结构和安排进行反垄断风险评估，并对可能存在的竞争问题确定相应的应对方案
	医院领域经营者集中	·某健康基金管理公司与某日本综合商社公司等经营者新设合营企业案 ·天津某企业管理公司收购大连某眼科医院公司等19家公司股权案 ·厦门某医疗健康投资公司收购上海某医疗供应链管理公司股权案 ·某健康科技产业发展公司收购江西某医疗管理公司股权案 ·……	对于符合申报条件的合并交易做到应报尽报，应在投资立项初期的尽职调查过程中同步展开反垄断申报评估工作
	经营者集中未依法申报	·某医药产业公司收购某制药公司股权未依法申报案 ·某体检公司及其关联方收购另一体检公司股权未依法申报案 ·某药品生产销售公司收购另一药品生产销售公司股权未依法申报案 ·某互联网医疗公司收购某药品零售公司股权未依法申报案 ·……	进一步关注经营者集中申报合规；梳理历史交易是否需要补报，避免一旦被查处后被施以巨额罚款

除以上各细分领域的反垄断合规要点外，从医药企业反垄断内部合规的角度看，同样需要根据新《反垄断法》、《原料药指南》、《知识产权反垄断指南》、《滥用知识产权规定》以及《医药行业合规管理规范》等法律规定和其他相关规范设立反垄断合规内控和管理制度。一方面，建立健全反垄断合规管理制度与风险处置机制，并通过合规管理信息化建设优化合规流程；另一方面，根据所处行业和业务特点建立专业化、高素质的合规管理队伍，并通过加强教育培训等方式强化员工的反垄断合规意识。应从制度设计到日常管理流程，再到合规风险预警和应对，全方位纳入反垄断合规体系。

药品、医疗器械行业反商业贿赂等执法实践及营销推广模式合规风险分析

傅长煜　伊向明　左玉茹*　成　豪

*作者简介：

傅长煜，中伦律师事务所北京办公室争议解决部合伙人，电邮为：fuchangyu@ zhonglun. com。

伊向明，中伦律师事务所北京办公室争议解决部合伙人，电邮为：yixiangming@ zhonglun. com。

左玉茹，中伦律师事务所北京办公室争议解决部合伙人，电邮为：zuoyuru@ zhonglun. com。

近年来，随着医疗卫生体制改革的深化，我国医疗卫生行业正在经历前所未有的变革：法律层面，《药品管理法》全面修改，《疫苗管理法》《基本医疗卫生与健康促进法》颁布实施；政策层面，两票制、带量集采、医药代表登记备案由试点到逐步推行。

与此同时，国家针对药品、医疗器械（简称药械）行业商业贿赂的执法日益严格，各类执法活动逐渐形成长效机制。而且，除反商业贿赂执法外，针对药械营销推广模式的执法活动还包括税务稽查、销售费用检查等，各部门不同侧重点的执法活动逐渐形成统一体系，共同制约药械企业的营销推广行为。

本文将从监管部门的执法实践出发，结合数据与案例，从商业思维和法律视角剖析药械行业推广模式的合规痛点，探讨应对思路。

一、药械行业营销推广模式执法实践情况

（一）2013—2020 年执法性文件出台及执法行动情况

根据公开信息，2013—2020 年专门针对或涉及医药领域反商业贿赂执法活动的频率约为每年 3 ~5 次。执法活动逐渐常态化、制度化，如几乎每年都要开展的“九部委”联合执法，以及国家卫健委牵头的大型医院巡查等。执法工作重点也在不断调整：从以往偏重药品购销领域，逐渐转变为对药品、医疗设备、医用耗材全面加强监管；打击重点逐渐从收受红包、回扣等，转变为假借学术会议、捐赠等合法名义进行的隐蔽性较强的商业贿赂行为；市场监管部门与税务机关合作，从伪造、虚开发票切入，严厉打击相关的商业贿赂行为；执法的深度上，从“是否记入账目”的形式审查，转变为对账目背后的支持性文件及销售费用合理性进行实质性审查，等等。

相关执法活动众多，本文无法一一列举，仅撷取近几年关注度较高的执法活动，以期把握近期执法的重点。

1. 重点关注一：2020 年“九部委”关于纠正医药购销领域和医疗服务中不正之风工作要点

2020 年 5 月 15 日，“九部委”联合发布《2020 年纠正医药购销领域和医疗服务中不正之风工作要点》（以下简称《2020 年工作要点》），对 2020 年医药领域纠风工作要点提出了要求。《2020 年工作要点》包括五大点共计 20 项内容，旨在加

强党对纠风工作的全面领导；严厉打击欺诈骗取医保基金行为；巩固医药流通领域改革成效；深入清理群众身边的医疗行业乱象；完善制度确保工作落实。

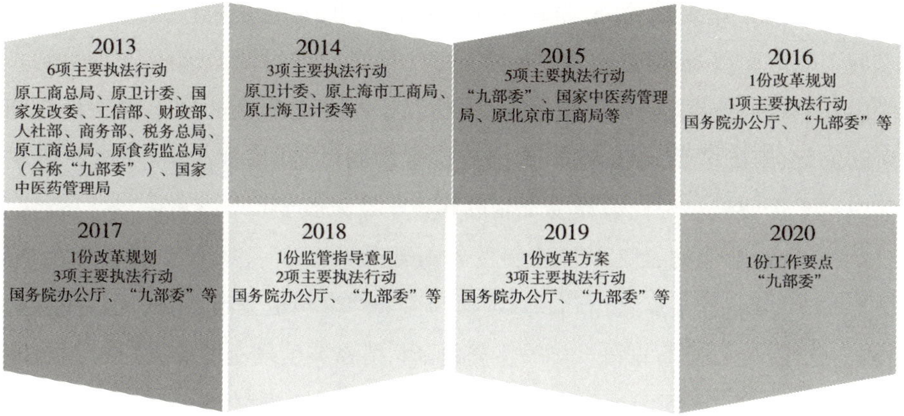

图1　2013—2020年反商业贿赂重要执法性文件、执法行动

与《2019年纠正医药购销领域和医疗服务中不正之风工作要点》（以下简称《2019年工作要点》）相对比，监管部门的关注重点和执法理念发生了一些转变，药械企业应该着重关注以下方面：

（1）生产流通领域“虚开发票”仍是打击重点，生产企业须提高警惕

《2019年工作要点》中，打击医药行业虚开发票等涉税违法行为即为工作重点，《2020年工作要点》再次强调。对于“虚开发票”行为，此前着重查处开票方，生产企业作为接受方被查处的力度并不大，这往往使生产企业对该方面风险意识不足。随着生产流通领域涉税违法行为打击力度逐渐增强，生产企业所面临的此类风险随之增大。

（2）生产企业与CSO“串通套现”被点名

《2020年工作要点》明确提出，“严厉打击医药企业与合同营销组织（CSO）企业串通，虚构费用套现以支付非法营销费用的违法行为”。两票制之后，代理制转向CSO模式，通过CSO套现成为生产流通领域解决营销费用流转的核心模式，此次“九部委”对该等行为明确点名，也意味着接下来CSO业务模式将成为重点执法对象。

执法部门对于是否构成串通套现的审查，一方面将调查双方是否存在串通以及相关款项走向，另一方面将关注是否存在真实的营销推广服务。

(3)“医商合作”被正名,允许合法、合规的医商交往,建设医商交往全流程管理制度

《2020 年工作要点》明确:“允许在合规、合法的前提下,开展医商交往行为,建立健全双方交往合作的事前公示、事中监管、事后备案的全流程管理制度。”明确允许开展医商交往,对于企业而言,这相当于吃了一颗定心丸。关于交往合作的事前公示、事中监管、事后备案的全流程管理制度,此番再次重申,也明确了执法部门对于企业进行医商合作合规制度建设的态度和要求。

此外,医商合作的全流程管理制度与医药代表登记备案管理制度息息相关。几乎与《2020 年工作要点》发布同时,国家药监局综合司也发布了《医药代表备案管理办法(试行)》(征求意见稿),国家实施医药代表备案管理制度的决心依然不减。

(4)“黑名单”制度旧话重提,企业信用评价和惩戒机制进一步展开探索

《2020 年工作要点》要求对受到行政处罚的涉事企业应当通过国家企业信用信息公示系统予以公示,并提出继续探索建立企业信用评价和惩戒机制。

医药购销商业贿赂黑名单与国家企业信用信息网公示的黑名单是两个独立的信用记录体系。“医药购销领域商业贿赂不良记录”制度是 2007 年原卫生部提出的,各地实施情况参差不齐。国家企业信用信息公示系统公示的是“严重违法失信企业名单”,是 2015 年由原国家工商总局提出的,落地情况也不乐观。此次《2020 年工作要点》明确将通过国家企业信用信息公示系统公示处罚情况,可能将探索把两项黑名单制度合二为一。

2. 重点关注二:全面加强对医疗机构和医务人员的监督,新一轮全国医院巡查大幕拉开

(1)《大型医院巡查工作方案(2019—2022 年度)》

2019 年 11 月 21 日,按照国务院廉政工作会议和中央巡视工作新要求,国家卫健委办公厅发布《大型医院巡查工作方案(2019—2022 年度)》,这标志着新一轮全国大型医院巡查工作大幕拉开。此次巡查由国家卫健委牵头,时间为 2019 年 11 月至 2022 年 6 月,范围为二级以上公立医院,每所医院巡查天数不少于 7 天,重点任务包括:

①加强对公立医院的监管,保证“‘九不准’高压线时时通电”。重点检查:是否有加强监管、杜绝医师在药品处方、医学检查、检验等医疗服务中实行开单提成

的具体措施；是否存在医疗卫生技术人员违反规定私自采购、销售、使用药品、医疗器械、医用卫生材料等医药产品的问题；是否有对违反规定私自采购销售、使用药品、医疗器械、医用卫生材料等医药产品的人员的处理办法；是否对医院内部人员与医药相关企业间接触作出了细致具体、便于查验的管理办法等。

②杜绝公立医院外包、出租或托管药房。打击医药行业虚开发票等涉税违法行为。落实“4 +7”城市带量采购中选药品年度采购量……严厉处罚搭售药品行为。

③加强对诊疗行为的监管，要求“参照处方点评，加强高值医用耗材、辅助性用药监管”。

④开展重点领域专项治理，包括：严格规范医学会、医疗机构、医务人员与企业之间科研协作、学术支持、捐赠资助行为；严查虚开发票、偷逃税行为；严厉打击商业贿赂、洗钱等违法犯罪。

⑤完善纠风联合黑名单制度，实现一处违规、处处受限。

(2)《2020 年医疗行业作风建设工作专项行动方案》

2020 年 7 月 24 日，国家卫健委办公厅印发《2020 年医疗行业作风建设工作专项行动方案》，具体而言：

①行动的范围涵盖各级各类医疗机构和医务人员，较《大型医院巡查工作方案(2019—2022 年度)》显著扩大。

②行动的重点任务既包括严厉查处医疗机构从业人员通过各种形式收取回扣的违规违法行为，又针对医药企业和经销人员的违规营销行为，强调精准施治、严厉打击。从手段上而言，强调通过信息化手段或人工智能系统分类甄别，及时预警，果断处理。

③ 行动分为三个阶段，2020 年 7 月是教育与自查阶段，主要开展自查工作，落实监督机制；2020 年 8—11 月是集中宣传与整治阶段，针对发现的问题分类施治，建立惩戒机制；2020 年 12 月是评估与总结阶段，开展检查与评估，做好总结与宣传。

医疗领域反腐败是近年全面从严治党和党风廉政建设的重点。全国医院巡查工作较往年，规模和力度都空前加大。据悉，2020 年 8 月 17 日，国家大型巡查开始，全国医院抽查，8 月 15 日已经在北京完成集训，8 月 17 日就分散到全国，为期15天。

3. 重点关注三:2019年药企财务检查风暴

2019年6月4日,财政部发布《关于开展2019年度医药行业会计信息质量检查工作的通知》(财监〔2019〕18号),引发了医疗行业的“大地震”。文件要求对被列入检查名单的77家药企销售环节开展“穿透式”检查,从销售链延伸至上百家关联方企业和相关销售、代理、广告、咨询等机构及医疗机构。对费用、成本、收入真实性的检查必然会涉及发票,财政部要求,在检查中发现的涉税违法行为要移交公安、税务、银保监等部门查处。检查的重点内容有四项:

(1)销售费用的真实性。咨询费、会议费、住宿费、交通费、办公费、咨询费、研发费、宣传费等是否真实。

(2)成本的真实性。原料采购中是否存在空转发票抬高成本的行为,药品制造费用不合理分摊抬高成本的行为。

(3)收入的真实性。是否存在高开增值税发票虚增收入,向医院等机构以劳务费等形式分配高开金额的行为。

(4)其他。是否按照采购药品数量向医疗机构或医护人员返点,库存管理、合同签订、销售发货中是否存在药品空转等。

4. 重点关注四:针对医药行业的税务稽查

早在2016年5月,原国家食品药品监管总局发布《关于整治药品流通领域违法经营行为的公告》(2016年第94号),对药品流通领域违法经营行为开展集中整治。2017年,国家税务总局稽查局又发布《关于开展2017年度医药行业专项整治工作的通知》,安排各省及地市对医药行业税收展开专项整治工作,由此掀起了针对医药行业的税务稽查风暴。所稽查的行为包括:(1)为自己虚开发票;(2)为他人虚开发票;(3)让他人为自己虚开发票;(4)介绍他人虚开发票。

结合《2020年工作要点》,医药行业虚开发票行为为执法重点,后续税务稽查仍将为医药行业的重点执法活动。当前,医药行业的税务稽查重点关注虚假CSO业务问题,即未开展推广服务而开具推广服务费发票的行为,CSO企业系重点打击对象,但随着税务稽查工作开展的深入,生产企业也很可能因“让他人为自己虚开发票”而受处罚。

(二)药械行业反商业贿赂行政执法案例数据分析

笔者通过对国家市场监督管理总局公示信息及法律数据库的检索,收录

2014—2019年各地市场监管部门所作出的药械行业反商业贿赂案例225例。由于各地行政处罚公示执行情况差异较大,225个案例可能只是实际处罚案例数的冰山一角,我们以此为研究样本进行数据分析,以期管窥执法部门反商业贿赂执法的趋势和整体情况(见图2)。

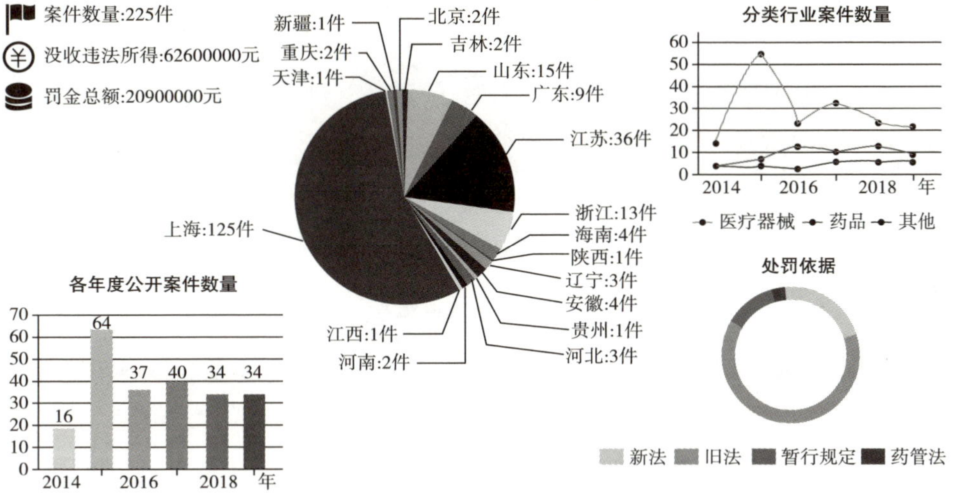

图2 2014—2019年行政处罚案件数量

图2中225例案例的地域分布,其中上海有125例,占比超过一半,不过形成这种分布状态的原因是多重的:(1)上海市场监管部门的执法力度较高;(2)上海行政处罚公示制度执行得更好;(3)上海医药企业集中度较高,等等。

1.案件数量:药械行业商业贿赂案件占全行业商业贿赂案件比例逐年上升

为了规避因各地市行政处罚公开情况不同造成误差,本部分选取上海市2014—2019年反商业贿赂行政处罚案件数量变化作为样本(见图3)。

由图3可见,2015年医疗器械行业商业贿赂处罚案例数量出现峰值,2016—2019年医疗器械行业商业贿赂案件增长趋势并不明显。但是,在上海市全行业反商业贿赂行政处罚案件数量整体下降的背景下(根据相关统计,2017年130余件,2018年80余件,2019年50件),药械行业商业贿赂处罚案例虽然总量增长不显著,但是占全行业商业贿赂案件数量的比重总体上升。这种现象可能与《反不正当竞争法》修改、医改的大背景具有一定关系。

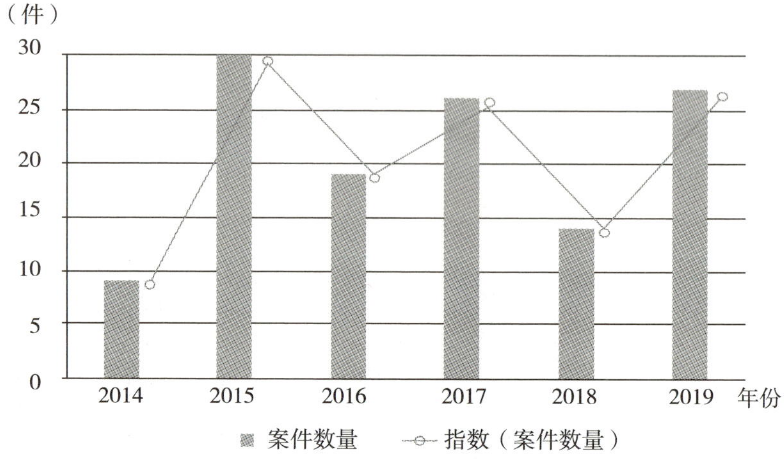

图 3　案件数量

2. 处罚依据：逐渐由旧《反不正当竞争法》向新《反不正当竞争法》过渡（见图 4）

2014—2019 年，行政处罚案例中单独适用旧《反不正当竞争法》的占比 72%，同时适用旧《反不正当竞争法》与《国家工商行政管理总局关于禁止商业贿赂行为的暂行规定》的占比 10%，以上二者合计占比 82%，适用新《反不正当竞争法》的案例占比 17%，适用《药品管理法》的仅占 1%。相比《反不正当竞争法》，《药品管理法》是药事管理的特别法，却较少作为处罚依据。新《反不正当竞争法》于 2018 年 1 月 1 日开始实施，进入 2019 年后，适用新《反不正当竞争法》作为处罚依据的案件比例大大提高（见图 5）。

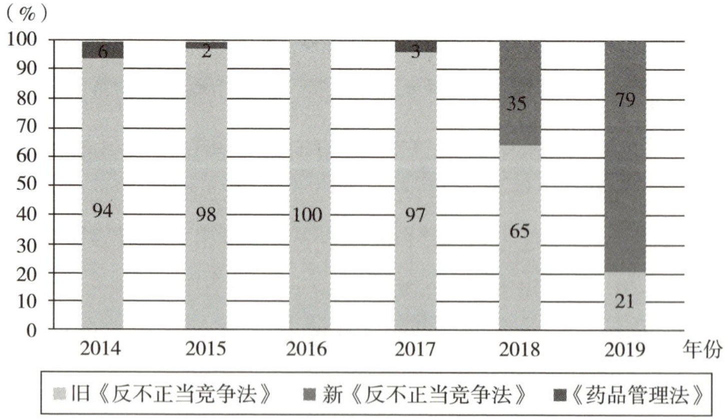

图 4　处罚依据的过渡

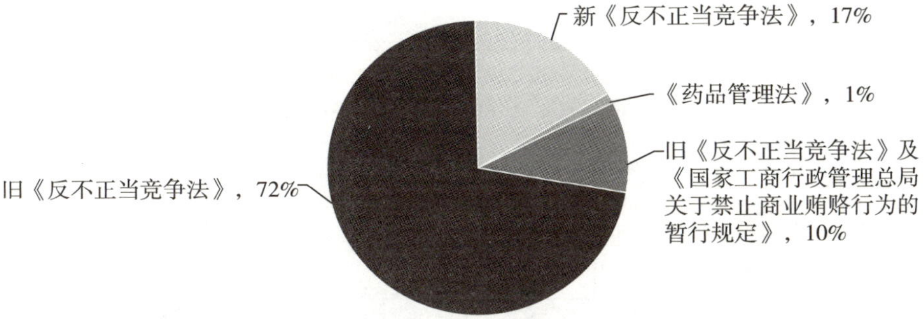

图 5　行政处罚依据

3. 行贿对象：向交易相对方工作人员行贿是商业贿赂的主要形式

新《反不正当竞争法》第 7 条将商业贿赂的行贿对象区分为三类主体，分别为“（一）交易相对方的工作人员；（二）受交易相对方委托办理相关事务的单位或者个人；（三）利用职权或者影响力影响交易的单位或者个人”。以新《反不正当竞争法》作为处罚依据的 38 件行政处罚案例中，三类主体占比分别为 57%、11% 及 32%（见图 6），可见，向交易相对方工作人员行贿是商业贿赂的主要形式。

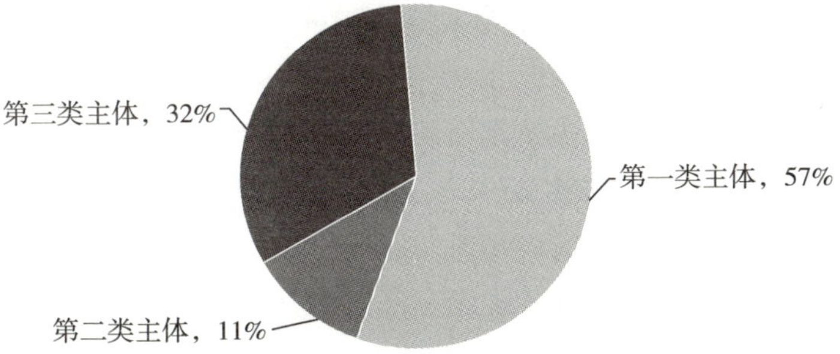

图 6　企业行贿对象

4. 没收违法所得：具有较大偶然性

图 7 是 2014—2019 年药械行业商业贿赂行政处罚没收违法所得各年度总金额及平均值，需要说明的是：（1）统计样本为本报告收录的全部 225 个案例；（2）为呈现直观对比，图 7 中没收违法所得总额以真实数额的 1/10 呈现；（3）未处没收违法所得的案件按照没收违法所得为 0 计算并计入分母。

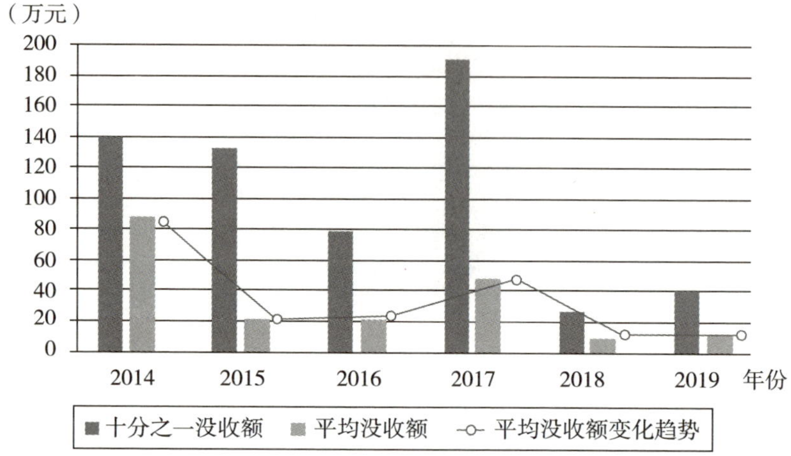

图 7 违法所得收入

年度没收违法所得的总金额及平均值具有较大的偶然性，个别极端值起到非常重要的作用。例如，2014 年及 2017 年，执法机关分别查处了宁工商案〔2014〕01881 号和沪工商检处字〔2017〕第 320201610056 号，两案没收违法所得金额分别高达 951 万余元和 1142 万余元，以个案带动 2014 年及 2017 年成为两个没收违法所得额的峰值。

2018 年及 2019 年没收违法所得金额的总量和平均值均出现大幅下降，但这并不意味着执法力度减弱，相反，2018 年、2019 年，因为新《反不正当竞争法》的实施，医药领域反商业贿赂执法力度加强，有大量商业贿赂行为在尚未发生实际交易产生违法所得时即遭查处，这可能是 2018 年、2019 年没收违法所得总额整体不高的原因。

本次报告收集的 225 个案例中，还有超过三分之一（约 34%）的案例未处“没收违法所得”，包括“客观上不存在违法所得”和“存在违法所得，但数额无法计算”两种情况。

5. 罚款：数额大幅升高，且预计未来将进一步上升

与“没收违法所得”不同，“罚款”是必罚项。如图 8 所示，2018 年及 2019 年，罚款总额均较上年度显著增长，平均值较上一年度几乎翻了一番。究其原因，应与新《反不正当竞争法》（2017 年修订）的实施有关。2018 年 1 月 1 日始，《反不正当竞争法》（2017 年修订）实施，商业贿赂的罚款数额由《反不正当竞争法》（1993

年）的“一万元以上二十万元以下”大幅提升至“十万元以上三百万元以下”。适用《反不正当竞争法》（2017 年修订）的案例的增加拉动了年度罚款平均值的上升；2019 年适用《反不正当竞争法》（2019 年修正）的案件比例进一步上升，带动罚款平均值进一步升高。

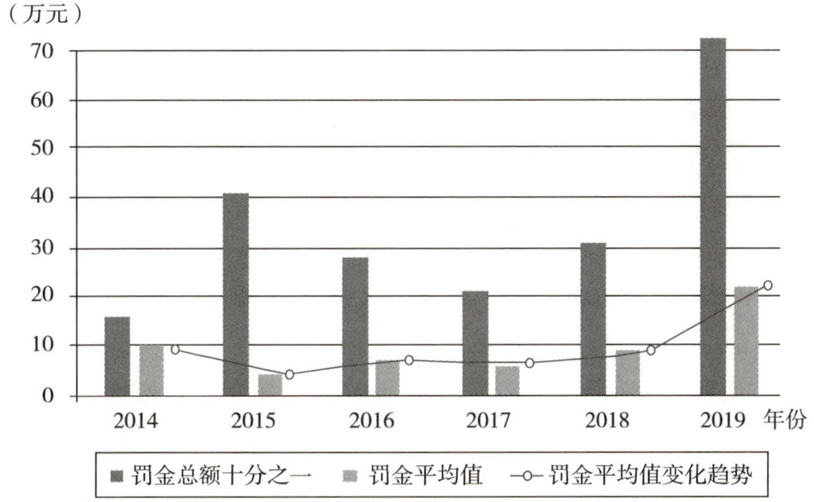

图 8　罚款金额

罚金平均值虽然较《反不正当竞争法》（2017 年修订）实施前显著提升，但较《反不正当竞争法》（2017 年修订）规定的“十万元以上三百万元以下”和《药品管理法》规定的“三十万元以上三百万元以下”仍然偏低。随着适用《反不正当竞争法》（2017 年修订）的案例增加及执法机关适用《反不正当竞争法》（2017 年修订）执法经验的积累，罚款金额的平均值和最高值可能会进一步上升。

6. 罚款与违法所得存在关联性，应作为一个整体综合考虑

按照法律规定，“罚款”与“没收违法所得”乃是两种相互独立的处罚措施。然而，在有关部门的执法实践中，两种处罚措施实际上互相影响，彼此平衡。

在当事人实际存在违法所得但因其他原因无法计算时，执法机关常常对当事人处以相对高额的罚款作为平衡手段。举例而言，沪市监徐处〔2019〕042019002037 号案中，当事人通过给予某医院内分泌科室医生“科室活动费”的方式贿赂医生，以增加其所经营的某品牌医疗用敷料销售量。截至案发时，当事人在该医院销售金额共计约 650,000 元。该案因违法所得金额无法计算，未处“没收违法所得”，

执法机关对当事人处以罚款600,000元，与当事人违法销售额接近。该案中，罚款金额十分高且与销售额接近，很可能并非巧合。事实上，经统计，在本文涉及的225个行政处罚案例中，罚款金额排名前五的案例无一例外，皆属于“存在违法所得，但因金额无法计算而未处以‘没收违法所得’”的情形。可以认为，该种情况下，高额罚款在一定程度上是为了替代没收违法所得的处罚效果。

更有说服力的证据是，很多案件中，执法机关实际上将“没收违法所得”与“罚款”当作一个整体看待。例如，张保市监案〔2019〕0076号案将执法机关的此种处罚思路展露无遗。该案中，执法机关对当事人处罚款101,192.4元，而该案违法所得认定数额为28,807.6元，与罚款数额合计恰为130,000元。又如，安殷工商处字〔2015〕68号案中，执法机关对当事人罚款2.095824万元，没收违法所得和非法财物0.904176万元，二者合计恰为30,000元。再如，石西工商处字〔2015〕124号案中，罚款13.691万元，没收违法所得和非法财物26.309万元，二者合计400,000元。这样的例子不胜枚举。可见，执法机关很多时候是对罚没金额统一考虑。在这个过程中，罚款与没收违法所得显然是一体的，而不是分别计算再加总。

把握罚金与没收违法所得的内在联系，有助于企业更好地形成对行政处罚的预期。同时，这也意味着，以模糊账目、票据的方式规避商业贿赂处罚客观上很可能无法达到预期效果，反而有可能增加财税类行政处罚的风险。

二、药械行业典型营销推广商业模式合规风险

医药企业与医疗器械企业因产品营销推广存在诸多共性，如相关主体均受到严格的资质管理、购销渠道类似、产品专业性强等，而在营销推广方式上具有很多重合，如学术推广、对医生的招待与礼品（包括有教育意义的物品）、对医疗机构的商业赞助、折扣与回扣等。

药品与医疗器械具有各自不同的分类和特点，药品营销推广中比较突出的是药品集中配送、药房托管和终端药店推广等模式中的问题，医疗器械营销推广中比较严峻的是大型医用设备招投标、耗材捆绑、消费类医疗器械的体验式销售等（见图9）。

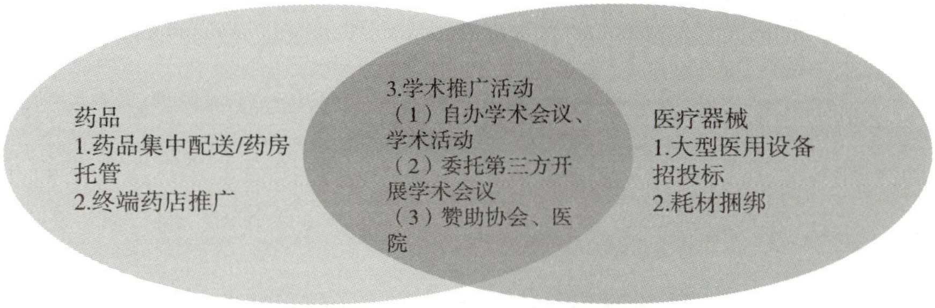

图9　药品、医疗器械企业常见营销推广模式

笔者选取药械行业较典型的学术推广、药房托管、终端药店推广、医疗设备招投标和耗材捆绑五大营销推广模式作为分析对象，对其合规风险作简要分析并尝试提供合规建议。

（一）学术推广合规风险分析

"学术推广"即以产品（药或医疗器械）的性质、特点、给药方案/使用方案、疗效、注意事项、不良反应等内容为基础素材，通过专家演讲、学术会议、病例分析、论文征集、医生拜访等方式，使医生了解并熟悉相关产品，提升医药、医疗器械产品的认知度和品牌价值。

药械企业的学术活动可划分为三大类：（1）自办学术活动；（2）委托 CSO 或经销商办学术活动；（3）赞助医学会或医疗机构的学术活动（见图10）。

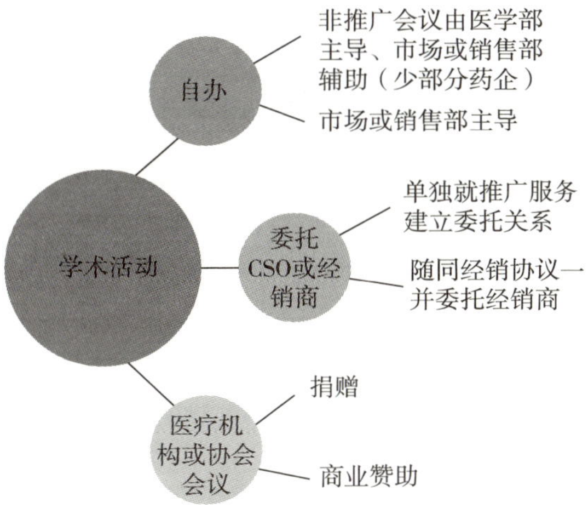

图10　药械企业的学术活动

1. 自办学术活动

(1)自办学术活动的风险分析

监管机构并未完全否定学术活动的正当性,但如果学术活动不真实,其中所产生的全部利益均可能被认定构成商业贿赂,或者,即使会议是真实发生的,如果学术活动具有"影响药品处方和药品采购"或"谋取竞争优势"的目的,风险也极高。

实践中,不同的费用类型在风险上存在差异。例如,监管部门对讲课费的关注程度很高,对餐饮费、住宿、交通、场地、小额报销等的关注度则次之。

就活动形式而言,科室会、拜访等形式真实性管控难度大、风险大。尤其是在科室会中向医生支付讲课费,很可能因不能证实讲课服务真实发生而被否定服务费性质;即使服务真实发生,也很可能被认为企业不应为医生的本职工作付费。境外会议的费用往往比较高,且对于企业自己组织的境外会议,活动必须在境外开展的必要性争议也比较大。

(2)自办学术活动的合规建议

监管机构对自办学术会议的监管主要集中在活动是否必要(学术需求)、费用是否意在影响销量(与销量挂钩)、活动与费用是否真实、费用是否合理/必要/非奢侈。进行学术会议合规审查时建议特别注意:

①是否具有学术需求是判断会议举办必要性的首要标准。

②会议费用不得与产品销量挂钩。

③确保会议的真实性。

④参会人员的选择应与学术需求相关,而不能体现出与药品销售相关,如作为处方奖励,或者作为提高其处方量的手段。

⑤会议地点的选择需遵循"合理、必要、非奢侈"的原则。尽量避免将会议地点选在境外、奢侈场所等。

⑥费用标准亦须遵循"真实、合理、必要、非奢侈"的原则,费用应支付给第三方,不得直接向参会人员支付。

2. 委托第三方进行学术推广

(1)委托第三方进行学术推广风险分析

企业也可能委托个人代理商或委托 CSO 或经销商开展学术会议。

①委托个人代理商的风险分析

个人代理商系传统药械经销模式，个人代理商往往因与医院有一定关系，而受到药械企业的关注。与个人代理商之间的合作存在较多风险：

首先，与个人代理商合作，涉嫌违反药械流通管理规定。根据《药品流通监督管理办法》第 13 条的规定，如果企业与个人代理商合作，明确个人代理商的主要义务是销售药械，属于实质上参与药械购销的主体，就存在被认定为属于药械经营行为的风险。

其次，通过 CSO 或者劳务派遣等方式向个人代理商支付款项存在被认定构成商业贿赂的风险。

最后，个人代理商的行为难以控制，为实现销量，个人代理商很可能向医生或对采购有影响力的人行贿。委托方可能与个人代理商承担共同责任。

②委托 CSO 或经销商的风险分析

企业将推广业务委托给 CSO，在一定程度上是希望切割因推广而导致的合规风险。但是，这种切割能否真正起到规避风险的作用，答案是不确定的。实践中，将 CSO 的责任穿透到企业已不鲜见。

原则上，CSO 作为独立主体独立担责，但如果企业与 CSO 存在合意，相关费用又来源于企业，则遭遇穿透式处罚的可能性较大。

行业内对推广服务的关键绩效指标（Key Performance Indicator，KPI）基本上包括三种计算模式：KPI 仅覆盖服务内容和数量，不考察销量（服务内容 KPI）；KPI 仅覆盖产品销量，不考察推广服务（产品销量 KPI）；KPI 既覆盖服务内容和数量，又覆盖产品销量（综合 KPI）。其中，产品销量 KPI 是三者中风险最高的。

（2）委托第三方进行学术推广的合规建议

对于委托第三方进行学术推广的企业，我们提出合规建议如下：

①建议逐步减少直至取缔与个人代理商的合作。

②建立真实的推广服务关系。

③选择合适的模式和管理方式，一方面能够适度管理 CSO 的推广行为，另一方面不会过度干涉导致 CSO 丧失自主性，导致相关责任穿透到企业，具体建议如下：

第一，完善 CSO 遴选标准与机制，选择规模大、规范化的 CSO 提供服务；

第二，建议以服务内容 KPI 为准，详细约定具体服务内容；

第三，建议对 CSO 服务真实性予以核查；

第四，建立 CSO 管理制度，对 CSO 进行合规培训。

3. 参与学会/协会或医疗机构的学术活动

该种模式主要分为两类：(1)对学会、协会或医疗机构等学术活动主办方进行赞助或捐赠；(2)赞助医生参加第三方组织的学术活动。

(1)参与学会/协会或医疗机构的学术活动的风险分析

相应地，企业参与学会/协会或医疗机构的学术活动主要存在两类风险：一是涉嫌对单位行贿，二是涉嫌向医生行贿。

就赞助机构而言，赞助学会、协会风险较低，赞助医疗机构风险较高，因医疗机构多为赞助企业的采购方。如果与产品销量关联，则任何方式风险均比较高。

监管部门越来越关注捐赠行为的实质，而不仅仅停留在表面审查上。在当前打击商业贿赂力度越来越大的情况下，表面的捐赠形式都不可能再为不正当利益输送提供避风港，药械企业必须将捐赠与不正当利益输送隔离开来。

(2)企业捐赠医疗机构的合规建议

2015 年 8 月 26 日，原国家卫计委、国家中医药管理局颁布《卫生计生单位接受公益事业捐赠管理办法(试行)》(以下简称《捐赠管理办法》)。企业捐赠行为应遵循规定，降低合规风险。

根据《捐赠管理办法》的规定，需要注意以下几方面问题：

①捐赠只能由卫生计生单位统一接受，应避免向单位内部职能部门(如科室)、分支机构或个人提供。

②捐赠须具有公益目的，不得附加条件。

③捐赠与受赠单位法定代表人或其授权人签订书面协议并加盖受赠单位印章。

④捐赠资金、物资用于卫生计生人员培训和培养、卫生计生领域学术活动和科学研究等方面的捐赠，捐赠方不得指定受赠单位具体受益人选。

⑤受赠单位应开具财政部门统一印制的公益事业捐赠票据，并加盖公章。

⑥捐赠方应注意获得并保存受赠单位针对捐赠项目提供的各种信息和报告。

(3)企业赞助医疗机构的合规建议

①赞助对价不能与药品采购、处方有关

药品的采购与处方,是企业利润增长的关键,因此一直是企业重点提升的方向、执法领域的敏感地带。如果赞助的对价是药品采购与处方方面的利益,则直接落入了商业贿赂的重点打击范畴,企业很难抗辩。

②赞助的活动需符合医院的经营范围

根据《医疗机构管理条例》规定的经营范围,并参照《医院财务制度》的收入类别,能倒推出公立医院可以从事的收益活动除了医疗服务之外,可以与药械企业合作的业务基本上限于委托科研、临床试验等。

(4)企业赞助医生的合规建议

①尽量将赞助医生参加会议与药品销售隔离开

监管部门要求企业赞助医生参加学术会议时不得影响药品采购与药品处方。药械企业在学术会议赞助的政策上,应该明确赞助行为与药品销售行为无关。

②形式上,"捐赠"仍然是药械企业赞助医生参加第三方会议的最合规方式

《捐赠管理办法》允许卫生计生单位接受企业捐赠,为药械企业提供学术会议赞助开放了一个路径。企业采用捐赠方式进行学术会议赞助,必须确保赞助行为符合《捐赠管理办法》的要求,除资金使用、管理等限制外,具体还包括:

第一,签订捐赠协议,取得捐赠票据。

第二,捐赠的对象是医院,不能是科室或医生个人。

第三,企业不指定接受捐赠的人,即企业不能选择参加会议的医生,由接受捐赠的医院负责确定参会医生。

③实体上,企业须加强对赞助学术会议尤其是境外学术会议的监管

第一,企业应尽可能选择知名的、学术水平高的会议进行赞助。

第二,企业不能基于医生特定需求发起捐赠。

第三,赞助费用首先应遵循必要、合理、非奢侈原则。通常,参会的必要费用包括交通费、住宿费、注册费、餐费,非必要费用,尤其是医生个人费用,无论金额大小,都不应赞助。

(二)药房托管合规风险分析

药房托管,是指医院与药企签署托管合同,将药房交给医药企业有偿经营。

该模式存在商业贿赂和变相科室承包等风险。

第一,托管企业一般会和医院约定独家配送,其向医院支付利益,可能被认定为换取独家经营权。

第二,由于药房托管等于将药品配送的权力交给托管企业,生产企业向托管企业行贿的动力增加,容易形成新的利益链条,滋生商业贿赂。

第三,药房托管模式下,托管费一般根据药品销售额按比例支付,医院仍存在抬高药价的利益诉求,"大处方"问题依然存在,医院和医生依然是受贿对象。

此外,药企与医院签署供应链协议,将药品管理、物流供应链等业务外包,可能被认定为变相托管而受到查处。药房托管,则可能被认定为变相的科室承包。

药房托管逐渐增多,其弊端越发显现。2018 年,国家卫健委、国家中医药管理局发布《关于加快药学服务高质量发展的意见》(国卫医发〔2018〕45 号),明确"公立医院不得承包、出租药房,不得向营利性企业托管药房",至此,药房托管寿终正寝。

企业如仍在采用药房托管及类似模式,如与药房托管模式较为类似的药品集中配送,违规风险较大,建议调整。

(三)终端药店推广合规风险分析

医药企业为实现对终端的管理,往往越过经销商,直接与终端药店签署《推广服务协议》,形式上,终端药店提供品牌展示与推广服务,医药企业向终端药店支付陈列费、展示费、上架费、库存管理费、消费者教育费。此类推广服务往往较难证明真实性和合理性,而其目的往往在于刺激终端药店的销量,因此,存在被认定为"以服务费的名义给予不正当利益"的风险。

从执法角度而言,终端推广原则上属于营销服务范畴,相关成本应由零售商承担,供应商(包括生产企业在内)不应为此额外支付费用。

执法部门所认可的营销服务范畴外的服务可以归纳为三种类型:产品的展览展示、宣传品张贴、消费者促销活动。具体可能包括:印制促销海报和刊物、制作促销宣传品、在网站或移动终端特定专区发布促销信息;开展顾客体验、主题推广等促销活动;店内特定造型摆放、集中品牌展示等。

在现有法律法规和执法环境下,生产企业与零售商之间的服务关系与购销关系应各自独立存在;两者之间的关联性越高,被执法部门认定违法的风险则越高。

此外，服务应必要、真实；服务费用应合理，且避免与销量挂钩。

（四）医疗设备招投标合规风险分析

大型医疗设备招投标过程中，投标人与招标人串通投标的常见模式为，投标人在招标开始前向招标人提供自身设备的技术参数，招标人以串谋投标人提供的技术参数直接作为招标条件，以达到内定中标人的效果。更有甚者，将招标文件的准备工作交给内定中标人。因此，当招标条件与中标者的投标参数过于近似时，可能会招致审查。招标人与投标人私下接触的记录、邮件往来和招投标文件电子文档机器码的相似性，都可能成为证明串通投标的重要证据。

在《反不正当竞争法》（1993 年）修改后，串通投标的行为不再由《反不正当竞争法》调整，而由《招标投标法》调整。对于串通投标行为的罚则也由《反不正当竞争法》（1993 年）下的人民币"一万元以上二十万元以下"罚款转变为"中标项目金额千分之五以上千分之十以下的罚款"。除了涉案招标投标单位之外，对于单位直接负责的主管人员和其他直接责任人员应"处单位罚款数额百分之五以上百分之十以下的罚款"；对于单位"有违法所得的，并处没收违法所得；情节严重的，取消其一年至二年内参加依法必须进行招标的项目的投标资格并予以公告，直至由工商行政管理机关吊销营业执照。"

招标方与投标方串通投标往往与商业贿赂行为相伴而生，但如果是通过商业贿赂达到串通投标目的的情形，应视为两个行为，按照《反不正当竞争法》和《招标投标法》的相关规定分别处罚，这不违反"一事不再罚"原则。

为避免上述风险，招标方与投标方之间的接触应尽量合规。招标方招标前很可能进行意向咨询与技术沟通，招标方有意询问技术参数，意在以投标方提供的技术参数设置招标参数的，很可能会被认为存在招标方与投标方之间的串通，投标方应谨慎对待。投标方使用投标代理或者生产商以经销商为投标单位的，应合规化管理投标代理或经销商，避免因投标代理或经销商的行为导致不利后果。投标方之间的沟通亦应合规，投标方之间的沟通交流应避免涉及投标文件编制、投标价格，还应避免使用同一投标代理。

（五）耗材捆绑合规风险分析

耗材捆绑，或者耗材捆绑设备销售，通常指医疗器械经营商提供配套设备供医疗机构无偿使用或者直接赠与设备，以确保或者换取耗材销量。

耗材捆绑已被执法部门认定为医疗器械营销推广中的商业贿赂典型模式：

第一，主观上，企业和医疗机构的协议中如约定确保耗材最低销量或者限制医疗机构向其他企业购买同类耗材，则较易被执法机关认定为具有谋取交易机会或者竞争优势的不正当目的。

第二，客观上，企业向医疗机构无偿提供/借用/赠与设备，均属于可用金钱计算数额的财产性利益，较易被执法机关认定为给付财物或其他利益的行为。

此外，限制医疗机构向其他企业购买耗材以及绑定销量的条款，以此来争取交易、竞争优势，排挤竞争对手。医院机构也可能为了满足约定的采购量而对患者进行不必要的检查或用药，或者不使用合适的和最有利于患者利益的耗材、试剂，从而损害患者利益。以上行为均增加了被认定为商业贿赂的风险。

对于该等被执法部门界定为典型违规的业务模式，企业应尽量避免采用，类似商业模式亦应尽量规避。

（韩越亦对本文有所贡献）

健康医疗企业 IPO 数据合规重点问题与应对

——兼评《健康医疗数据安全指南》适用

陈际红*

* 作者简介：

陈际红，中伦律师事务所北京办公室知识产权部合伙人，电邮为：chenjihong@ zhonglun. com。

新冠疫情的持续存在，一方面，催生、加速健康医疗企业的数字化、智能化转型；另一方面，提升各界对健康医疗企业的关注，健康医疗行业也成为资本竞逐、技术突破的热点领域。近年来，健康医疗企业逐步成为国内主板、创业板、科创板等板块的“上市大军”的主力。在此过程中，随着《网络安全法》及其配套法规的完善，《个人信息保护法》《数据安全法》等数据保护领域法律的发布，相关执法机构数据合规监管行动频密，国内数据合规立法、执法要求趋严，健康医疗数据合规及数据安全，正成为相关评审机构在企业上市评估及问询过程中的重点关注问题。如何积极应对数据合规审查，成为待上市健康医疗企业的一大挑战。

与此同时，伴随互联网医疗的快速发展及国家对应立法机制的完善，以北京市卫健委、北京市中医管理局于 2021 年 2 月 24 日印发的《关于北京市互联网医院许可管理有关工作的通知》为例，各地关于互联网医院准入、互联网医疗管理、执业规范等制度正在不断建立及完善。如何应对趋严的互联网医疗准入及管理要求，也成为互联网健康医疗企业日常运营的重要合规事项。

在此背景下，《信息安全技术　健康医疗数据安全指南》(GB/T 39725—2020)(以下简称《健康医疗数据安全指南》)发布并于 2021 年 7 月 1 日生效，其为待上市健康医疗企业提供健康医疗数据全生命周期管理的合规指引。有鉴于此，本文将以健康医疗企业 IPO 数据合规审查为重点，全景展示健康医疗行业数据合规立法规制体系及健康医疗企业 IPO 审查现状，兼评《健康医疗数据安全指南》的合规适用，解读已有的数据合规问询评审案例，对健康医疗企业上市数据合规工作提出建议，并展望未来健康医疗行业数据合规建设发展方向。

一、健康医疗企业 IPO 数据合规审查重点及应对建议

为更好服务健康医疗企业，尤其是待上市企业的数据合规落地工作，本文将具体介绍健康医疗企业 IPO 数据合规审查相关重点及应对建议。相关建议，以《网络安全法》《个人信息保护法》《数据安全法》及其配套法规为代表的现行有效的数据合规体系的明确要求为基础，结合医疗专业领域数据合规特殊要求而提出。

此外，2021 年 7 月 1 日生效的《健康医疗数据安全指南》，为健康医疗数据全生命周期管理提供了详细的合规指引，其将作为本文建议的主要标准来源。关于

健康医疗行业完整数据合规立法体系解读，以及针对未来健康医疗行业发展及数据合规监管重点领域趋势的解读，详见下文相关内容。

（一）健康医疗企业上市数据合规审查重点

基于我们对公开材料的梳理可知，数十家企业在上市审核过程中受到数据合规相关问题的询问，其中，健康医疗领域目前有一家科创板上市公司、三家创业板上市公司，在问询阶段被直接要求回复与数据合规相关的问题。具体公司及相关情况如表 1 所示：

表 1　问询阶段涉及数据合规的公司

序号	上市板块	公司名称	涉及数据合规问题的问询阶段	目前上市进程
1	科创板	广州安必平医药科技股份有限公司（以下简称安必平）	第一轮审核问询及发行注册环节反馈意见落实函的回复	2020 年 7 月 22 日注册，股票代码：688393
2	创业板	湖南达嘉维康医药产业股份有限公司（以下简称达嘉维康）	第二轮审核问询	2021 年 12 月 7 日注册，股票代码：301126
3	创业板	华厦眼科医院集团股份有限公司（以下简称华厦眼科）	第一轮审核问询	2021 年 8 月 27 日注册，股票代码：301267
4	创业板	成都普瑞眼科医院股份有限公司（以下简称普瑞眼科）	第一轮审核问询	2022 年 7 月 5 日注册，股票代码：301239

基于上述公司的招股说明书、审查反馈意见、问询函、发审委会议审核公告等文件，同时结合笔者在《科技企业上市之数据合规》一文中梳理的“企业上市须应对的数据合规重点问题”的分类方式，我们针对上述公司涉及的数据合规问题进行梳理，以期全面展现拟上市健康医疗企业将面临的数据合规问询，见表 2。

表 2 科技企业涉及数据合规问题

类别	被问询企业	问题
数据源合规	安必平	发行人子公司获取相关数据信息的方式是否合法合规 ①
	华厦眼科	是否存在向其他医疗机构违法购买客户个人隐私资料或商业贿赂情形②
	普瑞眼科	是否存在向其他医疗机构违法购买客户个人隐私资料的情形 ③
数据安全	安必平	在病例上传以及阅片、判读的过程中,发行人如何保证患者的隐私安全④
	普瑞眼科	补充披露发行人关于保障医疗安全的制度及措施是否完善,患者数据管理是否合理、有效,相关内部控制的有效性⑤
	达嘉维康	补充披露发行人关于保障患者信息的管理措施,相关内部控制的有效性 ⑥

① 《关于广州安必平医药科技股份有限公司首次公开发行股票并在科创板上市申请文件发行注册环节反馈意见落实函的回复》,载 http://static. sse. com. cn/stock/disclosure/announcement/c/202007/000326_20200721_EGOP. pdf。

② 《关于华厦眼科医院集团股份有限公司首次公开发行股票并在创业板上市的补充法律意见书(一)》,载 http://reportdocs. static. szse. cn/UpFiles/rasinfodisc/RAS_0001752B301E9A3FEB320A977DCCB33F. pdf。

③ 《关于成都普瑞眼科医院股份有限公司申请首次公开发行股票并在创业板上市的补充法律意见书之一》,载 https://reportdocs. static. szse. cn/UpFiles/rasinfodisc/RAS_000176B26FCBAA3FD3581F402856B43F. pdf。

④ 《关于广州安必平医药科技股份有限公司首次公开发行股票并在科创板上市的补充法律意见书(一)》,载 http://static. sse. com. cn/stock/disclosure/announcement/c/202004/000326_20200421_KRVA. pdf。

⑤ 《关于成都普瑞眼科医院股份有限公司申请首次公开发行股票并在创业板上市的补充法律意见书之一》,载 https://reportdocs. static. szse. cn/UpFiles/rasinfodisc/RAS_000176B26FCBAA3FD3581F402856B43F. pdf。

⑥ 《关于湖南达嘉维康医药产业股份有限公司首次公开发行人民币普通股并在创业板上市之补充法律意见书(二)》,载 http://reportdocs. static. szse. cn/UpFiles/rasinfodisc/RAS_000175E5DF96023FD8FC031475B6883F. pdf。

续表

类别	被问询企业	问　　题
数据立法和监管	安必平	在病例上传以及阅片、判读的过程中，发行人是否存在侵犯患者隐私的行为，是否存在纠纷或潜在纠纷①

整体而言，“数据源合规”及“数据安全”系上市评审机构所重点关注的数据合规问题。“数据源合规”包括数据源获取渠道及其合规性评价，这要求待上市企业前期对公司底层所有数据资产进行完整梳理，实现数据字段的溯源盘点，保证既有数据及新增数据获取的合法合规性。“数据安全”主要关注数据合规制度管理建设及技术保障措施落实情况，这要求待上市企业搭建完善的数据合规管理制度体系，并搭配必要的技术保障措施。

（二）健康医疗企业上市数据合规开展建议

健康医疗数据全生命周期管理，覆盖数据收集、存储、使用、内部管理、对外提供等环节。以下将根据上市数据合规审查重点问题分类方式，糅合数据全生命周期管理要求，为待上市企业提供直观应对意见。

1. 数据源合规

（1）基本要求梳理

健康医疗数据，尤其是可直接或结合其他信息识别具体自然人或者反映其身心健康状态的个人健康医疗数据，基本落入“个人敏感信息”范畴，其在收集阶段需严格落实“必要信息告知＋获取信息主体明示授权同意”的要求。此外，大量的健康医疗数据，可能与国家安全、社会公共利益等相关，存在被认定为“重要数据”的可能性，同样需评估其收集及后续处理的合规性。

（2）具体场景分析

在健康医疗企业实际业务场景中，数据源渠道呈现多样化特征。数据源合法合规性保障需结合各具体场景进行分析及落实，见表3。

① 《关于广州安必平医药科技股份有限公司首次公开发行股票并在科创板上市的补充法律意见书（一）》，载 http://static.sse.com.cn/stock/disclosure/announcement/c/202004/000326_20200421_KRVA.pdf。

表 3　不同场景下数据源合法合规性保障

序号	场景	常见合规风险	合规应对建议
1	直接从 C 端获取用户数据	①无隐私政策或隐私政策未单独设置。 ②隐私政策内容不合规(如未实现收集目的与数据类型的一一匹配)。 ③未获取用户明示同意	①单独设置隐私政策。 ②隐私政策内容合规审查 + 完备性审查。 ③向用户清晰展示隐私政策,获取用户主动点击同意、签字等明示同意表示
2	通过第三方合作获取数据	①数据来源合法合规性无法保障。 ②未明确双方数据安全及保护责任	通过补充协议/承诺函等方式,要求合作方对数据来源合法合规性作出承诺,并厘清双方在数据安全及保护方面的责任
3	通过公开渠道获取数据	①如使用数据爬取等自动访问技术获取数据的,存在不正当竞争、侵犯商业秘密甚至刑事责任的风险。 ②如通过人工下载等方式获取公开数据的,存在无法保障数据来源合法合规性等风险	①使用数据爬取等自动访问技术的,应评估数据爬取对象性质、频率、数据量、采取技术措施是否违法等,综合评估行为合规性及采取对应措施。 ②使用人工下载方式的,尽量选择公开官方平台
4	通过数据采购方式获取数据	①数据来源合法合规性无法保障。 ②对提供方数据管理能力缺乏审核	①由数据提供方通过补充协议或承诺函方式,对数据来源合法合规性作出承诺。 ②制定数据采购管理制度,增加对提供方数据管理等能力及资质的审核要求

2. 数据权属

(1)基本要求梳理

针对现有部分案例涉及数据权属的问询情形,我们理解,评审机构主要关注点在于,数据权属问题存在瑕疵,可能会影响后续数据处理一系列行为的合法、有效性,包括衍生数据成果的归属等。

目前国内法律法规尚未对数据的“所有权”(包括个人信息的所有权)问题作出明确规定。相对而言,《信息安全技术　个人信息安全规范》(GB/T 35273—2020)(以下简称《个人信息安全规范》)所使用的“个人信息控制者”定义,以及

《健康医疗数据安全指南》所使用的“健康医疗数据控制者”概念，均引入了数据“控制权”的理念，此与欧盟《通用数据保护条例》等域外立法所采用的处理方式基本一致。从数据“控制权”角度考虑，明确数据控制者角色及对应职责，即明确控制者享有数据“控制权”并承担对用户权益保护及数据安全的责任，是解答关于数据权属问题的一种主要思路。

鉴于数据可能隐含数据处理主体的商业秘密、商标、版权等信息，数据权属可能覆盖相关知识产权。目前国内相关知识产权法规明确规定，在不违反相关法律法规的前提下，尊重各相关方对特定知识成果的权属约定。

(2)具体场景分析

具体到健康医疗行业，关于数据权属的讨论，主要存在于涉及多方数据共享(可能包括进一步研发)的场景，覆盖原始数据权属，以及基于原始数据而衍生形成的研发数据、算法、模型、核心技术的权属约定。对于这两类情形，建议同时考虑上述提及的“数据控制权”及“知识产权”归属。

针对原始数据权属，需评估其与原始数据提供方/接收方之间的关系，一般由有能力决定数据处理目的及方式的一方作为数据控制者，其在法律法规规定及用户授权同意的基础上享有数据处理的权利。如企业希望获取数据控制权，需评估自身业务模式是否符合上述要求，以及自身是否具备承担保护用户合法权益及数据安全责任的能力。此外，关于原始数据的知识产权约定，建议双方在最初的合作协议中，在不违反现行法律法规的基础上进行约定。

针对衍生成果(研发数据、算法、模型、核心技术等)权属，需在上述针对原始数据权属评估的基础上，由双方针对衍生成果在数据控制权、知识产权层面的权益归属进行明确约定。

3. 数据对外提供

(1)基本要求梳理

数据对外提供包括数据委托处理、数据共享、数据转让等不同情形，也包括数据跨境传输这类特殊场景。在数据委托处理场景下，数据合规及安全责任主要由控制者承担，受托方需严格按照与控制者的协议约定，在控制者的指示下处理数据；在数据共享场景下，双方互为数据控制者并共同对数据主体承担责任，双方需在合作协议中厘清彼此的数据合规权利义务关系。

健康医疗数据跨境传输，按照《网络安全法》《个人信息保护法》《数据出境安全评估办法》规定，涉及一定规模的个人信息及重要数据的，需在通过数据出境安全评估后，方可跨境传输。依照《健康医疗数据安全指南》要求，因学术研讨等目的，需要向境外提供非涉密非重要数据的信息的，经主体授权同意及机构数据安全委员会审批同意，健康医疗数据控制者可向境外目的地提供个人健康医疗数据，累积数据量宜控制在250条以内，否则需提请相关部门审批。

(2)具体场景分析

对于健康医疗企业而言，日常运营中涉及数据对外提供的情形主要包括两类：一是与合作方基于商业合作、科研合作目的共享获得或产生的健康医疗数据；二是与外部合作专家、机构、技术服务提供方等合作，委托后者提供数据标注、存储、处理、分析等专项服务。

参考《健康医疗数据安全指南》对于数据对外提供场景的分类及规定，在第一类场景下，合作方与健康医疗企业往往构成"控制者—控制者"或者"控制者(合作方)—处理者(健康医疗企业)"的关系。在第二类场景下，健康医疗企业与合作方往往构成"控制者(健康医疗企业)—处理者(合作方)"或者"处理者(健康医疗企业)—子处理者(合作方)"的关系。无论是何种场景，建议健康医疗企业在数据传输前，充分审查合作方的数据安全管理能力，并与合作方通过签订补充协议的方式，要求合作方作为数据接收方在约定目的范围使用数据，应承担保密义务、信息安全保障义务等。

4. 数据安全

鉴于健康医疗数据的敏感性及重要性，健康医疗企业应格外重视数据安全管理工作。综合相关法律法规要求，我们将关于健康医疗数据安全管理的核心要求总结如下(见表4)：

表 4 健康医疗数据安全管理核心要求

序号	类 别	措 施
1	数据存储	①健康医疗数据应存储在境内服务器;核心业务系统应部署在境内,不得托管、租赁在境外的服务器。 ②数据应加密存储;涉及面部数据、指纹、声纹等生物特征识别数据的,原则上不存储原始数据,仅保留信息摘要。 ③遵守关于不同类别健康医疗数据(如病历数据、处方数据等)存储期限的法定要求,基于数据存储最小必要原则,确定数据存储期限。 ④对于超过数据存储期限的数据,及时采取数据删除、匿名化处理等措施
2	数据传输	①数据加密传输。 ②数据在特定渠道(内部 VPN 等)中传输
3	数据脱敏处理	在获取数据及共享数据前,采取必要的数据脱敏处理措施,保障数据传输安全
4	数据访问权限管控	①根据职责范围及管理需要,设置内部人员数据访问及操作权限控制,避免数据泄露。 ②针对外部人员(如合作方),严格控制数据查看范围,尽量避免向外部开放数据拷贝等权限
5	数据管理机构	①设置网络安全负责人。 ②根据企业数据管理战略安排,设置健康医疗数据管理委员会、健康医疗数据管理工作办公室等负责健康医疗数据决策、管理、执行部门,明确相应职责
6	数据管理制度	①设置健康医疗数据分类分级管理制度。 ②制定健康医疗数据内部管理制度体系,覆盖 IT 信息安全、数据全生命周期管理等核心管理要求
7	信息安全事件应急响应机制	①设置应对信息安全事件应急响应制度体系文件,包括响应流程、演练/培训方案等。 ②组织进行应急响应培训/演练等

5. 系统与技术

医疗机构作为网络运营者时,应认真落实《网络安全法》关于网络安全等级保护的要求,对健康医疗业务开发核心业务系统,开展等级保护测评及备案,获取公安机关备案证明,并定期开展信息系统测评审计。

根据《卫生行业信息安全等级保护工作的指导意见》的规定,如下重要卫生信息系统安全保护等级原则上不低于第三级:传染性疾病报告系统、卫生监督信息报告系统、突发公共卫生事件应急指挥信息系统等跨省全国联网运行的信息系统;国家、省、地市三级卫生信息平台,新农合、卫生监督、妇幼保健等国家级数据中心;三级甲等医院的核心业务信息系统,等等。

除等级保护备案证明外,对于健康医疗行业应具备的资质要求,如互联网药品交易、医疗器械销售、互联网信息服务等,应结合法律法规及政策最新要求,及时申领必要证件,或完成相关证件续展更新。

6. 数据立法和监管

健康医疗企业应重视对公司涉及数据合规相关的案例、投诉、处罚等的管理,包括建立及时响应机制、及时优化调整机制及记录机制。具体而言,健康医疗企业(尤其是拟上市企业)应对公司已收到的涉及数据合规的用户投诉、纠纷、行政通告或处罚、司法案例等,以及公司已发生过的数据泄露、非法提供等安全事件,进行完整盘点,并复盘对应采取的弥补、优化等管理措施,做好问询应对的前期准备。

此外,鉴于我国目前网络安全及数据合规领域立法不断发展,执法活动呈现频密化趋势,建议健康医疗企业及时关注国内立法、执法最新趋势,尤其是国家顶层立法及行业主管部门制定的专项法规要求,与时俱进调整内部数据合规管理机制,降低被动合规带来的消极影响。

二、立法体系解读及趋势展望

通过为健康医疗企业提供数据合规审查全景纵览,以及合规应对建议支持,可以看到目前我国数据合规管理体系较为庞杂,并出现"九龙治水"的立法管理及监督执法的情形。"工欲善其事,必先利其器",健康医疗企业在进行上市前的数据合规工作之前,应整体了解健康医疗行业应当遵守的数据合规要求,完备的法规梳理将有助于实际合规工作的开展。本部分将重点介绍国内健康医疗行业数据合规现行立法规制体系,对相关数据合规要求作重点解读,此外,结合健康医疗行业发展及监管态势,针对未来健康医疗行业发展及数据合规监管重点领域趋势进行展望,以期为健康医疗企业数据合规工作提供实际支持。

健康医疗行业数据合规要求,以《网络安全法》《个人信息保护法》等通用数据保护要求为基础，并结合了健康医疗行业特殊领域的合规管理要求。“通用+特殊”立法要求共同构筑健康医疗行业数据合规立法规制体系。

（一）通用数据合规立法体系

健康医疗企业作为自身业务系统的网络运营者，以及健康医疗数据控制者，需遵守以《网络安全法》及其配套法规（如《个人信息安全规范》）为核心的现行有效的网络安全及数据合规立法体系，这套体系经过4年左右的发展已日渐完善。同时，《个人信息保护法》《数据安全法》等通用数据保护领域的顶层设计也适用于健康医疗企业日常数据合规管理工作。此外，围绕健康医疗业务开发管理，如《电子商务法》等“互联网+”电商管理要求，以及《消费者权益保护法》《广告法》等涉及消费者保护、营销推广等方面的规定，同样需要健康医疗企业予以遵守。

（二）健康医疗专业领域数据合规立法体系

目前国内健康医疗专业领域数据合规立法体系相对庞杂，法律法规层级及规制重点多样，健康医疗企业在进行网络安全及数据合规建设时，通常容易陷入“需要遵守什么法”的困境。以下我们将协助健康医疗企业对目前立法体系进行梳理及解读，整体而言，现有体系可分为“行业发展政策及网络安全建设+宏观数据类别管理+微观数据类别管理”三个层次。

1. 健康医疗（含互联网医疗）行业发展政策及网络安全建设法规体系

健康医疗行业始终是国家立法重点关注的领域，在“互联网+”时代，针对互联网医疗及网络安全的立法建设步伐也在不断加快。目前，国家健康医疗行业的主管部门主要包括国家卫生健康委员会、国家中医药管理局、国家医疗保障局。除指明健康医疗企业日常管理工作原则的行业顶层立法设计、覆盖线上线下医疗机构管理的监管细则外，近年来健康医疗行业发展政策及网络安全建设立法体系突出呈现以下特征：

（1）政策更强调大数据技术的运用及创新建设。以国务院《关于印发促进大数据发展行动纲要的通知》《“健康中国2030”规划纲要》为例，其明确提出加快推进健康医疗行业信息化、数字化、智能化建设，在保障健康医疗数据安全的同时推进数据开发利用，并将互联网医疗运用延伸至医保、智能硬件、跨平台共享机制等新兴场景。

（2）法规更注重健康医疗企业的信息化建设。信息化建设是保障网络安全及数据保护的必要基础。一方面,国家健康医疗主管部门制定明确的等级保护工作意见,指导健康医疗企业承担等级保护义务;另一方面,进一步要求健康医疗企业加强远程医疗能力建设。

(3)趋势更关注互联网医疗的规范化管理。《互联网诊疗管理办法(试行)》《互联网医院管理办法(试行)》《远程医疗服务管理规范(试行)》共同构成目前互联网医疗(尤其是互联网医院)管理体系的基础。在此基础上,结合近些年市场发展状态,立法趋势更加关注互联网医疗自身的合规管理,以及与电子商务、广告营销、商保医保等不同渗透场景的规范化管理。

伴随国家层面针对互联网医疗立法管理要求的不断强化,地方层面也逐步制定相应落地监管要求。银川市①、上海市②等地率先制定本地互联网医疗监管政策后,北京市同样出台本地监管细则。北京市卫健委、北京市中医管理局于2021年2月24日印发《关于北京市互联网医院许可管理有关工作的通知》:一方面明确了作为实体医疗机构第二名称的互联网医院、依托实体医疗机构独立设置的互联网医院等不同情形的互联网医院准入要求,以及对应的变更登记、校验及注销要求;另一方面强调了针对互联网医疗的规范准入管理、严格依法执业、鼓励服务创新、加强监督管理的基本理念及要求,为相应开发、合作及监管行动提供政策指引。因此,各地互联网健康医疗企业,除关注国家层面的相关要求外,应同步关注本地针对互联网医疗管理的细化要求及监管态势,未雨绸缪做好应对准备。

2. 宏观数据类别管理法规体系

目前国内医疗相关法规,在宏观层面为"健康医疗数据"(尤其是与自然人相关的健康医疗数据)设定诸多定义,其中最主要的包括"个人健康医疗数据"、"健康医疗大数据"、"人口健康信息"及"科学数据"四类。整体而言,"科学数据"指向性较强,相对独立,另外三类数据具有较高的相似性及共通性。健康医疗企业如涉及一定规模的健康医疗数据(含与自然人相关的健康医疗数据)的收集处理行为,需重点关注"个人健康医疗数据"、"健康医疗大数据"及"人口健康信息"这

① 参见《银川市人民政府关于印发互联网医院管理办法的通知》(2017年1月12日生效)、《银川市互联网医院管理办法实施细则(试行)》(2017年3月10日生效)、《银川市互联网医院数据安全保密管理制度》(2017年4月21日生效)等。

② 参见《上海市互联网医院管理办法》(2019年9月1日生效)等。

三类宏观数据类别所对应的合规要求。

(1)个人健康医疗数据

“个人健康医疗数据”定义源自《健康医疗数据安全指南》,其定义与目前使用的“个人信息”定义逻辑保持一致,强调数据具备的识别特定自然人或者反映自然人身心健康的“识别性”。健康医疗数据范围相当广泛,包含个人属性数据、健康状况数据、医疗应用数据、医疗支付数据、卫生资源数据和公共卫生信息等类别,基本覆盖健康医疗企业日常处理的所有数据类型。可以说,健康医疗企业日常处理的数据基本构成健康医疗数据,企业需充分重视《健康医疗数据安全指南》的合规指引。

根据《健康医疗数据安全指南》的合规建议,需关注以下合规要点(见表5):

表5 个人健康医疗数据合规要点

序号	类　别	合规要点
1	数据收集	健康医疗数据控制者在使用或披露相应个人健康医疗数据时,宜告知主体并获得主体的授权;所有告知宜使用通俗易懂的语言,并且包含有关要披露或使用的数据内容、数据的接收方、数据用途以及使用方式、数据使用期限、数据主体权利以及控制者采取的保护措施等具体信息
2	例外情形	健康医疗数据控制者在没有获得主体的授权时,在以下情况可以使用或披露相应个人健康医疗数据:向个人健康医疗信息主体提供其本人健康医疗数据;用于治疗、支付或保健护理时;涉及公共利益或法律法规要求时;受限制数据集用于科学研究、医学/健康教育、公共卫生目的时
3	市场营销	健康医疗数据控制者宜获得主体授权才能使用或披露个人健康医疗数据进行市场营销活动,但控制者与主体之间进行面对面的营销沟通除外。用于市场营销活动的授权宜以合理方式提示主体,并让其充分知悉,明确、自主作出同意。该授权宜是独立的,不宜作为主体获得任何公共服务、医疗服务的前置条件或者捆绑于其他的服务条款之中
4	系统本地化要求	健康医疗数据应存储在境内服务器,健康医疗数据控制者不托管、租赁在境外的服务器

续表

序号	类　别	合规要点
5	跨境传输	因学术研讨等目的，需要向境外提供非涉密非重要数据的信息的，经主体授权同意及机构数据安全委员会审批同意，健康医疗数据控制者可向境外目的地提供个人健康医疗数据，累积数据量宜控制在250条以内，否则须提请相关部门审批
6	组织管理机构	健康医疗数据控制者应建立完善的组织保障体系，组织架构中至少包括健康医疗数据安全委员会和健康医疗数据安全工作办公室

(2)健康医疗大数据

“健康医疗大数据”定义源自2018年国务院办公厅发布的《国家健康医疗大数据标准、安全和服务管理办法(试行)》，强调数据产生的环境，即在人们疾病防治、健康管理等过程中产生的与健康医疗相关的数据即构成“健康医疗大数据”。由于定义存在宽泛性，健康医疗企业在开展日常诊断服务及患者管理过程中产生的健康医疗数据，基本落入“健康医疗大数据”范畴。相较于“个人健康医疗数据”，“健康医疗大数据”更侧重于国家战略、群众生命及个人信息等涉及数据安全性管理方面的要求。

目前针对“健康医疗大数据”的相关合规要求(见表6)包括：

表6　健康医疗大数据合规要点

序号	类　别	合规要点
1	信息本地化要求	健康医疗大数据应当存储在境内安全可信的服务器上，因业务需要确需向境外提供的，应当按照相关法律法规及有关要求进行安全评估审核
2	数据分类分级与容灾备份要求	责任单位应当采取数据分类、重要数据备份、加密认证等措施保障健康医疗大数据安全
3	等级保护义务要求	健康医疗大数据中心、相关信息系统等均应开展定级、备案、测评等工作
4	电子实名认证及数据访问控制机制要求	责任单位应当建立严格的电子实名认证和数据访问控制，规范数据接入、使用和销毁过程的痕迹管理，确保健康医疗大数据访问行为可管、可控及服务管理全程留痕，可查询、可追溯

(3)人口健康信息

“人口健康信息”的定义源自 2014 年国家卫计委发布的《人口健康信息管理办法(试行)》,同样强调数据产生的环境,即各类医疗卫生计生服务机构在服务和管理过程中产生的人口基本信息、医疗卫生服务信息等数据。从定义角度看,“人口健康信息”更适用于传统线下医疗卫计服务机构,但因互联网医院及远程医疗服务的发展,“人口健康信息”也逐步覆盖线上情景。

目前针对“人口健康信息”的合规要求(见表 7)包括:

表 7　人口健康信息合规要点

序号	类　别	合规要点
1	信息及系统本地化要求	不得将人口健康信息在境外的服务器中存储,不得托管、租赁在境外的服务器
2	数据分类分级要求	人口健康信息实行分级存储。应当具备符合国家有关规定要求的数据存储、容灾备份和管理条件,建立可靠的人口健康信息容灾备份工作机制,定期进行备份和恢复检测
3	对外提供限制	依法应当向社会公开的信息应当及时主动公开;涉及保密信息和个人隐私信息,不得对外提供

(4)科学数据

“科学数据”定义主要源自 2018 年国务院办公厅发布的《科学数据管理办法》,指通过研究及试验开发而产生的数据,以及通过检测等方式取得并用于科学研究活动的原始数据及其衍生数据。在健康医疗行业,“科学数据”主要体现为临床实验等医疗科研活动相关的原始数据及衍生成果,适用场景较为明确。目前相关法规对于“科学数据”管理主要侧重于安全保密方面。

3. 微观数据类别管理法规体系

具体到健康医疗行业微观数据类别,目前国内法规明确规制的健康医疗数据类型包括病历数据、处方数据、医疗器械销售数据、人类遗传资源、药品数据等,不同类别数据具有不同的合规管理要求。健康医疗企业可对自身已有数据资产进行识别及类别切分,对应匹配各类数据的合规要求。

(1)病历数据(含电子病历)

病历数据作为医生诊疗或健康咨询活动的数据载体,系健康医疗数据中十分常见的数据类型，国家较早通过《医疗机构病历管理规定》等法规进行管理。随着健康医疗行业信息化建设发展，围绕电子病历的管理要求也在不断细化。整体而言，涉及病历数据（含电子病历）的合规特殊要求（见表8）包括：

表8　病历数据（含电子病历）合规要点

序号	类　别	合规要点
1	数据存储期限	门（急）诊（电子）病历由医疗机构保管的，保存时间自患者最后一次就诊之日起不少于15年；住院（电子）病历保存时间自患者最后一次住院出院之日起不少于30年
2	数据标记	创建电子病历时，赋予患者唯一识别号码，确保患者的各种电子病历相关记录准确地与患者唯一标识号码相对应，使用标识号码和身份证明编号均能对病历进行检索
3	权限分级管理	对电子病历设置保密等级的功能，对操作人员的权限实行分级管理。授权用户访问电子病历时，自动隐藏保密等级高于用户权限的电子病历资料
4	数据对外提供	其他医疗机构及医务人员因科研、教学需要查阅、借阅病历的，应当向患者就诊医疗机构提出申请，经同意并办理相应手续后方可查阅、借阅。公安、司法、人社、保险以及负责医疗事故技术鉴定的部门，因办理案件、依法实施专业技术鉴定、医疗保险审核或仲裁、商业保险审核等需要的，可在提供相关证明材料后获取相关数据
5	用户行权	医疗机构需保障用户享有复制、查阅病历数据的权利

（2）处方数据

目前国家互联网医疗相关规定对于医疗机构开具处方行为作了明确的限制要求。同时，针对处方数据本身，也提出了部分特殊要求，具体见表9：

表9　处方数据合规要点

序号	类　别	合规要点
1	须以患者病历数据为基础	互联网医疗机构医师在掌握患者病历资料后，可以为部分常见病、慢性病患者在线开具处方

续表

序号	类　别	合规要点
2	禁止/限制性行为	医疗机构开展互联网诊疗活动的，不得开具麻醉药品、精神药品等特殊管理药品的处方。为低龄儿童（6 岁以下）开具互联网儿童用药处方时，应当确认患儿有监护人和相关专业医师陪伴
3	数据存储期限	普通处方、急诊处方、儿科处方保存期限为 1 年，医疗用毒性药品、第二类精神药品处方保存期限为 2 年，麻醉药品和第一类精神药品处方保存期限为 3 年
4	数据超期存储处理措施	处方保存期满后，经医疗机构主要负责人批准、登记备案，方可销毁

（3）医疗器械销售数据

目前越来越多的健康医疗企业及网络交易服务第三方平台涉足医疗器械销售，国家相关主管机构对此保持高度关注并提出若干特殊合规要求，具体包括（见表 10）：

表 10　医疗器械销售数据合规要点

序号	类　别	合规要点
1	销售资质	医疗器械网络交易服务第三方平台提供者应当依法取得《互联网药品信息服务资格证书》
2	数据存储期限	从事医疗器械网络销售的企业、医疗器械网络交易服务第三方平台提供者，应当记录医疗器械销售信息，记录应当保存至医疗器械有效期后 2 年；无有效期的，保存时间不得少于 5 年；植入类医疗器械的销售信息应当永久保存
3	平台资质审核	医疗器械网络交易服务第三方平台提供者应当对申请入驻平台的企业提供的医疗器械生产经营许可证件或者备案凭证、医疗器械注册证或者备案凭证、企业营业执照等材料进行核实，建立档案并及时更新。此外，发现入驻网络交易服务第三方平台的企业存在超范围经营、发布虚假信息、夸大宣传等违法违规行为、无法取得联系或者存在其他严重安全隐患的，应当立即对其停止网络交易服务，并保存有关记录，向所在地省级药品监督管理部门报告

续表

序号	类　别	合规要点
4	广告要求	医疗器械广告应当经医疗器械生产企业或者进口医疗器械代理人所在地省、自治区、直辖市人民政府药品监督管理部门审查批准,并取得医疗器械广告批准文件。医疗器械广告涉及医疗器械名称、适用范围、作用机理或者结构及组成等内容的,不得超出注册证书或者备案凭证、注册或者备案的产品说明书范围。广告应当显著标明“禁忌内容或者注意事项详见说明书”

(4)人类遗传资源

人类遗传资源属于较为特殊的一类健康医疗数据,主要指含有人体基因组、基因等遗传物质的器官、组织、细胞等遗传材料。一直以来国家对人类遗传资源的采集、保藏、利用、对外提供等行为进行严格管控,在此基础上,《生物安全法》的出台进一步明确了国家对人类遗传资源从严管理的原则及态度。其相关合规管理要求概括如下(见表11):

表11　人类遗传资源合规要点

序号	类　别	合规要点
1	数据采集及保藏	人类遗传资源采集、保藏单位,在开展相关行为前,须获得国务院科学技术行政部门批准。采集时需事先告知提供者采集目的、采集用途、对健康可能产生的影响、个人隐私保护措施及其享有的自愿参与和随时无条件退出的权利,并征得其书面同意。保藏应制定应急预案及做好日常保藏记录
2	数据利用及对外提供	外方单位需要利用我国人类遗传资源开展科研活动的,只能通过与我国相关机构合作的方式进行,由合作双方向国务院科学技术行政部门提出申请并获其批准。将人类遗传资源信息向外方单位提供或者开放使用的,应当向国务院科学技术行政部门备案并提交信息备份

(5)药品数据

药品销售一直以来是行业主管机构的监管重点,互联网医疗的发展丰富了药品销售的渠道,也提升了药品数据(包括药品销售数据)的管理难度。对于药品信息服务平台而言,其需依法获取互联网药品信息服务相关资质并在公开渠道显著标识，并加强相关数据的记录及管理。围绕药品数据合规管理，目前主要合规要求包括（见表 12）：

表 12　药品数据合规要点

序号	类　别	合规要点
1	记录要求	对于以纸质方式记录的，应明确记录收集时间、归档方式、存放地点、保存期限与管理人员，并采取适当的保存、备份、销毁措施。对于以电子方式记录的，应匹配相应稳定可靠的信息安全平台，保证记录真实性、准确性和一致性，并实现操作权限及用户登录管理
2	数据存储期限	供货企业资质证明文件、购销记录、电子订单、在线药学服务等记录留存应当完整，并保存 5 年以上

（三）发展趋势提示

2016 年 10 月，党中央、国务院发布《"健康中国 2030"规划纲要》，提出"需要从国家战略层面统筹解决关系健康的重大和长远问题"，自此，"健康中国"被上升为国家战略。自 2016 年以来，国家先后出台一系列推动健康医疗信息化、"互联网 + 健康医疗"行业发展、智慧医院建设的利好政策，健康医疗行业逐渐步入发展的"快车道"。国家持续深化促进健康医疗行业发展的利好政策将带领健康医疗行业进入高速发展的黄金期。

结合 2022 年下半年中共中央、国家卫生健康委员会、国家医疗保障局、工业和信息化部等部委发布的行业发展政策，我们预计下述健康医疗业务场景将成为未来行业发展的重点。相应地，对应业务场景项下的数据合规要求也将成为企业融资、上市阶段投资人与发审委审查的重点关注方向。

1. 互联网医疗与在线健康咨询

2020 年以来，大量复诊患者由线下转为线上，互联网医疗、在线健康咨询、远程医疗等领域得到了进一步的探索和发展。在政策方面，国家医保局、国家卫健委发布《关于推进新冠肺炎疫情防控期间开展"互联网 +"医保服务的指导意见》，提出对线上线下医疗服务实行统一管理，对符合规定的"互联网 +"医疗服务、在线处方药费等实现在线结算。① 技术方面，工信部、国家卫健委发布《关于进一步加强远程医疗网络能力建设的通知》，强调医疗机构应加强远程医疗网络能力建设。

提供互联网医疗、远程医疗服务的机构应注意加强其自身网络安全能力建设，按照网信部门规定以及行业规定②落实等级保护要求。同时服务机构应注意落实“首诊禁止”的合规要求，针对医务人员资质进行审核，划清互联网诊疗与在线健康咨询服务的界限。

2. “互联网+”医疗服务对接商保、医保支付

对于互联网医疗服务机构而言，对接医保支付可以极大地促进线上患者的支付意愿，进一步扩大用户群体。国家医保局于2020年10月24日发布《关于积极推进“互联网+”医疗服务医保支付工作的指导意见》，要求申请签署医疗服务医保补充协议的互联网医疗服务机构妥善留存参保人的电子病历、电子处方、购药记录等信息，实现诊疗全程可追溯。③ 基于此，互联网医疗机构必须加强其自身的数据管理能力，应采取必要的组织措施与技术措施保障数据的安全性、准确性、保密性，不应让数据管理措施的缺失成为其对接医保支付的障碍。

针对商业保险而言，《“健康中国2030”规划纲要》提出积极发展商业健康保险，促进商业保险公司与医疗、体检、护理等机构合作，发展健康管理组织等新型组织形式。④ 互联网医疗机构对接商业保险支付时，可能涉及向商业保险机构及其他商业合作伙伴提供患者个人信息，此类个人信息多为敏感的健康医疗数据。互联网医疗机构向商业保险机构提供患者数据前，须采取必要措施，审查并确保

---

① 《关于推进新冠肺炎疫情防控期间开展“互联网+”医保服务的指导意见》规定：“……三、完善经办服务。统筹地区医保经办机构与提供‘互联网+’医疗服务的定点医疗机构签订补充协议时，应明确纳入医保支付的‘互联网+’医疗服务范围、条件、收费和结算标准、支付方式、总额指标管理以及医疗行为监管、处方审核标准等，原则上对线上线下医疗服务实行统一管理。医保经办机构要与定点医药机构密切配合、做好对接，对符合规定的‘互联网+’医疗服务、在线处方药费等实现在线医保结算。”

② 例如，《卫生行业信息安全等级保护工作的指导意见》《互联网医院管理办法（试行）》等。

③ 国家医疗保障局《关于积极推进“互联网+”医疗服务医保支付工作的指导意见》规定：“（二）申请‘互联网+’医疗服务医保补充协议的医疗机构应具备以下基本条件……四是能够完整保留参保人诊疗过程中的电子病历、电子处方、购药记录等信息，实现诊疗、处方、配药等全程可追溯……”

④ 《“健康中国2030”规划纲要》规定：“……促进商业保险公司与医疗、体检、护理等机构合作，发展健康管理组织等新型组织形式。到2030年，现代商业健康保险服务业进一步发展，商业健康保险赔付支出占卫生总费用比重显著提高。”

后者能够提供充分的数据安全与隐私保护。

3. 医疗健康智能可穿戴设备

《"健康中国 2030"规划纲要》提出国家将探索推进可穿戴设备、智能健康电子产品和健康医疗移动应用服务等发展。2022 年 3 月 7 日，四川省经济和信息化厅发布《关于支持医疗健康装备产业高质量发展的若干政策措施》，助力省内医疗健康装备产业的发展。2020 年 12 月 4 日，国家卫健委、国家医保局等发布《关于深入推进"互联网 + 医疗健康""五个一"服务行动的通知》，鼓励各地运用智能物联终端设备，开展慢性病患者和高危人群的特征指标数据的监测跟踪和管理。随着人们对于健康管理需求的增加，未来医疗健康智能可穿戴设备可能成为健康医疗企业一个持续的业务增长点。

企业在提供可穿戴设备硬件与软件服务时，将涉及直接从终端用户采集其个人敏感信息。考虑到可穿戴设备的便携性以及其监测的数据的敏感性，企业应尤其注意数据采集阶段与存储阶段的安全，可考虑采取必要的认证手段，确保用户合法控制与使用智能设备，并建立远程控制措施，允许用户在设备被窃或丢失时远程删除设备中的数据。① 此外，面对海量的用户敏感信息，企业应关注用户个人信息商业化使用的合规性，任何个人信息分析、加工与共享行为均不得超出用户授权同意或法律法规允许的范围。

4. 健康医疗信息化、健康医疗大数据与人工智能

根据 2020 年 10 月 29 日发布的中共中央《关于制定国民经济和社会发展第十四个五年规划和二〇三五年远景目标的建议》，我国未来将发展战略性新兴产业，推动互联网、大数据、人工智能等同各产业深度融合。就大数据在健康医疗行业的应用，以及健康医疗信息化与健康医疗数据共享的规划，《关于深入推进"互联网 + 医疗健康""五个一"服务行动的通知》指出：医疗机构应充分运用互联网、大数据等信息技术拓展服务空间和内容；在患者知情同意的前提下，推动医疗机构间健康医疗信息共享；在保障数据安全和个人隐私的基础上，推进电子健康档案在线查询和规范使用。在数据安全与数据合规方面，工信部与国家卫健委在《关于进一步加强远程医疗网络能力建设的通知》中指出，应完善医疗云计算和医

---

① 参见《健康医疗数据安全指南》第 11.5.2.2 条、第 11.5.2.4 条。

疗大数据服务能力评估体系,保障医疗云计算资源、医疗大数据资产全生命周期内合规、可信。

目光转向资本市场,实现健康医疗信息化的企业与提供健康医疗大数据解决方案的企业在港股市场受到资本的追捧,京东健康、医渡科技先后在港股上市。随着健康医疗信息化进程的不断深入,以及健康医疗大数据宏观利好政策的不断颁布,未来健康医疗大数据企业在资本市场的表现将更加活跃。

在健康医疗大数据的全生命周期中,企业应尤其注意数据来源的合规性,若涉及从合作伙伴间接收集个人信息,应确认数据提供方是否有权收集并共享相关个人信息,或是否已进行了充分的脱敏处理。企业利用患者个人信息进行人工智能算法训练时,同样应注意是否已获得患者知情同意或已进行充分的脱敏处理。企业与合作伙伴进行数据共享时,应通过数据处理协议约定双方各自针对网络安全与数据保护应履行的义务,涉及联合开发的,应通过协议约定实验数据与研发成果的权益归属。

随着时代发展,健康医疗企业将在信息化建设道路上持续发展,健康医疗企业上市热潮势必也将持续一段时间。大数据技术的应用,既便利了企业数据开发及商业模式优化,也为企业数据合规带来挑战。在《个人信息保护法》《数据安全法》等通用领域数据合规立法、健康医疗专业领域数据合规专项立法、数据合规执法行动等相继出台、出现的当下,健康医疗企业,尤其是具有上市考虑的健康医疗企业,应当未雨绸缪,主动、积极、及时做好数据合规应对。

(韩璐、薛泽涵、王雨婷对本文亦有贡献)

医疗大健康行业数据出境核心问答

蔡 鹏* 胡云浪

*作者简介：

蔡鹏，中伦律师事务所北京办公室知识产权部合伙人，电邮为：caipeng@ zhonglun. com。

除兜底条款外,《个人信息保护法》第38条明确了个人信息出境的三条合规路径:(1)通过网信部门组织的安全评估;(2)通过专业机构的保护认证;(3)签订网信部门制定的标准合同。随着《数据出境安全评估办法》、《网络安全标准实践指南—个人信息跨境处理活动安全认证规范V2.0》(以下简称《认证规范》)、《个人信息出境标准合同办法》(以下简称《标准合同办法》)及其附件《个人信息出境标准合同》(以下简称标准合同)相继颁布,正式宣告数据出境的三条路径已在不同程度上落地。

鉴于医疗行业的特殊性,对于开展国际多中心临床试验、跨国医学合作研究、跨区域医疗技术开发等业务需求,如何采取行之有效同时贴合医疗行业客观情形的合规策略开展数据跨境传输,成为许多医药、医械企业或研究机构重点关注的问题。结合实务经验,本文对《数据出境安全评估办法》下的数据出境安全评估工作以及《标准合同办法》下的准备工作等重点内容,以问答的形式进行了分析,希望能对相关企业或研究机构开展数据出境合规工作有所帮助。

一、医疗行业相关企业或研究机构如何开展数据出境安全评估

根据北京市网信办的公布内容,首都医科大学附属北京友谊医院与荷兰阿姆斯特丹大学医学中心合作研究项目成为全国首个数据合规出境案例,标志着国家数据出境安全评估制度在国际医疗临床合作领域首先落地,亦为强化医疗健康数据出境安全管理,促进国际医疗研究释放出了积极信号。

结合《数据出境安全评估办法》以及我们的实务经验,我们建议医疗行业相关企业或研究机构,在开展数据出境安全评估的过程中应当关注以下问题:

问题1.医疗行业相关企业或研究机构如何判断自身是否需要申报数据出境安全评估?

答:企业或研究机构应当参考《数据出境安全评估办法》第4条,并结合自身的业务情况进行判断。具体而言,存在以下任何一种情形的,都有义务在限定的时间内完成数据出境安全评估申报工作:处理100万人以上个人信息并向境外提供个人信息的、构成关键信息基础设施运营者(CIIO)并向境外提供个人信息的、2年向境外提供10万人次个人信息的、2年向境外提供1万人次的敏感个人信息的,或者企业或研究机构向境外提供重要数据的。当然,每一种情形的判断方法

和实际开展自评估工作的方法不尽相同。例如,针对 CIIO 的判断,实践中多以是否受到主管部门的通知并结合自行评估来确认。掌握 100 万人以上个人信息的处理者,即便仅存在少量的数据出境行为(如员工数据出境),按照《数据出境安全评估办法》的规定,也应当申报安全评估。针对重要数据,主管部门卫健委尚未制定专门的法规或用以判断是否构成重要数据的指南。在企业或研究机构开展自评估过程中,在判断跨境传输的数据是否构成重要数据时,往往需要结合重要数据的定义,从数据泄露后的损害结果出发自行评估。就个人信息而言,在判断是否触发数据出境安全评估申报的条件时(2 年 10 万人次个人信息、2 年 1 万人次敏感个人信息),企业或研究机构应当根据以往业务开展的实际情况,估算完整 2 年的跨境个人信息跨境量级。例如,在 2023 年评估是否需要进行数据出境安全评估申报时,正确的方法是根据 2021 年到 2022 年完整 2 年的个人信息人次或敏感个人信息人次的跨境量级估算自身是否触发数据出境安全评估申报义务。

问题 2. 医疗行业相关企业或研究机构在申报数据出境安全评估时,如何使用《数据出境安全评估申报指南(第一版)》及其附件?

答:作为《数据出境安全评估办法》的“实施细则”,《数据出境安全评估申报指南(第一版)》(以下简称《申报指南》)及其附件,就是企业或研究机构开展数据安全评估工作的“黄金准则”。从启动数据出境安全评估项目伊始,我们就建议企业或研究机构根据《申报指南》,严格制订工作任务计划与项目清单,以完成《申报指南》各项材料的准备与内容的填写为目标,有序开展自评估工作。

问题 3. 如何理解《数据出境安全评估办法》对于“法律文件”的要求与《标准合同》之间的关系?

答:我们理解,针对个人信息的出境,境内数据处理者与境外数据接收方以签署国家网信办发布的《标准合同》的形式,来满足《数据出境安全评估办法》对“法律文件”的要求,具有可操作性。原因在于无论是《数据出境安全评估办法》还是《标准合同》,颁布机构皆为国家网信办,从监管主体角度进行考察,具备连贯性。同时,仔细核对《数据出境安全评估办法》第 9 条的内容以及《标准合同》的条款,不难发现《标准合同》所约定的条款,满足《数据出境安全评估办法》第 9 条中的大部分要求。当然,《数据出境安全评估办法》第 9 条第 1 项、第 4 项的部分内容并未充分体现在《标准合同》的条款中,需要数据处理者与境外接收方在签署《标准合同》的过程中，以附件的形式增加相关条款，并进行补充约定。

问题 4. 如何理解境外“接收方”与再转移“接收方”之间的关系？

答：根据《数据出境安全评估办法》第 9 条以及《申报指南》中的要求，数据处理者在与境外接收方订立的法律文件中，应当明确境外接收方将出境数据再转移给其他组织、个人的约束性要求。同时，在制作《数据出境风险自评估报告》（以下简称《自评估报告》）的过程中，数据处理者还需要在专门章节描述数据出境后向境外其他接收方提供的情况。因此，境内数据处理者与境外接收方在订立法律文件时，需要专门约定境外接收方将接收到的数据再转移给第三方时，所应承担的对第三方的约束性义务。并在申报安全评估时，对第三方的信息于《自评估报告》中进行披露。

问题 5. 如何理解个人信息保护影响评估报告（PIA 报告）与《数据出境风险自评估报告》之间的关系？

答：按照《个人信息保护法》第 55 条的要求，个人信息跨境活动属于需要进行个人信息保护影响评估的个人信息处理活动。考虑到时间与效率的问题，根据自评估报告出具一份包含“个人信息跨境限定”内容的 PIA 报告具有一定的可操作性，但是我们并不推荐企业或研究机构采取这种方式履行个人信息保护影响评估义务。《自评估报告》所要求的是对数据跨境活动进行评估，而《个人信息保护法》第 55 条还要求对个人信息跨境以外的敏感个人信息处理活动、自动化决策、委托处理、对外提供以及公开个人信息等进行个人信息保护影响评估。如果境内数据处理者根据《自评估报告》内容出具 PIA 报告，而其在跨境活动中还涉及对敏感个人信息的处理，则事实上所出具的 PIA 报告并不能全面覆盖《个人信息保护法》第 55 条提出的合规要求。

问题 6. 如何理解数据出境的“合法性”？

答：《申报指南》明确要求数据处理者在制作《自评估报告》的时候，需要说明数据出境以及境外接收方处理数据的“合法性”。就个人信息而言，狭义的“合法性”主要是指上述处理行为取得了《个人信息保护法》第 13 条规定的合法性基础。广义的“合法性”指的是除个人信息合法性基础之外，个人信息处理者还应遵守《网络安全法》《个人信息保护法》《数据安全法》等法律法规所要求的相关合规义务，包括但不限于：(1) 是否就跨境传输及处理行为向个人信息主体进行了充分的告知;(2)是否按照法规要求完成了个人信息保护影响评估;(3)是否取得了网络安全等级保护备案;(4)是否按照《数据出境安全评估办法》的要求签订了具有约束力的法律文件等。

问题7.如何理解数据出境的“正当性”?

答:《申报指南》明确要求数据处理者在制作《自评估报告》的时候,需要说明数据出境以及境外接收方处理数据的“正当性”。就个人信息而言,结合《个人信息保护法》《信息安全技术　个人信息安全影响评估指南》以及网信办的答复,我们理解个人信息出境的“正当性”主要着眼于目的正当性以及手段正当性。目的正当是指个人信息处理者旨在实现的目的应当是增进个人利益或者社会公共利益等正当目的,而非损害他人权益、破坏公共秩序等不正当目的;手段正当是指处理者处理个人信息所采用的方式方法应当符合社会公众的一般期待以及公序良俗的要求。企业或研究机构在描述其自身的数据出境行为时,可以结合行业特征,以及相关商业活动是否符合一般商业道德,再从以上几个方面进行详述。

问题8.如何理解数据出境的“必要性”?

答:《申报指南》明确要求数据处理者在制作《自评估报告》时说明数据出境以及境外接收方处理数据的“必要性”。就个人信息而言,根据《个人信息保护法》,个人信息处理者因业务等需要,确需向中华人民共和国境外提供个人信息的,应当具备下列条件之一:“……(三)依照本法第四十条的规定通过国家网信部门组织的安全评估……”排除不允许出境的特殊数据类型(如人口健康信息),我们认为必要性是建立在为实现合法、正当的个人信息处理目的前提下,符合“最小必要”原则的数据出境活动。

问题9.若医疗行业相关企业或研究机构为境外接收方提供了可访问中国境内数据的通道,但事实上境外接收方从未访问境内数据,此种情形是否属于数据出境行为?

答:属于。根据《数据出境安全评估申报指南(第一版)》对“数据出境”概念的阐述,只要境内数据处理者为境外机构开设了查询、调取、下载、导出数据的端口即视为数据出境。根据我们咨询网信办所得到的答复,可访问境内数据而实际未访问的境外主体,仍然会被认定为《数据出境安全评估办法》意义下的“境外接收方”,且只有境内数据处理者完全关闭为境外机构开设的访问渠道,同时停止其他一切积极跨境传输行为时，才能被认定为未进行数据跨境。

问题10. 若医疗行业相关企业或研究机构属于应申报数据出境安全评估的情况，却未进行评估申报，会有什么后果？

答：我们认为，未履行出境安全评估义务的，行政机关有权依据《个人信息保护法》《网络安全法》《数据安全法》中的相关规定对企业或研究机构进行处罚。处罚种类包括但不限于警告、罚款、没收违法所得、责令停业整顿、吊销业务许可、吊销营业执照以及禁止从业等。

二、医疗行业相关企业或研究机构如何使用标准合同

结合《数据出境安全评估办法》以及我们的实务经验，我们建议医疗行业相关企业或研究机构，在开展数据出境安全评估的过程中应当关注以下问题：

问题1. 医疗行业相关企业或研究机构如何理解标准合同下的"格式条款"？

答："意思自治"原则是现代社会合同法的基石，这一原则几乎被所有国家的立法和判例以及国际条约所认可。除违反效力性强制性规定而导致合同无效的情形以外，合同中的绝大多数商业安排可以由合同双方自由约定。但与之并存的是格式合同。格式合同最初是为了提高交易效率、提供标准化服务而由合同一方当事人创设的。随后，为了平衡交易双方的地位，保护弱者利益，由国家制定的格式合同也相继出台。此前中国也曾发布《特定资产管理合同内容与格式指引》《网络交易平台合同格式条款规范指引》用以规制特殊领域的合同格式。标准合同无疑是目前中国法下最严格的格式合同。其内容完整、全面，且境内个人信息主体与境外接收方须严格按照国家网信办提供的制式条款签订与履行。企业或研究机构在签订标准合同或进行补充约定时，注意两层"不得冲突"的要求：

(1)合同双方在补充约定时，不得与标准合同中的条款相冲突。依据《数据出境安全评估办法》第6条以及官方答记者问，有权变更标准合同的主体是国家网信办，企业或研究机构在签订标准合同时可以约定其他条款，但不能与标准合同中的条款相冲突。也就是说，标准格式中的条款优先适用于双方约定的其他条款。

(2)合同双方的其他"法律文件"不得与标准合同相冲突。依据《标准合同》第9条第1项，《标准合同》将优先于双方所签署的其他任何"法律文件"适用。也

就是说,合同双方签订的标准合同生效后,优先于合同双方之间的其他协议、制度或政策适用。

问题 2. 医疗行业相关企业或研究机构在执行标准合同时,如何完成行政备案?

答:除对合同内容的规制外,个人信息处理者被要求在所签署的标准合同生效之日起 10 个工作日内向所在地省级网信部门备案。合同备案并非标准合同首创,在专利许可、商标许可、建设工程领域,合同备案往往是合同双方确权的有效手段。但有所区别的是,标准合同备案所具备的行政管理色彩浓厚。结合《标准合同》和《个人信息保护法》的相关规定,未完成标准合同备案可能面临警告、罚款、吊销业务许可、公示信用档案记录等处罚,构成犯罪的,依法追究刑事责任。此外,值得注意的是,标准合同备案并非一劳永逸。在标准合同有效期内出现下列情形之一的,个人信息处理者应当重新履行相应备案手续:(1)向境外提供个人信息的目的、范围、种类、敏感程度、方式、保存地点或者境外接收方处理个人信息的用途、方式发生变化,或者延长个人信息境外保存期限的;(2)境外接收方所在国家或者地区的个人信息保护政策和法规发生变化等可能影响个人信息权益的;(3)可能影响个人信息权益的其他情形。这意味着合同双方在签署标准合同时,应具备对个人信息出境后处理条件变化的前瞻和预判,为合同履行提前预留一定空间;在标准合同签署后,需要建立有关内外部流程,密切跟进个人信息处理实况以及境外接收方所在地法律环境的变化情况,防止未能及时重新备案而导致的违法结果。

问题 3. 如何理解标准合同中"利益第三人"制度?

答:《标准合同》在内容设置上,主要体现为三方的权利义务关系,即境内个人信息处理者的义务、境外接收方的义务以及个人信息主体的权利与救济。境内个人信息处理者与境外接收方作为合同相对方签订并履行协议,而个人信息主体则作为第三方受益人,通过合同双方的约定被赋予了相应的权利。原则上,合同具有相对性,用以规制当事人的权利义务关系。当事人只能向合同相对方提出请求或提起诉讼,不能向没有合同关系的第三人提出基于合同关系的请求,也不能擅自为第三人设定合同义务。但出于对个人信息主体的保护,标准合同直接吸收了《民法典》第 522 条向第三人履行的合同的精神,赋予了个人信息主体直接起诉个人信息处理者与境外接收方的权利。此外，标准合同还设置了连带责任条款，为个人信息主体行使诉讼权利提供了便利。尤其值得注意的是，主流国家对合同约定事项的认可程度极高，个人信息主体以标准合同作为请求权基础，无疑更有利于个人信息主体向境外接收方行使有关的诉讼救济权利。

问题 4. 如何理解标准合同的适用场景？

答：(1)中小型企业或研究机构的个人信息跨境传输

根据《数据出境安全评估办法》的规定，适用标准合同需要同时满足以下四个条件：①个人信息处理者并非关键信息基础设施运营者；②个人信息处理者处理个人信息不满 100 万人次；③个人信息处理者 2 年内累计向境外提供个人信息不满 10 万人次；④个人信息处理者 2 年累计向境外提供敏感个人信息不满 1 万人次。换言之，标准合同为《数据出境安全评估办法》适用情形的"补集"，企业或研究机构只有在无须申报数据出境安全评估的前提下，才能选择适用标准合同。从跨境数据处理者类型并结合实际情况分析，医疗机构(包括大型公立医院等)因其行业属性和行业地位亦有较高概率构成关键信息基础设施运营者，进而被排除在标准合同的适用范围之外。

(2)跨境投资并购交易

在跨境投资并购交易中，尤其是中国企业或研究机构境外投资或收购境外企业或研究机构时，个人信息多由境外流入境内，需出境的个人信息数量不大，往往可通过一次性的交易安排完成。在该场景下建议境内企业或研究机构选择适用标准合同作为个人信息跨境传输的合规路径。当然，在个人信息双向跨境的交易中，买卖双方均受限于本国的数据隐私法律要求，谈判签署标准合同对于交易本身而言相当于增加了一道关卡，故相关合同的谈判磋商亦是该场景下的重点问题。

(3)无法适用的场景

《数据出境安全评估办法》特别指出，个人信息处理者不得采取数量拆分等手段，将依法应当通过出境安全评估的个人信息通过订立标准合同的方式向境外提供。至此，关于集团公司等通过将个人信息出境业务拆分给其他分、子公司，以此降低个人信息出境数量，从而规避数据出境安全评估的行为是否涉嫌违法，已有定论。企业或研究机构应当如实、严格评估其跨境传输的个人信息数量，切勿存在侥幸心理。

问题 5. 医疗行业相关企业或研究机构如何安排标准合同的相关准备工作?

答:针对医疗行业相关企业或研究机构如何安排标准合同的相关准备工作,我们特提出三个"尽早",以期为企业或研究机构及时、有效打通个人信息跨境传输第三条路提供一点启发和帮助:

(1)尽早梳理数据资产与个人信息跨境传输数量

《数据出境安全评估办法》于 2023 年 6 月 1 日起施行。施行前已经开展个人信息出境活动但未签署标准合同的企业或研究机构,应当自《数据出境安全评估办法》施行之日起 6 个月内完成整改。换言之,标准合同的整改期截至 2023 年 12 月 1 日。

结合我们在数据出境安全评估工作中的经验可知,监管一般会要求符合条件的企业或研究机构尽早完成整改,在截止日期前申报并拿到受理通知。故应用到标准合同备案流程中,我们有理由认为,企业或研究机构应当为有关路径确认以及相关材料准备留出充足的时间。我们建议,企业或研究机构应当尽早对其数据资产、数据出境情况进行全面、清晰地梳理,并确定其所适用的个人信息跨境传输合规路径。

(2)尽早推进标准合同的谈判与签署

标准合同的落地并非一蹴而就。首先,境外接收方往往为外国机构,以外文为工作语言。目前国家尚未发布标准合同的官方英文翻译,考虑到网信办对标准合同条款的严苛限定,合同双方可能需要一定时间对合同内容逐项说明,达成一致理解。其次,标准合同条款的强制性可能影响企业或研究机构正在进行或计划进行的商业安排,合同双方应妥善协商商业部分的调整。再次,在涉及个人信息双向跨境传输的场景下,境内个人信息处理者可能面临签署"海外版"标准合同条款(Standard Contractual Clause,SCC)或配合境外接收方履行外国法相关合规义务的要求。境内个人信息处理者应谨慎评估其签署的其他文件或履行的合规义务是否可能违背包括《数据出境安全评估办法》在内的中国强制法的要求。最后,根据《数据出境安全评估办法》,个人信息处理者在合同备案时需同时提交个人信息保护影响评估报告。境内个人信息处理者在推进签署标准合同的同时,还需兼顾个人信息保护影响评估事宜。综上所述,选择适用标准合同路径进行数据出境的企业或研究机构应尽快推进合同的谈判与签署，为合同签署前的准备工作预留充足的时间。

(3)尽早部署标准合同所需的企业或研究机构内控措施

标准合同既是意思自治的产物又是合规监管的法定要求，企业或研究机构在签署标准合同前，应当确保已经具备履行合同条款所设定义务的能力，并对合同义务的履行承担举证责任。企业或研究机构应当关注如下义务的履行：

①履行告知义务。境内个人信息处理者负有告知义务。除法律、行政法规规定不需要告知的情形外，境内个人信息处理者应向个人信息主体告知境外接收方的相关信息。

②取得合法性基础/《个人信息保护法》第 13 条规定了七类个人信息处理的合法性基础。境内个人信息处理者当且仅当具备合法性基础时，才能开展个人信息处理活动，包括跨境传输个人信息。

③审慎选择境外接收方并作好评估记录。根据标准合同，境外接收方应当具备完善的安全管理制度、技术手段和保障能力，且须达到中国相关法律法规规定的个人信息保护标准。因此，选择具备保障能力的境外接收方对于标准合同的落地至关重要。

④评估境外接收方所在国/地区的法律环境对合同履行的影响。在签署标准合同前对境外接收方所处法律环境开展全面、前瞻性的评估对于标准合同全面、持续履行至关重要。我们建议境内个人信息处理者进一步查阅过往案例或执法记录，确定境外司法或监管机构是否有较大可能认定以中国法为准据法的合同无效。

⑤建立个人信息主体行权机制。境内个人信息处理者应当在签署标准合同之前建立有效的个人信息主体行权机制。

⑥完成个人信息保护影响评估。根据《数据出境安全评估办法》的规定，标准合同的备案材料包括个人信息保护影响评估报告，且个人信息处理者需要对所备案材料的真实性负责。

三、结语

随着《网信部门行政执法程序规定》等法规的出台，2023 年将成为"数据执法成为”。网信办作为执法主体所依据的行政执法程序将真正落地，并以此加强对数据违法违规活动的行政执法力度。

《数据出境安全评估办法》、《认证规范》与《标准合同办法》的相继落地，标志着规制个人信息跨境活动的法规已不存在空缺。不同跨境量级的医疗行业相关企业或研究机构都应当按照适用的合规路径完成申报或备案。对于各类有数据跨境需求或场景的企业或研究机构而言，切勿因不及时或怠于整改而导致数据合规工作存在“阿喀琉斯之踵”。

医药企业个人信息合规常见问题及应对措施

刘新宇[*]　冯中杰

[*] 作者简介：
刘新宇，中伦律师事务所上海办公室知识产权部合伙人，电邮为：jeffreyliu@zhonglun.com。

在被称为“个人信息保护元年”的2021年,《数据安全法》《个人信息保护法》等规定先后出台,为我国的个人信息保护法律体系搭建了基础的框架。进入2022年之后,立法者并未停下完善我国法律体系的脚步,包括《数据出境安全评估办法》、《个人信息出境标准合同规定(征求意见稿)》(以下简称《标准合同规定(征求意见稿)》)在内的各类法律文件相继发布。在这一趋势下,各类企业都面临着越发严峻的合规压力。医药行业作为一个本就会接触大量个人信息,尤其是敏感个人信息的行业,所面对的监管压力更大,面对合规问题更是首当其冲。以下,笔者将结合实践经验,简述医药企业在个人信息合规领域的常见问题及应对措施,供相关企业参考。

一、医药企业应当关注“敏感个人信息”的合规义务

在个人信息中,有一个相对特殊的类别,即“敏感个人信息”。根据《个人信息保护法》第28条的规定:“敏感个人信息是一旦泄露或者非法使用,容易导致自然人的人格尊严受到侵害或者人身、财产安全受到危害的个人信息……”包括“医疗健康”信息在内的多项信息均被《个人信息保护法》明确列举为敏感个人信息,故医药企业不可避免地需要在业务中对于处理“敏感个人信息”时的合规义务予以特别的关注。根据《个人信息保护法》的规定,笔者建议,医药企业作为敏感个人信息的处理者应当特别注意履行以下义务:

首先,根据《个人信息保护法》第29条的规定,在处理敏感个人信息前,医药企业作为个人信息处理者应当取得个人的单独同意并以此作为处理个人信息的合法性基础。这意味着医药企业不能将敏感个人信息与一般个人信息混同,仅获得个人的概括性授权,而应当就敏感个人信息出具单独的《告知同意书》,允许个人仅拒绝其对敏感个人信息的处理行为。需要特别注意的是,敏感个人信息还包括“不满十四周岁未成年人的个人信息”,《个人信息保护法》对于这类信息亦作出了特别规定,即处理前必须获得“未成年人的父母或者其他监护人”的单独同意。在实践中,亦可能存在个别较难获取单独同意的场景,对于这一问题,笔者建议,医药企业可以考虑以其他合法性基础代替个人或未成年人监护人的单独同意。《个人信息保护法》第13条第2~7项规定了包括“为订立、履行个人作为一方当事人的合同所必需”在内的多项合法性基础,并明确有这些规定情形的,“不

需取得个人同意”。故在实践中，如果存在一些较难直接获取个人单独同意的场景，医药企业亦可以考虑仅处理向个人提供服务所必需的个人信息，以“为订立、履行个人作为一方当事人的合同所必需”作为未能取得单独同意时的替代合法性基础。

其次，根据《个人信息保护法》第55条的规定，“处理敏感个人信息”属于应当开展“个人信息保护影响评估”的情形之一。医药企业在开展个人信息保护影响评估时，应当特别注意法律法规的以下几点要求：第一，作为一项事前预警机制，个人信息保护影响评估必须在特定个人信息处理活动开展之前完成，因此个人信息处理者有必要提前制定关于个人信息保护影响评估的内部制度、流程，摸排医药企业内部各部门的个人信息处理活动，确定需要开展个人信息保护影响评估的场景，并规划相应的评估方案。第二，虽然原则上可以聘请外部的团队协助医药企业开展个人信息保护影响评估，但是根据《个人信息保护法》第55条的规定，开展评估仍然是个人信息处理者，即医药企业自身的义务。同时，参考《信息安全技术　个人信息安全影响评估指南》（GB/T 39335—2020）第5.2.1条的要求，个人信息处理者亦需要“任命负责进行个人信息安全影响评估的人员（评估人）”，并“指定人员负责签署评估报告”。故综合上述规定，笔者建议，医药企业亦应当在内部确定负责个人信息保护影响评估的部门或人员，以主导或配合外部团队完成个人信息保护影响评估。第三，根据《个人信息保护法》第56条的规定，在完成评估后，个人信息保护影响评估报告和处理情况记录都应当至少保存3年。故个人信息保护影响评估并非一劳永逸的工作，而是需要持续进行保存与记录的，笔者建议，医药企业建立个人信息处理活动的档案管理制度，将历次风险评估报告及处理结果保存留档，以应对监管部门的不定期抽查，降低自身的合规风险。

二、合理确定与其他主体的个人信息传输模式

除关注与敏感个人信息有关的合规义务外，医药企业在日常经营中可能面临的另一项常见合规问题，就是如何向其他主体传输个人信息。在实践中，新品研发、线上销售等环节都可能涉及医药企业与外部合作方（如合作研发机构、CRO、医药代理公司等）或关联主体传输个人信息的场景，因此合理确定个人信息的传输模式，妥善约定各方的权利义务关系，就成为医药企业必须处理的合规问题。

在目前《个人信息保护法》的体系下，医药企业向其他主体传输个人信息主要有三种模式：向其他个人信息处理者提供个人信息（以下简称对外提供个人信息）、委托处理个人信息以及作为共同处理者传输个人信息。

前两种模式，“对外提供个人信息”与“委托处理个人信息”的一项重要区别在于，接收方能否自主决定如何使用个人信息。在医药企业“对外提供个人信息”的模式下，接收方也是独立的个人信息处理者，故只要具备相应的合法性基础，就可以自主决定如何使用接收的个人信息，无须再次征得医药企业的同意。在“委托处理个人信息”的模式下，接收方则属于医药企业的“受托人”，仅能根据医药企业的指示处理个人信息，无权将个人信息用于未经医药企业许可的目的。相应地，医药企业在两种模式下亦需要承担不同的义务，在“对外提供个人信息”的模式下，根据《个人信息保护法》第 23 条的规定，医药企业需要向个人告知“接收方的名称或者姓名、联系方式、处理目的、处理方式和个人信息的种类”并取得其单独同意（除非已经有其他的合法性基础）。在“委托处理个人信息”的模式下，医药企业可以选择不向个人披露接收方，但是必须对接收方的个人信息处理活动进行监督。综合上述分析，“对外提供个人信息”与“委托处理个人信息”作为两种传输个人信息的模式各有优劣，前者无法直接干预接收方的处理行为，还需要承担向个人告知与取得单独同意义务，但是可以免除监督接收方的责任，而后者则恰好相反。

第三种模式，即“作为共同处理者传输个人信息”，则与“对外提供个人信息”更为类似，接收方亦有权自主决定个人信息的处理行为，但区别在于，如果医药企业或接收方在处理个人信息的过程中侵害了个人信息权益，那么应当对个人承担连带责任，而非各自独立承担责任。由于这一特点可能导致风险在主体之间传递，故在实践中，这一模式较多被应用于医药企业与关联主体之间的个人信息传输场景。

如前文所述，医药企业就个人信息传输行为可能根据不同模式而需要面临不同的合规义务，但是依据《个人信息保护法》第 4 条的规定，个人信息不包括“匿名化处理后的信息”，故实务中亦有不少医药企业客户曾计划通过将个人信息进行匿名化处理以避免相应的合规义务。关于这一点，笔者理解要完成“匿名化处理”本身可能存在一定的难度。《个人信息保护法》第 37 条规定：“匿名化，是指个人信息经过处理无法识别特定自然人且不能复原的过程。"《个人信息保护法》在该条规定中并未限定"不能复原"是指哪些主体不能对处理后的信息进行复原,故依据文义解释,对个人信息进行匿名化处理的医药企业自身亦应当不能复原个人信息。然而,如需要满足该项标准,则相关信息的商用价值可能会明显降低,此时再进行信息传输是否还能实现商业目的需要企业结合具体情况加以考量。

综上所述,在向其他主体传输个人信息时,采取不同的模式或方案会导致不同的权利义务关系,故笔者建议医药企业根据商务需要,对于接收方的控制能力以及可能出现的风险进行评估,综合选择最适合自身实际情况的方案。

三、个人信息出境合规

《个人信息保护法》第 38 条规定了个人信息出境的若干前提条件,但由于该条并未对于如何落实这些前提条件作出细化规定,故在《个人信息保护法》出台后,个人信息出境合规并未立刻成为行业的热点。但进入 2022 年后,《标准合同规定(征求意见稿)》和《数据出境安全评估办法》相继发布,在个人信息出境领域,相关的操作细节亦逐步得到了完善,故个人信息出境合规也成为必须引起重视的问题。

在实务中,不少医药企业可能有跨国背景或存在跨境合作的实际需求(例如,境外总部可能需要获取境内子公司员工的个人信息以实现全球统一管理,或为研发药物的目的与境外科研机构分享信息等),因此,对于如何实现个人信息出境合规亦有必要予以规划。根据《个人信息保护法》第 38 条的规定,除法律、行政法规或者国家网信部门规定的特殊出境条件外,通常的个人信息出境需要满足以下三个条件之一:通过出境安全评估、按照国家网信部门的规定经专业机构进行个人信息保护认证以及与境外接收方签订标准合同。

首先,关于申报出境安全评估的具体流程可以参照 2022 年 9 月 1 日生效的《数据出境安全评估办法》。就适用范围而言,如果医药企业存在被认定为关键信息基础设施运营者、处理 100 万人以上个人信息、2 年内累计向境外提供 10 万人个人信息或者 1 万人敏感个人信息等情形之一的,则有义务在个人信息出境前申报出境安全评估。实践中亦可能存在不少主体在《数据出境安全评估办法》公布前已经跨境传输个人信息且符合前述情形,对于这类主体,则应当在《数据出境安全评估办法》施行之日起6个月内完成申报并通过出境安全评估。故在截止日期前,笔者建议,此类医药企业提前予以准备:根据《数据出境安全评估办法》第5条的规定,企业在申报出境安全评估前还应当首先开展数据出境风险自评估,鉴于数据出境风险自评估的事项与个人信息保护影响评估的事项类似,且个人信息出境本就属于应当开展个人信息保护影响评估的情形之一,故笔者建议相关医药企业梳理自身的个人信息出境行为,并开展个人信息保护影响评估,以个人信息保护影响评估的结论作为后续起草数据出境风险自评估报告的依据。

其次,对于不符合上述情形的医药企业,则可以考虑将个人信息保护认证或签订标准合同作为出境的前提条件。其中,对于个人信息保护认证的流程和细节,网信部门尚未作出明确的规定,但关于签订标准合同的流程,目前网信部门已经发布了《标准合同规定(征求意见稿)》,虽然该规定还不是最终的正式稿,但是考虑签订标准合同亦需要与境外接收方进行沟通,故该规定亦可以作为医药企业提前与境外接收方协商的参考。

此外,医药企业在研发、试验等环节,还可能接触到一类特殊的个人信息,即"人类遗传资源"。就这一类信息,我国已经制定了包括《人类遗传资源管理条例》在内的特殊管理规定,2022年3月21日,科学技术部还发布了《人类遗传资源管理条例实施细则(征求意见稿)》(以下简称《实施细则(征求意见稿)》),并明确人类遗传资源具体包括人类遗传资源材料和人类遗传资源信息两类。其中,人类遗传资源材料是指含有人体基因组、基因等遗传物质的器官、组织、细胞等遗传材料,而人类遗传资源信息则是指利用人类遗传资源材料产生的人类基因、基因组数据等信息资料。就人类遗传资源能否向境外传输的问题,《实施细则(征求意见稿)》第11条明确提出:"在我国境内采集、保藏和对外提供我国人类遗传资源必须由我国科研机构、高等学校、医疗机构和企业(以下简称'中方单位')开展。境外组织、个人及其设立或者实际控制的机构(以下简称'外方单位')不得在我国境内采集、保藏我国人类遗传资源,不得向境外提供我国人类遗传资源。"如需开展基于人类遗传资源的国际合作,需要遵循《实施细则(征求意见稿)》其他规定项下的特殊要求。

需要特别注意的是,不同于《个人信息保护法》,《实施细则(征求意见稿)》并非仅对于"境外主体"接收人类遗传资源进行限制,而是涵盖了"境外组织、个人及其设立或者实际控制的机构”。故外资控股超过50%的外商投资企业或以可变利益实体(Variable Interest Entities,VIE)等方式被境外主体实际控制的境内企业都可能落入受限的范围,故从规制对象的角度分析,《实施细则(征求意见稿)》比《个人信息保护法》的限制范围更宽。笔者提示医药企业亦应当注意该项差异,不能简单地将《个人信息保护法》中个人信息出境的适用范围套用到人类遗传资源的国际合作中。

最后,由于医药行业本身就是一个强监管的行业,因此各国的执法机构或司法部门可能存在访问医药企业数据并进行监管的情况。一旦涉及外国司法或者执法机构请求访问中国境内个人信息的情形,就可能产生相应的合规问题。《个人信息保护法》第41条规定:“……非经中华人民共和国主管机关批准,个人信息处理者不得向外国司法或者执法机构提供存储于中华人民共和国境内的个人信息。”故在实践中,如果医药企业在收到外国司法或者执法机构请求后即向其提供个人信息,则可能违反上述规定。故对于如何应对外国司法或者执法机构的调取请求,企业亦应当提前制定处置预案。

综上所述,由于行业本身的特殊性,医药企业在日常经营中可能遇到较多涉及个人信息合规的场景。尤其随着各类个人信息保护的细则不断完善,未来或许会有更多适用于医药企业的个人信息保护要求,笔者建议,医药企业应当时刻关注最新的立法与执法动态,及时进行调整,以符合法律法规的要求,降低自身的合规风险。

数据出境新规下，企业如何应对临床试验数据出境新局面

严静安* 陈方强 叶 筝

* 作者简介：

严静安，中伦律师事务所上海办公室公司业务部合伙人，电邮为：yanjingan@ zhonglun. com。

在临床试验数据的安全问题逐渐被关注之前，我国在临床试验数据方面的监管主要依靠《药物临床试验质量管理规范》（Good Clinical Practice，GCP）等临床试验相关管理要求进行规范和保护，其中体现的主要是国家药监局和国家卫健委对于临床试验过程中收集到的数据的监管要求，尤其是针对受试者的个人信息的保护。

对于临床试验数据的出境，作为申办方的医药企业此前的主要考量是围绕《人类遗传资源管理条例》（以下简称《人遗条例》）中规制人类遗传资源信息对外提供行为的要求而展开的。然而，自《个人信息保护法》（以下简称《个保法》）出台，以及 2022 年 7 月 7 日国家网信办颁布《数据出境安全评估办法》以来，网信办对于数据出境的监管思路日益明晰并不断细化。在此背景下，临床试验数据出境场景将涉及多部门多维度的监管，企业应当如何准备与应对？其中千头万绪，本文试作梳理，以期抛砖引玉。

一、哪些常见业务场景会涉及临床试验数据的出境？

（一）跨境申报新药临床试验审批和新药注册申请

境内企业向境外药品监管机构申请新药临床试验审批（Investigational New Drug，IND）时，一般需要就该临床试验申请向境外药品监管机构提交总体研究计划、研究员手册、临床研究方案、化学、生产和质量控制信息、药理和毒理信息、已有人体临床经验、额外信息等。

在新药注册申请（New Drug Application，NDA）阶段，通常需要向境外监管机构（如美国食品药品监督管理局）提供药品生产信息、非临床药理和毒理数据、临床试验中产生的人体药物代谢动力学和生物利用度数据、微生物数据、临床数据、安全性数据更新报告、统计学数据、病例报告表、有关专利情况、样品、包装及标签等。

（二）国际合作研究涉及的临床试验数据出境

外方单位与中国合作方共同开展国家合作研究，涉及临床试验的，可能会伴随相关临床试验数据的出境。在该场景下，企业方除了需根据《人遗条例》就国际合作中涉及的人类遗传资源材料及人类遗传资源信息的出境向科学技术行政部门申请相关审批或备案外，其他不属于人类遗传资源信息的临床数据也可能随着研究项目的开展向境外提供。

（三）使用电子数据采集系统或管理系统服务器将临床数据向境外提供或对外开放

电子数据采集（Electronic Data Capture，EDC）是一种基于计算机网络的用于临床试验数据采集的技术，通过软件、硬件、标准操作程序和人员配置的有机结合，以电子化的形式直接采集和传递临床数据。近年来EDC在临床试验中越来越多地被采用，由于其具有数据及时录入、实时发现数据错误、加快研究进度、提高数据质量等优势，各国药品监管部门都鼓励临床试验中采用EDC技术以保证数据质量。若该等采集系统或管理系统的数据传输设置需要将数据传输出境，或将数据向境外主体开放访问权限，或其服务器和运维部署在境外，都可能构成临床试验数据出境。

（四）基于科研目的向境外发布临床试验结果

开展临床试验的研究机构对于其研究发现可能会向境外机构或刊物投稿发布研究成果，在投稿或审稿等过程中可能涉及相关临床试验数据向境外机构提供的情形。

二、个人信息和数据保护法规对临床试验数据出境合规提出了哪些要求？

《个保法》颁布后，其中关于个人信息跨境传输的具体合规路径和门槛要求未同时落地，这导致跨国药企在开展跨国药物研究业务时一直面临着较大的合规不确定性。自2022年6月以来，我国出台了一系列与数据出境相关的法规，数据出境法规框架正在不断地完善，监管部门对于实践落地的细节也给出了大幅细化的方向，其中包括2022年12月16日全国信标委发布的《网络安全标准实践指南—个人信息跨境处理活动安全认证规范V2.0》（以下简称《认证规范》），2023年2月22日网信办发布的《个人信息出境标准合同办法》（以下简称《标准合同办法》）（《标准合同办法》附件为《个人信息出境标准合同》）和2022年7月7日网信办颁布并于2022年9月1日正式生效的《数据出境安全评估办法》。

对于有临床试验数据出境需求的药企来说，这些法规解答了数据出境活动中的一些基础性问题，明晰了企业数据出境的合规路径，便于药企判断自己是否需要进行安全评估的申报，并且促使药企思考其在处理和向境外提供临床数据的实践中，如何履行有关充分同意、单独同意、自评估等合规要求。

《个保法》提供了三条主要的向境外提供个人信息的合规路径，分别为通过国家网信部门组织的数据安全评估（安全评估），按照国家网信部门的规定经专业机构进行个人信息保护认证（机构认证），或者按照国家网信部门制定的标准合同与境外接收方订立合同，约定双方的权利和义务（标准合同）。[①] 三者的关系是，如果达到安全评估的门槛的，则必须进行安全评估；如果没有达到的，可以选择机构认证或者签署标准合同。下面对这三条路径在临床试验数据出境的场景下可能面临的问题作一个简单的探讨：

（一）临床试验数据安全评估

数据安全评估的门槛在《数据出境安全评估办法》[②]中为：

（1）数据处理者向境外提供重要数据；

（2）关键信息基础设施运营者和处理100万人以上个人信息的数据处理者向境外提供个人信息；

（3）自上年1月1日起累计向境外提供10万人个人信息或者1万人敏感个人信息的数据处理者向境外提供个人信息；

（4）国家网信部门规定的其他需要申报数据出境安全评估的情形。

上述第1项涉及重要数据，第2项和第3项涉及个人信息。

1. 重要数据出境需安全评估

申办者应当考虑受试者个人信息构成重要数据的客观可能性。《数据安全法》《数据出境安全评估办法》等法律法规判断重要数据的标准是其遭到篡改、破坏、泄露或者非法获取、非法利用后对于国家安全、经济运行、社会稳定、公共健康和安全的危害程度。[③] 虽然《数据安全法》要求各地区、各部门按照数据分类分级保护制度，确定本地区、本部门以及相关行业、领域的重要数据具体目录，但数据主管部门及医疗行业主管部门尚未对医药领域的重要数据制定具体目录。

2022年版本的《信息安全技术重要数据识别指南（征求意见稿）》在重要数据的识别因素中列明："h）反映群体健康生理状况、族群特征、遗传信息等的基础数

---

① 参见《个人信息保护法》第38条。

② 《数据出境安全评估办法》第4条。

③ 参见《数据安全法》第21条；《数据出境安全评估办法》第19条。

据，如人口普查资料、人类遗传资源信息、基因测序原始数据属于重要数据。”[①]该版《信息安全技术重要数据识别指南（征求意见稿）》由信标委发布。

网信办在2021年11月14日发布的《网络数据安全管理条例（征求意见稿）》中对重要数据进行了定义和列举，其中包括“达到国家有关部门规定的规模或者精度的基因、地理、矿产、气象等人口与健康、自然资源与环境国家基础数据”[②]。

由以上不同文件中对于重要数据的内涵和外延的解释可以看出，监管部门对于涉及人口基数较大的，与人口总体健康特征、遗传、基因等方面有关的信息是倾向于加强监管并将其作为较高风险级别的数据进行处理的。同时，上述文件中不尽相同的表述似乎也体现了各监管部门对于重要数据不同角度的理解。

基于《数据安全法》要求，各地区、各部门应当确定本地区、本部门以及相关行业、领域的重要数据具体目录，我们认为，后续不同地区以及不同监管方对于临床试验业务场景下的重要数据也可能会有不同的定义，且该等不同部门对于数据内涵理解不统一的状态可能会长期持续。在相关的要求被正式明确之前，企业可以：(1)从重要数据的定义入手，尝试分析其手中临床试验项目数据一旦遭到篡改、破坏、泄露或者非法获取、非法利用对于国家安全、经济运行、社会稳定、公共健康和安全可能产生的影响，或者寻求专业法律意见；(2)注意药监局和卫健委对于医疗行业重要数据划分的监管动态，结合现有的《人遗条例》的监管体系，除履行利用人类遗传资源开展国际合作研究的备案/审批程序、对外提供人类遗传资源信息备案、人类遗传资源材料出境审批等要求外，对于涉及人类遗传资源信息和基因信息的临床试验数据进行不低于法定的重要数据保护和出境要求的合规处理；(3)结合自身临床试验项目涉及的个人数量，如自判临床试验项目涉及受试者数量众多的，则需要提供更高级别的安全保护措施。

2. 敏感个人信息的出境门槛

除了普通的个人信息外，药物临床试验中还涉及大量受试者的敏感个人信息。《个保法》将医疗健康信息规定为敏感个人信息，但并未就其外延给出进一步的详细列举。此前，国家标准GB/T 35273—2020《信息安全技术　个人信息安全规范》中将“个人因生病医治等产生的相关记录，如病症、住院志、医嘱单、检验报

---

① 《信息安全技术重要数据识别指南（征求意见稿）》(2022年1月13日公布)第5条。
② 《网络数据安全管理条例（征求意见稿）》(2021年11月14日公布)第73条第3项第5目。

告、手术及麻醉记录、护理记录、用药记录、药物食物过敏信息、生育信息、以往病史、诊治情况、家族病史、现病史、传染病史等”列为敏感个人信息。①

根据 GCP,临床试验阶段所产生的源文件包括如医院病历、医学图像、实验室记录、备忘录、受试者日记或者评估表、发药记录、仪器自动记录的数据、缩微胶片、照相底片、磁介质、X 光片、受试者文件,药房、实验室和医技部门保存的临床试验相关的文件和记录,包括核证副本等。② 可以看出,临床试验数据中天然地含有各类敏感个人信息。因此,如果将包含敏感个人信息的临床试验数据不加处理地向境外传输,一旦涉及传输超过 1 万人的敏感个人信息,即需要向网信部门进行出境安全评估的申报。在实践中,临床试验为了保证其结果的准确性和科学性,达到 1 万人的门槛数量是较为常见的。相关企业需要提前制定应对策略,并判断是否可以避免或减少敏感个人信息的跨境传输,或者提高通过安全评估的可能性。

(二)安全评估以外的合规路径:标准合同与机构认证

在未触发安全评估门槛的情况下,企业可以选择使用标准合同或机构认证的方式确保向境外传输数据的行为符合中国法律的要求。无论是信标委发布的《认证规范》,还是网信办发布的《标准合同办法》,其均要求传输方和境外接收方签署有法律约束力的协议,并提出了较多具体要求。尤其是《标准合同办法》,除要求境外接收方处理个人信息的目的、范围、方式须具有合法性、正当性、必要性,评估出境个人信息的数量、范围、类型、敏感程度以及个人信息出境可能对个人信息权益带来的风险外,还要求明确境外接收方承诺承担的责任义务,其履行责任义务的管理和技术措施、能力等能否保障出境个人信息的安全,需要评估个人信息出境后泄露、损毁、篡改、滥用等的风险,个人维护个人信息权益的渠道是否通畅,还需要评估境外接收方所在国家或者地区的个人信息保护政策法规对标准合同履行的影响。该等境外接收国家或地区的信息保护程度可能需要寻求当地专业律师的意见。

《个人信息出境标准合同》亦要求境外接收方允许境内个人信息处理者对数据文件和文档进行查阅,或对其涵盖的处理活动进行审计。《个人信息出境标准

---

① 参见 GB/T 35273—2020《信息安全技术 个人信息安全规范》附录 B。

② 参见《药物临床试验质量管理规范》第 11 条第 32 项。

合同》附录二部分专门提供了合同双方约定的其他条款，据此，合同双方可以在附录二中自行协商确定适合自身业务安排的条款。但是，《标准合同办法》第 6 条第 2 款规定，境内个人信息处理者与境外接收方签订的与个人信息出境活动相关的其他合同，不得与标准合同相冲突。如临床试验数据境内传输方和境外接收方并非属于同一集团公司（如直接向境外科研杂志机构提供信息等情况），如要求境外接收方签署《个人信息出境标准合同》，境外接收方可能会因为标准条款对其施加了较重的义务以及必须接受中国法管辖等原因而有所抵触。目前《标准合同办法》于 2023 年 6 月 1 日开始实施，同时认证工作的实际开展和认可也有待网信办等监管部门一同推动落实，在此之前，相关申报方和科研机构应就跨境方案（包括跨境传输的内容和传输路径的设计等）和跨境合规途径的选择进行消化和充分的探讨，包括与境外接收方进行沟通。

（三）其他合规要求

1. 使用鉴认代码的要求与个人信息的匿名化

或许有些申办方希望 GCP 要求下的鉴认代码指代方式可以同时满足《个保法》对于匿名化的要求，从而使该等向境外传输的行为不被计算在需要进行安全评估的范围内。虽然 GCP 要求研究者应在记录不良事件和其他与试验有关的数据时以受试者鉴认代码来代表受试者，但是，由于临床试验中出于研究需要会采集大量特定受试者的生理医疗特征以及病历病史信息，该等临床试验数据若与其他信息结合，未必不能识别出个人信息背后的特定个人。因此，使用鉴认代码或许可以满足《个保法》中的“去标识化”要求，但很可能不能满足“匿名化”的要求。

敏感个人信息跨境传输安全评估的较低门槛、临床试验数据的出境需求以及《个保法》下匿名化的高标准，使临床试验数据出境的合规难度有所提高。医药行业亟待有关部门对于包含临床试验数据在内的医疗健康个人信息的分级分类、匿名化或脱敏、出境合规等内容作出具体的指引，以期实现数据的安全共享和达到科研应用的目的。

2. 知情同意、单独同意、另行获取同意

根据《个保法》的规定，除明确列出的豁免情形外，对于个人信息的处理要以获取个人在充分知情的前提下自愿、明确的同意为前提。[①] 由于临床试验数据涉及数据主体的诊疗记录、用药记录等敏感个人信息，因此，需要向受试者告知有关处理其敏感个人信息的必要性以及对个人权益的影响。[②]

此外，《个保法》更要求将个人信息提供给其他个人信息处理者以及向境外提供时都需要获取个人信息主体的单独同意。[③] GCP 亦要求获取受试者的知情同意，受试者被告知可影响其作出参加临床试验决定的各方面情况，确认同意自愿参加临床试验后，[④]研究者方可采集其临床数据进行研究活动。

现阶段，监管部门并未对《个保法》和 GCP 规定的知情同意之间的关系进行释明。我们倾向于认为，《个保法》和 GCP 保护的法益在临床试验场景下有所交叉，都需要受试者自愿同意；但是，《个保法》和 GCP 的立法目的和监管范围事实上绝大部分有所不同，因此单纯期望以满足 GCP 要求的知情同意函来覆盖《个保法》对于个人信息的种种保护要求，是不现实的。

我们理解，如在已经开始的临床试验项目里为了满足《个保法》的要求而修改知情同意函并另行获取受试者的同意，可能会面临一系列实践中的困难。一方面，可能不是全部受试者都愿意签署，获取全部受试者的签名可能性较低且成本较高。另一方面，《个保法》要求向个人信息主体告知接收方的名称、联系方式、处理目的、处理方式和个人信息的种类，当接收方超越已告知的处理目的、处理方式和个人信息的种类等范围处理个人信息时，需要再次取得个人同意。但境内实体在实践中可能难以确保境外接收方在收到临床数据后仅按照其承诺的范围和方式进行处理。

针对以上实践难点，行业的共识亟待达成，目前我们建议申报方或者研究机构至少在同意函中披露当下已知的境外接收方全部的处理目的、范围以及全部可能的后续境外接收方，并尽可能地定期提供境外接收方是否再传输和将临床数据用于其他目的的更新，供受试者自行查阅，并提供便捷的联系方式供受试者撤回或修改同意等。

---

① 参见《个人信息保护法》第 13 条、第 14 条。
② 参见《个人信息保护法》第 30 条。
③ 参见《个人信息保护法》第 23 条、第 39 条。
④ 参见《药物临床试验质量管理规范》第 11 条第 11 项。

3. 自评估

无论是《个保法》，还是《认证规范》、《标准合同办法》或《数据出境安全评估办法》，都要求进行个人信息保护影响评估（自评估）。鉴于自评估需要全面了解被评估主体的数据流和个人信息保护活动的全貌，并且也涉及对于境外接收方个人信息保护环境的评估，我们建议有出境需求的临床试验参与方应尽早开始进行自评估的工作。

三、小结

在个人信息和数据保护法律法规不断完善、细化的大背景下，临床试验数据的出境面临着新的合规挑战。以往以知情同意函获取受试者同意、使用人类遗传资源信息对外提供规则约束数据出境的方式已经不能完全满足现有的数据出境法规的要求。《个保法》已于 2021 年 11 月 1 日生效，《数据出境安全评估办法》于 2022 年 9 月 1 日生效，《标准合同办法》于 2023 年 6 月 1 日正式实施。相关企业宜尽早：(1) 根据《个保法》的要求开始知情同意函的更新和受试者签署的收集；(2) 启动自评估，对所涉重要数据、个人信息和敏感个人信息进行梳理，讨论各类数据出境的必要性；(3) 就临床试验数据出境的三条合规路径进行考察，判断是否达到了触发申报安全评估的数量，以及签署标准合同或进行机构认证的可行性。在立法与实践不断接轨的进程中，企业可以根据其自身临床试验项目的特点和业务实际需求，寻求专业的法律意见，把握和落实个人信息和数据保护法律法规提出的新要求，并将其转化为现实可操作的合规建议。

医疗大数据的网络安全与隐私保护简析

周　洋*

*作者简介：
周洋，中伦律师事务所上海办公室知识产权部合伙人，电邮为：zhouyang@zhonglun.com。

医疗大数据对于传统的医疗行业，意味着高效整合医疗信息资源、分享诊疗技术、加快药品研发、协助医生精准判断、预测治疗方案及疗效、降低医疗成本、消除城乡医疗信息壁垒等。我国先后发布的《关于积极推进“互联网+”行动的指导意见》《促进大数据发展行动纲要》《关于促进和规范健康医疗大数据应用发展的指导意见》《“健康中国2030”规划纲要》等政策，表明了政府对医疗大数据的期望和大力支持。

在如火如荼的医疗大数据发展背景下，医疗数据安全、个人隐私保护甚至国家安全的问题也日益突出。我们基于对医疗大数据行业的观察，从数据合规的角度，结合相关法律法规及政策的要求，对医疗大数据行业日益凸显的个人隐私保护问题、信息安全问题甚至国家安全问题进行简要分析，供读者参考讨论。

一、医疗数据保护面临的现实问题

（一）医疗数据的特殊性

不同于一般行业的数据，医疗数据具有其特殊的敏感性和重要性。医疗数据的来源和范围具有多样化特征，包括病历信息、医疗保险信息、健康日志、基因遗传、医学实验、科研数据等。个人的医疗数据关系到个人的隐私保护，医疗实验数据、科研数据不仅关系数据主体的隐私、行业发展，甚至还关系国家安全。

基于医疗数据的特殊性，法律对于医疗数据主体的隐私权设置了极为严格的保护机制。例如，我国《艾滋病防治条例》第39条第2款规定，未经本人或者监护人同意，任何单位或者个人不得公开艾滋病病毒感染者、艾滋病病人及其家属的姓名、住址、工作单位、肖像、病史资料以及其他可能推断出其具体身份的信息。

因此，在医疗大数据开发和应用的过程中，相关医疗机构和企业应根据医疗数据的来源和类型，进行有针对性的合规安排。

（二）医疗数据的归属不明

医疗数据保护的难点之一在于医疗数据的归属存在争议。一种观点认为，医疗数据反映了患者的健康状况等个人信息，应属患者所有。另一种观点则认为，医疗数据是医疗机构的诊疗结果，应当归属于医疗机构。

以金某某与江苏某医院医疗服务合同纠纷案[①]为例，本案中，原告要求江苏某医院返还其住院期间产生的15项检查报告原件。一审法院依照原《侵权责任法》（现已失效）第61条，认为病历资料作为医疗信息的主要载体，法律仅赋予患者病历资料的查阅、复制权。同时，基于病历资料在公共卫生安全、医学研究和教学方面具有重大的社会价值，病历资料的所有权归医疗机构，因此驳回原告的诉讼请求。二审法院认为，根据《医疗机构病历管理规定（2013版）》和原《侵权责任法》（现已失效）的规定，医疗机构具有保管病历资料的法定义务。本案中，江苏某医院不存在返还上诉人15项检验报告单的情形。因此，二审法院裁定驳回上诉，维持原判。

显然，该判决对病历所载之医疗信息的归属未予以明确回应。二审法院明确了医疗机构对病历的保管义务，但没有明确医疗机构是否有保管的权利，特别是在患者明确要求返还的情况下。由于现行法律法规对医疗数据的归属并无明确规定，这种归属上的不确定性可能成为后续的大数据开发和应用过程中的法律隐患。

二、《网络安全法》出台前的医疗数据保护

基于医疗行业数据的特殊性，在《网络安全法》出台前，医疗行业对医疗数据的保护已设置了较为细致的规定。

（一）医疗数据的收集

在数据收集阶段，《人口健康信息管理办法（试行）》[②]规定，医疗卫生计生服务机构在收集人口健康信息时，应当遵守“一数一源，最少够用”原则，严格实行信息复核程序，避免重复采集，多头采集。《人类遗传资源管理暂行办法》[③]规定，人类遗传资源是指“含有人体基因组、基因及其产物的器官、组织、细胞、血液、制备物、重组脱氧核糖核酸（DNA）构建体等遗传材料及相关的信息资料”。我国对人类遗传资源实行分级管理，统一审批制度，即人类遗传资源采集、收集、买卖、出

---

① 参见江苏省南京市鼓楼区人民法院（2014）鼓民初字第5432号；江苏省南京市中级人民法院（2015）宁民终字第699号。

② 国家卫生和计划生育委员会于2014年5月5日颁布并生效。

③ 科学技术部、卫生部于1998年6月10日颁布并生效。

口、出境须获得主管部门的行政许可。重要遗传家系和特定地区遗传资源实行申报登记制度，未经科技部许可，任何单位和个人不得擅自采集、收集、买卖、出口、出境或以其他形式向外提供该等数据。

值得注意的是，随着科技的发展，诸如健康 App 运营者、专业从事医疗大数据分析的第三方行业研究机构等主体均涉及医疗数据的收集。这类主体可能无法被纳入上述有关人口健康信息和遗传资源的法律规制的范畴。《网络安全法》基于当前的数据收集水平及行业现状，适度扩大了承担医疗数据保护义务的主体范围，将网络运营者（在《网络安全法》项下，是指网络所有者、管理者及网络服务提供者）统一纳入数据保护的监管范畴。换言之，利用互联网进行医疗数据收集的企业需要严格遵守《网络安全法》的数据保护合规要求。

（二）医疗数据的使用

以医疗行业对于人口健康信息和病历的严格规制为例，人口健康信息应当分类管理，涉及保密信息和个人隐私的，医疗机构不得对外提供。人口健康信息利用实行特别授权制度，即人口健康信息的责任单位建立人口健康信息综合利用工作制度，授权单位或个人利用有关信息。单位和个人应当在授权范围内利用和发布该等信息。医疗机构及其医务人员应当严格保护患者隐私，除医疗、教学、研究目的外，不得泄露患者的病历资料。

（三）医疗数据的存储

人口健康信息应当分级存储，建立容灾备份机制，该等信息必须在我国境内存储，不得托管、租赁在境外的服务器。人口健康信息的责任单位应当履行国家信息安全等级保护制度的要求，建立相关信息的安全保障制度；电子病历系统必须具备病历备份和恢复功能，具有保障电子病历安全的制度和措施；卫生行业应当履行国家安全等级保护义务，重要卫生信息系统安全保护等级原则上不低于第三级。

（四）医疗数据的传输

以人类遗传资源的跨境传输为例，《人类遗传资源管理暂行办法》及其配套规范明确，严格把控重要人类遗传资源的出口、出境和对外提供。人类遗传资源采集、收集、买卖、出口、出境审批属于行政许可，由科技部主管。根据科技部公布的相关许可指南，以临床诊疗、采供血（浆）服务、司法鉴定、侦查犯罪、兴奋剂检测和殡葬等为目的的人类遗传资源采集、收集、出口、出境活动,不再适用许可管理,而其他涉及人类遗传资源采集、收集、出口、出境活动,如利用人类遗传资源进行注册用药物或医疗器械临床试验,则应当通过相关审批。因此,我们理解,如果企业拟利用人类遗传资源进行药物开发等活动,在目前的法律法规体系下必须完成相应的审批程序,方可进行跨境传输。

三、《网络安全法》提出的新要求

《网络安全法》中的个人信息,是指以电子或者其他方式记录的能够单独或者与其他信息结合识别自然人个人身份的各种信息。《网络安全法》中的重要数据,是指与国家安全、经济发展,以及社会公共利益密切相关的数据。2016 年 12 月 20 日,全国信息安全标准化技术委员会发布的《信息安全技术　个人信息安全规范(征求意见稿)》附录 B 中,明确将药物食物过敏信息、以往病史、诊治情况等个人的健康信息和指纹、DNA 等生物特征信息纳入个人敏感信息。2017 年 5 月 27 日,全国信息安全标准化技术委员会发布的《信息安全技术　数据出境安全评估指南(草案)》中,将个人电子病历、健康档案等人口信息认定为重要数据。由此可见,医疗信息很可能会被明确认定为《网络安全法》下的个人信息或重要数据,从而受到《网络安全法》的规制。我们特此对《网络安全法》下的数据合规要求进行了整合梳理。

(一)对网络运营者的一般要求

网络运营者收集个人信息应当遵循合法、正当、必要的原则,应当公开收集、使用规则,明示收集、使用信息的目的、方式和范围,事先征得被收集者同意。换言之,网络运营者在收集个人信息时,不仅需告知被收集者其信息将被收集,更需要就该等信息收集获得被收集者的同意,使其知晓该数据的用途,如用作科研,企业将数据传输给第三方等。

网络运营者不得泄露、篡改、毁损、出售或者非法向他人提供个人信息,除非该等信息经过处理无法识别特定个人且不能复原(通过脱敏技术)。此外,网络运营者应该采取技术措施和其他必要措施确保其收集的个人信息的安全性。若发生安全问题应立即采取补救措施,按照规定及时告知用户并向有关主管部门报告。

（二）对关键信息基础设施运营者的特别要求

1. 医疗领域的企事业单位很可能被认定为关键信息基础设施运营者

《网络安全法》中的关键信息基础设施，是指关系国家安全、国计民生，一旦数据泄露、遭到破坏或者丧失功能可能严重危害国家安全、公共利益的信息设施。国家网信办在2016年发布的《国家网络安全空间战略》将卫生医疗领域的单位认定为关键信息基础设施运营者，表明了监管机关对医疗卫生行业信息系统的监管态度。医疗卫生行业属于公共服务行业，因其重要性，其相关单位极有可能被认定为关键信息基础设施运营者。相关单位应当对后续出台的关键信息基础设施识别指南予以关注并提前作出相应的合规安排。

2. 关键信息基础设施运营中的相关义务

如前文所述，若医疗领域的企事业单位被认定为关键信息基础设施运营者，则其在我国境内运营中收集和产生的个人信息和重要数据应当在境内存储。因业务需要确需向境外提供的，应当经过安全评估。

针对个人信息的范畴，人口基本信息、医疗卫生服务信息等人口健康信息，以及含有人体基因组、基因及其产物的器官、组织、细胞、血液、制备物、重组脱氧核糖核酸构建体等遗传材料及相关的信息资料等医疗信息，大多能够单独或者与其他信息结合定位到特定自然人，因而可能会被认定为个人信息。

针对重要数据，在2017年颁布的国家标准《信息安全技术　数据出境安全评估指南（征求意见稿）》中，与医疗行业相关的重要数据主要包括以下两类：

第一类是人口健康信息，其主管部门为国家卫生计生委，主要包括：

（1）在药品和避孕药具不良反应报告和监测过程中获取的个人隐私、患者和报告者信息；

（2）在突发公共卫生事件与传染病疫情监测过程中获取的传染病病人及其家属、密切接触者的个人隐私和相关疾病、流行病学信息等；

（3）医疗机构和健康管理服务机构保管的个人电子病历、健康档案等各类诊疗、健康数据信息；

（4）人体器官移植医疗服务中人体器官捐献者、接受者和人体器官移植手术申请人的个人信息；

（5）人类辅助生殖技术服务中精子、卵子捐献者和使用者以及人类辅助生殖技术服务申请人的个人信息；

（6）计划生育服务过程中涉及的个人隐私；

（7）个人和家族的遗传信息；

（8）生命登记信息。

第二类是药品信息，其主管部门为原国家食品药品监管总局，主要包括：

（1）涉及国家战略安全的药品在药品审批过程中提交的药品实验数据，例如，在动物模型上进行的药理、毒理、稳定性、药代动力学等试验数据，在人体中进行的临床试验数据，以及与药品的生产流程、生产设施有关的试验数据。

（2）第二类、第三类医疗器械临床试验数据/报告。

（3）药品安全重大（紧急）信息。包括事件发生时间、地点、当前状况、危害程度、先期处置、发展趋势、事件进展、后续应对措施、调查详情、原因分析。

这意味着，即便该等医疗信息经过脱敏处理难以识别特定个人身份，该等信息的集合亦很有可能被认定为与国家安全、经济发展，以及社会公共利益密切相关的重要数据。

因此，被认定为关键信息基础设施运营者的医疗企事业单位，应当将其收集和产生的上述个人信息或重要数据存储于中国境内。此外，《网络安全法》并未要求该等本地化存储必须由网络运营者本身实现。因此，该等医疗企事业单位若不具备本地化存储的条件、技术或需求，可以委托第三方数据存储机构对相关数据进行本地化存储。

需要注意的是，在决定与第三方数据存储机构合作之前，应当自行或聘请专业人员对该等第三方的信息系统、数据存储技术、安全保障机制、人员配置等进行必要的尽职调查，以确保相关数据在存储、使用、分享过程中处于安全的状态。若因业务需要，确需向境外提供有关数据的，有关单位应当按照相关法律法规的要求进行安全评估。通过安全评估后，相关数据方可向境外提供。医疗数据的跨境传输除了要完成《网络安全法》项下的安全评估要求外，若涉及如人类遗传资源等特殊数据的，还应依照相关单行法规完成相应审批手续。

CHAPTER 04

大健康产业重点企业合规建议

药企在药品研发环节与CXO公司的互动及合规要点

高　俊[*]　邱玮鑫

[*]作者简介：
高俊，中伦律师事务所上海办公室合规与政府监管部合伙人，电邮为：gaojun@ zhonglun. com。

创新药业内流传着一个所谓的“双十定律”，即一款创新药的研发需要“十年时间”和“十亿美元”，而随着医药工业监管越来越严格、可用靶点不断被前人开发，新药研发难度正逐年提高，目前一款新药的研发时间可能需要 15 年，研发投入更是接近 20 亿美元。根据 Frost & Sullivan（弗若斯特沙利文）的数据，CRO 服务介入的临床Ⅰ～Ⅲ期试验总计时间为 244 周，相比没有采用 CRO 服务的传统药企来说可以节省近 34% 的用时。

据此，在药物的研发环节，药企合作比较多的 CXO【Contract［X］Organization，CXO，是 CRO（Contract Research Organization）、CMO（Contract Manufacture Organization）、CDMO（Contract Development Manufacture Organization）等医药合同外包服务的统称】公司主要是以下几种：第一种提供的是药物研发类的 CRO，主要提供靶点选择、先导化合物的发现和优化等服务；第二种提供的是临床类 CRO，提供药效药代的评价、安全性评价和临床试验申请等服务；第三种提供的是临床试验类 CRO，提供技术服务、临床试验管理、数理统计分析、注册申报、药物上市检测、药物警戒等服务。同时需要特别说明的是，虽然笔者把公司类型主要分成了以上三类，但其实国内很多头部的 CXO 公司，包括药明康德、泰格医药、康龙化成、凯莱英等，都已经开始提供从药物研发服务到定制生产全链条式的一条龙服务，甚至到出海的所有申报工作都是由一家公司“一肩挑”。

那么药企在研发环节与 CXO 公司合作的过程中，会有哪些法律上的注意事项？第一，技术权利的归属和知识产权的保护问题；第二，数据合规和数据跨境传输问题；第三，研究者和受试者的个人隐私保护问题；第四，人类遗传资源管理合规问题；第五，临床试验过程中致人损害的侵权责任问题。

一、技术权利归属和知识产权保护

药企在药物的研发阶段若是选择和 CXO 公司进行合作，那么 CXO 公司极有可能接触药企或一些其他的研发机构，如一些中国的高校或者研究院所，进而可能接触到他们的核心专利信息，甚至商业秘密等。基于这个阶段两者合作的天然属性，这种接触几乎是不可避免的。那么在这个过程中会产生以下两方面的问题：

（一）常见问题一：技术权利归属于哪一方？

技术权利归属是什么意思呢？因为研发阶段处于早期，很多时候药企和国内的高校和研发机构也会委托 CXO 公司做一些研发类的服务。在早期研发阶段，因为一些中小药企或者科研院所条件有限，没有办法自己独立完成一些试验，所以会委托 CXO 公司做一些如毒理性的测试、安全性的测试等服务。在这个过程中，CXO 公司如果很早就接触了药品的靶点信息或者分子结构，随着合作时间增长、介入程度加深，后期一旦产出了科技成果，就很有可能会涉及技术权利归属的问题。

合规要点：第一，需要明确项目的性质，如是合作研发还是委托研发，并且在合同中对整个服务中技术权利归属作出一个明确的约定。当然，在实践中较为困难的是如何在研发的过程中界定权利归属，以及如何界定哪些属于合作研发的部分，哪些属于委托研发的部分。这部分问题在实践中需要结合很多其他的事实因素，方能作出比较准确的判断。除了法律方面以外，还需要医学技术方面的探讨和划分，这也是在实践操作中的难点。

第二，如果涉及国有资产评估的问题，还需要明确评估的方式以及国有资产价格的认定方式。我国现在已有一些药企开始跟中国的高校或者科研院所合作进行技术的商业转化，或者合作开发一些创新药。这些开发的技术成果很有可能是职务成果，这需要根据实际情况来具体分析问题。若技术成果的实际权利人是高校或者科研院所，那么在绝大多数情况下，都可能涉及国有资产。国有资产会涉及评估的问题，以及国有资产评估后，如何去做国有资产的价格认定的问题。实践中，需要到高校和科研院所，或是相关的国有机构，与他们具体确认是否需要做国有资产的评估。因为不同的高校和科研院所对此的规定是不同的。目前来说，根据近年来的政策与法律导向，各大高校和科研院所以及事业单位有部分自主权来决定在做技术转化的过程中是否需要进行国有资产评估。这一点确定之后，还需要对国有资产进行价格认定，认定方式有相关的法律法规的规定，在此不具体展开。

（二）常见问题二：怎么保护双方的专利权、版权和商业秘密等知识产权？

因为合作的天然属性问题，CXO 公司可能会接触很多药企、高校和科研院所的核心秘密、商业机密、专利或受版权保护的信息等。在这一过程中，如何对这些知识产权进行相应的保护？

合规要点：例如，采用具有编码功能的硬件和软件，把所有的试验数据的材料都做好相应备份，这是一个比较好的方式，因为这样能够便于去检查这些数据是否都做好了相应的保护。同时药企也需要跟CXO公司以及所有参与项目的工作人员签署保密协议和竞业禁止协议，注重人员流动中的知识产权的保护。这个问题对于很多的医药企业，尤其是一些海外回国创业的医药企业尤为重要。商业秘密保护是一个纠纷多发的领域，需要根据具体的情况来具体分析问题。但简单来说，要有比较完备的保密协议和竞业禁止协议，来避免在整个药物研发过程中因为知识产权的纠纷导致整个新药研发的进度被拖累的问题。另外，关于商业秘密的问题，我们还建议药企成立一个专职的商业秘密保护团队，负责统筹规划公司商业秘密保护事务，能协同公司的IT部门、HR部门、法务部等来监督整个公司范围内的商业秘密的保护，以及管理要求的执行落地。这与刚刚提到的保密协议和竞业禁止协议都是相互关联的，这两项工作应该同时操作，并且相互印证，才能较好地实现在研发阶段对商业秘密以及其他知识产权的保护。另外，对于IT部门，我们建议做好数据的留存传输信息的权限划分、工作终端安全设置等工作。

二、关于数据合规和数据跨境传输的问题和合规要点

数据合规的理论在《网络安全法》《数据安全法》《个人信息保护法》等法律法规以及相关的条例和国家标准出台之后迅速发展，时至今日，整个理论体系可以说已经相当复杂庞大。在生物医药领域，虽然截至文章成稿前，我们还没有看到有药企因为数据不合规或者数据跨境不满足相关要求而遭到中国行政部门处罚的案例，但是绝大部分业内人士都同意生物医药的数据合规和跨境传输必将是一个重监管的领域。

（一）常见问题一：生物医药领域数据合规的重要性在哪里？

在我国新药研发如火如荼的时代，药企与跨国或境外的医药企业合作非常常见，如很多创新药企在发展过程中都免不了会去向美国FDA（美国食品药品监督管理局，United States Food and Drug Administration）申请IND（新药临床试验申请，Investigational New Drug）或者NDA（新药生产上市注册申请，New Drug Application），因为申报成功意味着可能打开很多国家的大门，能够更加方便药物研发后的销售。举例来说，2022年年初，发生了一件在整个医药界具有影响力的事情：我国一家药企就一项肺癌联合疗法向美国肿瘤药物专家委员会提出上市申

请,在会议投票中,以 14 票赞成 1 票反对,压倒性地要求该药企在获批前要补做一个新的临床试验。FDA 提出的理由之一是它在临床试验人群的选择、伦理、合规性和临床数据的完整性方面存在问题。2022 年 5 月,和黄医药也申请了关于索凡替尼用于治疗胰腺和非胰腺神经内分泌瘤的新药上市,FDA 认为和黄医药的索凡替尼在中国三期临床研究和美国的桥接研究的数据不足以支持该药品在美国获批,并且在回复中明确表明他们希望能够获得更多的美国患者人群和国际多中心临床试验的支持,做更多的美国国际多中心临床试验,只有这样才能够获得相应新药的批准。对于新药特别是创新药研发而言,在整个临床试验的过程中,如何使用相应的合规数据,其实是叩开 FDA 大门非常重要的因素之一。正因如此,数据合规在生物医药领域,尤其是创新药研发阶段,不只是一个预防法律责任的问题,更是商业转化的必要保障。

(二)常见问题二:生物医药研发过程中的所有数据如何才能合法合规地跨境传输?

就生物医药研发环节的数据跨境传输而言,更为重要的是关于个人隐私和一些重要数据的跨境传输。从实操的层面来讲,与《数据安全法》以及《个人信息保护法》有关的信息传输主要包含以下两个场景:一是在做临床试验或者临床前讨论的过程中,往往会邀请一些重要的研究人员或是领域内比较有名的专家来做一些探讨,而在此过程中,势必会用到一些病患的病历,并且也涉及这些专家或者研究人员自己的个人信息。二是跨国药企或我国国内的药企和海外机构合作的过程中,很多时候会做一些国际多中心的临床试验或桥接的试验,在此过程中很有可能涉及信息跨境传输。在信息的传输过程中,医学专家或者临床试验受试者个人信息的传输都有可能触及个人信息隐私保护和重要数据传输这两方面的法律问题。

合规要点:国际通用的关于如何把数据做的具有合规性和完整性的原则是“ALCOA +”【ALCOA 指可归因性(Attributable),易读性(Legible),同时性(Contemporaneous),原始性(Original),准确性(Accurate),“ + ”代表该原则更新后添加的完整性(Complete),一致性(Consistent),持久性(Enduring),可获得性(Available When Needed)】原则,即把能够满足可归因性、易读性、同时性、原始性、准确性和持久性以及完整性等条件的数据以原则为标准进行记录。这是数据合规最主要的一步。对于数据的重要操作，可以根据检查清单，再以自动或者定期检查的方式，来检查是否已经具备了一些前提条件。其次是定期确认是否已经完成网信部门组织的安全评估或个人信息的保护认证，或者说在和境外接收方订立标准合同过程中，是否在合同中已经完全涵盖了上述数据合规和数据跨境传输要求的相关内容。

需要特别说明的是，按照中国目前的《药物临床试验质量管理规范》《临床试验数据管理工作技术指南》等规定，在药物研发阶段的临床试验过程中，对受试者的个人信息，以及申办者、研究者或者 CXO 公司本身的姓名、邮件等信息，已经有了完善的保护措施。例如，对受试者的信息进行代码代替，并且在递交 IND 或新药上市的申请过程中，通常也不会直接包括受试者的个人信息的内容。可能涉及的医学专家、研究者或者 CXO 公司员工的个人信息（如姓名、手机等）总体规模是比较有限的，也比较难以起到《数据出境安全评估办法》中所提到的传输规模。

三、关于受试者的个人隐私保护

研究者和受试者隐私保护的核心要点和知情同意书有关。在研发的过程中，药企要非常注意在和 CXO 公司合作过程中，后者是否具有完备的 SOP（标准作业程序，Standard Operating Procedures）操作流程以及规范的合同体系，其中关于个人信息的收集、存储或者传输等是否作出明确的规定。比如，在收集的目的、收集后处理、存储的方式和信息转移或者传输方面，其是否给予了研究者和受试者非常明确的说明以及范围的确认，并且得到了受试者或其法定监护人自愿签署的知情同意书。

一旦涉及信息跨境传输的情况，就要考察之前的一些文件中是否已经向个人信息主体告知了境外接收方的名称、联系方式、处理目的、处理方式、个人信息种类以及个人向境外接收方行使中国法律规定的权利的方式和程序等事项。这一点在受试者个人信息隐私保护中至关重要。

在实践操作过程中，我们额外建议，在药企内部建立一套自我的评估机制，对涉及跨境数据传输的过程进行梳理，定期开展风险的自评估，留存书面评估报告。并且，在和境外的信息接收方合作的过程中，合同的约定其实也非常关键，合同中对于接收、处理来自中国境内数据的安全保护义务要进行非常明确的约定，如此方可在一定程度上降低数据跨境传输方面的风险。在公司内部,我们也建议对所有涉及跨境传输记录的日志或者传输记录都通过电子的方式留存。我们建议起码留存3年以上,以便追溯,一旦发生潜在的纠纷或者政府的监管行为,也能够有应对的书面材料。

四、关于人类遗传资源管理的问题

在过去两年中,业内发生过一些比较有意思的案件,如在2020年,施贵宝公司在和一个CXO公司合作过程中,因为违反了人类遗传资源管理的规定受到科技部行政处罚,原因是这家CXO公司伪造了负责临床试验的药物临床试验主要研究者的签字和公章,向中国人类遗传资源管理办公室提交了虚假的申请资料,该案件在业界造成很大影响。最后的处理结果是施贵宝公司被迫在半年内停止和人类遗传资源相关的国际合作,这家CXO公司也因此被停止与人类遗传资源有关的国际合作一整年。在2018年也发生过一些类似的案件,如某CXO公司未经许可把涉及人类遗传资源的材料携带出境等,这些都是在近几年才出现的案例。

(一)常见问题一:什么是人类遗传资源?

2019年《人类遗传资源管理条例》出台,其中对人类遗传资源的定义是非常宽泛的。涉案CXO公司未经许可携带出境的是什么?很多时候他们带的就只是一些血清,如实践中,曾有企业未经许可将人血清作为犬血浆带出境。由于《人类遗传资源管理条例》出台较晚,人类遗传资源管理办公室的设立也较晚,因此市场上对于这个问题的讨论也是非常的火热。那么在创新药研发的临床试验过程中,尤其是近几年大热的一些肿瘤类的PD-1/PD-L1等靶点药物,包括在其他药物的临床试验过程中,多多少少会涉及一些人类的组织样本。这个过程中,哪些属于人类遗传资源是受到广泛讨论的焦点问题。根据2019年《人类遗传资源管理条例》规定,任何属于人类遗传资源管理产生的信息均可被纳入《人类遗传资源管理条例》所管辖的范围,如临床数据、影像数据、生物标志物的数据、基因数据、蛋白质的数据、代谢数据等,因为边界较为宽泛,导致在实践操作中可能存在缺乏清晰标准的问题。

2022年3月,科技部发布了《关于公开征求〈人类遗传资源管理条例实施细则(征求意见稿)〉意见的通知》,其中将人类遗传资源信息限定为利用人类遗传资源材料产生的人类基因、基因组数据等信息资料。据此,人类遗传资源的范围在理论上缩小,但是具体的定义以及具体指向的材料,暂无明确的规定。

(二)常见问题二:为什么要注意外方单位?

除关于人类遗传资源的定义之外,还有一个业界非常关注的外方单位的问题。根据《生物安全法》以及《人类遗传资源管理条例》的规定,外方单位在我国境内开展和人类遗传资源有关的活动受到了较为严格的限制。从目前创新药研发的市场导向和现状来说,和境外的生物技术公司、跨国药企合作,或是向 FDA 申请 IND,是很多创新药企的必经之路。在这一过程中,如果无法与外方单位合作或在合作过程中受到严格的限制,而我国药企对于外方单位没有作出准确判别,后续很有可能因此导致一些不必要的行政处罚或政府监管等问题。

判断标准:什么是外方单位?所谓外方单位,主要标准是外方是否实际控制单位。这个标准主要可以从以下几个方面来看:(1)境外组织或者个人是否在合作组织或者说合作单位的占股在 50% 以上,具体而言,可以是股份、表决权或者财务份额等超过 50% 。例如,如果拥有 50% 以上财务份额,我们通常会推定其为外方单位。(2)如果其虽然没有达到 50% 这一标准,但是境外的组织或者个人对这个组织有决策权或者可以产生非常重要影响,这样的情况下也可能将其推定为外方单位。(3)通过协议或其他的一些安排,能够对于机构或者单位的决策、经营管理等重要事项产生非常重大的影响,此时它也可能被推定为外方单位。此种影响方式可能会联系到所谓的 VIE(可变利益实体,Variable Interest Entities)结构,因为具体的标准并不是很明确,所以涉及 VIE 的部分还有待观察。如果通过 VIE 的方式来对单位造成重大的影响,或者对决策产生决定性影响,是否可以把它推定为外方单位?我们还需要根据具体事实来进行判定。

(三)常见问题三:还有什么其他要注意的?

除了外方单位之外,对药企来说,在和 CXO 公司的合作过程中还需要在人类遗传资源管理方面注意什么?笔者认为:一是在企业合作过程中可能涉及的行政许可和备案事项,特别是对于国际合作,科学研究和材料出境这个领域是否做到了应有的备案和许可,需要特别关注。二是关于安全审查的问题。例如,《生物安全法》以及 2022 年 3 月发布的《人类遗传资源管理条例实施细则(征求意见稿)》

规定,对于可能会影响我国公众健康、国家安全和社会公共利益的人类遗传信息,在向境外的组织、个人或者实际控制的机构提供或者开放之前,要求通过科技部组织的安全审查。安全审查的缺失是引发行政处罚的重要原因之一,需要我国药企尤其注意。

五、在临床试验过程中可能致人损害的侵权责任

药物临床试验过程中产生的人身损害其实是比较复杂的,因为这一过程除涉及CXO公司之外,可能还会涉及一些作为临床试验研究者的医院,以及申办者的保险公司。那么在这类案件中,因为各方的利益是不一致的,很多时候意见也会不一致,而且对于每个主体,他们的法律责任的认定也会有所不同。这也是药企在临床试验过程中需要尤其注意的问题。在临床试验致人损害的问题上,还有一个难点:在很多时候临床试验本来使用的就是一些新药等具有创新性的东西,这种情况下,致人损害是由药物本身导致,还是因为他人的过错等造成的医疗事故导致是需要特别关注的问题。在临床试验过程中,新药的使用和致人损害是否具有相关性和因果联系,以及他们是否有存在过错的可能性,也是一个核心要点。

对药企来说,如果碰到这种类似于致人损害的情况,我们建议药企确认受损害的受试者服用的是药物还是安慰剂,这一点至关重要,因为实务中出现过这样的情况,即受试者并没有服用药物,而是服用了安慰剂,那么造成的损害则与这个药物根本就没有关系,但大家都自动默认为是新药导致了人身损害,进而进入商议赔偿的阶段,但是到最后才发现受试者并未服用测试的药品。关于临床试验合同,在申办者以及CXO公司招募临床试验受试者的过程中,临床试验的合同如何表述、如何履行告知的义务,如何拟定造成不良反应后的应对等条款,都非常重要。但总的来说,国内这类案件其实非常复杂,因为临床试验有时会涉及人身安危的问题,很多时候受试者或其家属会有一些情绪问题。建议药企和CXO公司在合作过程中,如果碰到类似的问题,先及时处理,并且把保险公司引入进来进行赔偿。尤其是在权责不明的情况下,建议先把以上事宜处理完毕之后,再进行责任的分配等事宜。

临床研究合规管理探讨

葛永彬　董剑平*　戴　鹏

*作者简介：

葛永彬，中伦律师事务所上海办公室资本市场部合伙人，电邮为：geyongbin@ zhonglun. com。

董剑平，中伦律师事务所上海办公室资本市场部合伙人，电邮为：dongjianping@ zhonglun. com。

临床研究分工细致、法律关系复杂。申办者(指负责临床研究的发起、管理和提供临床研究经费的个人、组织或者机构)作为临床研究质量最终责任人面临越来越多的合规难题。申办者应如何建立临床研究合规管理体系?如何妥善管理各临床研究参与方?如何开展临床数据合规管理?如何精准把握人类遗传资源监管要求?本文将针对以上合规难题,结合境外临床研究合规实践,探讨相关解决路径,以期为我国医药企业临床研究合规管理提供借鉴。

一、临床合规管理体系

申办者作为临床研究数据质量和可靠性的最终责任人,①需要在遵循监管要求的基础上,充分协调并管理外部协作资源,不断建立并完善内控制度。笔者建议可从三个维度对临床研究进行合规管理,以完善合规管理体系,如图 1 所示。

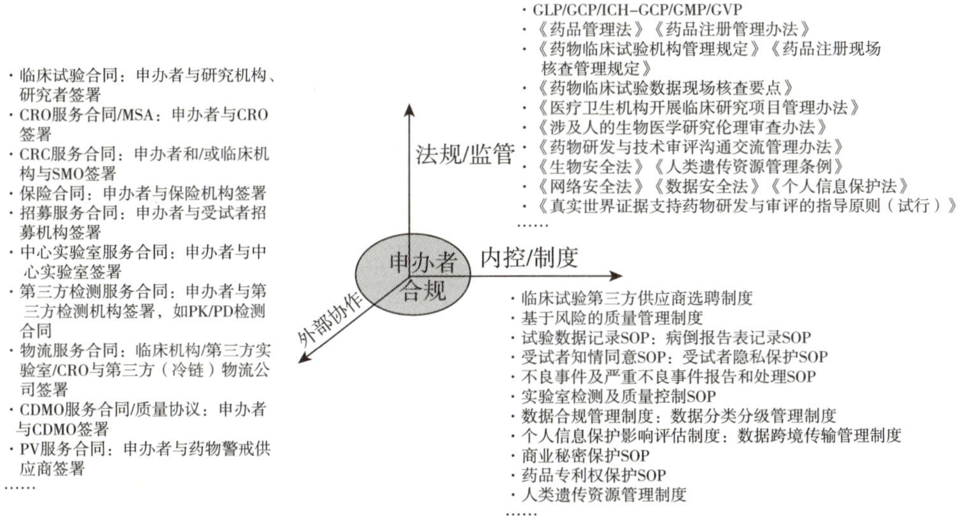

图 1 申办者合规管理体系

(一)监管要求

《药品管理法》、《药品注册管理办法》、《药物临床试验质量管理规范》(Good Clinical Practice,GCP)等法规是我国临床研究监管的主要依据,立法和监管部门

---

① 参见《国家药监局、国家卫生健康委关于发布药物临床试验质量管理规范的公告》,载中华人民共和国中央人民政府网,http://www.gov.cn/zhengce/zhengceku/2020-04/28/content_5507145.htm。

还就研究机构、伦理审查、数据核查与数据安全、人类遗传资源管理等发布了相关法律法规和规范性文件,并开展了基于风险的现场核查。因此,申办者应根据监管法规动态和现场核查要求,及时调整合规管理体系,严格依法开展临床研究。

（二）外协管理

临床研究涉及面广,申办者一般需要外部服务机构协助完成相关工作。申办者应建立第三方服务机构筛选、合同管理等合规制度,选择合格的第三方服务机构并与其签署权责明确的合同,以监督其履行职责。

（三）内控制度

为规范临床研究合规开展,申办者可在企业内部建立相关的内控制度,并要求各参与方在临床研究开展过程中遵守相关的内控要求。

二、临床参与方合规管理

临床研究涉及多方参与,包括但不限于申办者、医疗机构/研究者、受试者、合同研究组织(contract research organization,CRO)、现场管理组织(site management organization,SMO)、第三方检测机构、保险公司、招募机构等。对于申办者而言,与其他参与方签署权责明确的合同并有效开展、参与方合规管理,是关乎临床研究最终质量的重要问题。临床研究各参与方及其法律关系如图 2 所示。

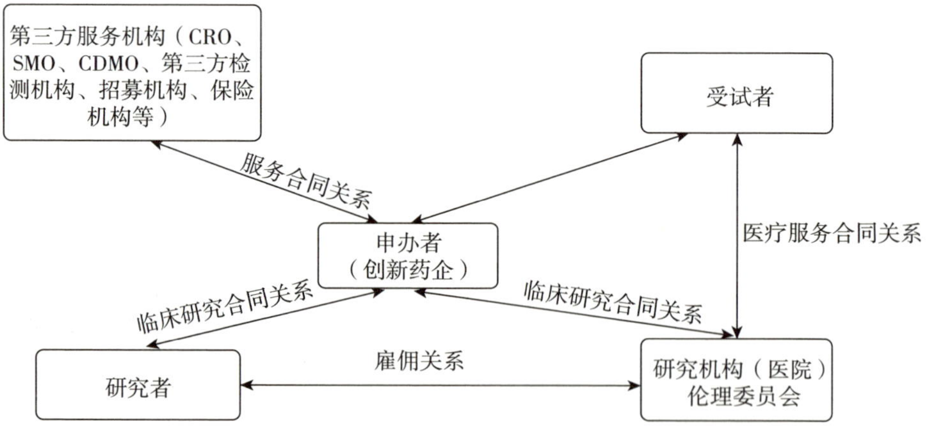

图 2　临床研究参与方及其法律关系

（一）研究机构/研究者合规管理

申办者如何选择合适的研究机构和研究者、避免利益冲突、签署权责明确的临床研究合同、有效监督研究机构和研究者履行职责，是开展临床研究需要重点关注的合规问题。

1. 资质和内控制度核查

根据 GCP 和相关法律规定，研究机构和研究者应具备并维持与开展临床研究有关的资质要求，并完成备案。申办者在临床研究开始前可核查研究机构和研究者是否具备相关资质，并在“药物临床试验机构备案管理信息平台”[①]确认研究机构、拟开展临床研究所在科室和专业及主要研究者是否已完成备案。

根据 GCP 要求，临床研究应当遵守利益冲突回避原则；根据《公立医院内部控制管理办法》的相关规定，[②]公立医疗机构应当建立临床研究相关内部控制制度。申办者可在临床研究开始前要求研究机构提供相关内控制度并核查其是否履行，包括但不限于临床研究利益冲突政策、临床研究运行管理制度、临床研究立项审批和审查制度、临床研究经费使用管理制度以及临床研究档案管理制度等，以判断研究机构是否在内控层面满足相关法律法规和临床研究要求。

2. 合同管理

申办者需要与研究机构及主要研究者签署权责明确的合同，可在合同中重点关注以下内容：①主要研究者的签字确认；②各方应当避免的、可能的利益冲突；③研究者的职责，如熟知研究方案、做好知情同意、及时完善病例报告表等；④发生不良事件时研究机构/研究者的救助和报告义务、受试者权益保护内容；⑤数据记录和报告程序；⑥申办者的监查和稽查、药品监督管理部门的检查可直接去试验现场查阅源数据、源文件和报告；⑦研究经费合理且符合市场规律，建议明确每例受试者相关治疗费、检查费、补偿费等费用标准，并合理设计支付节点，对于筛选失败、失访和脱落病例也建议约定结算方法；⑧必备文件保存时间、费用和到期后的处理方法；⑨研究用药物的储存、分发、使用、返还等规定；⑩受试者个人信息

---

① 药物临床试验机构备案管理信息平台，https://beian.cfdi.org.cn/CTMDS/apps/pub/drugPublic.jsp。

② 参见《关于印发公立医院内部控制管理办法的通知》，载中国政府网 2021 年 1 月 6 日，http://www.nhc.gov.cn/caiwusi/s7785t/202101/1b6d1b06b398486082263107bb074801.shtml。

保护措施和要求;⑪生物样本检测要求;⑫临床数据所有权及其他研究成果(包括探索性研究)的知识产权归属和对外发表文章的要求;⑬各方的违约责任及免责情形;⑭合同终止情形,终止程序和工作交接,对受试者的处理、报告要求;⑮反腐败、反商业贿赂要求等。

申办者需要在合同中平衡各方利益,为临床研究的合规开展预设相关的要求和标准,并对合同履行实施监督。

3. 监查和稽查

监查是申办者对临床研究进行质量控制的方法之一。在GCP要求的常规监查内容外,为确保研究机构/研究者合规开展临床研究,笔者认为,申办者在监查过程中还可额外关注以下内容:①是否遵守研究方案和合同约定开展临床研究;②研究者文件夹文件资料是否完整、实时更新、准确;③知情同意过程是否有记录,是否按照研究方案及相关法规要求进行;④知情同意书和受试者鉴认代码表签署时间是否存在逻辑关系、签字字迹是否一致;⑤登录医院信息系统,核查医院是否按规定要求进行受试者访视;⑥检查安全性数据及记录,确认有无严重不良事件发生;⑦检查记录前后的一致性,看其内容有无矛盾或遗漏,记录是否准确、充分;⑧实验室检查结果,尤其是异常结果的记录和反馈情况;⑨研究用药物的相关使用记录情况等。

除监查外,申办者还可选定独立于临床研究的人员担任稽查员,依据稽查计划和规程对临床研究相关活动和文件进行稽查。

通过监查和稽查,申办者可以掌握研究机构/研究者实施临床研究的具体情况,发现问题时可要求研究机构/研究者及时进行整改,防止影响临床研究质量。

4. 境外研究机构/研究者合规管理

在国际多中心临床研究(Multi - regional Clinical Trial,MRCT)中,申办者还需要关注不同国家和地区对于研究机构/研究者的合规要求。以美国为例,美国食品药品监督管理局(Food and Drug Administration,FDA)要求申办者应公开临床研究信息,实施公众监督,即符合要求的药物临床研究必须在美国国立卫生研究院建立的网站[①]上进行注册,填报规定的基本信息,否则申办者将受到重罚。对

---

① See *Clinical Trial*, https://clinicaltrials.gov/.

于研究机构/研究者，FDA 要求其应具备相关资质，研究者需要接受过临床研究相关培训，严格按照美国 GCP 要求开展研究。[①] FDA 还会不定期发布针对研究者的警告信，告诫研究者在临床研究中的不合规之处，也使相关整改更具有针对性。

根据近年来 FDA 针对研究者的警告信内容可知，FDA 对于研究者的监管要求主要包括：[②]①能否按照计划进行研究；②能否全面准确记录数据；③能否获取/记录受试者同意；④能否妥善落实药品管理要求；⑤能否将更改通知伦理委员会、提交进度报告、监督或亲自进行临床研究；⑥能否妥善保护受试者权益；⑦是否获得或记录伦理委员会的批准；⑧能否报告药物不良反应；⑨能否报告临床研究结果，等等。

我国申办者在涉及美国的多中心临床研究中，可重点关注研究者能否履行上述合规要求，以保证临床研究质量。

（二）临床服务机构合规管理

根据 GCP 第 33 条的规定，申办者可以将其临床研究的部分或者全部工作和任务委托给合同研究组织，监督合同研究组织完成承担的各项工作。实践中，除合同研究组织外，申办者还可能委托现场管理组织委派临床研究协调员（Clinical Research Coordinator，CRC）为研究者提供相关服务、委托招募机构进行受试者招募、委托第三方检测机构对生物样本进行检测等。涉及国际多中心临床研究时，申办者也可能委托境外的服务机构履行相关工作。

申办者如何选择合适的第三方服务机构、与其签署权责明确的合同、监督和管理其履行职责是必须要解决的合规难题。本文从合同研究组织、现场管理组织、招募机构、检测机构为切入点，探讨上述合规问题的解决路径。

1. 合同研究组织

（1）尽职调查

申办者在选聘合同研究组织之前可以对其进行尽职调查，了解其基本信息、相关业务资质、服务报价、既往服务案例、内控制度及执行情况（如反腐败、反商业贿赂制度、临床研究项目管理制度、商业秘密和知识产权保护制度等），综合对比

---

① 参见钱薇、曹蓓、肖大伟：《美国食品和药物管理局对临床试验中学术行为不端的监管》，载《中国新药与临床杂志》2016 年第 7 期。

② See *U. S. Food and Drug Administration*, https://www.fda.gov/.

后选择合适的合同研究组织。申办者还可以建立合同研究组织的筛选制度,明确相关的招投标机制,防止因选聘合同研究组织过程中的商业贿赂问题最终影响临床研究质量。

(2)合同管理

合同研究组织通过与申办者签署的服务合同参与临床研究,若合同条款约定不明、权责划分不清,很可能在实践中产生纠纷,影响临床研究进度。因此,申办者需要在合同中明确双方的权责,并可重点关注以下几点内容:①申办者委托的具体工作以及相应的标准操作规程;②项目人员和资源配备情况、人员更换流程、双方沟通层级和频率;③合理设计费用支付节点、支付要求和支付比例,明确代垫费用范畴及支付流程,明确备用金金额、使用流程和结算制度(如需);④明确受试者个人信息保护和数据安全要求;⑤明确记录、报告和监管协助要求;⑥明确知识产权的归属情况;⑦明确合同终止情形、单方终止权利的安排、终止后受试者安排和工作移交程序等;⑧明确违约责任承担主体和范围及免责事项,明确对第三方供应商的监督或管理责任及相关的违约责任安排;⑨明确质量控制和保证具体要求,明确申办者的监查和稽查以及审计权利;⑩可以要求合同研究组织签署廉洁承诺函,争取合规风险隔离,等等。

在国际多中心临床研究中,申办者可将临床研究相关工作委托给业务领域能够覆盖多中心的合同研究组织,并与其签署权责明确的合同。在此类合同中,申办者除需要关注以上所列内容外,还需要关注不同地区对于临床研究监管的特殊要求并注意适用法律的选择。

2. 现场管理组织

在我国临床研究中,申办者通常会聘请独立的第三方现场管理组织,并由其派遣合格的 CRC 协助研究者进行临床研究中非医学判断的事务性和规范性工作。在选聘现场管理组织之前,申办者应充分考虑研究机构和研究者的意见。申办者可与研究机构、现场管理组织签署三方合同,明确各方的权利义务;在得到研究机构和研究者同意的前提下,申办者也可直接与现场管理组织签署相关合同。申办者在与现场管理组织签署的合同中可以明确以下内容:①现场管理组织及其委派的 CRC 资质要求;②CRC 的委派和更换程序;③CRC 的工作内容和汇报要求,要特别注意其不得从事涉及医学判断的事务和工作;④现场管理组织与 CRC

的雇佣关系;⑤患者健康信息、医疗信息和其他个人信息保护要求;⑥付款计划与受试者入组和访视进度相协调;⑦保密和知识产权归属;⑧违约责任和救济措施,等等。

成熟市场的现场管理组织服务方式更加多元化。例如,美国的现场管理组织可以凭借其临床信息资源网络和专业经验,加速研究机构和研究者的选择及资格评估、合同谈判和研究启动等过程,帮助申办者提高效率。对于研究机构而言,现场管理组织可以为其拓展业务,帮助其进入全球研究者网络,使研究机构有更多机会参与国际多中心临床研究。现场管理组织还可以参与研究方案的可行性分析、递交伦理委员会申请、实施受试者招募和知情同意、收集并记录数据、参与临床研究现场标准操作规程制定、参与研究者和研究人员培训工作等。[①] 在开展国际多中心临床研究时,申办者也可以选择境外专业现场管理组织,提供更多元化的服务,提高临床研究效率。

3. 招募机构

传统受试者招募方式(如研究者现场招募、通过招募广告等途径公开招募)可能存在受试者招募数量不足、入组进度缓慢等情况,由此催生了商业性招募机构的发展。商业性招募机构实际上提供的是信息中介服务,由招募机构将潜在受试者信息推荐给研究者,最终根据推荐数量或推荐成功数量,由申办者支付招募机构相应费用。在这种招募模式中,如何确保招募信息来源的合规性、如何保证招募过程中受试者个人信息保护、如何防止招募机构与研究者或受试者间的商业贿赂等问题,是商业性招募的合规痛点问题。在国际多中心临床研究中,申办者还面临境外招募受试者的问题。本文基于申办者视角,尝试性地探讨上述痛点问题的解决路径。

(1)招募信息来源合规性问题

招募机构在获取潜在受试者个人信息过程中,要特别注意受试者个人隐私保护问题。招募机构不应在未获得个人知情同意的前提下,直接接触潜在受试者个人身份信息、医疗信息等隐私信息。在通过潜在受试者主治医生获得受试者个人信息前,不应经主治医生同意就直接获取受试者个人信息,而应由主治医生询问

---

① 参见张晓方、黄丹、王翔宇等:《国际多中心临床试验监管指南研究报告》,载《中国新药杂志》2017 年第 17 期。

潜在受试者个人意愿,在潜在受试者愿意了解临床研究相关信息且签署知情同意书后,招募机构才可以获取潜在受试者个人信息;在通过检测实验室或其他数据库数据识别潜在受试者前,应在获得潜在受试者知情同意后再将个人信息提供给招募机构。招募机构将潜在受试者的个人信息推荐给研究者前,应获得潜在受试者知情同意。

(2)受试者隐私保护和反商业贿赂

申办者在与招募机构签署的合同中可对受试者隐私保护和商业贿赂问题进行约定,并保留申办者对招募机构履约行为进行监督和审计的权利。建议申办者可在相关合同中明确以下几点内容:①招募机构承诺遵守受试者隐私保护和反商业贿赂相关法规政策,并约定相关的违约责任;②招募机构不得参与一切与受试者招募有关的医学判断;③招募机构提供的服务不得超出经伦理委员会批准的研究方案及招募信息/广告的范围;④招募机构不得未经个人知情同意即接触和披露个人隐私信息;⑤招募机构不得实施任何影响潜在受试者意愿或使受试者退出的行为;⑥招募机构不得向任何受试者/潜在受试者收取任何费用或回报等;⑦申办者对招募机构的监督和审计权利,等等。

在国际多中心临床研究中,需要招募不同国家和地区的受试者,因此申办者也需要了解其他国家和地区临床研究中受试者招募方式。以美国为例,其在受试者招募中一般采取多种招募方式以加快招募速度,如在各类媒体上发布各种类型的招募广告、开展针对公众的招募宣传活动、利用研究机构及现场管理组织进行招募、通过患者组织(patient organizations)进行招募等。此外,FDA 在国际多中心临床研究中越来越关注对于引起地区差异等潜在因素的研究和分析的重要性。[①]因此,对于开展国际多中心临床研究的申办者而言,需要特别关注不同区域和种族的受试者招募,在符合各个地区相关法律法规的前提下通过多种方式招募受试者。

4. 检测机构

(1)尽职调查

临床研究中若涉及生物标志物、基因测序、药物代谢动力学、药效动力学等检

① 参见姚怡、赵艳蛟、凡馨等:《美国药品注册申请人合规管理机构设置情况及对我国的启示》,载《中国药房》2020 年第 12 期。

测项目,申办者可能委托第三方检测机构来进行检测。申办者在选聘检测机构之前,可对检测机构进行尽职调查,了解检测机构的基本信息、既往服务案例、内部的质量保证和控制制度、隐私保护政策及相关的运行情况,以及是否取得相关资质,如是否取得中国合格评定国家认可委员会(China National Accreditation Service for Conformity Assessment,CNAS)关于ISO 15189质量管理体系的认可,是否取得美国病理学家协会(College of American Pathologists,CAP)、《美国临床实验室改进法案修正案》(Clinical Laboratory Improvement Amendments,CLIA)的认证等。申办者还应当在知情同意书中明确告知受试者采集的样本类型、检测项目和用途、第三方检测机构等信息,并就受试者的生物样本第三方检测获得受试者知情同意。

(2)合同管理

申办者应与检测机构签署权责明确的合同,并可在合同中明确以下内容:①样本的采集和运输要求以及样本损毁的责任承担;②样本类型、例数、检测技术、检测结果交付、剩余样本处理、数据保存等要求;③检测费用组成、支付节点及付款条件;④检测机构配合药品监管部门检查的义务;⑤检测工作成果的知识产权归属,等等。

在国际多中心临床研究中,若涉及质控样本的交叉验证,申办者可选择业务能够覆盖国际多中心的检测机构,以使交叉验证能够顺利进行并保证检测方法的一致性。若涉及人类遗传资源材料出入境和海关进出口,申办者还应根据人类遗传资源管理的相关法规完成相关审批或备案程序、按照海关管理的相关法规完成海关进出口手续等。

三、申办者内控制度建设

除针对临床参与方的合规管理外,申办者还需要建立完善的内部临床研究合规管理制度体系,以覆盖临床研究的全生命周期。这些制度包括但不限于数据合规管理制度、人类遗传资源管理制度、第三方服务机构选聘制度、质量管理与质量保证制度等。申办者可基于管理制度制定相关的标准操作规程,如试验数据记录、受试者知情同意、不良事件及严重不良事件报告和处理、实验室检测及质量控制等标准操作规程。本文通过节选临床数据合规和人类遗传资源管理的相关内容,探讨申办者应如何建立相关的合规管理制度。

（一）临床研究数据合规管理

临床研究数据是评估药物安全性、有效性的关键考量因素。如何降低数据合规风险并提高数据质量、如何解决国际多中心临床研究数据分享等数据合规问题,是申办者亟须解决的问题。

1. 数据合规监管体系

临床研究数据合规监管体系以《药品管理法》《生物安全法》《网络安全法》《数据安全法》《个人信息保护法》等一般药品管理、生物安全、网络安全、数据安全、个人信息保护法律为基础,以 GCP、《人类遗传资源管理条例》（以下简称《人遗条例》）、《人类遗传资源管理条例实施细则》（以下简称《人遗实施细则》）、《人口健康信息管理办法（试行）》、《国家健康医疗大数据标准、安全和服务管理办法（试行）》和 GB/T 39725—2020《信息安全技术　健康医疗数据安全指南》等医药、医疗与生命科学领域数据管理的单行法规、条例、国家标准和指南为具体规则,涉及国家市场监督管理总局、科学技术部、工业和信息化部等监管部门。申办者应在了解数据合规监管体系的基础上,进一步完善数据合规管理制度。

2. 数据合规常见问题

申办者是药品注册的申请者和权利人,对临床研究数据可靠性承担法律责任。药品监管机构开展的临床研究数据核查工作反映了诸多数据合规问题,申办者可以在了解相关的合规问题后“有的放矢”,建立有效的合规管理体系。常见的数据合规问题主要包括:①编造或者无合理解释地修改受试者信息以及研究数据、研究记录、研究药物信息;②隐瞒研究数据,无合理解释地弃用研究数据,以其他方式违反研究方案选择性使用的研究数据;③瞒报与临床研究用药相关或可能相关的严重不良事件;④故意损毁、隐匿临床研究数据或者数据存储介质;⑤受试者的筛选/入组相关数据链缺乏完整性;⑥知情同意书的签署内容不完整、不规范,签署数量与总结报告中的筛选和入选病例数不一致;⑦临床研究过程记录及临床检查、化验等数据不真实且无法溯源;⑧电子数据的修改、转换、编辑未留痕且不可追溯;⑨临床研究的生物样本采集、保存、运送与交接记录无法保证完整性和真实性;⑩研究用药物的管理过程记录缺乏完整性和原始性,等等。

3. 国际多中心临床研究数据合规

国际多中心临床研究的数据合规主要涉及数据出境及域外认可问题。

对于数据出境,需要在数据合规监管体系下,根据数据的不同属性适用不同的监管法规要求。如涉及重要数据、10 万人个人信息或者 1 万人敏感个人信息等情况,需要按照相关法律法规的要求进行数据出境安全评估;涉及人类遗传资源的数据,应履行相关的信息备份和备案程序;如涉及人口健康信息的,跨境传输将被禁止。

对于数据域外认可,根据《接受药品境外临床试验数据的技术指导原则》的要求,若境外临床研究数据真实可靠、符合 ICH－GCP(国际人用药品注册技术协调会——临床试验质量管理规范指导原则,The International Council for Harmonisation-Good Clinical Practice)和药品注册检查要求、支持目标适应证的有效性和安全性评价、不存在影响有效性和安全性的种族敏感性因素等,则可被国家药品监管部门完全接受。根据 2012 年《美国 FDA 安全和创新法案》(Food and Drug Administration Safety and Innovation Act,FDASIA)的规定以及 FDA 网站公布的接受境外药品临床研究数据的指引,若数据能够被 FDA 验证、具有有能力的研究者、根据美国 GCP 的规定进行且适用于美国公民及医疗实践等,则可被 FDA 接受。①

近期,美国曾质询过我国制药企业使用在我国进行的/主要在我国进行的临床研究的数据来提交新药申请,其从侧面反映我国制药企业走出国门仍面临诸多困难。对于要成为全球化企业的制药企业而言,更需要密切关注不同区域临床数据合规要求和域外认可标准,建立并完善数据合规管理制度,合规开展国际多中心临床研究。

4. 数据合规管理制度建设

为了使临床研究数据合法合规收集、使用,申办者可以建立相关的数据合规管理制度,重点可关注以下内容:①建立数据管理相关人员的责任、资质及培训制度,明确申办者、研究者、监查员、数据管理员、合同研究组织的责任,并进行定期评估及考核;②建立临床研究数据管理系统,包括质量手册、程序文件、作业指导

---

① See *Food and Drug Administration Safety and Innovation Act*, https://www.fda.gov/regulatory－information/selected－amendments－fdc－act/food－and－drug－administration－safety－and－innovation－act－fdasia.

书、质量记录等,并确保数据的可溯源性;③建立数据标准化体系,为申办者之间的交流、申办者与药物评审机构之间的交流及各临床研究的药物安全性数据共享提供便利;④建立数据质量的保障及评估制度,包括数据核查制度、数据质疑流程、数据修改流程、数据盲态审核等;⑤建立安全性数据及严重不良事件报告制度,包括为确保严重不良事件数据的一致性而对临床研究数据库与药物警戒数据库的一致性核查等。

除以上数据管理制度外,临床研究中所收集、存储、使用的数据信息还可能涉及个人隐私信息、健康医疗大数据、人类遗传资源信息或人口健康信息。这些数据的存储和传输都有特定的法规要求。申办者需要结合具体实践情况,综合考虑数据合规监管体系的各项具体要求,合法合规地收集、存储和使用临床研究中的各项数据。

(二)人类遗传资源合规管理

临床研究通常需要采集人体血液、脑脊液、细胞等生物样本,可能涉及人类遗传资源,需要履行人类遗传资源相关的审批或备案程序。在实践中,如何认定“外方单位”,如何合规开展国际科学研究合作(“国合”),以及如何在企业内部建立人类遗传资源合规管理制度,是申办者面临的合规难题。

1. 外方单位认定

外方单位在我国人类遗传资源相关活动中受到诸多限制,如不得在我国境内采集、保藏我国人类遗传资源,不得向境外提供我国人类遗传资源,需要利用我国人类遗传资源开展科学研究活动的,应当采取与中方单位合作的方式进行;并且外方单位较难就其在研究者发起的临床研究(Investigator Initiated Trial ,IIT)过程中利用人类遗传资源而通过中国人类遗传资源管理办公室(以下简称“人遗办”)的审批。因此,关于外方单位的认定标准一直是业界重点关注的问题。

外方单位在《人遗条例》中是指“外国组织、个人设立或者实际控制的机构”,但《人遗条例》未就外资少量参股的公司是否落入“外方单位”进行明确解释。在此前的人遗监管实践中,任何向上追溯含有外资成分的企业都可能会被人遗办认定为外方单位,且通过协议控制方式被控制的境内运营实体也会被认定为外方单位。《人遗实施细则》贯彻了科技部“实质重于形式”的监管思路,对于境外组织、个人的“设立”或“实际控制”设置了50%的标准,即要求境外组织、个人直接或间接持股或持有类似权益50%以上;或持股虽不足50%,但能对机构的决策、管理等行为进行支配或者施加重大影响。《人遗实施细则》正式实施后,境外组织、个人直接或间接持股不足50%且不足以对机构的决策、管理等行为进行支配或者施加重大影响的企业将不再被认定为外方单位。目前行业中存在部分引入了少量外资投资人的生物医药企业,在此前的人遗监管口径中,该部分企业一直被认定为外方单位,其在开展临床试验(包括IIT)过程中利用人类遗传资源受到一定限制,《人遗实施细则》的正式实施对于含有少量外资股权的生物医药企业是一大利好。

《人遗实施细则》进一步明确规定通过协议控制(如VIE)方式被控制的境内运营实体属于外方单位,并且规定设在港澳的内资实控机构视为中方单位。如果一个境内企业虽然属于协议控制方式下被控制的境内运营实体,但是其实际控制人是一个中国籍的公民,根据科技部"实质重于形式"的监管思路,那么该境内运营实体或许有可能不被视为外方单位,但仍需观察后续人遗监管口径。

2. 国际科学研究合作合规管理

在一项临床研究项目中,若研究机构、申办者、CRO或第三方实验室其中任何一方属于外方单位的,均需要申请国合审批/备案。因此申办者需要了解国合审批/备案要求、国合的知识产权归属及人类遗传资源信息对外提供等问题。

审批/备案要求。利用我国人类遗传资源开展国合的,应当由中方单位和外方单位共同提出申请并经人遗办批准。为取得相关药品和医疗器械在我国上市许可,在临床医疗卫生机构利用我国人类遗传资源开展国际合作临床试验、不涉及人类遗传资源材料出境的,不需要批准,但应当符合"在临床医疗卫生机构"情况之一,并在开展临床试验前将拟使用的人类遗传资源种类、数量及其用途向科技部备案。其中,"在临床医疗卫生机构"包括两种情况:其一是涉及的人类遗传资源采集、检测、分析和剩余人类遗传资源材料处理等应在临床医疗卫生机构内进行;其二是涉及的人类遗传资源在临床医疗卫生机构内采集,并由相关药品和医疗器械上市许可临床试验方案指定的境内单位进行检测、分析和剩余样本处理。对于涉及外方单位的IIT而言,也需要履行国合审批程序,但实践中外方单位参与的IIT在人遗办审批中可能会遇到较大阻碍。对于探索性研究而言,根据《人遗实施细则》的规定需要申请国合审批。在目前人遗办审批口径中,所有与注册临床试验研究主要目的联系不够紧密的研究终点，都可能会被视为“探索性研究”。

知识产权归属。《人遗条例》规定，利用我国人类遗传资源开展国合，产生的成果申请专利的，应当由中方单位和外方单位共同提出申请，专利权归合作双方共有。实践中，人遗办特别关注探索性研究的知识产权共有问题。若申办者为外方单位，其与中方单位签署的合同中应明确探索性研究的知识产权由合作双方共享。

信息对外提供。《人遗实施细则》规定，将人类遗传资源信息向外方单位提供或者开放使用的，中方信息所有者应当向科技部事先报告并提交信息备份。已取得行政许可或者已完成备案的国合实施过程中，中方单位向外方单位提供合作产生的人类遗传资源信息的，如在国际合作协议中约定由合作双方使用的，不需要单独事先报告和提交信息备份。另外，申办者需注意，若针对临床研究成果发表文章涉及开放使用人类遗传资源信息的，应在信息出境前进行事先报告并提交信息备份。事先报告应当报送下列事项信息：①向外方单位提供或者开放使用人类遗传资源信息的目的、用途；②向外方单位提供或者开放使用人类遗传资源信息及信息备份情况；③接收人类遗传资源信息之外方单位的基本情况；④向外方单位提供或者开放使用对人类遗传资源保护的潜在风险评估情况。

3. 人类遗传资源合规管理制度建设

由于人类遗传资源监管要求的复杂性，常会影响临床研究的整体进度，因此申办者有必要在内部建立人类遗传资源合规管理制度，以高效管理人类遗传资源，推进临床研究项目进度。申办者可根据企业性质，按照以下“三步法”来搭建人类遗传资源合规管理制度：

第一，业务梳理与评估。首先，判断企业以及业务合作方的主体性质，是中方单位还是外方单位；其次，梳理目前开展的所有业务类型，明确哪些业务涉及人类遗传资源和涉及的环节（如人类遗传资源采集、保藏、利用等）；最后，对业务进行风险等级评估，按照人类遗传资源不同的监管要求进行高、中、低风险划分。

第二，内部管理体系搭建。根据企业管理架构，明确负责人类遗传资源管理工作的部门及承担的职责，并根据不同的业务风险等级划分，确定相应的审批部门并制定相应的审批流程。

第三，体系化管理制度建设。根据业务情况，制定人类遗传资源活动审批/备案、业务活动风险等级划分、不同风险等级业务审批流程，内部稽查和自查、外部监督检查应对等标准操作规程。还可以在标准操作规程基础上制定体系化管理文件，以有效反映人类遗传资源管理情况，如人类遗传资源申请批准进度及问题跟踪表、人类遗传资源批件到期更新表、人类遗传资源总结报告递交进度及问题跟踪表、数据备份备案进度及问题跟踪表、自查及质量事件报告进展及问题跟踪表、内部稽查发现及整改计划进展跟踪表、监管机构核查发现及整改计划进展跟踪表等。

申办者在人类遗传资源合规管理制度建设过程中，应及时关注人类遗传资源相关法律法规和监管部门官方问答的更新情况，并据此调整合规管理制度和体系化管理文件内容。

目前，我国临床研究正处于高速发展阶段，相关法律法规正根据实践情况不断完善，监管部门对于临床研究也提出了越来越高的合规要求。由于临床研究各参与方合规意识不足，并且临床研究涉及的研究机构、数据安全、人类遗传资源等又分属不同的监管部门，所以不同监管部门的联合执法、合规宣传及培训显得特别重要。申办者作为临床研究数据质量和可靠性的最终责任人，应结合实际情况和法律法规要求，选择合适的临床研究参与方并对其进行监督管理，遵守数据合规和人类遗传资源合规要求，建立体系化的临床研究合规管理制度，使临床研究合法合规开展，加快研究药物上市进度，造福广大患者。

从“隐名”到“显名”
——MAH 制度下非药品生产企业取得药品注册证书的路径解析

李长虹[*]　苏恒瑶　李政霖

[*] 作者简介：
李长虹，中伦律师事务所武汉办公室合规与政府监管部合伙人，电邮为：lichanghong@ zhonglun.com。

在 2019 年《药品管理法》修订前，我国实行药品生产许可与药品上市许可绑定的模式，未取得药品生产许可证的企业无法就研发的药品取得药品注册证书。[①] 这就导致了大量不具备药品生产能力的研发机构或医药投资企业在药品生产环节须通过与持有药品生产许可的药品生产企业合作而变通“持有”药品注册证书，即以药品生产企业名义申请取得药品注册证书，但研发机构或医药投资企业（以下简称“隐名”持有人）通过复杂的协议约定实际上控制相关药品的“所有权”。

《药品管理法》（2019 年修订）正式确立了药品上市许可持有人制度（以下简称 MAH 制度），而不再要求药品注册证书持有人具有药品生产资质，[②] 正式实现了药品生产许可与药品上市许可的解绑，为此类“隐名”持有人取得药品注册证书、实现从“隐名”持有人到实际权利主体的转变提供了制度基础和转变路径。本文将对“隐名”持有人如何在 2019 年新修订《药品管理法》下变更原有“隐名”模式，正式取得药品注册证书，成为上市许可持有人进行简要探究。全文具体内容包括“隐名”合作模式的合规性，MAH 制度下“隐名”持有人取得药品注册证书的主体资格、所需履行的程序以及拟 IPO“隐名”持有人取得目标药品注册证书后的生产模式选择。

---

① 相关规定包括：（1）《药品管理法》（2015 年）（已修改）第 31 条规定：“生产新药或者已有国家标准的药品的，须经国务院药品监督管理部门批准，并发给药品批准文号；但是，生产没有实施批准文号管理的中药材和中药饮片除外。实施批准文号管理的中药材、中药饮片品种目录由国务院药品监督管理部门会同国务院中医药管理部门制定。药品生产企业在取得药品批准文号后，方可生产该药品。”（2）《药品注册管理办法》（2007 年）（现已失效）第 65 条规定：“国家食品药品监督管理局药品审评中心依据技术审评意见、样品生产现场检查报告和样品检验结果，形成综合意见，连同有关资料报送国家食品药品监督管理局。国家食品药品监督管理局依据综合意见，作出审批决定。符合规定的，发给新药证书，申请人已持有《药品生产许可证》并具备生产条件的，同时发给药品批准文号；不符合规定的，发给《审批意见通知件》，并说明理由。改变剂型但不改变给药途径，以及增加新适应症的注册申请获得批准后不发给新药证书；靶向制剂、缓释、控释制剂等特殊剂型除外。”

② 参见《药品管理法》（2019 年）第 30 条规定：“药品上市许可持有人是指取得药品注册证书的企业或者药品研制机构等。药品上市许可持有人应当依照本法规定，对药品的非临床研究、临床试验、生产经营、上市后研究、不良反应监测及报告与处理等承担责任。其他从事药品研制、生产、经营、储存、运输、使用等活动的单位和个人依法承担相应责任。药品上市许可持有人的法定代表人、主要负责人对药品质量全面负责。”

一、“隐名”合作模式合规性探讨

（一）“隐名”合作模式介绍

所谓“隐名”合作模式，是指在“隐名”持有人不具有药品生产资质的情况下，其为达到实际控制相关药品的生产、销售之目的，委托药品生产企业申请药品上市许可并进行生产，并通过一系列协议实现由“隐名”持有人实际享有目标药品或其生产批准文号的“所有权”以及在全国范围内的总经销权。

实践中，“隐名”持有人与其选定的合作药品生产企业通常签署的协议的情况如表 1 所示：

表 1 签署协议情况

序号	协议名称[1]	签署主体	核心内容
1	技术转让合同	医药投资企业和/或药品研发机构[2]、药品生产企业	药品研发机构将相关药品技术成果转让给药品生产企业，由药品生产企业负责独家申请生产批件
2	药品合作协议书	“隐名”持有人、药品生产企业	（1）关于目标药品及生产批准文号、目标药品相关知识产权权益归属的约定 “隐名”持有人拥有目标药品及生产批准文号的“所有权”及其相关的知识产权。 （2）关于药品注册证书申请的约定 双方同意以药品生产企业的名义申请办理批文，由“隐名”持有人承担或双方分担相关审批费用、研制费用。 （3）关于目标药品生产安排的约定 ①“隐名”持有人负责采购原料、采购包装材料、向药品生产企业发出每月生产计划等。 ②“隐名”持有人向药品生产企业按照实际产量支付加工费。 ③“隐名”持有人要求更换委托加工生产单位的，药品生产企业需在更换时予以协助。 （4）关于目标药品的药品注册证书更换署名、相关技术转让的约定 ①“隐名”持有人有权要求更换目标药品的药品注册证书的署名，药品生产企业需在更换时予以协助。 ②“隐名”持有人有权要求药品生产企业配合，将目标药品相关技术转让给己方或己方指定的第三人

续表

序号	协议名称	签署主体	核心内容
3	药品总经销合同书	“隐名”持有人、药品生产企业	关于目标药品销售安排的约定:“隐名”持有人或其指定的第三方[3]拥有相关药品的全国产品总经销权,未经“隐名”持有人同意,药品生产企业不得自行或委托第三方销售相关药品,否则需按销量向“隐名”持有人支付赔偿款

注:[1]本文只列示一种常见的协议签署方式,实践中,签署协议的种类由合作各方协商确定,并非一定需拆分成几份协议签署,笔者也见过将药品经销相关的内容统一约定在药品合作协议中的方式。

[2] 当“隐名”持有人本身并非药品研发机构而是医药投资企业时,其通常会指示药品研发企业与指定的药品生产企业签订药品技术转让合同,以便药品生产企业申请办理药品注册证书。

[3]“隐名”持有人未取得药品经营许可证的,“隐名”持有人在总经销合同书之外,还会与具有药品销售资格的关联方或第三方签署药品经销协议。

综上可知,“隐名”持有人要想实际控制目标药品的生产、销售,并享有相应的权益,通常要与其选择的药品生产企业间作以下约定:其一,由“隐名”持有人实际享有目标药品及其生产批准文号的“所有权”及其相关的知识产权。其二,通过药品技术转让①方式,让选定的药品生产企业成为名义上的目标药品及其生产批准文号的持有者、目标药品相关知识产权的持有者。其三,对获批上市的目标药品的生产与销售作出具体安排,独享或分享获批上市的目标药品所能产生的收益。其四,当药品监管政策改变或其他约定情形出现时,“隐名”持有人有权要求药品生产企业配合更换目标药品药品注册证书的署名和转让目标药品相关技术。

(二)初步分析

“隐名”持有人显名化的主要依据是其与药品生产企业关于目标药品药品注册证书更换署名、相关技术转让的约定,首要障碍却是双方关于目标药品及生产批准文号、目标药品相关知识产权权益归属的约定——“由‘隐名’持有人享有目标药品及生产批准文号的‘所有权’及其相关的知识产权”是否有效。

---

① 根据《药品技术转让注册管理规定》(国食药监注〔2009〕518 号)和《关于做好实施新修订药品生产质量管理规范过程中药品技术转让有关事项的通知》(国食药监注〔2013〕38 号)的规定,药品技术转让是指药品技术的所有者按照相关规定,将药品生产技术转让给受让方药品生产企业,由受让方药品生产企业申请药品注册的过程。

1. 如何理解目标药品及生产批准文号的“所有权”及相关的知识产权

（1）目标药品及生产批准文号的“所有权”

笔者认为，此处的“所有权”并非通常所说的物权意义上的对不动产或动产占有、使用、收益和处分的权利，而是指“隐名”持有人通过拥有药品批准文号，实际享有药品上市获批所带来的财产性权益，包括但不限于药品获许生产、销售的权益。其本质上是双方关于目标药品的权益归属及药品生产、销售的利益处分。

（2）目标药品相关知识产权

“隐名”持有人享有目标药品及生产批准文号的相关知识产权，是指“隐名”持有人享有药品相关知识产权的全部权益，即使在某些情况下“隐名”持有人并非该等知识产权的名义持有人。具体权益包括但不限于药品的相关专利、商标、商业秘密以及相应的申请权利等。此类约定实质上是指“隐名”持有人拥有药品相关全部或部分知识产权，协议各方需依照协议约定保障“隐名”持有人的权利。

2. “隐名”持有人是否有权向药品生产企业主张取得药品注册证书

“隐名”合作模式下各方签订的协议应系各方的真实意思表示，其中涉及药品知识产权归属、药品获批后生产销售利益处分的约定，虽存在规避彼时药品行业监管规则的情形，却并不一定因违反行业监管规则而归于无效。主要分析如下：

首先，在此种合作模式下，虽然各方签署的协议并不一定命名为“技术合作协议”，但相关协议明显是以实现技术成果[①]工业化为目的而订立的，符合技术转化合同的特征，[②]笔者倾向于将其认定为技术合同。最高人民法院《关于审理技术合

---

① 技术成果是指研究开发所取得的发明、发现和其他科学技术成就。按其载体不同，它既可以表现为技术资料、设计图纸、工艺方法、材料配方、计算机程序、技术信息及其组合，也可以表现为样品、样机、新产品、新材料乃至新生产线等。技术成果和知识产权是两个交叉但不等同的概念，大多数技术成果享有知识产权，但并不要求技术成果必须能够或者已经依法取得知识产权，如技术服务合同的标的技术就可能是公知技术。

② 《民法典》第851条第4款规定：“当事人之间就具有实用价值的科技成果实施转化订立的合同，参照适用技术开发合同的有关规定。”最高人民法院《关于审理技术合同纠纷案件适用法律若干问题的解释》(2005年)第18条规定：“合同法第三百三十条第四款规定的‘当事人之间就具有产业应用价值的科技成果实施转化订立的’技术转化合同，是指当事人之间就具有实用价值但尚未实现工业化应用的科技成果包括阶段性技术成果，以实现该技术成果工业化应用为目标，约定后续试验、开发和应用等内容的合同。”

同纠纷案件适用法律若干问题的解释》(2020 年修正)第 8 条第 1 款规定:“生产产品或者提供服务依法须经有关部门审批或者取得行政许可,而未经审批或者许可的,不影响当事人订立的相关技术合同的效力。”

其次,此种合作模式是在我国药品生产许可与药品上市许可绑定的模式下产生的,虽然初看可能存在规避国家关于药品批准文号报批相关规则①的嫌疑,但其实质上并不违背前述规则的立法目的,且符合国家关于药品批准文号报批相关法律、行政法规的强制性规定。具体而言,“生产新药或者已有国家标准的药品的,须经国务院药品监督管理部门批准,并发给药品批准文号”“仅有药品生产企业才能申请药品生产批准文号”的规定,乃是国家出于方便行业管理的需要所设,其最终目的在于通过管控药品的生产环节“保证药品质量,保障人体用药安全,维护人民身体健康和用药的合法权益”。“隐名”合作模式下,目标药品的实际生产者仍是生产批准文号名义持有人,药品的生产仍未脱离监管当局的监管范围,所不同的是,药品生产和销售所产生的利益不再由生产批准文号名义持有人独享。因此,笔者认为,此种合作模式未违背《药品管理法》的立法目的,也不违反关于药品报批相关法律、行政法规的强制性规定,可认定为有效。

最后,此种合作模式是在市场经济的背景下,研发企业为将新药迅速产业化并占领市场获得投资回报,与生产企业集约配置资源,共同监督控制药品生产销售管理,并不为法律所禁止的一种模式,《药品管理法》的最新修订更加印证了此种模式符合药品监督的发展趋势。

此外,经检索,在司法实践中不少案例也认为此种合作模式下各方签订的协议有效,各方应当按约履行各自的义务,具体参见表 2。

---

① 如《药品管理法》(2015 年)(已修改)第 31 条规定:生产新药或者已有国家标准的药品的,须经国务院药品监督管理部门批准,并发给药品批准文号;但是,生产没有实施批准文号管理的中药材和中药饮片除外。实施批准文号管理的中药材、中药饮片品种目录由国务院药品监督管理部门会同国务院中医药管理部门制定。药品生产企业在取得药品批准文号后,方可生产该药品。

表 2　证明“隐名”合作模式合法有效的司法案例*

案件名称/案号	基本情况	法院裁判观点
A 公司诉 B 公司技术合作开发合同纠纷案/(2016)最高法民申 2946 号民事裁定书	(1)2009 年 3 月,A 公司(不具有药品生产企业资质)与 B 公司(拥有药品生产企业资质)签订合作协议,约定:①双方以 B 公司名义申请药品批准文号,生产批件的知识产权在双方约定期内归 A 公司所有,约定期满后归 B 公司所有;②A 公司支付原料及包装材料费用,向 B 公司下达生产计划,向 B 公司支付加工费,且未经 A 公司书面允许,B 公司不得擅自生产、销售产品。 (2)2011 年 8 月,双方签订补充协议,约定:A 公司拥有药品全国总经销权	最高人民法院再审观点: (1)涉案协议为技术转化合同并非项目投资合同,双方并非加工承揽合同关系; (2)涉案协议是双方在自愿、协商一致的前提下制定的,符合法律规定,且尚在有效期内,协议双方均应依约履行涉案协议; (3)A 公司根据涉案合作协议的约定享有技术转化成果使用权、生产权; (4)B 公司自行销售药品构成违约,需要向 A 公司支付违约金
C 公司与 D 公司加工合同纠纷案/(2019)浙民申 3149 号民事裁定书	(1)C 公司和 D 公司于 2009 年 5 月签订《注射用夫西地酸钠(0.5g)加工合同书》,约定:C 公司负责该产品的生产,由 D 公司下达生产计划、采购辅料、包材,并由 D 公司向 C 公司支付加工费。 (2)双方于 2012 年 3 月签订补充协议,约定:①该产品由 D 公司出资研发,该产品实际所有权归 D 公司所有;但因国家政策原因,该产品需由 C 公司出面申报批文。虽该新药证书及生产批文名义上均为 C 公司所有,实际上均应为 D 公司所有。②产品由 D 公司或其指定的第三方在全国独家经销	二审法院观点: 《注射用夫西地酸钠(0.5g)加工合同书》及其补充合同系双方真实意思表示,合同实质上约定了案涉药品的权益归属及药品生产、销售的利益处分,内容并不违反法律、行政法规的强制性规定,应认定为有效

续表

案件名称/案号	基本情况	法院裁判观点
E公司与F公司合同纠纷案/（2017）最高法民再130号民事判决书	（1）E公司与F公司于1998年7月签订合作协议，约定：①E公司委托F公司生产左旋系列药品；②F公司以自身名义取得药品生产文号，药品的知识产权包括药品生产文号归E公司所有。 （2）E公司、F公司与某医院于2000年7月签署合作协议补充协议，约定：①E公司负责研发、申报、销售和推广左旋系列药品，F公司负责生产，某医院负责临床研究等；②E公司拥有药品的全部销售权；③F公司根据E公司的指令生产药品，E公司支付全部生产费用；④合作期为3年，合作期满未续期的，由E公司负责将药品转到其他厂家生产或自行生产，F公司不得申报、仿制、生产和销售相关药品	最高人民法院再审观点： 认定合作协议及其补充协议有效，具体理由如下： （1）研发企业与生产企业共同申请新药上市的合作模式并不为法律所禁止； （2）合作协议及补充协议约定的内容并不违反法律法规的禁止性规定； （3）案涉协议符合2019年新修订的《药品管理法》第三章的相关立法精神，符合药品监督的发展趋势

注：* 以下信息均来源于企业及证监会公开信息。

基于上述内容，笔者认为，在《药品管理法》修订的大背景下，此种符合《药品管理法》（2019年修订）第三章“药品上市许可持有人”立法精神的合作模式并不会因为规避特定时期的药品管理行业规定而被直接认定为无效，“隐名”持有人的权利可获得法律的认可和保障，其有权依照协议约定主张约定的各项权利，包括要求取得药品的药品注册证书。

3. 关于“隐名”持有人有无必要“显名”的考量

基于上述内容，在“隐名”合作模式下，“隐名”持有人事实上拥有相关药品的知识产权及其获批生产销售的权益，且有权要求药品生产企业配合更换药品注册证书的署名、转让药品相关技术。但这并不意味着“隐名”持有人可一直维持此种合作模式。在此种模式下，药品生产企业作为登记的药品注册证书持有人，从登记外观上看，其有权自行对外转让药品技术及提交变更药品注册证书署名的申请，且“隐名”持有人对药品享有的权利并不能对抗善意第三人，当此种情形发生时，“隐名”持有人面临着极大失去相关药品权利的风险，只能在后期通过谈判或诉讼方式向药品生产企业请求赔偿，但此种赔偿相较于所造成的损失而言，通常是难以完全弥补的。因此，在《药品管理法》修订后，根据既往项目经验，我们建议“隐名”持有人尽早与合作药品生产企业协商更换药品注册证书的署名，成为目标药品的上市许可持有人；同时，将未登记在自身名下的药品相关专利权、商标权等知识产权变更至自己名下。

此外，若“隐名”持有人有上市计划，其更有必要变更为目标药品的上市许可持有人以及将相关知识产权登记至自己名下，理由在于：相较于保持原有“隐名”合作模式，通过药品上市许可转至自己名下的方式解决相关药品的归属问题，将更有利于论证拟上市公司的可持续经营能力以及资产业务独立性，降低对合作方的依赖，更有利于拟上市公司上市申报审核工作。2019年《药品管理法》修订前，实践中采用“隐名”合作模式的医药企业并不鲜见。从药智数据官网[①]药品转让数据库上的相关公示看，仅在2021年7月至11月，披露的药品上市许可持有人变更的案例就多达60个。经查相关IPO案例，苑东生物曾披露自身采用了与“隐名”合作模式相类的模式且该相类模式也引起了上市监管部门的关注与问询。具体情况如下：

苑东生物多款产品均采用以下合作模式：(1)公司通过签订技术使用许可合同或技术秘密使用许可合同的方式，将相关药品的生产技术许可给药品生产企业使用；(2)药品生产企业利用前述药品生产技术，以自己的名义申请药品生产批件(药品注册证书)；(3)公司根据合作的药品生产企业向下游客户销售药品的数量，向合作药品生产企业收取相应的技术使用费。

苑东生物所采用的此种模式，引发了上市监管部门的关注，进而被问及“双方签订的协议的主要内容；合作方是否存在因行政处罚等原因无法生产的可能及发行人的应对措施；该类合作模式对发行人经营的影响，以及是否需要通过持有人变更等方式进行调整”。

对此，公司的回复思路是：(1)详细披露专利或技术秘密许可合同的详细内容；(2)说明采取合作模式的背景和原因，详细分析采取此种模式的合理性；(3)通过实地走访、访谈、查看合作方资质等方式说明合作方从事相关业务的合规性；(4)充分说明合作方因被监管部门处罚等原因导致无法生产的应对措施，包括

---

① 药智数据，载 https://db.yaozh.com。

合作方整改的可能性、委托第三方的可能性以及自行生产的可能性;(5)量化合作模式终止或调整对发行人经营的影响,充分说明合作模式不会对发行人的生产经营稳定性造成影响,等等。

至此,本文已论证“隐名”持有人取得药品注册证书的可行性及必要性,下文将就 MAH 制度下“隐名”持有人取得药品注册证书的主体资格及应履行的程序作进一步探讨。

二、“隐名”持有人取得药品注册证书的主体资格条件

根据《药品管理法》(2019 年修订)第 40 条的规定,经药品监督管理部门批准,药品许可上市持有人(药品注册证书的持有人)(Marketing Authorization Holder, MAH)可以转让药品上市许可,但受让方应当具备质量管理、风险防控和责任赔偿等能力,以保障药品安全性、有效性和质量可控性。据此,“隐名”持有人若想通过受让的方式成为目标药品的 MAH,至少需要具备三项责任能力,即质量管理、风险防控和责任赔偿能力。但是,关于拟受让企业责任能力如何评价,现有法律、行政法规和部门规章未有明确且系统的规定,而散见于《药品上市后变更管理办法(试行)》(以下简称《变更管理办法》)、《药品生产监督管理办法》、《药物警戒质量管理规范》[①]等文件中;此外,从各省相关政策来看,截至目前,只有如辽宁省[②]等少部分省份作了细化规定,其余省份尚未对 MAH 的责任能力作细化规定。相关要求具体如下:

(一)质量管理能力

关于拟受让企业药品质量管理能力如何评价,《变更管理办法》第 8 条有所涉及,即要求受让方取得相应生产范围的《药品生产许可证》。根据最新的《药品生产监督管理办法》的规定,申请主体所采用的生产方式不同,药品生产许可证的申请条件不同。

具体而言,如果申请主体选择自行生产,则其应具备以下四个条件,然后申请

---

① 2021 年 5 月 7 日发布,2021 年 12 月 1 日生效。

② 2021 年 10 月 15 日,辽宁省药监局发布了关于公开征求《药品上市许可持有人及相关关键人员责任清单(征求意见稿)》意见的公告,该意见稿从资质管理、质量管理体系、药品生产、药品上市放行、药品销售等方面列明了 MAH 的责任清单。

办理A类药品生产许可证①,或申请变更登记:

(1)有资质的药学技术人员、工程技术人员及相应技术工人,法定代表人、企业负责人、生产管理负责人、质量管理负责人、质量受权人及其他相关人员符合《药品管理法》规定的条件;

(2)与拟生产药品相适应的厂房、设施和卫生环境;

(3)能对拟生产药品进行质量管理和检验的机构、人员;

(4)能对拟生产药品进行质量管理和检验的必要仪器设备;

(5)有符合药品监督管理部门制定的《药品生产质量管理规范》要求的规章制度,以保证药品质量。

若申请主体选择委托他人生产,则申请主体只需满足前述条件(1)、(3)、(5),并与符合条件的药品生产企业签订委托协议和质量协议,将相关协议和实际生产场地申请资料合并提交至申请主体所在地省级药品监督管理部门,按照《药品生产监督管理办法》规定申请办理B类药品生产许可证,或为已取得的A类药品生产许可证申请增加B类分类码。

(二)风险防控能力

从规则层面上看,关于拟受让企业药品风险防控能力如何评价,《药物警戒质量管理规范》有所涉及:拟受让企业应建立药物警戒体系,监测、识别、评估和控制药品不良反应及其他与用药有关的有害反应;应当基于药品安全性特征开展药物警戒活动,并与医疗机构、药品生产企业、药品经营企业等协同开展药物警戒活动。

(三)责任赔偿能力

关于拟受让企业责任赔偿能力如何评价,现有法律法规未有相关规定,但实践中除了拟受让企业的资产状况外,MAH的责任赔偿能力通常通过拟受让企业已购买承担药品侵权责任的商业保险,或已签订承担药品侵权责任的商业担保等方式来体现。

在进行药品转让之前,拟受让企业在审查自身是否满足MAH责任能力要求的同时,还应向国家药品监督管理局药品审评中心(CDE)或注册所在地省药监局

---

① 药品生产许可证分为ABCD四种类型:MAH自行生产可申请A证,MAH委托他人生产可申请B证,药品生产企业接受委托生产可申请C证,原料药生产企业申请的是D证。

确认以下问题：第一，CDE 目前是通过申报材料还是现场检查的方式审核药品上市许可受让方的责任能力？有无具体的参考标准？第二，若受让方申请药品生产许可证需要接受省级药监局的现场检查，那么受让方是否可以申请现场检查和药品生产质量管理规范符合性检查（药品 GMP 符合性检查）“同时进行、分别审批”[①]？以便“隐名”持有人尽快通过责任能力审查，顺利取得目标药品的药品注册证书。

三、“隐名”持有人取得药品注册证书需履行的程序

根据《药品管理法》（2019 年修订）、《药品注册管理办法》（2020 年修订）、《药品上市后变更管理办法（试行）》等法律法规的规定，“隐名”持有人取得目标药品注册证书的程序如下（可同步参见图 1）：

（一）“隐名”持有人应先取得相应生产范围的药品生产许可证

1.“隐名”持有人选择自行生产

若“隐名”持有人已拥有 A 类药品生产许可证，则应于许可事项[②]发生变更 30 日前，向原发证机关申请变更登记，原发证机关在收到申请之日起 15 个工作日内作出决定。以湖北省药监局网上办理为例，申请人应在国家政务服务平台上办理“药品生产许可证生产范围（含生产范围文字性变更）”事项变更，将目标药品纳入原 A 类药品生产许可证生产范围。

---

① 目前已有部分省份（如吉林省、云南省）规定《药品生产许可证》审核的现场检查，或 MAH 变更的现场检查可与药品 GMP 符合性检查同时进行。如吉林省药监局 2021 年 4 月 22 日发布的《关于进一步明确药品 GMP 符合性检查有关事宜的通知》提及的申请“变更药品生产许可，需要进行药品 GMP 符合性检查的，生产许可现场检查可以与药品 GMP 符合性检查合并进行”。吉林省药监局同日发布的《吉林省药品监督管理局药品生产场地变更管理办法》也提及“变更申请有下列情形之一的，可以同步开展药品 GMP 符合性检查：……（五）由于变更药品持有人而引发生产场地变更的”。又如云南省药监局 2021 年 8 月 30 日发布的《进一步明确药品生产质量管理规范符合性检查有关要求的通知》（征求意见稿）所提及“药品上市许可持有人发生变更，需要进行药品 GMP 符合性检查的，企业在申报许可事项变更同时可以申请药品 GMP 符合性检查”。

② 根据《药品生产监督管理办法》第 15 条的规定，药品生产许可证载明事项分为许可事项和登记事项。药品生产许可证载明事项分为许可事项和登记事项。登记事项是指企业名称、住所（经营场所）、法定代表人、企业负责人、生产负责人、质量负责人、质量受权人等。

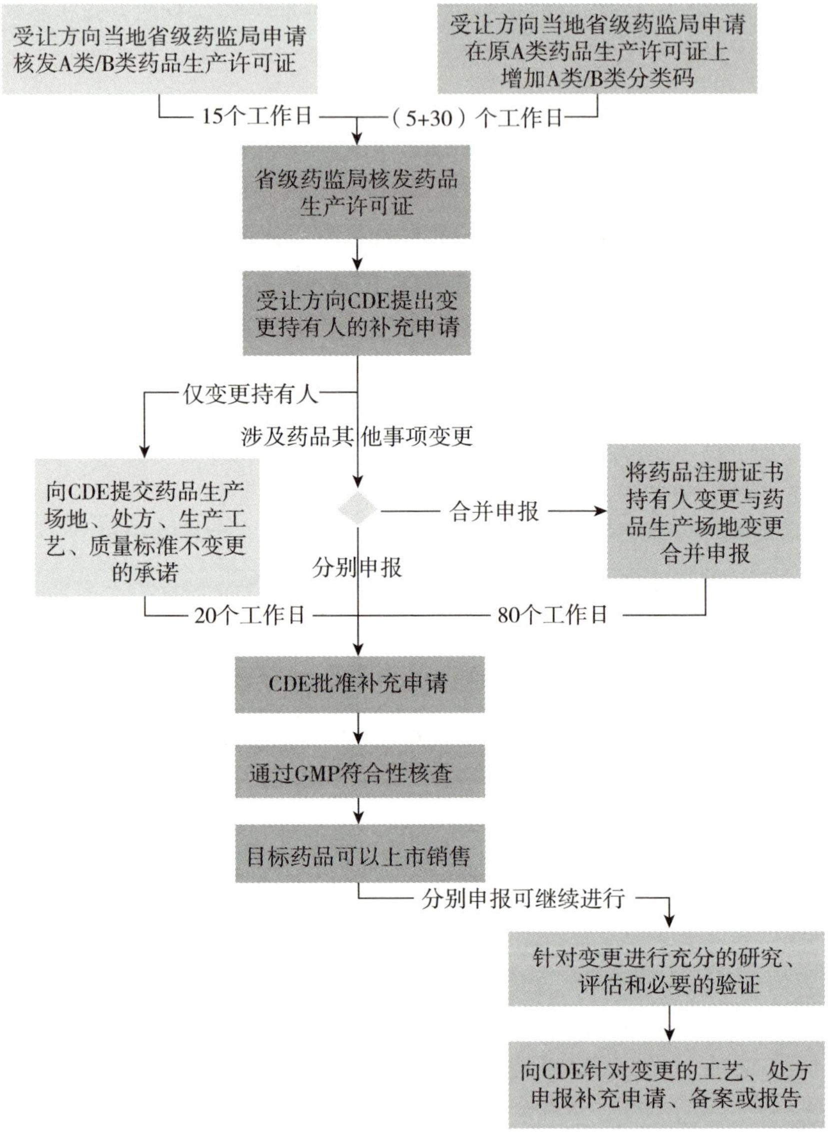

图1　MAH变更节点路线

注：药品生产许可中技术审查和评定、现场检查、企业整改等所需时间不计入期限。

若“隐名”持有人之前未拥有药品生产许可证，则应向注册所在地省药监局申请办理药品生产许可证，省药监局收到申请材料之日起在5个工作日内作出受理或不予受理决定，并于受理之日起30个工作日内作出是否予以批准的决定。若省药监局作出批准决定，则应于书面批准决定作出之日起 10 个工作日内颁发药品生产许可证。以湖北省药监局网上办理为例，申请人应在国家政务服务平台上办理“核发（A 类型自行生产的药品上市许可持有人）”，取得生产范围涵盖目标药品的 A 类药品生产许可证。

2. “隐名”持有人选择委托生产

若“隐名”持有人已拥有 A 类药品生产许可证，则“隐名”持有人需相应地在原 A 类药品生产许可证中增加 B 类分类码，所需申请资料、具体程序以及办理法定时限同增加 A 类分类码大致相同。需注意的是，相较于增加 A 类码，其可能在地方药监局承诺审批方式与时限上有所便利。对此，各省规定不同，如湖北省药监局印发的《省药品监督管理局进一步发挥监管职能促进医药产业高质量发展若干措施》就规定，具有 A 类证的企业增加 B 类分类码，仅进行申报资料合规性、完整性审查，免于现场检查。

若“隐名”持有人之前未拥有药品生产许可证，则“隐名”持有人须取得 B 类药品生产许可证，具体程序及办理法定时限同办理 A 类药品生产许可证大致相同，但所需申请材料及审批方式区别较大。以湖北省为例，办理 A 类药品生产许可证与 B 类药品生产许可证，分别对应不同的审批事项，即“核发（A 类型自行生产的药品上市许可持有人）”与“核发（B 类型委托生产的药品上市许可持有人）”。①

（二）“隐名”持有人向 CDE 提出补充申请注册

变更药品注册证书持有人需提交的申报资料包括：

（1）药品注册证书等复印件。包括申报药品历次获得的批准文件（药品注册证书、药品补充申请批件、药品再注册批件），相应文件应当能够清晰说明该药品完整的历史演变过程和目前状况。

（2）证明性文件。应当提交有关变更前后 MAH 的药品生产许可证及其变更记录页、营业执照的复印件，以及 MAH 变更协议原件（涉及商业秘密的应当隐去）。

（3）药品监督管理部门规定的其他文件。

---

① 药品生产许可中技术审查和评定、现场检查、企业整改等所需时间不计入期限。

此外，还应注意以下两点：

(1)若“隐名”持有人采取委托生产的模式，其提出补充申请注册时，申请资料里应包含受托生产企业所在地省级药品监督管理部门出具的通过GMP符合性检查告知书，以及委托方注册所在地省药监局和受托方注册所在地省药监局同意委托/受托生产的意见。①

(2)变更事项不同，所需申请资料、审批方式、办理法定时限会有不同，具体如下：

①若该次药品上市许可转让仅构成持有人变更，则属于不需技术审评的审批事项(办理时限为20个工作日)，受让方需提供对拟转让药品的生产场地、处方、生产工艺、质量标准等应当与原药品一致、不发生变更的承诺。

②若该次药品上市许可转让还涉及药品的其他事项变更，如药品生产场地变更登记。对此有两种处理方式：一是在药品注册证书持有人变更获批后，由“隐名”持有人按照药品生产场地变更技术指导原则，开展研究后，向注册所在地省药监局提出变更药品生产许可证的申请并提交相关资料，省药监局会开展现场检查和技术审评，若符合要求则对“隐名”持有人持有的药品生产许可证相关信息予以变更。之后，省药监局会根据变更后的药品生产许可证在药品注册备案变更系统中对持有人药品注册批准证明文件及其附件载明的生产场地或生产企业的变更信息进行更新。二是将药品注册证书持有人变更与药品生产场地变更合并申报，技术审批时限按照新《药品注册管理办法》第96条的规定执行，即80日，具体流程参照各省药监局出台的药品上市后变更管理实施细则②。

(三)CDE批准补充申请

CDE同意并补发药品补充申请通知书，同时抄送转让方和受让方注册所在地的省级药品监督管理部门。

---

① 以湖北省为例，若医药企业采用委托生产模式，委托方须在国家政务服务平台上办理“药品委托生产(委托方)批准”，受托方须在国家政务服务平台上办理“药品委托生产(受托方)批准”。

② 如辽宁省于2021年10月28日发布的《辽宁省药品上市后变更管理实施细则(试行)》；湖北省于2021年7月21日施行的《湖北省药品上市后变更管理实施细则(试行)》。

（四）目标药品可以上市销售

转让的药品在通过药品 GMP 符合性检查①后，符合产品放行要求②的，方可上市销售。同时受让方应在其转让后首次企业年度报告中重点说明转让的药品情况。

需要注意的是，若“隐名”持有人为拟上市企业，且上市申报时存在目标药品 MAH 变更的行为，则可能会被证券监管机构问及：

（1）目标药品 MAH 变更的业务背景，是否具有商业合理性；

（2）目标药品 MAH 变更过程是否存在纠纷、是否存在利益输送；

（3）后续程序推进的具体安排，以及是否存在实质障碍。

对此，可供参考的回复思路为：（1）披露目标药品 MAH 变更的业务背景及商业合理性，常见理由如“发行人医药板块业务重组需要”；（2）详细披露变更进展，主要包括变更审批情况、转让款支付情况等；（3）通过披露转让款支付后续安排、走访主管机关等方式说明发行人成为目标药品上市许可持有人不存在实质障碍等。具体案例参见表 3。

表 3　关于发行人上市申报时 MAH 变更程序尚未履行完毕的问询及回复要点*

序号	公司简称/股票代码	公告文件/日期	问询与回复要点
1	迈威生物/提交注册	发行人及保荐机构回复意见/2021 年 6 月 18 日	问询：根据招股说明书，目标药品“阿达木单抗”为发行人与君实生物合作开发的生物类似药。根据双方的约定，由君实生物提交上市申请。在目标药品上市申请获批后，由双方成立的合资公司（发行人持股 51%）受让该药品生产批件，成为 MAH。双方还约定由发行人负责目标药品的市场推广及销售。请发行人说明：双方就目标药品的合作研发费用分摊机制；发行人支付或承担费用的经济

① 指药品监督管理部门对 MAH 持有人、药品生产企业（车间、生产线）和药品品种实施药品生产质量管理规范情况开展的监督检查活动。其主要分为依申请的药品 GMP 符合性检查和依职权的药品 GMP 符合性检查。

② MAH 持有人有义务建立药品上市放行规程，对药品生产企业放行的药品进行审核，MAH 授权的质量管理人签字后方可放行。MAH 持有人和受托生产企业应当签订委托协议和质量协议（可以参照药品监督管理部门制定的《药品委托生产质量协议指南》）。

续表

序号	公司简称/股票代码	公告文件/日期	问询与回复要点
			实质,相关费用支付去向,部分费用是否实质为研发管线或药品生产批件转让价款;后续向合资公司转让 MAH 是否存在障碍。 回复要点: (1)关于公司支付的研发费用:依据《合作开发协议》的约定,迈威生物所支付或所承担费用的经济实质是迈威生物应分摊的研发费用。 (2)关于后续向合资公司转让 MAH 是否存在障碍:我国《药品管理法》《药品注册管理办法》等法律法规对 MAH 变更的事项进行了明确规定,君实生物符合相关条件,后续向合资公司转让 MAH 不存在法律障碍
2	西藏药业/600211	关于上海证券交易所对公司 2020 年年度报告的信息披露监管工作函的回复公告/2021 年 5 月 6 日	问询:补充披露依姆多上市许可/药品批文转换、商标过户及生产转换等工作的后续安排、预计完成时间及可能存在的风险(如有),并结合前期披露的重组实施计划,说明本次交易时间跨度的合理性。 回复要点: (1)由于《药品管理法》及《药品上市后变更管理办法(试行)》的颁布实施,药品上市许可持证与药品生产可进行分离,我公司拟直接将上市许可从阿斯利康转移至我公司。因我公司目前没有相关的片剂生产质量体系,需要抓紧时间建立依姆多生产质量保证体系。我公司已于 2021 年年初启动了药品上市许可持证转移项目前期准备工作,按照相关规定,需要完成的前期工作如下:①建立关于依姆多产品人员配置和组织机构;②建立依姆多产品 GMP 全套文件体系;③对无锡阿斯利康现场审计和生产质量管理体系评估;④与无锡阿斯利康签订受托生产质量协议、交接相关文件;⑤对人员进行系统培训。 (2)公司计划 2021 年年底前完成上述准备工作后,向国家药品监督管理局药品审评中心递交变更药品上市许可持有人的申请资料,2022 年年初向药监局申请 GMP 符合性检查。检查通过后,上市许可持证转移便可完成。

续表

序号	公司简称/股票代码	公告文件/日期	问询与回复要点
			(3)我公司在完成依姆多上市许可持有人变更后,将委托阿斯利康或康哲(湖南)制药有限公司作为受托生产厂生产依姆多产品,预计完成时间2022年年中
3	科兴制药/688136	发行人及保荐机构回复意见(2020年半年报财务数据更新版)/2020年9月21日	问询:2016年,A将目标药品a转让给B;C将目标药品b技术秘密、相关技术资料转让给D。2018年,C、D、F签署三方协议,约定F(发行人子公司)取代C成为技术转让的一方。2019年,A、B、G签署补充协议,约定G(发行人子公司)取代A按协议约定享受权利并承担义务。 请发行人说明: (1)上述技术转让约定发行人子公司F和G取代原技术转让方享受权利并承担义务的背景及原因,是否存在关联方向发行人输送利益的情形,所转让的技术是否存在纠纷及潜在纠纷,发行人须履行的义务; (2)上述技术转让费是否已按照协议约定支付,如未支付请说明尚未支付的原因,是否存在纠纷及潜在纠纷; (3)上述技术转让价款支付对象,是否支付给原技术转让方,关联方是否已向发行人支付,关联交易的披露是否完整; (4)部分补充合同中,作出A解除违约连带赔偿责任,并且由G先行承担MAH、再注册的义务与责任等约定,请说明上述补充合同内容的履行情况,相关义务的承担是否会对发行人及其子公司产生不利影响,并视合同履行情况进行风险揭示。 回复要点: (1)MAH转让的背景:发行人医药板块业务重组需要。 (2)从受让方资金状况、协议约定支付条件等情况说明转让费尚未支付完毕的合理原因;同时披露后续转让款支付安排、双方合同履行不存在争议、纠纷或潜在的争议、纠纷。

续表

序号	公司简称/股票代码	公告文件/日期	问询与回复要点
			(3)在医药板块业务重组前,技术受让方向A和C支付了相关技术转让款项;在医药板块业务重组完成后,根据技术转让双方签订的相关补充协议约定,B向G支付技术转让款,D向F支付技术转让款,该等技术转让款支付系医药板块业务重组下的安排,不存在侵犯发行人利益的情况,因此发行人披露的关联交易是完整的。 (4)F作为上述品种的药品上市许可持有人,在药品技术所有权转移尚未完成的情形下,按照法规要求需要先行承担MAH的义务与责任。后续F将继续积极推动上市许可持有人权属变更事项
4	盛诺基/中止	补充法律意见书(三)/2021年1月11日	问询:根据首轮问询回复,发行人与香港欣诺康已通过协议约定,香港欣诺康配合完成SNG1005相关产品的新药/进口药品注册证书转让/变更相关手续,未来SNG1005满足国产化条件后,更有利于办理后续权利转移事宜。 请发行人进一步说明:后续完成SNG1005相关产品的新药/进口药品注册证书转让/变更相关手续需履行的程序,是否存在障碍。并结合前次相关问询以及上述问题,进一步论证发行人资产的完整性。 回复要点: 发行人与香港欣诺康合作引进SNG1005的方案,在发行人与香港欣诺康遵守境内许可协议约定,并根据主管部门要求配合履行药品上市许可转让审批程序的前提下,后续变更药品上市许可持有人不存在障碍

注:* 以下信息均来源于企业及证监会公开信息。

四、拟IPO“隐名”持有人取得目标药品注册证书后的生产模式选择

“隐名”持有人取得目标药品注册证书后,在取得药品生产许可证的前提下,可以自行生产目标药品,也可选择委托原合作药品生产企业或符合条件的第三方

药品生产企业生产目标药品。其具体生产模式取决于其未来的业务定位、产品布局考量、审批难易程度以及在取回目标药品注册证书过程中与原合作药品生产企业的谈判情况等因素。

需要注意的是，若“隐名”持有人近期有 IPO 计划，则其采取委托生产模式，可能会被上市监管部门关注其生产经营的稳定性问题。为充分论证拟上市主体生产经营的稳定性，“隐名”持有人需要尤其关注被委托方是否具有药品生产资质，合作方式是否符合行业监管规定，委托生产的合理性、委托生产关系的稳定性，拟上市主体与被委托方是否存在关联关系等问题，并需要详细披露拟上市主体与被委托方之间的委托协议条款等。

如本文所述，在“隐名”持有人与药品生产企业间的系列合作协议真实有效的前提下，“隐名”持有人可根据协议要求以自己名义或其关联方名义（视协议约定的条款内容而定）取得目标药品的药品注册证书。在取得目标药品注册证书前，“隐名”持有人需具备质量管理、风险防控和责任赔偿等能力，以保障药品的安全性、有效性和质量可控性，同时需完成获取药品生产许可证、向 CDE 提出补充申请注册、获得 CDE 批文及通过药品 GMP 符合性检查等程序。在取得药品注册证书后，持有人可依据实际情况选择自行生产或委托生产模式。

（合伙人熊川律师、王振律师、实习生余祉芒对本文亦有贡献）

GCT 行业合规性之中国法律意见书

许世夺*

* 作者简介：

许世夺，中伦律师事务所北京办公室私募基金与资管部合伙人，电邮为：xushiduo@ zhonglun. com。

一、GCT 行业及监管简述

（一）GCT 行业

一般来说，基因和细胞治疗（Gene and Cell Therapy，GCT）产业包括：（1）干细胞治疗产品①；（2）免疫细胞治疗产品②，其中包括经过基因修饰的免疫细胞治疗产品及不涉及基因修饰功能的免疫细胞治疗产品；（3）基因治疗产品③；（4）基因测序诊断产品④。从产业链来看，一般涉及：（1）产业上游（研发、干细胞采集和存储）；（2）产业中游（产品生产）；（3）产业下游（销售、临床应用）。

（二）GCT 行业外资准入概述

我国于 1995 年开始对外资准入正式、规范地实施正面清单管理模式，国家根据《外商投资产业指导目录》（以下简称指导目录），将外资准入行业分为鼓励类、允许类、限制类及禁止类行业进行管理，之后也对该指导目录进行了更新。自 2018 年开始，随着 2020 年《外商投资法》⑤的正式实施，我国全面实施外商投资负面清单管理制度，大幅放开市场准入，对《外商投资准入特别管理措施（负面清单）》（以下简称负面清单）之外的外商投资给予国民待遇，不对外资准入设定其他限制。

对于 GCT 行业，我国于 2007 年在指导目录中首次明确将“人体干细胞、基因诊断与治疗技术开发和应用”列为外资禁止投资行业。之后，我国数次更新指导

---

① 根据《国家重点研发计划干细胞与转化医学重点专项实施方案（征求意见稿）》（2015 年 2 月 25 日发布），“干细胞是能自我更新、高度增殖的一类细胞，可以进一步分化成为各种不同的组织细胞”。干细胞的主要来源通常为脐带血、外周血、骨髓以及牙髓等，在对其进行特定培育后，可以生长为特定的器官和组织，用以治疗多种疾病，包括但不限于白血病、糖尿病、运动损伤类疾病以及肿瘤疾病。

② 根据《免疫细胞治疗产品临床试验技术指导原则（试行）》（2021 年 2 月 9 日发布），“免疫细胞治疗是利用患者自身或供者来源的免疫细胞，经过体外培养扩增、活化或基因修饰、基因编辑等操作，再回输到患者体内，激发或增强机体的免疫功能，从而达到控制疾病的治疗方法，包括过继性细胞治疗（adoptive cellular therapy，ACT），治疗性疫苗等”。

③ 根据《体内基因治疗产品药学研究与评价技术指导原则（试行）》（2022 年 5 月 26 日发布），“体内基因治疗产品是指进入人体后，在体内通过对人体细胞的遗传物质进行修饰、表达外源基因、操纵细胞基因表达或调控细胞生物学特性等方式以达到治疗疾病目的的药品”。

④ 根据食品药品监管总局办公厅、国家卫生计生委办公厅《关于加强临床使用基因测序相关产品和技术管理的通知》，“基因测序诊断产品（包括基因测序仪及相关诊断试剂和软件），通过对人体样本进行体外检测，用于疾病的预防、诊断、监护、治疗监测、健康状态评价和遗传性疾病的预测等……”

⑤ 2019 年 3 月 15 日通过，自 2020 年 1 月 1 日起生效。

目录及负面清单，但历次负面清单均将其列为外资禁止投资行业。

但是，中国目前同时执行自贸区负面清单制度，根据《外商投资法》，作为对外资开放的试验田，自贸区的负面清单以及政策可以作为全国负面清单的例外。针对 GCT 行业，根据国家产业指导方向，医药以及生物医药是中国在未来一段时间着力发展的产业，也是在合规、合法基础上引入外资的重点领域。中国企业在过去一段时间，也曾多次尝试投资或者并购外国（包括美国）生物医药行业企业。

目前，中国 GCT 行业方面的法规以及规则还比较分散，而且缺乏系统性以及一致性。因此，从趋势角度，笔者认为，在未来的一段时间里，中国还会逐步出台有关该行业的进一步规定，同时在安全的基础上进一步开放。

（三）GCT 行业监管简述

基因和细胞治疗兼具药品和医疗技术的双重属性。目前，总体来说，我国对该领域采取"双轨制"监管方式，包括：

1. 国家卫生健康委员会（NHC）：对于医疗机构从事相关技术的临床研究和临床应用，由国家卫生健康委员会（NHC）进行监管。我国对 GCT 行业医疗技术的监管经历了监管空白期（2009 年之前）、准入审批期（2009 年至 2015 年）及限于临床研究期（2015 年至今），呈现逐步完善监管并有放开准入的趋势。具体来看，我国自 2009 年起明确规定基因和细胞治疗相关技术为须经审批方可临床应用的医疗技术[①]。2015 年之后，又进一步明确免疫细胞、干细胞和基因芯片诊断技术不得进行临床应用[②]，同时有关 GCT 行业医疗技术相关政策和文件也陆续出台。对于基因芯片诊断技术，部分地区（如上海、江苏）自 2016 年起陆续明确将其规定为经备案后可进行临床应用的医疗技术，但其他地区仍规定其不得进行临床应用。另外，我国自 2014 年开始试点高通量基因测序技术的临床应用，试点机构可以在

① 《医疗技术临床应用管理办法》（卫医政发〔2009〕18 号）（原卫生部发布，2009 年 5 月 1 日起生效）。

② 根据《关于取消第三类医疗技术临床应用准入审批有关工作的通知》及《国家限制临床应用的医疗技术目录（2015 版）》规定，未在上述名单内的《首批允许临床应用的第三类医疗技术目录》（已失效）其他在列技术，按照临床研究的相关规定执行，因此细胞免疫治疗技术只能限定于临床研究，而不得进入临床应用。根据 2015 年 7 月 20 日发布的《干细胞临床研究管理办法（试行）》，"照本办法完成的干细胞临床研究，不得直接进入临床应用"。

备案后开展业务①。NHC 于 2019 年发布了有关体细胞治疗临床应用的最新征求意见稿②，规定医疗机构可以在备案后开展体细胞治疗临床研究和转化应用，如该征求意见稿最终生效，则免疫细胞的临床应用可以在备案后进行。但根据 NHC 的解读，干细胞医疗技术仍不得进行临床应用。

2. 国家药品监督管理部门（NMPA）：对于医药企业从事技术转化后的药品或医疗器械，由国家药品监督管理部门（NMPA）进行监管。我国自 2017 年开始受理干细胞和免疫细胞新药的临床试验和新药申请③。自 2014 年起，明确将各类基因测序诊断产品（包括基因测序仪及相关诊断试剂和软件）纳入医疗器械管理范围④。2020 年，NMPA 出台有关免疫细胞和基因治疗产品的相关技术指导原则征求意见稿，细化相关规定。

（四）CDMO 企业监管简述

CDMO（合同定制加工外包服务商，Contract Design & Manufacture Organization）企业，主要为临床试验阶段用药和商业化生产提供药品生产服务，包括病毒、质粒等载体制备生产、细胞制备生产等。另外，我们看到市场上部分CDMO企业的服务内容也包括为药企做临床试验和/或药证的申报。

CDMO 企业受到药品监督管理部门（MPA）监管，并应满足如下条件：

（1）取得药品生产许可证，并保证生产全程符合 GMP 要求；

（2）在药品注册审批程序中登记为药品的受托生产企业；

（3）与药品上市许可持有人签署委托生产协议和质量协议，并提交至 MPA 备案。

二、外商投资基因和细胞治疗行业的法律角度分析

（一）负面清单

如前文所述，根据《外商投资法》，我国对外商投资实行准入前国民待遇加负

---

① 《关于加强临床使用基因测序相关产品和技术管理的通知》。

② 《体细胞治疗临床研究和转化应用管理办法（试行）（征求意见稿）》。

③ 2017 年颁布的《细胞治疗产品研究与评价技术指导原则（试行）》，明确指出细胞治疗类产品可以按药品进行注册并上市。

④ 《食品药品监管总局办公厅、国家卫生计生委办公厅关于加强临床使用基因测序相关产品和技术管理的通知》（食药监办械管〔2014〕25 号）。

面清单管理制度。如相关领域落入负面清单，则外商投资该领域会受到负面清单规定的相关限制；如在负面清单之外，则外商投资该领域享受与国内企业相同的待遇，不受特殊限制。根据2021版负面清单，第9类科学研究和技术服务业中第19项“人体干细胞、基因诊断与治疗技术开发和应用”（以下简称第19项领域）属于外资禁止投资范围。因此，如潜在标的企业的业务落入第19项领域，则外商被禁止投资该类潜在标的企业。

目前，我们未见相应文件对第19项领域的范围作出进一步解释。我们将针对基因范畴、业务范围和产品划分分别进行分析，并针对CDMO企业是否落入第19项领域进行具体分析。

（二）从基因范畴角度分析

从公开文件角度看，第19项领域“基因诊断与治疗”的提法源于2007年修订的指导目录。结合当时的社会经济环境，此处的基因诊断与治疗是与人类遗传资源管制相匹配的。我国于1998年出台了《人类遗传资源管理暂行办法》（现已失效）①，规定“人类遗传资源是指含有人体基因组、基因及其产物的器官、组织、细胞、血液、制备物、重组脱氧核糖核酸（DNA）构建体等遗传材料及相关的信息资料”。因此，笔者认为，从合规角度，此处基因治疗与诊断应从基因角度作广义解释，即包含人体组织基因相关的治疗与诊断都应纳入该范畴。

（三）从业务范围角度分析

从业务范围角度看，第19项领域对于业务范围的表述为“开发和应用”，笔者认为，该表述更偏向于研发和临床应用环节。

考虑到基因和细胞治疗产品的生产涉及针对患者本人细胞和基因的处理，因此，严格来讲，药品生产也会涉及相关技术的应用，从而落入第19项领域所述业务范围。对于该业务范围的界定，某药品监督管理局的相关人员称，基因和细胞治疗产品存在个性化诊疗特性，目前业内对其认定及监管态度仍未达成共识。

---

① 2019年，国务院进一步出台《人类遗传资源管理条例》（2019年5月28日发布，2019年7月1日起实施）完善监管。

（四）从产品划分角度分析

从产品划分角度看，第 19 项领域所禁止的技术为干细胞和基因治疗。笔者认为，干细胞产品和基因治疗产品落入第 19 项领域所述产品范围。

对于免疫细胞治疗产品，则应具体区分其是否涉及基因治疗。经过基因修饰的细胞产品目前在药品分类上被归类为细胞治疗产品而非基因治疗产品，其与通常的基因治疗产品存在一定区别。但 NMPA 发布的相关技术文件[①]也明确其涉及基因治疗技术，因此不能排除其落入第 19 项领域的可能性。某药品监督管理局相关人员对经过基因修饰的细胞产品是否落入负面清单中的“基因治疗”态度比较保守，认为外资从事该领域还是存在一定的政策风险。

对于基因测序诊断产品，笔者认为，其仪器、系统、检测试剂的生产一般不涉及基因技术的应用。另外，高通量基因测序系统的制造被列为“鼓励类”外商投资产业，不属于外资禁入范围。因此，其被列入第 19 项领域的风险较低。

综上所述，笔者针对 GCT 行业，以 CDMO 企业和有自研产品的医药企业为两种基本类型，对相关产业链是否禁止外资准入以及具体风险级别进行了初步整理（见表 1、表 2），仅供参考。其中，业务风险程度的判断考虑因素包括：（1）生产环节是否涉及干细胞或基因技术的开发或应用；（2）是否同时参与研发，掌握核心基因信息和技术；（3）是否生产药品成品，还是仅就某一生产环节提供服务。

表 1　有关 GCT 行业的外资准入总结（CDMO 企业）

产品名称	研发	采集存储	生产（临床试验阶段用药及商业化生产）	销售	临床应用
干细胞产品	N/A	禁止外资控制*	不明确，高风险 原因：生产可能涉及干细胞技术的应用	N/A	N/A

① 包括 2021 年 2 月 9 日发布的《免疫细胞治疗产品临床试验技术指导原则（试行）》及 2022 年 5 月 26 日发布的《体内基因治疗产品药学研究与评价技术指导原则（试行）》。

续表

产品名称		研发	采集存储	生产(临床试验阶段用药及商业化生产)	销售	临床应用
免疫细胞产品	经过基因修饰的细胞产品	N/A	N/A	不明确，根据业务范围分为低风险和中风险 1. 若仅提供病毒、质粒等载体制备环节服务，低风险 原因：(1)生产可能涉及基因治疗技术的应用，但不涉及载体导入细胞过程；(2)目的基因由委托方药企研发并提供；(3)仅针对药品生产的其中一部分环节进行外包服务 2. 若涉及细胞制备环节服务，即载体制备后继续进行细胞制备的生产服务，中风险	N/A	N/A
				原因：(1)生产可能涉及基因治疗技术的应用，特别是载体导入细胞过程；(2)涉及直接生产细胞产品成品；但(3)目的基因由委托方药企研发并提供		
	不涉及基因修饰功能的其他产品	N/A	N/A	不明确，低风险	N/A	N/A
				原因：不涉及基因治疗技术		
基因治疗产品		N/A	N/A	不明确，中风险	N/A	N/A
				原因：(1)涉及直接生产基因治疗产品成品；但(2)目的基因由委托方药企研发并提供；(3)基因治疗技术的应用更多地体现在临床应用环节中，生产不涉及体外基因编辑的应用		
基因测序诊断产品		N/A	N/A	不明确，低风险	N/A	N/A
				原因：仪器、系统、检测试剂的生产一般不涉及基因技术的开发与应用		

注：* 根据《人类遗传资源管理条例》，"外国组织、个人及其设立或者实际控制的机构不得在我国境内采集、保藏我国人类遗传资源"。笔者认为，如果外资持股超过50%或通过协议等安排实际控制境内企业，则会构成本条下的"实际控制"。但是，经过公开检索，部分从事该领域的公司为外资控股企业。

笔者认为，仅干细胞产品涉及造血干细胞库的采集存储环节，其他产品不涉及该环节产业；另外，CDMO企业不涉及研发、销售和临床应用环节。

表 2 有关 GCT 行业的外资准入总结(有自研产品的医药企业)

产品名称		研发	采集存储	生产(临床试验阶段用药及商业化生产)	销售	临床应用
干细胞产品		禁止	禁止外资控制[1]	不明确,高风险 原因:生产可能涉及干细胞技术的应用	N/A	N/A
免疫细胞产品	经过基因修饰的细胞产品	禁止	N/A	不明确,高风险 原因:(1)生产可能涉及基因治疗技术的应用,特别是载体导入细胞过程;(2)自行进行目的基因[2]的研发及供应,掌握核心基因信息和技术;(3)直接生产细胞产品成品 市场案例:药明巨诺(含外资)、F 公司(含外资)[3]	N/A	N/A
免疫细胞产品	不涉及基因修饰功能的其他产品	不明确,低风险	N/A	不明确,低风险 原因:不涉及基因治疗技术	N/A	N/A
基因治疗产品		禁止	N/A	不明确,高风险 原因:(1)基因治疗技术的应用更多地体现在临床应用环节,生产不涉及体外基因编辑的应用;(2)自行进行目的基因的研发及供应,掌握核心基因信息和技术;(3)直接生产基因治疗产品成品 市场案例:B 公司、N 公司(含外资)[4]	N/A	N/A
基因测序诊断产品		禁止[5]	N/A	不明确,低风险 原因:仪器、系统、检测试剂的生产一般不涉及基因技术的开发与应用	N/A	N/A

注:[1]根据《人类遗传资源管理条例》,“外国组织、个人及其设立或者实际控制的机构不得在我国境内采集、保藏我国人类遗传资源”。笔者认为,如果外资持股超过 50% 或通过协议等安排实际控制境内企业,则会构成本条下的“实际控制”。但是,经过公开检索,部分从事该领域公司为外资控股企业。

[2]根据《体内基因治疗产品药学研究与评价技术指导原则(试行)》,“目的基因是指产品中主要发挥治疗或调控作用的基因或核酸序列,可以 DNA 或 RNA 的形式存在,常见如功能蛋白的编码序列、具有靶向作用的核酸转录序列等”。

[3]详细介绍可参见附件二。

[4]笔者认为,目前国内基因治疗产品研发生产发展尚不成熟,从事基因治疗产品的公司较少。根据公开检索,B 公司和 N 公司的部分产品可能涉及基因治疗产品,N 公司详细介绍可参见附件二。

[5]基因检测/诊断技术的研发本身涉及基因诊断与治疗技术的开发,应属外资禁入范围。但实际上,企业进行基因测序设备/仪器/试剂的研发、改进,应具体区分是涉及基因检测治疗技术本身的研发,还是仅涉及仪器设备的研发。

笔者认为,仅干细胞产品涉及造血干细胞库的采集存储环节,其他产品不涉及该环节产业;另外,医药企业一般不涉及销售和临床应用环节。

鉴于基因和细胞治疗涉及的领域众多,是否最终落入第 19 项领域需要结合潜在标的企业的具体业务模式、数据使用等进行具体分析。

(五)CDMO 企业业务范围是否落入第 19 项领域分析

笔者认为,不同于自行研发并生产 GCT 产品的药企(如 F 公司/药明巨诺),CDMO 企业(如药明生基/Y 公司)仅为 GCT 产品提供生产服务或仅提供某一生产环节的服务,因此其业务范围是否落入外资禁止投资领域及其风险等级需要具体分析。若其仅提供某一生产环节的服务,且不涉及 GCT 的核心技术,则其业务范围被认定为禁止投资领域的风险较低。笔者认为,在考察 CDMO 企业项目的时候,应关注(但不限于)以下方面:

(1)是否掌握试验数据的处理、传输与存储;

(2)是否掌握新药自身的知识产权,以及在该知识产权中的成分;

(3)是否对产品承担主要责任。

笔者认为,以上因素越多、越深入,被认定为属于 GCT 行业的禁入范围的风险越高;反之,则风险越小。

例如,市场上有一些 CDMO 企业专门从事病毒和质粒的生产。笔者认为,病毒和质粒仅为细胞和基因治疗过程中的一个载体,该等载体会附着药企研发和提供的目的基因片段,CDMO 企业完成载体制备后,会提供给药企以供药企进一步生产经过基因修饰的细胞产品。在这样的情况下,CDMO 企业由于:(1)生产不涉及载体导入细胞过程;(2)目的基因由委托方药企研发并提供,CDMO 企业不参与核心技术研发；(3)仅针对药品生产的其中一部分环节进行外包服务，故其被解读为直接从事 GCT 行业以及产品的技术开发和应用风险较低。

(六)总结

综上所述，目前我国对于 GCT 行业外资准入的法律规定及监管态度尚不清晰。针对外国投资人对 GCT 行业 CDMO 企业的投资行为，根据其业务范围的不同，笔者认为：

(1)生产干细胞治疗产品，风险较高。

(2)生产基因测序诊断产品和不涉及基因修饰功能的免疫细胞治疗产品，风险较低。

(3)经过基因修饰的免疫细胞治疗产品(如 CAR－T、CAR－NK、TCR－T 等)，

①如仅提供病毒、质粒等载体制备环节的服务而不负责研发及供应目的基因，风险较低，但仍应谨慎对待；②如涉及细胞制备环节的服务但不负责研发及供应目的基因，中风险。

(4)生产基因治疗产品，中风险。

(5)如其业务为上述范围的混合，则需要结合其具体业务模式及比重具体分析其落入外资禁止领域的风险等级。

另外，《人类遗传资源管理条例》规定，"外国组织、个人及其设立或者实际控制的机构不得在我国境内采集、保藏我国人类遗传资源"。根据该规定，从合规角度考虑，如潜在标的企业业务涉及主动采集和存储细胞、基因等人类遗传资源，则不得为外资设立或外资控股。

三、实践操作

(一)市场相关案例

经检索，市场上仍存在部分外商投资企业从事该领域的情形。比较典型的案例包括：(1)部分含有外资成分并处于临床试验阶段的公司已经成功上市，包括 C 公司、T 公司等；(2)部分含有外资成分的公司相关产品上市申请已被受理，包括药明巨诺、F 公司等；(3)部分含有外资成分的公司已经取得拟从事该领域药品生产的《药品生产许可证》，包括药明巨诺、F 公司等。具体案例检索情况请见

附件二。

（二）行政处罚检索

截至本文发布之日，经检索[①]，未发现存在因外商投资从事基因和细胞治疗产品而被行政处罚的记录，但有部分外商投资企业因涉及违反人类遗传资源管理（主要为违规出境、国际合作等事项，不包括因其业务模式本身涉及采集和存储人类遗传资源）被行政处罚的案例。另外，经检索，目前有相关外商投资企业可能因违反人类遗传资源管理相关规定被海关部门调查[②]。

综上所述，基因和细胞治疗技术为新兴行业，目前法律法规及相关监管态度尚不明晰。从市场实践案例来看，部分含有外资成分的公司在从事 GCT 行业相关业务。

四、潜在风险

含有外资成分的企业从事 GCT 行业存在潜在的合规风险，主要包括：

（一）从外商投资准入角度来看

根据《外商投资法》，外国投资者投资负面清单禁止投资的领域的，由有关主管部门责令停止投资活动，限期处分股份、资产或者采取其他必要措施，恢复到实施投资前的状态；有违法所得的，没收违法所得。

（二）从人类遗传资源管理角度来看

《人类遗传资源管理条例》规定，"外国组织、个人及其设立或者实际控制的机构不得在我国境内采集、保藏我国人类遗传资源，不得向境外提供我国人类遗传资源"。涉及外资控制的企业未经批准采集、保藏、利用我国人类遗传资源（人体基因）的，"由国务院科学技术行政部门责令停止违法行为，没收违法采集、保藏的人类遗传资源和违法所得，处 50 万元以上 500 万元以下罚款，违法所得在 100 万元以上的，处违法所得 5 倍以上 10 倍以下罚款"。

---

① 具体检索路径请参见附件一。

② 港股上市公司 J 公司 2020 年 9 月 21 日发布公告称，中国海关缉私部门对公司位于中国南京和镇江的公司办公地点进行了检查，该检查涉嫌违反中国法律关于进出口的规定。目前，笔者尚未检索到相关行政处罚文件，根据相关媒体报道，J 公司可能因违反人类遗传资源管理出境相关规定被调查。

五、未来发展趋势

首先,我国对第 19 项领域的限制在一定程度上滞后于目前基因和细胞治疗技术的行业发展。从 2007 年版《外商投资产业指导目录》首次明确将“人体干细胞、基因诊断与治疗技术开发和应用”列入禁止外商投资产业目录,到 2021 版负面清单的实施,我国禁止第 19 项领域外商投资已 14 年。负面清单第 19 项领域的监管逻辑在于基因技术本身的安全及伦理问题,以及防止外国投资者获取本国的人类遗传基因,故从总体上进行概括限定。由于目前监管尚不完善,对 GCT 行业是否完全禁止外资准入以及在哪些方面禁止外资准入有待监管部门进一步明确。

其次,近年来,中国逐步加大外商投资开放力度,笔者认为,未来该领域可能进一步放开外资准入限制。目前,已有个别地区提出要争取放开该领域外资准入限制,例如,2019 年上海市政府出台《上海市新一轮服务业扩大开放若干措施》,提出“推进医疗科技领域的项目合作和取消外资准入限制,争取允许外商投资人体干细胞、基因诊断与治疗技术开发和应用”。虽然各地的政策主要是原则性、方向性的,且目的多为鼓励医疗机构进行技术研究,但是可以反映出各地对该领域放开的态度趋势。

六、合规建议

针对外商投资 GCT 行业的潜在风险,笔者的建议如下:

(一)方案一:投资位于潜在允许外资准入地区的企业,如上海市及深圳经济特区前海蛇口自由贸易试验片区

潜在标的企业最好位于或将要落户于将来可能允许外资准入的地区,如上海市及深圳经济特区前海蛇口自由贸易试验片区。

特别是对于其业务范围明确落入第 19 项领域或落入风险较高的潜在标的企业,笔者建议在判断其是否位于将来可能允许外资准入地区后进行投资。如该潜在标的企业不位于该等地区,可视必要性,在潜在标的企业迁入该等地区后进行投资。

(二)方案二:考虑搭建 VIE 架构

投资人可考虑与潜在标的企业协商搭建 VIE 架构,投资其境外股权架构。

VIE 架构目前在法律层面及实践监管层面并没有被监管机关明令禁止。2020 年 1 月 1 日起生效的《外商投资法》删除了 2015 年《外国投资法(草案征求意见稿)》中提到的“合同、信托等方式控制”的外国投资形式。因此,笔者认为,协议控制方式目前在法律层面及实践监管层面并没有被明确纳入外商投资,且实践中也存在大量使用 VIE 架构从事负面清单限制或禁止领域业务在港股或美股成功上市的案例。但是,潜在标的企业后续如考虑回归国内上市,则障碍较大。

特别是对于其业务范围明确落入第 19 项领域或落入风险较高的潜在标的企业,若使用方案一进行投资存在实际障碍,我们建议使用方案二。

(三)方案三:投资业务范围风险较低的企业

如上文所述,如潜在标的企业的业务不涉及基因治疗技术应用(如仅提供病毒、质粒的制备服务),则其落入外资禁止投资领域风险较低。对于业务范围为混合的潜在标的企业,根据具体业务模式和比例,其风险可能也相对较低。

对于该等潜在标的企业,如投资人愿意承受其潜在风险,可考虑投资该潜在标的企业。但应注意:(1)在投资前,应对公司进行全面的业务和法律尽职调查,具体分析其潜在风险等级,必要时要求公司就其业务模式及外资准入的可行性与相关监管部门进行沟通讨论;(2)交割后,如因公司业务发展或行业监管变化导致外资准入问题风险提高,投资人有权要求公司配合进行重组,如搭建 VIE 架构。

无论考虑以何种方案投资,均应注意:(1)投资后,应加强管理及风险监控,要求公司加强相关安全保护措施,遵守人类遗传资源管理规定,并关注该行业监管动态;(2)注意交易文件中相关条款的设置,可约定如因违反外资准入规定或人类遗传资源管理规定而受到相关处罚或导致投资目的无法实现,投资人有得到回报并退出的权利。

附件一 外商投资基因和细胞治疗产品行政处罚公开检索路径

(1)百度搜索外商投资相关领域的基本评价,也可通过关键词搜索“处罚 + 细胞/基因”“外资 + 细胞/基因”或“外商投资 + 细胞/基因”:https://www.baidu.com/。

(2)在国家药品监督管理局、国家卫生健康委员会、商务部、国家发展改革委、科技部网页搜索“处罚+细胞/基因”“外资+细胞/基因”或“外商投资+细胞/基因”:国家药品监督管理局:https://www.nmpa.gov.cn/;国家卫生健康委员会:http://www.nhc.gov.cn/;商务部:http://www.mofcom.gov.cn/;国家发展改革委:https://www.ndrc.gov.cn/;科技部:http://www.most.gov.cn/。

附件二　含有外资成分、从事基因和细胞治疗技术的案例

序号	公司	股权架构	临床试验情况	药品上市申请情况	药品生产情况	公司上市情况
1	J 公司	直接持股的红筹架构	从事细胞治疗产品 CDMO 业务，自身不申请 IND（新药临床试验申请，Investigational New Drug）与新药上市	—	—	香港上市
2	C 公司	直接持股的红筹架构	2017 年 12 月，C 公司申请 IND，已获批 目前处于二期临床	2020 年 1 月，C 公司申请新药上市，尚未获批	—	纳斯达克上市 根据披露信息，C 公司研发的 CAR－T 细胞疗法不涉及人体干细胞与基因诊断和治疗，因此不属于外资禁入
3	药明生基	外资企业： K 公司全资控股上海 K 公司，后者全资控股无锡生基医药科技有限公司（药明生基）	药明生基为 K 公司拓展细胞治疗 CDMO 业务而设立的子公司，自身不申请 IND 与新药上市	—	—	母公司 K 公司于 2018 年分别在 A 股、港股上市
4	药明巨诺	VIE 架构： 集团公司搭建 VIE 架构并申请港股上市，上海明聚生物科技有限公司为 VIE 公司的全资子公司	2018 年 1 月 12 日，VIE 公司明聚生物申请 IND，已获批 目前处于二期临床	2020 年 6 月 30 日，苏州药明巨诺生物科技有限公司、上海药明巨诺生物科技有限公司申请新药上市，尚未获批*	苏州药明巨诺生物科技有限公司于 2020 年 3 月获得《药品生产许可证》	JW（Cayman）Therapeutics Co. Ltd. 正在申请港股上市 根据披露信息，从事 CAR－T 疗法的临床试验，涉及基因诊断及治疗技术的开发及应用，属于外资禁入
5	F 公司	中外合资企业： F 公司由上海复星医药产业发展有限公司与 KP EU C. V. 合资	2018 年 5 月，F 公司申请 IND，已获批 目前临床分期尚不明确	2020 年 2 月 26 日，F 公司申请新药上市，尚未获批	F 公司（外资企业），于 2019 年 12 月获批《生产许可证》，其 CAR－T 产业化生产基地已完成竣工验收	未上市

续表

序号	公司	股权架构	临床试验情况	药品上市申请情况	药品生产情况	公司上市情况
6	诺华(中国)生物	外商全资持股企业: 诺华(中国)生物医学研究有限公司为 Novartis International Pharmaceutical Investment Ltd.(诺华投资)的境内全资子公司	诺华(中国)生物有2项CAR-T细胞疗法临床试验,第一项已获批,目前处于三期临床;第二项申请于2020年2月20日获得默示许可	—	—	诺华集团海外已上市,诺华(中国)生物未上市
7	T公司	VIE架构: 集团公司搭建VIE架构并在港股上市,北京T公司为WOFE主体的全资子公司	2017年10月,T公司名为EAL的多靶点细胞免疫治疗产品获批IND,目前处于二期临床	—	北京T公司于2019年12月获批《生产许可证》	开曼T公司于2020年7月10日在港股上市 根据披露信息,T公司业务范围属于外商禁止投资领域,故使用VIE架构
8	H公司	含有外资成分企业	2019年11月,H公司有2项CAR-T细胞治疗产品获批IND 目前处于一期临床	—	—	—
9	N公司	含有外资成分企业: N公司为含有外资成分[上海复星医药(集团)股份有限公司、X公司]的企业	主要产品处于临床前研发阶段,尚未申请临床试验	—	—	未上市

注:* 优先审批公示中显示其注册主体为上海明聚生物科技有限公司(VIE公司),药品申报上市主体待进一步核实。

《药品网络销售监督管理办法》要点解读

傅长煜　左玉茹[*]　孟阳玉倩

[*] 作者简介：

傅长煜，中伦律师事务所北京办公室争议解决部合伙人，电邮为：fuchangyu@ zhonglun. com。

左玉茹，中伦律师事务所北京办公室争议解决部合伙人，电邮为：zuoyuru@ zhonglun. com。

2022 年 8 月 3 日，国家市场监督管理总局发布《药品网络销售监督管理办法》（国家市场监督管理总局令第 58 号，以下简称《办法》），《办法》自 2022 年 12 月 1 日起施行。

在《办法》正式发布前，先后有多个版本的征求意见稿。公开发布的包括 2017 年征求意见稿、2018 年征求意见稿以及 2020 年征求意见稿，据了解，还有几次意见稿仅在内部征求意见，未正式公开发布。历经五年，几易其稿，《办法》出台可谓云破月来，业界对其期待已久。

《办法》共 6 章 42 条，对药品网络销售管理、平台责任履行、监督检查措施及法律责任作出了规定，对平台责任、处方药信息展示、处方管理等热门问题也一锤定音（见图 1）。

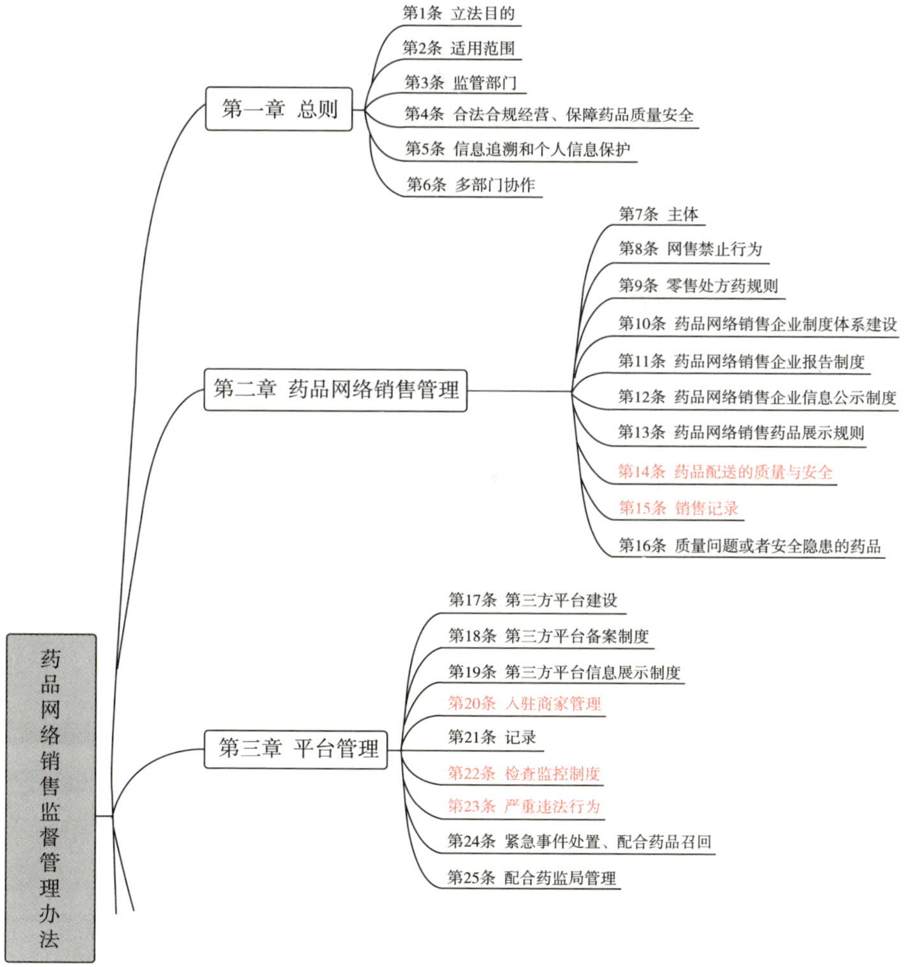

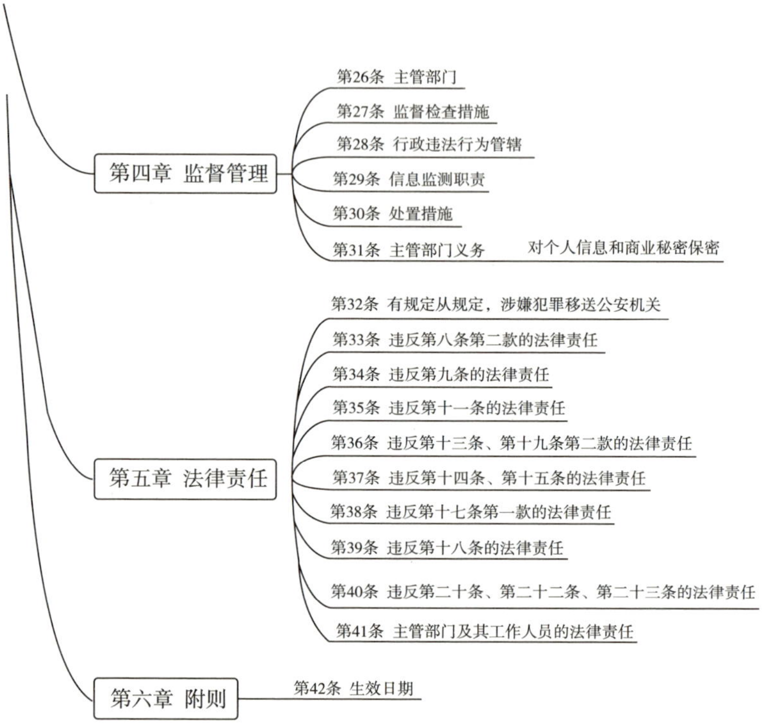

图 1 《办法》结构一览

《办法》对平台、药品销售企业高标准、严要求，针对平台、药品销售企业规定了体系建设、人员配置等建设标准和要求，同时对多数义务条款规定了相应的罚则，除引用《药品管理法》的罚则条款外（图 1 以浅红色字体突出显示的条款即适用《药品管理法》处罚规则），罚则以责令限期整改和罚款为处罚措施，受制于部门规章设置罚款的限额，罚款数额均在 20 万元以下。

一、药品网络销售企业有哪些？

从事药品网络销售的，应当是具备保证网络销售药品安全能力的药品上市许可持有人或者药品经营企业。中药饮片生产企业视为上市许可持有人，可以通过网络销售中药饮片。（见图 2）

药品网络销售企业应当按照经过批准的经营方式和经营范围经营。上市许可持有人、药品批发企业仅能批发，不能零售。可销售药品的范围，药品经营企业必须保持与已经批准的药品经营许可证一致，药品上市许可持有人仅能销售其持证的药品。

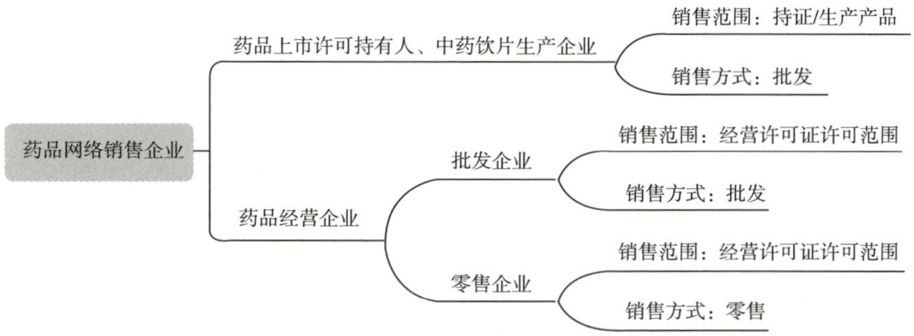

图2　药品网络销售企业的类型

二、网络销售的药品范围是什么？

疫苗、血液制品、麻醉药品、精神药品、医疗用毒性药品、放射性药品、药品类易制毒化学品等国家实行特殊管理的药品不得在网络上销售。其中，麻醉药品、精神药品、医疗用毒性药品、药品类易制毒化学品等均有目录。

通过网络销售国家实行特殊管理的药品，法律、行政法规已有规定的，依照法律、行政法规的规定处罚。法律、行政法规未作规定的，责令限期改正，处5万元以上10万元以下罚款；造成危害后果的，处10万元以上20万元以下罚款。

三、处方药网络零售的处方应如何管理？

对于处方药网络零售的处方应如何管理的问题，《办法》第9条作了规定（见图3）。

1. 处方药网络零售，应当确保处方来源真实、可靠，并实行实名制。否则，零售企业或平台将面临3万~5万元的罚款；情节严重的，将面临5万~10万元的罚款。

2. 承接处方的主体，处方药零售企业或者第三方平台，应当与电子处方提供单位签订协议。《办法》未明确“电子处方提供单位”为医疗机构。处方药零售企业和第三方平台未履行该义务的，将面临不同的处罚，针对零售企业的罚款数额为3万~10万元；针对第三方平台的罚款数额为5万~20万元。

3. 处方药零售企业需对电子处方进行标记，避免重复使用，否则企业可能面临3万~10万元的罚款（见图3）。《办法》允许零售企业接收影印处方，但应当采取有效措施避免处方重复使用，否则企业可能面临1万~5万元的罚款。

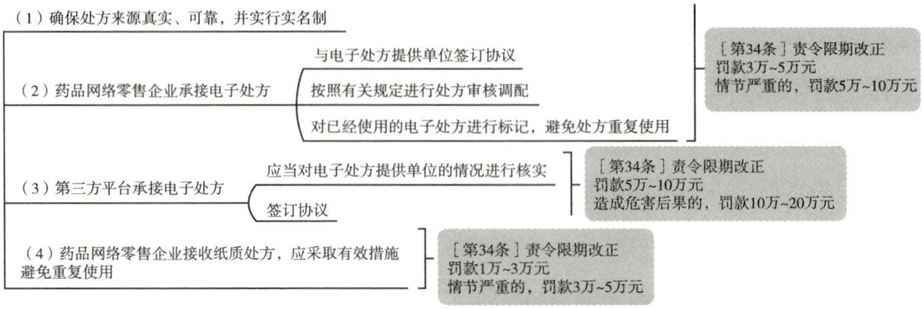

图 3 《办法》对网络零售药品的处方规定

四、药品信息，尤其是处方药信息，应如何展示?

对于 to B 平台和批发企业，《办法》规定的信息展示要求较宽松，即确保药品相关信息真实、准确、合法即可。

对于 to C 平台和零售企业，《办法》规定的信息展示要求较为严格（见图 4），包括：

1. 处方药与非处方药应区分展示，并显著标示“处方药”“非处方药”。

2. 在每个药品展示页面下突出显示“处方药须凭处方在药师指导下购买和使用”等风险警示信息。

3. 处方药销售前，应当向消费者充分告知相关风险警示信息，并经消费者确认知情。

4.《办法》对处方药的信息展示范围、展示页面、展示时间提出了极为细致的要求：第一，处方药销售主页面、首页面不得直接公开展示处方药包装、标签等信息。第二，通过处方审核前，不得展示说明书等信息，不得提供处方药购买的相关服务。规定虽细致，但仍有待进一步明晰之处，比如，处方药销售主页面、首页面的范围究竟是什么，是指处方药专区主页面、首页面，还是指单个处方药销售的主页面、首页面？又如，不得展示“标签”，是指不得展示完整标签，还是标签内信息均不得展示？再如，不得展示说明书，是指不得展示完整说明书，还是说明书内信息（如适应证）均不得展示？

药监局一直对于处方药信息展示持审慎态度，最早提出审核前不得展示处方药信息的，是 2022 年《药品管理法实施条例（修订草案征求意见稿）》：未通过处方审核的，不得直接展示处方药的包装、标签、说明书等信息。《办法》规定的处方药展示要求显然较此前提议的展示限制要求有所降低，但自由展示处方药信息的时代已经一去不返，“先药后医”模式也遭遇《办法》《互联网诊疗监管细则（试行）》的双重否定，医药电商处方药推广和销售模式面临巨大挑战。

《办法》对于违反信息展示要求的行为规定了处罚措施，对平台与零售企业的处罚力度一致——责令限期改正；逾期不改正的，处5万元以上10万元以下的罚款。

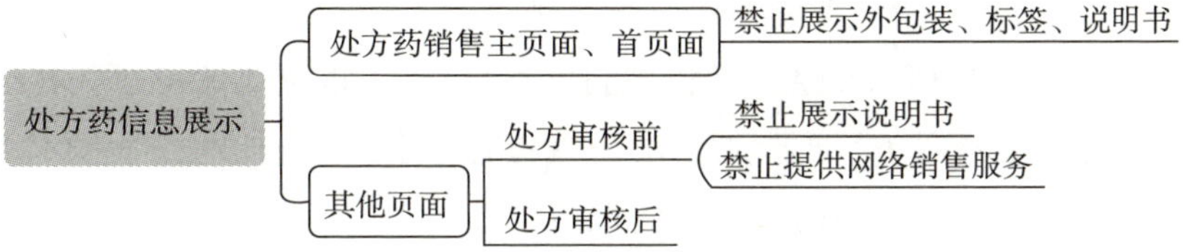

图4 《办法》对处方药信息展示的规定

五、药品网络销售企业有哪些义务，如有违反，可能面临哪些处罚？

（一）药品上市许可持有人、批发企业

药品上市许可持有人、批发企业的义务相较于药品零售企业要少得多，且《办法》目前仅就信息报告义务和记录追溯义务设置了相应罚则（见图5）。就体系建设义务、信息公示义务、质量与安全防控义务，《办法》未专门规定罚则。

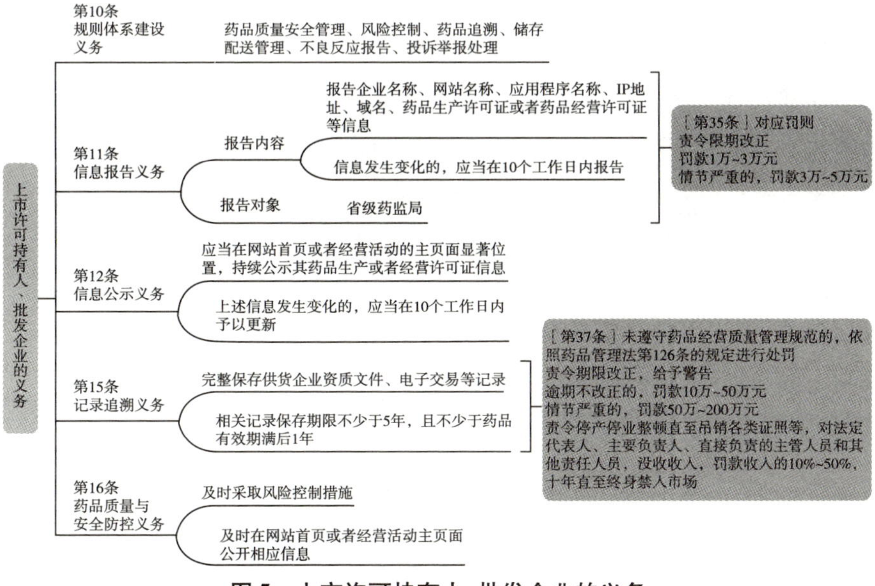

图5 上市许可持有人、批发企业的义务

（二）药品零售企业

药品零售企业的义务相对较多，包括处方管理义务、规则体系建设义务、信息报告义务、信息公示义务、配送质量与安全保障义务、记录追溯义务、药品质量与安全防控义务（见图6）。其中，针对处方管理义务、信息报告义务、配送质量与安全保障义务、记录追溯义务，《办法》规定了对应罚则。

此处简要介绍零售企业的特殊义务规则：

1. 规则体系建设方面，除一般管理制度建设外，零售企业还需建立在线药学服务制度，审核调配处方、指导合理用药。《办法》对零售企业的药学技术人员配备作出进一步要求：其数量应当与经营规模相适应。

2. 信息展示方面，除企业经营许可证信息外，零售企业还应当展示依法配备的药师或者其他药学技术人员的资格认定等信息。

3. 网络零售药品配送方面，《办法》要求零售企业全面负责配送质量和安全，明确配送药品，应当根据药品数量、运输距离、运输时间、温湿度要求等情况，选择适宜的运输工具和设施设备，配送的药品应当放置在独立空间并明显标识，确保符合要求、全程可追溯。允许零售企业委托配送，零售企业须对配送企业的质量管理体系进行审核，签署质量协议，约定质量责任、操作规程等内容，对配送企业进行监督。关于药品网络零售的具体配送要求，由国家药品监督管理局另行制定。

4. 记录追溯义务方面，除企业资质文件、电子交易记录外，《办法》还要求零售企业保存处方、在线药学服务记录；应出具销售凭证，且销售凭证中最小销售单元的销售记录应当清晰留存。

就零售企业违反配送质量和安全保障义务、记录追溯义务的行为，《办法》援引了《药品管理法》第126条作为罚则，处罚的严厉程度较《办法》自设的罚则更高，罚款数额为10万~200万元，且可能责令停业整顿直至吊销各类证照，甚至可能处罚相关个人（法定代表人、主要责任人、直接负责的主管人员和其他责任人员），对个人的处罚措施包括没收收入、罚款和市场禁入。

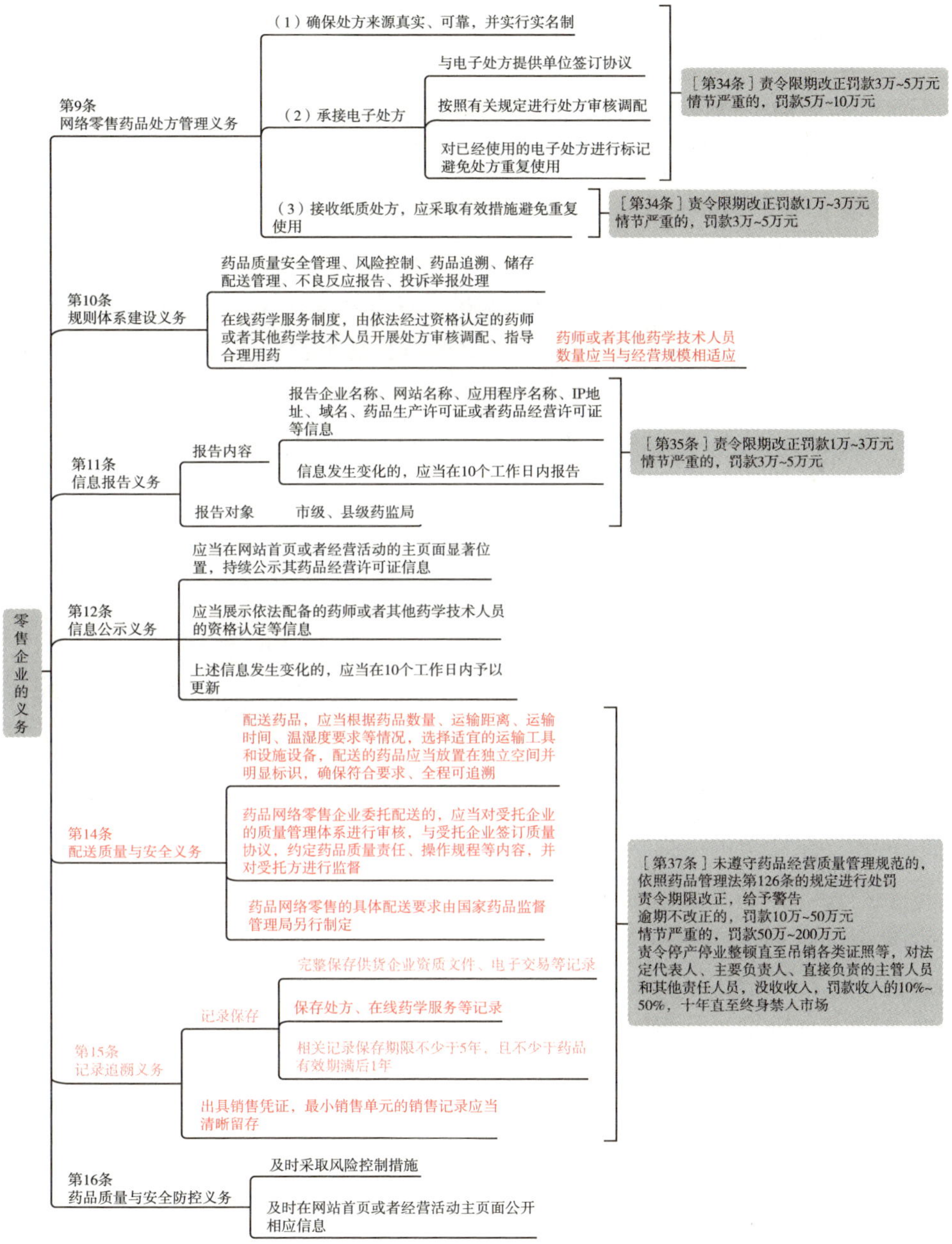

图6　零售企业的义务

注：红色字体表示零售企业特殊的义务；浅红色字体表示适用《药品管理法》处罚规定的义务。

六、第三方平台有哪些义务，如有违反，可能面临哪些处罚？

《药品管理法》第 62 条规定，第三方平台适用备案制，第三方平台的义务包括：(1)对入驻企业进行资质审核，保证其符合法定要求；(2)对发生在平台的药品经营行为进行管理；(3)发现进入平台经营的企业有违反《药品管理法》行为的，应当及时制止并立即报告所在地县级人民政府药品监督管理部门；(4)发现严重违法行为的，应当立即停止提供网络交易平台服务。《药品管理法》第 131 条针对平台未能履行资质审核、报告、停止提供网络交易平台服务等义务的情形规定了相应罚则：对于一般情节，责令改正，没收违法所得，并处 20 万～200 万元的罚款；严重情节的，责令停业整顿，并处 200 万～500 万元的罚款（见图 7）。

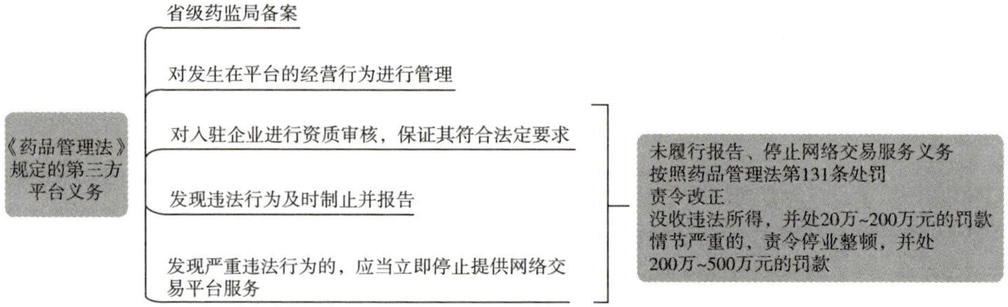

图 7 《药品管理法》规定的第三方平台义务

《办法》重申并细化了上述要求，具体包括：

1. 就备案制度，细化了备案要求的信息，规定了相应罚则（5 万～20 万元罚款）并要求省级药监局信息公示。

2. 就发生在平台的经营行为管理义务，明确管理内容包括药品信息展示、处方审核、药品销售和配送等行为。

3. 以列举方式界定“严重违法行为”，具体包括：不具备资质销售药品的；销售国家实行特殊管理的药品的；超过药品经营许可范围销售药品的；因违法行为被药品监督管理部门责令停止销售、吊销药品批准证明文件或者吊销药品经营许可证的；其他严重违法行为。

对于平台未能履行资质审核、报告、停止提供网络交易平台服务等义务的情形，《办法》仍旧援引《药品管理法》第 131 条的罚则。

除此之外,《办法》增加了对第三方平台的义务要求,包括:

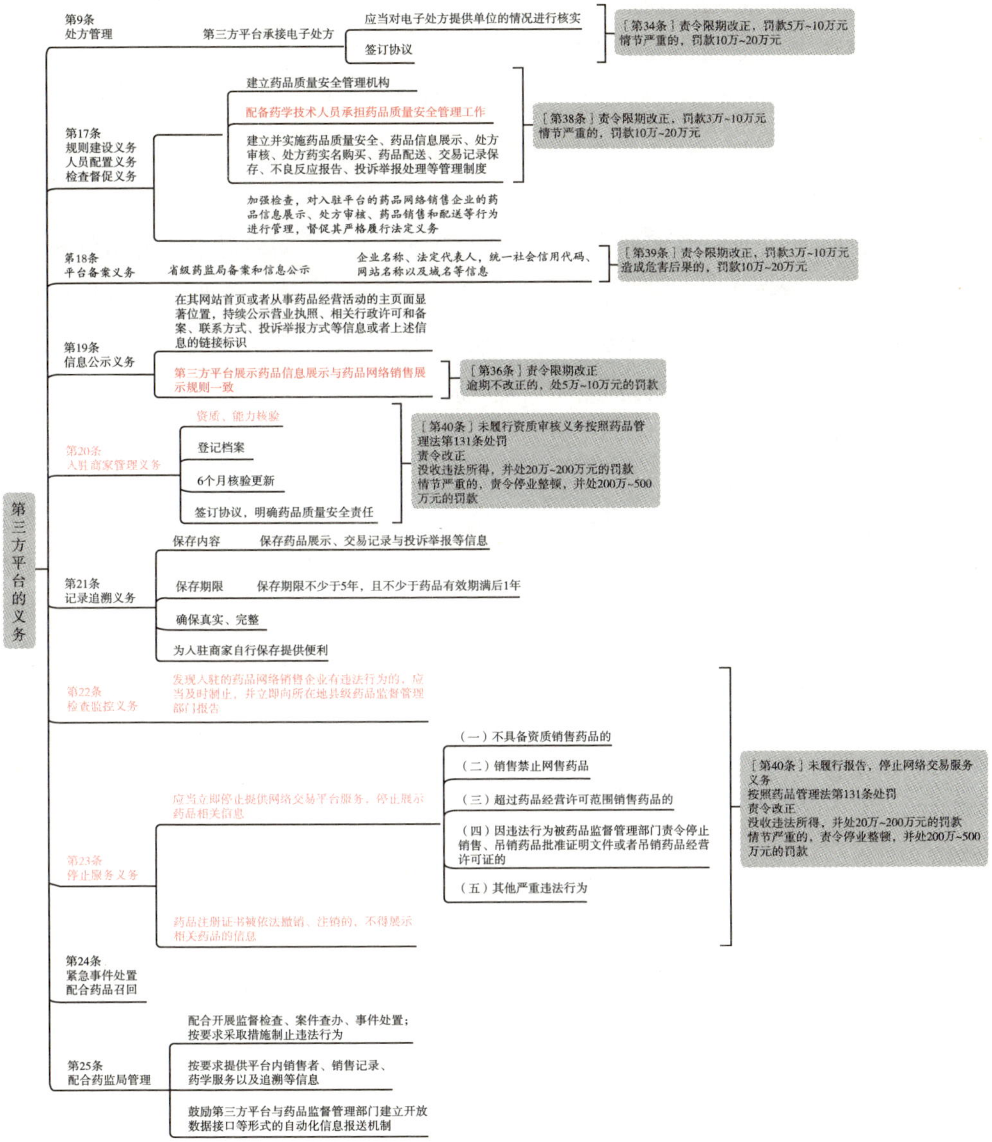

图8　第三方平台的义务

注:红色字体表示超出《药品管理法》规定的义务;浅红色字体表示适用《药品管理法》罚则的义务;楷体表示《药品管理法》规定范围内的义务。

1. 平台在处方药零售中负责承接电子处方的，应当对电子处方提供单位进行核实、与电子处方提供单位签订协议。否则，平台可能面临5万～20万元的罚款。

2. 平台应建立药品质量安全管理机构、配备药学技术人员承担药品质量安全管理工作，建立并实施药品质量安全、药品信息展示、处方审核、处方药实名购买、药品配送、交易记录保存、不良反应报告、投诉举报处理等管理制度。否则，平台可能面临3万～20万元的罚款。

3. 除对入驻企业进行资质审核外，《办法》还要求平台对入驻企业的质量安全保证能力进行审核、对药品网络销售企业建立登记档案，至少每6个月核验更新一次，确保入驻的药品网络销售企业符合法定要求。第三方平台应当与药品网络销售企业签订协议，明确双方药品质量安全责任。《办法》未就该等要求规定对应罚则。

4. 第三方平台负有紧急事件处置、配合药品召回、配合药监局管理等义务，《办法》亦未就该等要求规定对应罚则。

七、如何确定行政违法行为的管辖？

（一）级别管辖

《办法》规定，对第三方平台、药品上市许可持有人、药品批发企业通过网络销售药品违法行为的查处，由省级药品监督管理部门负责。对药品网络零售企业违法行为的查处，由市县级药品监督管理部门负责。

（二）地域管辖

药品网络销售违法行为由违法行为发生地的药品监督管理部门负责查处。因药品网络销售活动引发药品安全事件或者有证据证明可能危害人体健康的，也可以由违法行为结果地的药品监督管理部门负责。

八、监督检查的措施有哪些？

（一）一般检查措施

药品监督管理部门对第三方平台和药品网络销售企业进行检查时，可以依法采取下列措施：

1. 进入药品网络销售和网络平台服务有关场所实施现场检查；

2. 对网络销售的药品进行抽样检验；

3. 询问有关人员，了解药品网络销售活动相关情况；

4. 依法查阅、复制交易数据、合同、票据、账簿以及其他相关资料；

5. 对有证据证明可能危害人体健康的药品及其有关材料，依法采取查封、扣押措施；

6. 法律、法规规定可以采取的其他措施。

（二）延伸检查措施

必要时，药品监督管理部门可以对为药品研制、生产、经营、使用提供产品或者服务的单位和个人进行延伸检查。

从《疫苗生产流通管理规定》看疫苗生产监管要点

胡　骏[*]　李　丹　李佳卉

[*] 作者简介：
胡骏，中伦律师事务所北京办公室私募基金与资管部合伙人，电邮为：hujun@ zhonglun. com。

近年来，疫苗需求的激增在一定程度上推动了相关法律法规的出台和更新。为进一步落实《疫苗管理法》对于疫苗生产和流通环节的监管要求，《疫苗生产流通管理规定》经 2020 年和 2021 年两次公开征求意见后，终于在 2022 年 7 月 8 日正式发布并生效。

《疫苗生产流通管理规定》全文共 7 章 44 条，分别从上市许可持有人主体责任、疫苗生产、疫苗流通、疫苗变更和疫苗监督几个方面对《疫苗管理法》进行了细化规定。同时，与疫苗委托生产相关的标准文件（《疫苗委托生产申请表》《疫苗委托生产申报资料目录》《国家药品监督管理局疫苗委托生产批件》）也同步发布。本文拟结合《疫苗生产流通管理规定》，对疫苗生产环节的重点合规问题进行梳理和解析。

一、疫苗监管框架

疫苗作为用于人体免疫接种的预防性生物制品，受到针对药品的一般法律法规和针对生物制品的特殊法律法规的双重规制；此外，由于疫苗的特殊性，我国针对疫苗监管也特别出台了与之相关的法律法规，疫苗的研发、注册、生产和流通同时受到这类特别法的规制（见图 1）。

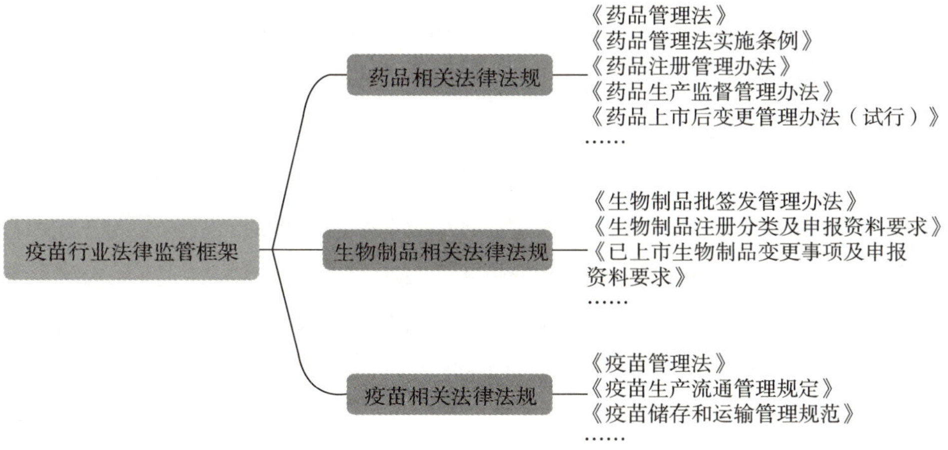

图 1　我国疫苗行业法律监管框架

二、疫苗生产监管要求

(一)疫苗上市许可持有人制度

与普通药品一样,疫苗亦实行上市许可持有人(以下简称持有人)制度,但相较于普通药品的持有人而言,疫苗的持有人需要满足更高的要求,集中体现在:

其一,疫苗持有人必须具备疫苗生产能力,无论其是否涉及委托生产。这就要求疫苗的持有人必须具备疫苗生产、检验所必需的厂房和设施设备,配备具有资质的管理人员,并具备生产出符合注册要求的疫苗的能力。对于普通药品的持有人而言,在完全委托第三方进行药品生产的情况下,持有人自身无须具备药品生产的厂房、设施设备或生产能力,并且其取得《药品生产许可证》也无须配备相应的厂房和设施设备。

其二,疫苗持有人如果进行委托生产,必须要满足法定条件(具体将在下文中详述)并在国家药品监督管理局批准后方可进行。

其三,疫苗持有人需具备更高的对疫苗全生命周期的质量管理能力,包括疫苗持有人需建立疫苗电子追溯系统并确保疫苗全过程最小包装单位可追溯核查,持有人需对疫苗进行质量跟踪分析,持续提升质量控制标准、改进工艺等。

《疫苗生产流通管理规定》在《疫苗管理法》的基础上进一步强调了疫苗持有人对疫苗安全性、有效性和质量可控性所负的主体责任,同时以大量篇幅明确了疫苗持有人所配备的关键岗位人员(包括主要负责人、生产管理负责人、质量管理负责人和质量受权人)的主要职责,以及其应具备的专业技术职称、相关工作经验及良好的信用记录,从关键岗位人员的选任上严格把控风险。如果疫苗持有人在疫苗研发、注册、生产和流通环节出现重大违法违规问题,如数据造假、未经批准进行委托生产、违反药品相关质量管理规范等,情节严重的情况下将"追责到人",关键岗位人员可能被处以高额罚款、没收收入、被长期或终身禁止从事药品生产经营或行政拘留等处罚。

(二)疫苗的委托生产

由于我国对于疫苗生产实行严于普通药品生产的准入制度,因此,在2019年《疫苗管理法》出台之前,疫苗的委托生产并未放开。虽然《疫苗管理法》中要求疫苗原则上应由疫苗持有人自行生产,但也明确了对于超出疫苗持有人生产能力、确需委托生产的，在经国家药监局批准后可以委托生产，在一定程度上放开了委托生产的可能性。此次《疫苗生产流通管理规定》又进一步明确了委托生产的适用情形、受托生产方要求及委托生产流程，提供了委托生产制度的具体落地方式。

1. 委托生产的适用情形

根据《疫苗生产流通管理规定》第12条的规定，疫苗品种满足以下情形之一的，其持有人可申请开展委托生产：(1)国务院工业和信息化管理部门提出储备需要，且认为疫苗持有人现有生产能力无法满足需求的；(2)国务院卫生健康管理部门提出疾病预防、控制急需，且认为疫苗持有人现有生产能力无法满足需求的；(3)生产多联多价疫苗的。

其中，就第3种情形(生产多联多价疫苗)，《疫苗生产流通管理规定》在第一次征求意见时并未将其作为委托生产的适用情形之一；在第二次征求意见时，虽然新增其作为委托生产的适用情形之一，但要求多联多价疫苗的委托方和受托方必须存在股权上的关联关系，即其中一方持有另一方50%以上股权或者股份，或者双方均为同一药品生产企业控股50%以上的下属公司。然而，在最终出台的《疫苗生产流通管理规定》中，前述对委托方和受托方股权关联关系的要求被删除，笔者认为，这也意味着监管部门对于放开多联多价疫苗的委托生产采取了更为包容的态度。

在《疫苗生产流通管理规定》出台前，仅有少量疫苗持有人试水委托生产[如2021年康希诺生物股份公司委托澳斯康生物(南通)股份有限公司生产腺病毒新冠疫苗原液①]。《疫苗生产流通管理规定》明确开放了多联多价疫苗的委托生产路径，结合国家对国产HPV疫苗、13价肺炎结合疫苗等多联多价疫苗的鼓励性政策，未来可能会有更多的多联多价疫苗持有人通过委托生产的方式来缓解疫苗生产需求扩大所带来的产能压力。

此外，《疫苗生产流通管理规定》和《药品生产监督管理办法》对于疫苗的委托生产还有两点要求：其一，原则上疫苗委托生产的范围应当是疫苗生产的全部工序，但必要时，委托生产多联多价疫苗的，经国家药监局同意，委托可以限于疫

---

① 参见《澳斯康生物(南通)股份有限公司首次公开发行并在科创板上市招股说明书(申报稿)》，载 http://static.sse.com.cn/stock/information/c/202206/f707aa927ba04153a0a82e380ce4dbd1.pdf。

苗原液生产阶段或者制剂生产阶段。其二,疫苗的受托生产方在接受持有人的委托生产后,不得再转委托给第三方生产。

2. 委托生产的申请流程及所需文件

在满足法定委托生产条件的情况下,疫苗持有人可申请委托生产。《疫苗生产流通管理规定》第13条至第16条规定的疫苗持有人申请委托生产的具体流程见图2:

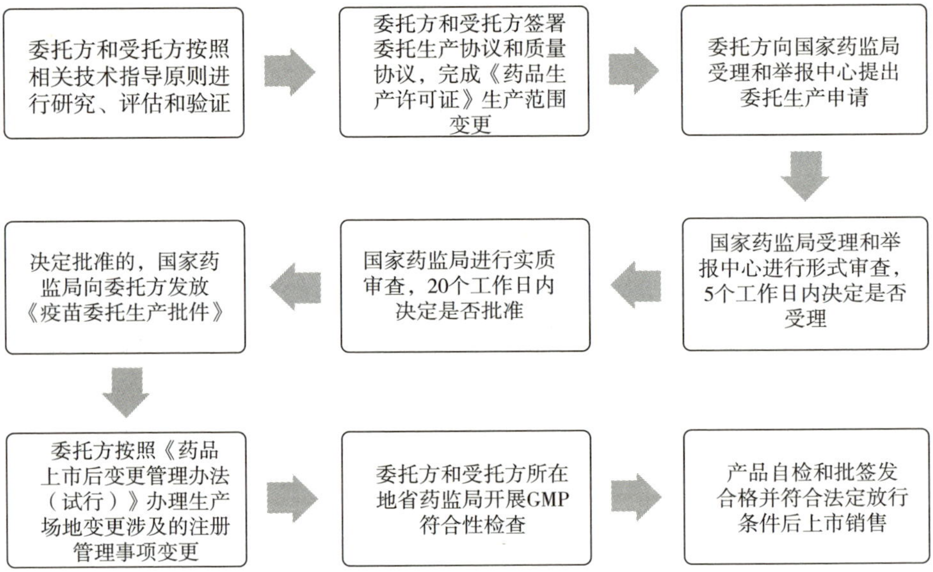

图2 疫苗委托生产流程

从申请委托生产所需的文件来看,《疫苗生产流通管理规定》及与其同时发布的《疫苗委托生产申报资料目录》中明确,疫苗持有人申请委托生产需要提交的材料包括:(1)《疫苗委托生产申请表》;(2)委托协议和质量协议;(3)委托生产的整体情况,包括委托生产的原因、具体范围和时限;(4)委托方对受托方的考核评估报告;及(5)符合《疫苗生产流通管理规定》中委托生产适用情形的证明性材料。

(三)生产检验数据的信息化管理

自长春长生重大疫苗生产记录造假事件发生后,疫苗生产的质量安全管理问题引起了广泛重视。《疫苗管理法》及《疫苗生产流通管理规定》均对疫苗持有人建立完整的生产质量管理体系,采用信息化手段记录生产、检验数据提出了要求,并明确了对于无法采用在线采集数据的人工操作步骤,持有人应将该过程形成的数据及时录入信息化系统或转化为电子数据，确保相关数据的真实、准确、完整和可追溯，同时按要求保存相关纸质原始记录。

针对生产、检验数据的信息化要求，国家药监局信息中心与食品药品审核查验中心于2022年6月22日发布了《疫苗生产检验电子化记录技术指南(试行)》，该技术指南对疫苗生产、检验过程中具体环节的电子化记录要求和技术要求进行了规定，也为疫苗持有人和疫苗生产企业的信息化建设提供了具体指引。

(四)报告制度要求

1. 年度报告

《药品管理法》及《药品生产监督管理办法》中初步规定了疫苗持有人的年度报告义务，《疫苗生产流通管理规定》在此基础上进一步明确了疫苗持有人应建立年度报告制度，并在每年4月底前将上年度的质量年度报告上传至“国家药品智慧监管平台的药品业务管理系统”。

疫苗持有人提交的质量年度报告中须包括以下内容，各板块的具体要求及模板，持有人可参考国家药监局于2020年11月11日发布的《疫苗上市许可持有人质量年度报告撰写要求(试行)》:(1)疫苗生产和批签发情况;(2)关键人员变更情况;(3)生产工艺和场地变更情况;(4)原料、辅料变更情况;(5)关键设施设备变更情况;(6)偏差情况;(7)稳定性考察情况;(8)销售配送情况;(9)疑似预防接种异常反应情况;(10)风险管理情况;及(11)接受检查和处罚情况等。

2. 停产报告

疫苗的生产和储备关系国家的民生大计，因此，我国对于疫苗持有人的生产、停产情况进行严格把控。在疫苗的生产过程中，持有人除了因进行工艺升级、搬迁改造、设备维护等内部因素停产外，突发的原材料供应短缺、疫苗生产耗材短缺、市场整体需求减少等外部因素也可能造成疫苗停产。《疫苗生产流通管理规定》进一步细化了《疫苗管理法》中规定的停产报告制度，明确了在发生如下两种情形时，以及疫苗持有人长期停产(正常周期性生产除外)计划恢复生产前，持有人应当向所在地省药监局进行报告的义务(见表1):

表1 停产报告制度

停产原因	预计停产时间	提交停产报告的时间
设备故障等突发情况	1个月以上	停产3个工作日内
工艺升级、搬迁改造等原因（正常周期性生产除外）	3个月以上	停产3个月前

《疫苗生产流通管理规定》暂未对委托生产模式下停产报告的责任主体进行明确，但结合《疫苗生产流通管理规定》中就疫苗持有人需对委托生产的疫苗承担主体责任的要求，我们建议涉及委托生产的疫苗持有人就受托方的停产安排（包括停产情形、停产告知/报告义务、擅自停产的责任及停产后的安排）与受托方提前进行沟通，并于委托协议中作出约定；此外，也建议疫苗持有人就受托方的停产情况与药监局保持积极沟通。

3. 重大质量问题报告

除质量年度报告及停产报告外，《疫苗生产流通管理规定》还明确了疫苗持有人对于影响疫苗产品质量的重大偏差或重大质量问题的报告义务。此外，相较于两次征求意见稿，正式出台的《疫苗生产流通管理规定》新增了对进口疫苗的相关规定，即如果疫苗为进口疫苗，则须由境外疫苗持有人指定的境内代理人向进口口岸所在地省药监局进行报告。这一规定与《药品管理法》项下要求境外药品持有人指定境内代理人履行持有人义务一脉相承，《疫苗生产流通管理规定》还通过明确进口疫苗的重大偏差及重大质量问题的报告义务人和主管部门，进一步加强了对进口疫苗的质量管理。

三、结语

《疫苗生产流通管理规定》细化了《疫苗管理法》对于疫苗生产的监管要求，从持有人主体责任、委托生产、信息化管理和报告制度等方面为疫苗持有人和疫苗生产企业合法合规地开展疫苗生产活动提供了更明确的指引。但是，鉴于疫苗委托生产的具体规则刚刚落地，实操过程中监管部门对疫苗委托生产申请的审查尺度仍待进一步观察。

（胡圆圆对本文亦有贡献）

生物医药企业投资中的人类遗传资源合规分析

刘新辉　殷　星*　李泽涵

*作者简介：

刘新辉，中伦律师事务所北京办公室资本市场部合伙人，电邮为：liujason@ zhonglun. com。

殷星，中伦律师事务所北京办公室私募基金与资管部非权益合伙人，电邮为：yinxing@ zhonglun. com。

近年来，随着生物医药行业强劲发展以及国家政策鼓励，已有100多家生物医药企业申报科创板上市。在生物医药企业上市过程中，对于业务涉及人类遗传资源采集、保藏、利用等的生物医药企业，上市审核机构亦颇为关注，除惯常问题外，其还会在审核问询函中要求企业说明人类遗传资源方面的合规问题，同时要求律师就此发表核查意见。

例如，在杭州索元生物医药、江苏康为世纪生物科技等公司申请上市时，上海证券交易所曾审核问询如下问题：

(1)发行人是否存在违反人类遗传资源管理相关法律法规规定的情形？

(2)发行人人类遗传资源相关资质续期进展或准备工作情况如何，续期是否存在实质性障碍？

(3)发行人内部是否建立有关人类遗传资源管理的相关制度，是否有效运行？

(4)发行人使用相关样本、数据是否存在合法合规风险，以及在人类遗传资源管理方面是否合法合规？

因此，投资方在对生物医药企业进行尽职调查时，需格外关注被投资企业的人类遗传资源合规问题，以避免后期在企业上市后退出时遇到困难。

一、监管背景

根据现行《人类遗传资源管理条例》，科技部要求与我国人类遗传资源相关的采集、保藏、国际合作科学研究、出境、国际合作临床试验、对外提供或开放使用以及采集重要遗传家系和特定地区人类遗传资源的七项行为，需进行审批或备案。

本文结合生物医药企业经常涉及的采集、保藏及国际合作科学研究和国际合作临床试验进行讨论。

二、人类遗传资源的定义

根据《人类遗传资源管理条例》第2条的规定，人类遗传资源包括人类遗传资源材料和人类遗传资源信息。其中：

人类遗传资源材料是指含有人体基因组、基因等遗传物质的器官、组织、细胞等遗传材料；人类遗传资源信息是指利用人类遗传资源材料产生的数据等信息资料。

根据《中国人类遗传资源采集审批行政许可事项服务指南》(以下简称《采集审批许可指南》)中的人类遗传资源资料采集计划表的附注,人类遗传资源具体包括全血、血清、血浆、尿液、粪便、血细胞、脑脊液、骨髓、骨髓涂片、血涂片、组织切片及其他样本等。

根据《采集审批许可指南》中人类遗传资源信息采集计划表的附注,人类遗传资源信息分为以下信息类型:(1)临床数据,如人口学信息、一般实验室检查信息等;(2)影像数据,如 B 超、CT、PET - CT、核磁共振、X 射线等;(3)生物标志物数据,如诊断性生物标志物、监测性生物标志物、药效学/反应生物标志物、预测性生物标志物、预后生物标志物、安全性生物标志物、易感性/风险生物标志物;(4)基因数据,如全基因组测序、外显子组测序、目标区域测序、人线粒体测序、全基因组甲基化测序、lnc RNA 测序、转录组测序、单细胞转录组测序、small RNA 测序等;(5)蛋白质数据;(6)代谢数据。

此外,科技部于 2022 年 3 月 21 日发布了《人类遗传资源管理条例实施细则(征求意见稿)》(以下简称《征求意见稿》),对人类遗传资源信息进行了进一步细化:"人类遗传资源信息是指利用人类遗传资源材料产生的人类基因、基因组数据等信息资料。"

三、外方单位

《人类遗传资源管理条例》对中方单位及外方单位采集、保藏和利用我国人类遗传资源的行为,采取了不同的监管措施。因此判断被投资生物医药企业是否属于外方单位亦比较重要。

根据《人类遗传资源管理条例》第 21 条的规定,外方单位包括外国组织及外国组织、个人设立或者实际控制的机构,中方单位是指我国科研机构、高等学校、医疗机构、企业。

《征求意见稿》第 12 条明确规定,"外方单位是指境外组织及境外组织、个人设立或者实际控制的机构",笔者认为,该条款也将位于中国港澳台地区的企业纳入了外方单位的范围。《征求意见稿》第 12 条第 2 款明确了"实际控制"的四种情形,其可以作为投资人判断是否属于外方单位的参考标准,具体包括:

(1)境外组织、个人持有或者间接持有机构 50% 以上的股份、股权、表决权、财产份额或者其他类似权益；

(2)境外组织、个人持有或者间接持有机构的股份、股权、表决权、财产份额或者其他类似权益虽然未达到50%，但其所享有的决策机构表决权或其他权益足以对该机构的决议或对该机构的决策、内部管理产生重大影响；

(3)境外组织、个人通过协议或者其他安排，足以对机构的决策、经营管理等重大事项施加重大影响；

(4)科技部认定的其他情形。

在尽职调查中，不仅需关注目标公司的直接或间接股东中是否包括境外组织或个人，而且需注意目标公司的股东是否为境外创始人近亲属，以及境外主体目标公司对目标公司的运营决策是否具有重大影响等。

四、采集、保藏我国人类遗传资源

(一)采集、保藏的定义

《采集审批许可指南》及《中国人类遗传资源保藏审批行政许可事项服务指南》(以下简称《保藏审批许可指南》)中分别对采集和保藏的相关概念进行了界定。《征求意见稿》第31条及第34条对该等范围进行了更新，具体情况参见表1和表2：

表1 《采集审批许可指南》和《征求意见稿》对相关概念规定对比表

事项	《采集审批许可指南》	《征求意见稿》第31条
适用范围	本许可适用于在中国境内从事的中国人类遗传资源采集活动，包括重要遗传家系、特定地区人类遗传资源和国务院科学技术行政部门规定种类、数量的人类遗传资源的采集活动的规范和管理	人类遗传资源采集行政许可适用于在我国境内从事人类遗传资源采集活动
重要遗传家系	重要遗传家系是指患有遗传性疾病或具有遗传性特殊体质或生理特征的有血缘关系的群体，患病家系或具有遗传性特殊体质或生理特征成员五人以上，涉及三代	重要遗传家系指患有遗传性疾病或具有遗传性特殊体质或生理特征的有血缘关系的群体，患病家系或具有遗传性特殊体质或生理特征成员涉及三代以上(含三代)。高血压、糖尿病等常见多基因疾病的人类遗传资源采集不在此列

续表

事项	《采集审批许可指南》	《征求意见稿》第31条
特定地区人类遗传资源	特定地区人类遗传资源指在隔离或特殊环境下长期生活，并具有特殊体质特征或在生理特征方面有适应性性状发生的人群遗传资源。特定地区不以是否为少数民族聚居区为划分依据	特定地区人类遗传资源指在隔离或特殊环境下长期生活，并具有特殊体质特征或在生理特征方面有适应性性状发生的人群遗传资源。特定地区不以是否为少数民族聚居区为划分依据
科技部规定种类、数量的人类遗传资源	国务院科学技术行政部门规定的种类是指罕见病、具有显著性差异的特殊体质或生理特征的人群；规定数量是指累积500人以上	用于大规模人群研究3000例以上的采集活动。大规模人群研究包括但不限于队列研究、横断面研究、临床研究、体质学研究等。为获得相关药品和医疗器械在我国上市许可的临床研究涉及的采集活动不在此列

表2 《保藏审批许可指南》和《征求意见稿》对相关概念规定对比表

事项	《保藏审批许可指南》	《征求意见稿》第34条
适用范围	—	人类遗传资源保藏许可适用于在我国境内从事人类遗传资源保藏、为科学研究提供基础平台的活动
包含范围	“保藏”是指将来源合法的人类遗传资源保存在适宜环境条件下，保证其质量和安全，用于未来科学研究的行为	保藏活动是指将来源合法的人类遗传资源保存在适宜环境条件下，保证其质量和安全，用于未来科学研究的行为
不包含范围	不包括实验室检测后按照法律、法规要求或临床研究方案约定的临时存储行为	不包括以教学为目的、在实验室检测后按照法律、法规要求或临床研究方案约定的临时存储行为

此外，《人类遗传资源管理条例》及《征求意见稿》均规定，为临床诊疗、采供血服务、查处违法犯罪、兴奋剂检测和殡葬等活动需要，采集、保藏器官、组织、细胞等人体物质及开展相关活动不属于《人类遗传资源管理条例》或《征求意见稿》规制的范围。

（二）外方单位不得采集、保藏我国人类遗传资源

根据《人类遗传资源管理条例》第7条的规定，外国单位不得在我国境内采集、保藏我国人类遗传资源，不得向境外提供我国人类遗传资源。

（三）中方单位采集、保藏我国人类遗传资源需获审批

根据《人类遗传资源管理条例》第11条及第14条的规定，中方单位采集、保藏我国人类遗传资源需要通过伦理审查并经国务院科学技术行政部门批准。

五、外方单位利用我国人类遗传资源

尽管外方单位不得采集、保藏我国人类遗传资源，但外方单位需要利用我国人类遗传资源开展科学研究活动的，可以在满足下列审批、备案的相关规定的情况下，采取与我国科研机构、高等学校、医疗机构、企业合作的方式进行。具体而言，若任一合作方（包括申办者、CRO、医疗机构、第三方实验室）属于外方机构，则需申报国际合作。

国际合作具体分为科学研究审批和临床试验备案：

（一）国际合作科学研究需获得审批

若外方单位与中方单位合作利用我国人类遗传资源开展科学研究活动，应由外方单位与中方单位双方提出申请、通过伦理审查、明确研究成果及利益分配方案，并经国务院科学技术行政部门批准。《中国人类遗传资源国际合作科学研究审批行政许可事项服务指南》进一步确定了该项审批的具体办理方式，申请材料包括研究方案、国际合作协议文本等，即由双方根据商业安排具体约定合作方式。

在开展国际合作科学研究过程中，科技部要求中方单位及其研究人员全过程、实质性地参与研究，中方单位应获得并可以备份研究记录及数据信息。若出现合作方、研究目的、研究内容等重大事项发生变更的情形，还应当办理变更审批手续。

此外，《人类遗传资源管理条例》要求利用我国人类遗传资源开展国际合作科学研究，产生的成果申请专利的，应当由合作双方共同提出申请，专利权归合作双方共有。研究产生的其他科技成果，其使用权、转让权和利益分享办法由合作双方通过合作协议约定；协议没有约定的，合作双方都有使用的权利，但向第三方转让须经合作双方同意，所获利益按合作双方贡献大小分享。

（二）为药品等上市开展国际合作临床研究需进行备案

《人类遗传资源管理条例》第22条第2款明确规定，“为获得相关药品和医疗器械在我国上市许可，在临床机构利用我国人类遗传资源开展国际合作临床试验、不涉及人类遗传资源材料出境的，不需要审批。但是，合作双方在开展临床试验前应当将拟使用的人类遗传资源种类、数量及其用途向国务院科学技术行政部门备案”。根据《中国人类遗传资源国际合作临床试验备案范围和程序》，“在临床机构”包括：所涉及的人类遗传资源仅在临床机构内采集、检测、分析和剩余样本处理等；所涉及的人类遗传资源在临床机构内采集，由临床机构委托的单位进行检测、分析和剩余样本处理等。临床机构应与其委托的单位签署正式协议，明确委托检测和分析的人类遗传资源材料的种类、数量、检测内容、转运方式、剩余样本和数据信息处理方式等，并对其委托的活动负责。

此外，若上述国际合作中涉及需进行审批的采集事项，中方单位需在国际合作科学研究审批或临床试验备案的基础上申报采集审批。

六、违反人类遗传资源相关规定的处罚

《人类遗传资源管理条例》规定了违反该条例采集、保藏或利用我国人类遗传资源的行政处罚措施，包括警告，罚款，没收违法采集、保藏的人类遗传资源和违法所得及定期或永久禁止从事采集、保藏、利用我国人类遗传资源的活动。

通过检索科技部政务服务平台网站公开的行政处罚决定书，截至目前，科技部对于违反《人类遗传资源条例》的行政处罚多为警告、没收销毁、一定期限内停止受理相关申请等，尚不涉及罚款及更严重的处罚。考虑到《征求意见稿》第4条和第89条将人类遗传资源监管权限委托下放，即科技部将人类遗传资源管理与监督、违法案件调查、行政执法等事项委托给省级科学技术行政部门，笔者认为，人类遗传资源调查的行政执法力度在未来可能会有所加强。

鉴于没收违法采集、保藏的人类遗传资源以及禁止其从事相关活动等处罚，均可能实质影响生物医药企业的主营业务，从而导致投资人后续退出存在实质困难，笔者建议，在投资生物医药企业时，对该企业人类遗传资源合规事宜进行关注，并可以考虑在交易文件中相应约定交割前提条件、交割后义务、特殊赔偿和/或回购事件，从而在促进被投资企业合规的同时，也实现对投资人利益的充分保障。

新型医疗器械的识别及监管

闵 敏* 王 旭

*作者简介：
闵敏，中伦律师事务所北京办公室公司业务部合伙人，电邮为：minmin@ zhonglun. com。

近年来，随着传统医疗技术与现代科技的不断融合，市场上出现大量以"AI""大数据""云计算""可穿戴""基因"等前沿科技为特色的新型医疗器械产品，包括医用软件、移动医疗器械和新型体外诊断试剂等。笔者发现，有些企业特别是初创企业过于关注产品的技术属性而忽视其医疗器械属性，未按照医疗器械行业的监管要求从事研发、生产和经营，由此产生合规风险。本文介绍新型医疗器械的种类、识别及其所涉及监管，供读者参考。

一、医疗器械的一般监管规则

根据《医疗器械监督管理条例》的规定，医疗器械是指直接或者间接用于人体的仪器、设备、器具、体外诊断试剂及校准物、材料以及其他类似或者相关的物品，包括所需要的计算机软件。

医疗器械关系人的生命与健康，因此我国监管部门针对医疗器械行业制定了大量的监管规则。根据《医疗器械监督管理条例》的规定，我国医疗器械按照风险程度分为三类①，风险程度越高，相应的管控措施也越严格。通常情况下，一款医疗器械自供应端至消费端要经历临床试验（一级医疗器械无须临床试验）、注册/备案、生产和经营四个阶段，每个阶段都有相应的监管规则（见表1）。

表1　四个阶段的监管规则

临床试验	临床试验一般性规定	1.《医疗器械临床试验质量管理规范》； 2. 国家药监局《关于发布需进行临床试验审批的第三类医疗器械目录（2020年修订版）的通告》
	临床试验机构	《医疗器械临床试验机构条件和备案管理办法》
	临床试验监督检查	国家食药监局《关于开展医疗器械临床试验监督抽查工作的通告》《医疗器械临床试验检查要点及判定原则》

① 其中：体外诊断试剂则依据《体外诊断试剂分类子目录》分类；除体外诊断试剂之外的一般医疗器械按照《医疗器械分类目录》分类。另外，定制式医疗器械还应遵守《定制式医疗器械监督管理规定（试行）》（国家药监局、国家卫生健康委公告2019年第53号）。

续表

注册与备案	一般医疗器械	1.《医疗器械注册与备案管理办法》; 2. 国家药监局《关于扩大医疗器械注册人制度试点工作的通知》
	体外诊断试剂	《体外诊断试剂注册管理办法》(2017 年修正)
	第一类医疗器械	国家食药监局《关于第一类医疗器械备案有关事项的公告》
生产		《医疗器械生产监督管理办法》
经营	一般性规定	《医疗器械经营监督管理办法》
	网络销售	《医疗器械网络销售监督管理办法》
	广告	《药品、医疗器械、保健食品、特殊医学用途配方食品广告审查管理暂行办法》
	标签	《医疗器械说明书和标签管理规定》
	反不正当竞争	《反不正当竞争法》(2019 年修正)

由此可见,如一款医疗健康产品属于医疗器械,相关研发(包括临床试验和注册/备案)、生产和经营主体需要遵守复杂且严格的监管规则,否则将面临合规风险。因此,律师在开展法律尽职调查或提供合规咨询服务时,应提高警惕,首先判断该款产品是否属于医疗器械。

二、医用软件的特征及监管

与听诊器、CT 机、超声诊断设备等不同,医用软件一般隐藏于“幕后”,患者一般也不太容易注意到,但医用软件①确系一种医疗器械。早在 2002 年,医用软件就已被纳入《医疗器械分类目录》,彼时医用软件主要包括“功能程序化软件”“诊断图像处理软件”“诊断数据处理软件”“影像档案传输、处理系统软件”和四个一级产品类别。

2017 年,《医疗器械分类目录》修订,保留了 2002 版《医疗器械分类目录》的四个一级产品类别(分别归入“治疗计划软件”、“影像处理软件”和“数据处理软

① 本文所谓的“医用软件”仅指《医疗器械分类目录》范围内的医用独立软件医疗器械。

件”),新增“决策支持类软件”、“体外诊断类软件”和“其他”[①]三类,其中“决策支持类软件”主要包括以下二级产品类别(见表2):

表2 “决策支持类软件”产品类别

二级产品类别	预期用途	品名举例	管理类别
01 药物计算软件	为临床注射药物提供建议	胰岛素注射计算软件	Ⅲ
02 计算机辅助诊断/分析软件	由计算机软件对病变进行自动识别,对病变的性质等给出临床诊断治疗依据和/或建议	乳腺超声辅助诊断软件	Ⅲ
	对影像或者数据进行分析,给出临床参考值	骨密度计算机辅助检测软件	Ⅱ
03 中医诊疗软件	实现各种征候的分析诊断和/或提供治疗建议	岐黄脏象辅助诊疗软件	Ⅱ

目前,很多热门医疗AI(人工智能辅助诊断技术)具有医疗影像和数据分析功能,有的软件甚至已经具备辅助诊断/分析功能,因此已经具备医用软件的特征。笔者曾在项目中遇到一款医疗AI软件,该软件能够根据CT机传来的影像完成心脏图像重建、管腔狭窄检测及斑块显示、斑块性质判断、报告生成等工作,明显具备“计算机辅助诊断/分析软件”的特征。目前,该软件已经在我国完成Ⅲ类医疗器械注册。

“中医诊疗软件”也是2017版《医疗器械分类目录》的一个亮点。近年来,中医药行业利好政策频出,“中医现代化”逐渐成为热点话题,一些企业将传统中医与现代计算机技术结合,开发出中医诊疗软件。在笔者承办的某投资项目中,有一家公司即开发出一款供医生使用的中医智能辅助开方软件,医生在对患者望、闻、问、切后将所得之信息输入该软件,该软件即可自动开出药方(详细到各草药用量、用法和禁忌)供医生参考。笔者认为,该软件已经具备“中医诊疗软件”的特征,应按照Ⅱ类医疗器械的监管规则开展研发、生产和经营工作。

除上述医用软件外,笔者在实践中还遇到过“电子病历”“远程会诊”“掌上医

---

① 目前,“其他”类主要包括康复训练软件。

疗”等电子健康软件。这些软件名目繁多，仅凭名称难以判断其是否为医用软件，需要律师仔细核查各软件的实际功能和用途，必要时还应要求企业现场演示软件的运行过程。根据《医疗器械分类目录》，如果一款软件具备管理、传输或处理诊断、治疗影像的功能，则应归入“医学影像处理软件”或“医学影像存储与传输系统软件”；如一款软件具备管理、传输或处理诊断、治疗数据的功能，则应归入“数据处理软件”；包含计算机辅助诊断功能的 IVD 软件，则应归入“决策支持软件”。

三、移动医疗器械的特征及监管

根据《移动医疗器械注册技术审查指导原则》，“移动医疗器械”是指采用无创“移动计算终端”实现一项或多项医疗用途的设备和/或软件。其中“移动计算终端”是指供个人使用的移动计算技术产品终端，包括通用（商业现成）终端和专用（自制医用）终端，使用形式可以分为手持式（如平板计算机、便携式计算机、智能手机等）、穿戴式（如智能眼镜、智能手表等）和混合式（手持式与穿戴式相结合）。移动医疗器械含有医疗器械软件或本身即为独立软件，不含医疗器械软件的可移动、可穿戴医疗器械不属于移动医疗器械。移动医疗器械主要包括移动医疗设备、移动医疗软件和移动医疗附件三种类型。

移动医疗器械与移动健康电子产品不存在清晰的划分界限，申请人（一般是研发机构或生产商）应当依据移动计算设备或软件的预期用途判定其是否符合医疗器械定义。一般情况下，预期用于健康管理的、目标人群为健康人群的、记录统计健康信息的移动计算设备或软件不具有医疗目的，不属于移动医疗器械；预期用于疾病管理的、目标人群为医护人员和患者的、控制驱动医疗器械的、处理分析监测医疗数据/图像的移动计算设备或软件具有医疗目的，属于移动医疗器械。例如，预期用于辅助医生进行疾病诊断、治疗等的移动计算设备或软件属于移动医疗器械，预期用于患者康复训练、肥胖症治疗、孤独症治疗等的移动计算设备或软件属于移动医疗器械，而预期用于健康人群锻炼健身、体重控制、生活方式记录等的移动计算设备或软件不属于移动医疗器械。

实践中，部分公司开发的移动健康电子产品已经具备移动医疗器械的特征，但相关公司并未按照医疗器械相关规定开展研发、生产和经营工作，存在很大的合规风险。笔者特挑选两个典型公司的产品分享如下：

A 公司研发的一款智能手环。该手环除具有计时、报时、接打电话等常规功能外，还能够采集人的心电、血氧数据。笔者认为，这款智能手环有可能被监管部门认为具备疾病（心血管疾病）管理功能，进而被认定为医疗器械。实际上，笔者已经在国家食药监局网站中检索到注册成功的具有类似功能的产品。例如，华为研发出一款可以采集心电数据的“腕部单导心电采集器”，并为该产品申请了二类医疗器械注册①。

B 公司研发的一款智能助眠眼罩。该智能眼罩主要基于采集的数据，借助 AI 算法为用户播放一些视频、音乐、文字、图片，帮助用户入睡。为判断其产品属性，笔者在国家食药监局网站进行检索，发现“失眠治疗仪”②“多功能失眠治疗仪”③“声光振失眠综合治疗仪”④等已经完成注册的医疗器械，这些产品同样是通过音乐、光源等辅助患者治疗失眠症，与 B 公司产品功能十分相似。另外，笔者检索到同类智能助眠眼罩的一些新闻报道，且一些同类产品生产商已经准备申请医疗器械注册⑤。综上所述，笔者认为，B 公司的这款智能助眠眼罩有较大可能被监管部门认为具备治疗失眠症的功能，进而被认定为医疗器械。

除上述可穿戴设备外，移动医疗软件也可能是医疗器械。比如，某款手机的 App Store 中有一个“新生儿黄疸筛查手机软件”，该软件可与比色卡配合，用于筛查新生儿黄疸，显然具备医疗器械的特征。经查询，该软件已经注册成为二类医疗器械⑥。

四、LDT 的特征与监管

根据《体外诊断试剂注册与备案管理办法》第 3 条的规定，体外诊断试剂，是指按医疗器械管理的体外诊断试剂，包括在疾病的预测、预防、诊断、治疗监测、预后观察和健康状态评价的过程中，用于人体样本体外检测的试剂、试剂盒、校准

---

① 注册证号：粤械注准 20202071705。

② 注册证号：渝械注准 20202090028。

③ 注册证号：赣械注准 20182090151。

④ 注册证号：皖械注准 20192090083。

⑤ 参见 https://m. sohu. com/a/224851871_118792，亦可参见 https://baijiahao. baidu. com/s? id = 1661025440601399636&wfr = spider&for = pc。

⑥ 注册证号：粤械注准 20192070061。

品、质控品等产品。[①] 与医用软件类似，体外诊断试剂通常也在“幕后”使用，患者一般接触不到，在市场上流通的体外诊断试剂一般也装在“药盒”里，因此很多人并未意识到体外诊断试剂为医疗器械，或者误将其认作药品。

随着生物技术、基因技术的快速发展，体外诊断试剂技术快速发展，相关产品迭代迅速，服务于患者的形式也日趋多样。其中，临床实验室自建项目（Laboratory Developed Tests，LDT）系与体外诊断试剂相关的一种新型产品（或服务）。目前，我国现行法律法规尚未对LDT作出明确定义。美国临床病理学会（ASCP）将LDT定义为：“实验室内部研发、验证和使用，用于诊断的检测项目。LDT不需要经过FDA认可或批准，仅能在研发的实验室内使用，而不能出售给其他实验室、医院或医生等。实验室可以自行配置或者购买所需试剂，开发项目。实验室使用修改后的体外诊断试剂也是一种LDT，并受到相同的规范约束和监管。”[②]根据美国相关法规、政策，美国的体外诊断试剂有两种途径服务于患者，具体如图1所示：

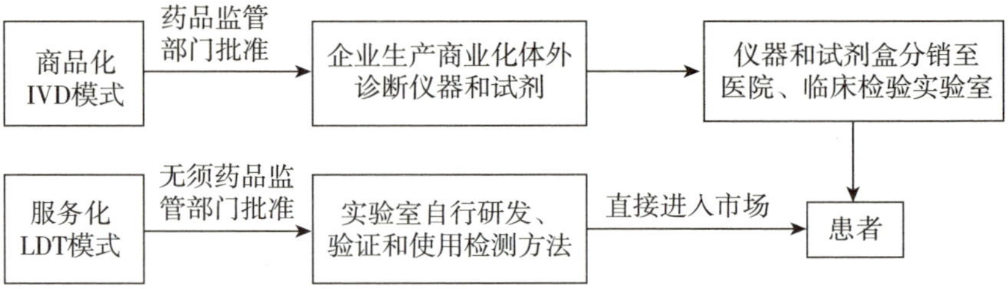

图1 IVD模式与LDT模式的比较

需要注意的是，我国并未出台专门针对LDT的法规、政策。《医疗器械监督管理条例》（2000年版）曾规定，“医疗机构根据本单位的临床需要，可以研制医疗器械，在执业医师指导下在本单位使用”，但2014年《医疗器械监督管理条例》修订时该条被删除，之后再未恢复。2016年，原国家卫计委办公厅发布《关于临床检验项目管理有关问题的通知》（国卫办医函〔2016〕167号），要求医疗机构建立和完善临床检验项目管理制度，对于未列入2013年版《医疗机构临床检验项目目

---

① 按照药品管理的用于血源筛查的体外诊断试剂和采用放射性核素标记的体外诊断试剂，不属于该办法管理范围。

② 刘维薇、郑特、徐科、关明：《国外实验室自建项目管理带给我们的启示》，载《中华临床实验室管理电子杂志》2014年第3期。

录》,但临床意义明确、特异性和敏感性较好、价格效益合理的临床检验项目,应当及时论证,以满足临床需求;要求医疗机构在引入新的临床检验项目过程中,合理设置审核程序,优化流程,提高效率,便于符合临床需求的检验项目及时得到应用。笔者认为,上述通知虽对 LDT 行业释放出积极信号,但其内容过于粗疏,并未规定具体怎么论证、怎么审核。更重要的是,该文件系由卫计部门而非主管医疗器械行业监管的国家食药监局作出,而现行体外诊断试剂监管规则也尚未作出调整。在这种情况下,笔者倾向于认为 LDT 仍应遵守现行体外诊断试剂监管规则,建议企业在国内开展 LDT 前与药监部门沟通,以免产生合规风险。

五、结语

随着信息、生物技术的不断进步,未来市场上必将出现形式更为多样、功能更为复杂的医疗健康产品。无论是在日常合规管理工作中,还是在投资尽职调查工作中,相关人员均应仔细了解产品的实际功能,识别其属性。属性难以识别的,可以按照《医疗器械监督管理条例》第 16 条,依据《医疗器械分类规则》判断产品类别,并向国务院药品监督管理部门申请类别确认。对于属于医疗器械的产品,应严格按照医疗器械监管规定开展研发、生产和经营工作,以避免产生合规风险。

平行进口医疗器械合法性与风险性评析

——以医疗器械监管法规为视角

邱 靖*

*作者简介：

邱靖，中伦律师事务所上海办公室合规与政府监管部合伙人，电邮为：jimqiu@ zhonglun. com。

医疗器械具有区别于其他普通商品的安全性和有效性的特殊要求,其生产、经营、使用活动需要遵守特定的法律法规。这些特殊性决定了对于平行进口医疗器械而言,类似于普通平行进口商品所构建的"灰色市场",会受到合法性和风险性的双重挑战。本文将以医疗器械监管法规为视角,分析和论述平行进口医疗器械存在的问题,以期促进医疗产业健康发展。

一、普通商品"灰色市场"之法律构建

平行进口是指未经相关知识产权权利人授权,将由权利人自己或经其同意投放特定市场的产品,向知识产权人或独占被许可人所在国或地区的进口。[①]

平行进口的商品一般具有以下特点:(1)商品为知识产权权利人生产或者授权生产;(2)商品为知识产权权利人在其他国家或地区销售或者授权销售;(3)未得知识产权权利人(包括其授权的国内总经销/代理商)同意,商品被进口到国内;(4)国内市场已有正规(经授权的)进口的相同商品。

出于促进品牌内部竞争(反垄断)和知识产权用尽原则[②]的考虑,平行进口产品所构建的"灰色市场"在合法性上受到诸多观点支持。

然而,在医疗器械领域,知识产权用尽原则不是决定平行进口合法与否的唯一法律评价维度,促进品牌内部竞争也无法为平行进口提供道德正当性。在《医疗器械监督管理条例》[③](以下简称《监管条例》)视角之下,平行进口医疗器械所构建的平行商业世界对医疗器械监管体系构成了挑战。

二、 医疗器械全过程监管之必要性

医疗器械应用的安全性和有效性关系患者的生命和健康。医疗器械行业的特殊性决定了平行进口医疗器械存在医疗器械监管法规项下的合法性缺陷。而

---

① See Seungwon S. Essays on International Distribution of Manufactured Products Under Possibility of Parallel Imports, Boulder: University of Colorado, 2001: 1. 转引自刘金玲:《药品专利权与生命健康权冲突与平衡——从〈我不是药神〉检视专利药品平行进口制度》,载《五邑大学学报》2019 年第 3 期。

② 在本文中,权利用尽原则是指受知识产权法保护的产品,在被知识产权人或其授权人投入市场流通领域后,权利人对该产品享有的专用销售权利即行用尽。

③ 本文中的《医疗器械监督管理条例》均指 2020 年 12 月 21 日国务院第 119 次常务会议修订通过,国务院令第 739 号公布,自 2021 年 6 月 1 日起施行的《医疗器械监督管理条例》。

且,对于知识产权用尽和促进品牌内部竞争而言,严格落实医疗器械监管法规,保证医疗器械产品的安全性和有效性,对于促进整个医疗器械产业和医疗健康事业的发展更为重要。因此,在评价平行进口医疗器械合法性时,应当首先将其置于医疗器械监管视野之下。

从商业角度来讲,医疗器械的整个价值链包含研发、上市审批(含临床评价和试验)、生产、市场培育(宣传、教育、培训等)、销售(含招标、准入)、配送(安装、调试、跟台)、售后服务(保养、维修等)等环节。

由于各种医疗器械产品在技术复杂性、应用场景、可重复使用性、风险性、市场培育难易度等方面存在差异,前述各环节的工作在各种医疗器械业务的整体商业价值中所占比重会有差异。

然而,有一项工作是贯穿整个价值链的,这就是基于一整套体系的医疗器械质量管理。这项工作旨在确保产品的安全性和有效性,既是医疗器械商业价值的组成部分,也是各国监管法规的要求。

对于一般产品,产品的生产决定了产品的质量。医疗器械产品质量受到生产、贮存、运输、使用、维护和修理等各个环节的影响。保证医疗器械安全性和有效性的是一套完整的质量管理体系,而不仅仅是生产质量控制流程。

例如,对于使用生物材料制成的心血管疾病的植入耗材,或者对于可吸收的外科医用耗材而言,产品的贮运通常需要在严格的温度和湿度条件下进行,以免引起产品强度、韧度等发生改变;对于一些需要安装调试的医用设备而言,不当的技术服务会导致产品在临床应用中性能降低甚至产生风险;对于可重复使用的介入性医疗器械而言,产品每次使用后的消毒灭菌直接关系使用该产品治疗的下一位患者的安全。

三、平行进口医疗器械之合法性挑战

国内经营平行进口医疗器械的企业和使用平行进口医疗器械的医疗机构往往将自己的经营或使用行为的“合法性”建立在三点上:第一,产品是取得医疗器械注册证或者办理医疗器械备案的生产商所生产的,是“真货”;第二,产品的报关单和商检报告等手续一应俱全,属于合法进口的、可以在国内流通的产品;第三,购入产品时已经核对了供应者的相关医疗器械经营资质,符合质量管理规范的要求。

以上理由是对医疗器械监管法规和相关规定的错误解读,将医疗器械按照一般商品进行理解。在此,有必要加以澄清。

(一)平行进口医疗器械并非“真货”

所谓“真货”,应指品牌产品生产商经过完整的生产流程制造完成的可以投放到特定市场的成品产品。除了品牌产品的生产商和其授权的且受控于其质量管理体系的企业,任何企业或个人在任何环节对产品实施完成或者更改产品制造的生产行为,所获得的产品都不应属于真货。

《医疗器械生产质量管理规范》规定,“产品的说明书、标签应当符合相关法律法规及标准要求”。基于此,笔者认为,制作标签和说明书并将其附于特定产品,应当属于产品生产制造过程中的一个环节。

根据我国医疗器械监管法规,医疗器械经营企业所经营的医疗器械产品都必须贴有中文标签和附有中文说明书。于是,在国内市场上流通的平行进口医疗器械几乎都是以如下方式产生的(见图1)。

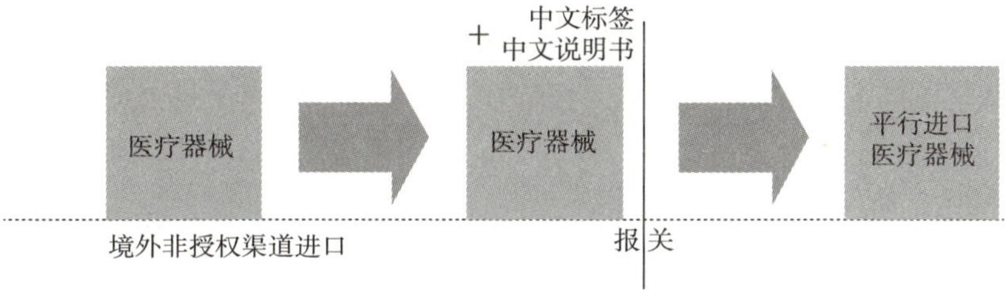

图1 平行进口医疗器械的产生

这些中文标签和中文说明书一般是平行进口医疗器械的进口商从国内市场上的授权经销的产品上获得后进行复制/仿制的。即便复制/仿制的中文标签和中文说明书中的信息与产品注册/备案时的中文标签和中文说明书并无差异,但未经授权制作、使用和附加产品中文标签和中文说明书的行为,已经将平行进口医疗器械引入到了伪造产品(生产企业为中国企业的产品)的范畴。

(二)平行进口医疗器械无合格证明

《监管条例》规定了医疗器械经营企业、使用单位不得经营、使用无合格证明文件的医疗器械。《监管条例》还规定,经营、使用无合格证明文件的医疗器械的,违法单位最高可被处以违法经营使用的医疗器械货值金额20倍罚款，被责令停产停业，吊销相关注册证、许可证。违法单位的相关责任人员可被处以没收违法行为发生期间自本单位所获收入，并处所获收入30%以上3倍以下罚款，10年内不得从事医疗器械生产经营活动。

平行进口医疗器械一般并不具备真实的合格证明文件。实践中，经营平行进口医疗器械的企业和使用平行进口医疗器械的医疗机构往往以商检证书来充当合格证明文件。笔者认为，医疗器械监管法规项下的产品合格证明文件并非商检合格证。理由如下：

第一，《监管条例》规定的关于产品合格证明文件的要求系针对全部在国内经营使用的医疗器械，不区分国内生产的产品和进口产品，而出入境检验检疫机构出具的商检证书系针对进口医疗器械。如将法规要求的"合格证明文件"解释为商检证书，则国内生产的产品将无法被涵盖。

第二，《产品质量法》在"生产者的产品质量责任和义务"中规定了产品应当有质量检验合格证明。《监管条例》关于医疗器械产品应当具有合格证明文件的要求既是出于对医疗器械安全性和有效性的保障，亦属在法规层面对《产品质量法》的落实。因此，医疗器械产品的合格证明文件应当由生产者出具或者经生产者授权出具。

第三，商检证书是进出口检验检疫部门依据《进出口商品检验法》对进出口商品进行检验后出具的。《进出口商品检验法》旨在"维护社会公共利益和进出口贸易有关各方的合法权益，促进对外经济贸易关系的顺利发展"，而《产品质量法》旨在为每一件产品的质量提供制度性保障，医疗器械监管法规旨在为每一件医疗器械的安全性和有效性提供制度性保障。因此，《进出口商品检验法》下的检验制度无法为医疗器械监管法规下的产品合格证明文件要求提供落实途径，以抽样检验的方式开展的进出口商品检验也不可能确定每一件具体的进口医疗器械产品质量合格与否。

对于一般产品，没有合格证明文件不一定会受到严厉的法律制裁。但在医疗器械监管法规的要求下，对于经营使用不具备真实有效合格证明文件的平行进口医疗器械的单位和单位的负责人/责任人，医疗器械监管部门可以依法进行处罚。

由于平行进口本质上是通过非生产商授权渠道的进口，因此平行进口医疗器械的经营者无法获得生产商出具的或者生产商授权出具的产品合格证明文件。为了解决这个问题，平行进口医疗器械的经营者往往从市场上获取授权进口产品，按照其上的合格证明文件格式为平行进口产品仿制合格证明文件，抑或以商检证书充当合格证明文件。需要指出的是，从法律角度来讲，伪造或者未经授权出具合格证明文件不但无法满足法规的要求，反而会构成更加严重的违法情节。

（三）平行进口医疗器械不满足进货查验要求

进货查验是法规对医疗器械经营使用单位的一项重要要求。医疗器械经营企业应当在进货时查验审核供货方的经营资质、产品合格证明文件和产品的注册/备案情况。

法律法规规定的进货查验义务同样适用于医疗器械进口商。平行进口医疗器械不是进口商从产品生产商处或者产品注册人/备案人授权渠道购买，产品在到岸之前即已脱离了注册人/备案人的质量管理，在脱离质量控制的转手过程中，平行进口医疗器械在到岸前的贮运状况已经无法得到保障，甚至可能存在拆封后再包装的情况。

当进口商从非生产商或者生产商授权的渠道（指向中国供货的渠道）购入医疗器械时，其已经违反了进货查验义务。在进口源头出现问题的情况下，产品的安全性和有效性已经无法得到保障。

四、平行进口医疗器械之风险不受控

医疗器械的风险控制是双向的。一方面，从研发、生产、经营，再到使用，各个环节都需要严格遵循和符合监管法规和相应的质量管理规范的要求，以全流程控制来确保医疗器械应用的安全性和有效性。另一方面，医疗器械注册人/备案人还需要对上市后医疗器械进行不良事件报告和再评价，监管部门也对上市后医疗器械的风险进行监测，以及时发现风险，采取纠正措施，避免风险扩散。

2017 年和 2018 年先后发布实施的《医疗器械召回管理办法》和《医疗器械不良事件监测和再评价管理办法》从监测评价和风险控制（市场纠正措施）两大方面作出规定，为及时、有效控制医疗器械上市后风险提供了系统性保障。

平行进口医疗器械在监测评价和市场纠正措施这两个方面都对整个上市后风险控制系统构成挑战，甚至可能造成破坏。

（一）监测盲区

以一款对贮运具有温湿度要求的可吸收外科缝合线产品为例。如果该产品被平行进口到国内市场，几经转手后最后被用到了手术台上。手术过程中，该缝合线断裂，导致手术时间延长，对患者造成了伤害，那么使用该缝合线的医疗机构和经营者出于对产品合法性的不确定（毕竟采购产品时未核对生产商或者注册人/备案人的授权文件或者证明文件），可能会隐瞒该不良事件，从而导致注册人/备案人和其国内总代理无法进行不良事件调查、评价和报告。

前述情况可能存在两种风险。

第一种风险及于平行进口的可吸收外科缝合线产品。因为平行进口产品在非授权的、质量不受控的渠道进口和流通，其出厂之后无论是在境外还是在境内的贮运条件（温湿度）都不在注册人/备案人和生产商的控制之下，因此可能造成产品（在临床应用时）质量出现问题。相关不良事件被瞒报或者误报将直接导致相同的平行进口产品的风险无法被发现。

第二种风险及于更大范围的生产商所生产的同款可吸收外科缝合线。如果该不良事件系因产品原材料或者生产过程的问题导致，则对于平行进口产品的不良事件报告的缺失及市场监测的盲区，会给注册人/备案人评估其所有出厂产品的质量风险造成困难。

（二）纠正不及

《医药器械不良事件监测和再评价办法》规定，持有人（注册人/备案人）通过医疗器械不良事件监测，发现存在可能危及人体健康和生命安全的不合理风险的医疗器械，应当通知医疗器械经营企业、使用单位暂停销售和使用。该办法也规定，医疗器械生产企业对相关医疗器械作出召回决定的，应当将召回的原因、要求和处理方式等通知有关医疗器械经营企业、使用单位或者告知使用者。然而，所有市场纠正措施的落实都依赖于一个前提——可追溯。

如果注册人/备案人在上市后监测和评价过程中发现产品存在风险，决定对产品采取市场纠正措施，其应当根据所掌握的该产品在国内的流通记录立即通知该产品的经营者和使用者。然而，注册人/备案人及其代理人却并不掌握在“平行世界”里畅游的医疗器械运输、仓储、销售、使用和维修的记录。也就是说，在“平行世界”里，医疗器械缺乏可追溯性。这就导致了平行进口医疗器械的风险无法在召回行动(市场纠正行动)中得到控制。

(三)保障缺失

无论药品还是医疗器械,其安全性和有效性只有放在实际应用中去评价才具有意义。相较于药品而言,医疗器械更具复杂性和多样性。很多医疗器械在应用过程中需要厂家提供技术支持(如手术跟台)。特别是可重复使用的手术设备和器械,其每次应用的安全性和有效性还需要通过规范、可控的消毒、保养、维修等措施来加以保障。

对于进口医疗器械的境内总代理而言,即便不考虑其在市场教育和开发上的投入,其在产品的境内注册上市以及产品上市后的质量管理中的投入,也理应转化为其自身商业价值的重要组成部分,并得到认可和保护。而且,这方面的投入和随之产生的商业价值恰恰是大部分其他普通进口商品的境内总代理所不具备的。

平行进口医疗器械往往被境内总代理视为对其正当商业权益的双重侵害。一方面,平行进口产品“搭了便车”,借着注册人和境内总代理在市场、法规、质量等方面的投入所创造出来的市场条件,以低价格攻城略地,挤占了授权渠道的市场;另一方面,平行进口医疗器械还因为产品和服务的不可控而提高了临床应用风险,破坏了品牌的市场声誉。

绝大多数情况下,进口医疗器械的境内总代理并不受与平行进口产品有关的合同约束。而且,法律不会要求在商业上受到侵害的一方为侵害方的行为承担责任,也没有明确的依据要求境内总代理为非其所经营的或者非其所管理的平行进口医疗器械承担技术支持、保养维护等责任。

在这种情况下,某些医疗器械因缺少合格的技术服务,或者经过不合格的处置和维修,会在临床应用过程中对患者的生命和健康造成伤害。

基于上述分析,从生产制造流程的完整性、产品合格证明的真实性以及进口查验要求的符合性等方面来讲,平行进口医疗器械的合法性在中国医疗器械监管法规的具体规定之下受到诸多挑战,而且,平行进口医疗器械也给上市后产品的风险监测和控制造成了困难。

(章国峰对本文亦有贡献)

人工智能(AI)医疗器械行业常见合规问题面面观

吴　鹏　王宏宇*

*作者简介：

吴鹏，中伦律师事务所北京办公室合规与政府监管部合伙人，电邮为：wupeng@zhonglun.com。

王宏宇，中伦律师事务所北京办公室合规与政府监管部非权益合伙人，电邮为：wanghongyu@zhonglun.com。

近年来,医疗智慧化和远程医疗建设兴起,特别是人工智能(AI)医疗进入爆发期。多方资本纷纷入局,以推动人工智能医疗器械行业的发展。据不完全统计,2019 年至 2022 年 5 月,国内人工智能医疗领域共发生了 200 多起融资事件,披露的融资金额也超过 200 亿元。[①] 2021 年年底,医疗装备领域的首个国家层面产业发展规划《"十四五"医疗装备产业发展规划》下发,明确了未来五年国产医疗器械发展路径。既有国家"顶层设计"又有资本加持,人工智能医疗器械行业进入发展的"快车道",与此同时,一些合规问题也随之显露。笔者结合襄助资本投资人工智能医疗器械行业的相关实务经验,分享其中一些常见合规问题,希望对读者有所裨益。

一、医疗器械产品合规监管法规体系初步形成

经过全面修订的《医疗器械监督管理条例》(以下简称《条例》)于 2021 年 6 月 1 日生效。《条例》明确了全面实施注册人、备案人制度,加强了对医疗器械的全生命周期和全过程监管,并加大了处罚力度,积极响应人民群众对高质量医疗器械的期待。《条例》第 13 条进一步强化了企业主体责任,规定"医疗器械注册人、备案人应当加强医疗器械全生命周期质量管理,对研制、生产、经营、使用全过程中医疗器械的安全性、有效性依法承担责任"。为推动《条例》确立的制度落实到位,国务院药品监督管理部门共制定了相关配套规章 13 部[②]。此外,国家药品监督管理局医疗器械技术审评中心(CMDE)通过发布《人工智能医疗器械注册审查指导原则》(以下简称《人工智能指导原则》)等规定,持续推进医疗器械注册技术审查指导原则制(修)订工作,指导注册申请人申报注册,并统一、规范各地技术审查要求,为科学审查提供技术依据。至此,医疗器械产品合规监管法规体系初步形成。

---

① 参见《聚焦数字健康|资本密集入局,如何加速医疗人工智能商业化落地》,载网易新闻 2022 年 8 月 19 日,https://c.m.163.com/news/a/HF5RKQSD05199NPP.html。

② 分别是《医疗器械分类规则》《医疗器械通用名称命名规则》《医疗器械标准管理办法》《医疗器械注册与备案管理办法》《体外诊断试剂注册与备案管理办法》《医疗器械说明书和标签管理规定》《医疗器械生产监督管理办法》《医疗器械经营监督管理办法》《药品医疗器械飞行检查办法》《医疗器械网络销售监督管理办法》《医疗器械使用质量监督管理办法》《医疗器械不良事件监测和再评价管理办法》《医疗器械召回管理办法》。

二、人工智能（AI）医疗器械的界定

《条例》在对医疗器械的概念进行界定时，明确指出：医疗器械，是指直接或者间接用于人体的仪器、设备、器具、体外诊断试剂及校准物、材料以及其他类似或者相关的物品，包括所需要的计算机软件。根据 CMDE 发布的《人工智能指导原则》，人工智能医疗器械是指基于"医疗器械数据"，采用人工智能技术实现其预期用途（医疗用途）的医疗器械。简单理解，人工智能医疗器械是由计算机软件与医疗器械硬件联合构成。

根据工业和信息化部办公厅、国家药品监督管理局综合和规划财务司《关于组织开展人工智能医疗器械创新任务揭榜工作的通知》（工信厅联科函〔2021〕247号）的划分，人工智能医疗器械可以大体划分为智能产品类及环境支撑类。

智能产品类医疗器械可以细分为：（1）智能辅助诊断产品（如消化系统、心脑血管系统、神经系统、骨科、眼科、皮肤科、肿瘤等领域的产品）；（2）智能辅助治疗产品（如内窥镜手术、神经外科手术、骨科手术、穿刺手术、口腔种植手术等领域的产品）；（3）智能监护与生命支持产品（如研发监测心电、脑电、血糖、血氧、呼吸、睡眠等生理参数的智能监护产品或生命支持产品）；（4）突破智能重症监护（ICU）、智能急救、智能新生儿监护等产品；（5）智能康复理疗产品（如认知言语视听障碍康复、运动障碍康复等重点领域，融合脑机接口、人—机—电融合、虚拟现实/增强现实等技术的智能医用康复产品；精神类疾病、神经退行性疾病等领域，融合人工智能技术的理疗产品）；（6）智能中医诊疗产品（融合人工智能技术的脉诊仪、目诊仪、舌诊仪、四相仪等中医诊疗产品）。

环境支撑类医疗器械可以细分为：（1）医学人工智能数据库（针对临床专业领域需求，建立包含医学影像、生理参数数据、体外诊断数据等方面的高质量医学人工智能数据库）；（2）人工智能医疗器械临床试验中心；（3）人工智能医疗器械真实世界数据应用中心。

三、人工智能（AI）医疗器械企业常见合规问题解析

笔者结合实务经验，总结了人工智能（AI）医疗器械企业一些常见合规问题，供读者参考：

(一)人工智能(AI)医疗器械的产品的注册监管

据公开报道,2022 年国家药品监督管理局(NMPA)批准境内第三类医疗器械注册 5692 项。① 2022 年 6 月,上海证券交易所发布实施《上海证券交易所科创板发行上市审核规则适用指引第 7 号——医疗器械企业适用第五套上市标准》,将科创板第五套上市标准的适用企业范围拓宽至医疗器械企业,进一步为处于研发阶段、尚未形成一定收入的医疗器械类企业创造良好的资本环境,其中规定发行人的核心技术产品研发应当取得阶段性成果,至少有一项核心技术产品已按照医疗器械相关法律法规要求完成产品检验和临床评价且结果满足要求,或已满足申报医疗器械注册的其他要求,不存在影响产品申报注册和注册上市的重大不利事项。所以,获得第三类人工智能医疗器械注册证的最直接"效益",可能是获得了一张可以谋求境内或境外上市的"通行证"。由此,获得第三类注册证也是目前各大人工智能(AI)医疗器械企业的"必争之地"。各大资本在介入时,尤其会关注人工智能(AI)医疗器械第三类注册证的取得情况。目前,通过国家药品监督管理局的数据查询系统②就可以查询到第三类注册证的备案信息。

值得关注的是,根据监管要求,人工智能(AI)医疗器械企业需要开展与软件安全性级别相匹配的产品质量保证工作,将风险管理、可追溯分析贯穿生存周期全程,形成记录以供体系核查。同时,在取得第三类人工智能医疗器械的注册证后,人工智能算法作为人工智能医疗器械的核心,在医疗器械获得注册并上市后也需要持续开展算法泛化能力研究,若所使用的人工智能算法更新,以算法更新影响有效性或安全性为核心判断标准,注册人需要申请变更注册。反之,人工智能算法更新若未影响人工智能医疗器械的安全性和有效性则属于轻微软件更新,通过质量管理体系进行控制即可,无须申请变更注册,可在下次变更注册时提交相应注册申报资料。

---

① 参见国家药品监督管理局《2022 年度医疗器械注册工作报告》,载 https://www.nmpa.gov.cn/directory/web/nmpa/yaowen/ypjgyw/20230208090055135.html。

② https://www.nmpa.gov.cn/datasearch/home-index.html?79QlcAyHig6m=1662718200180#category=ylqx.

（二）符合人工智能（AI）医疗器械的定义，但未取得医疗器械注册证的合规风险

NMPA 于 2021 年 7 月 1 日发布并同时生效的《人工智能医用软件产品分类界定指导原则》指出，“人工智能医用软件”即为基于医疗器械数据、采用人工智能技术实现其医疗用途的独立软件。同时，在进一步判断某一人工智能软件是否属于医疗器械时，该规定亦明确：(1) 若软件产品的处理对象为医疗器械数据，且核心功能是对医疗器械数据的处理、测量、模型计算、分析等，并用于医疗用途的，作为医疗器械管理；(2) 若软件产品的处理对象为非医疗器械数据（如患者主诉等信息、检验检查报告结论），或其核心功能不是对医疗器械数据进行处理、测量、模型计算、分析，或不用于医疗用途的，不作为医疗器械管理。实践中，对于人工智能（AI）医疗器械的判定并不是泾渭分明的，所以上述规定具有较强的理论指导意义。

进一步讲，如果能够确定人工智能医疗器械的边界，则应取得而未能取得医疗器械注册证将面临合规风险。根据《条例》的相关规定，企业生产、经营、使用未取得医疗器械注册证的第二类、第三类医疗器械软件可能会受到相应处罚，包括没收违法所得、没收违反生产经营的医疗器械和设备、罚款、责令停业等。① 实践中，对于使用未取得医疗器械注册证但属于医疗器械软件的行为，已出现类似行政处罚案例。②

（三）医疗器械数据合规性问题

伴随着《数据安全法》《个人信息保护法》等法律的实施，医疗数据的内涵及安全保护也亟待国家法规层面的规定与回应。根据 CMDE 发布的《人工智能指导原则》，医疗器械数据是指医疗器械产生的用于医疗用途的客观数据，如医学影像设备产生的医学图像数据（如 X 射线、CT、MRI、超声、内窥镜、光学等图像）、医用电子设备产生的生理参数数据（如心电、脑电、血压、无创血糖、心音等波形数据）、体外诊断设备产生的体外诊断数据（如病理图像、显微图像、有创血糖波形数据等）；在特殊情形下，通用设备（非监管对象）产生的用于医疗用途的客观数据亦

① 参见《条例》第七章“法律责任”部分。

② 参见邵市监案字〔2021〕58 号行政处罚决定书，载 https://www.shaoyang.gov.cn/shaoyang/xzzfxxgs/202201/0e88f8d930b94566ad2b96ff941c28be.shtml。

属于医疗器械数据,如数码相机拍摄的用于皮肤疾病诊断的皮肤照片、健康电子产品采集的用于心脏疾病预警的心电数据等。

同时,CMDE 于 2022 年修订的《医疗器械网络安全注册审查指导原则》对医疗器械相关数据进行了简化定义,即医疗器械相关数据可分为医疗数据和设备数据。

医疗数据是指医疗器械所产生的、使用的与医疗活动相关的数据(含日志),从个人信息保护角度可分为敏感医疗数据、非敏感医疗数据。其中敏感医疗数据是指含有个人信息的医疗数据,反之即为非敏感医疗数据。[①] 设备数据是指记录医疗器械运行状况的数据(含日志),用于监视、控制医疗器械运行或者医疗器械的维护与升级,不得含有个人信息。

根据该指导原则,人工智能(AI)医疗器械企业需基于医疗器械相关数据的类型、功能、用途,结合网络安全特性考虑医疗器械网络安全要求。同时,保证敏感医疗数据所含个人信息免于泄露、滥用和篡改,以及医疗数据和设备数据的有效隔离(如访问权限控制等方法),所以在医疗器械注册阶段需要单独提交自研软件网络安全研究报告,若使用现成软件组件,根据其使用方式提交相应研究资料。投资人在开展人工智能(AI)医疗器械企业尽职调查的过程中,需要对相关信息与资料予以关注和重视,重点关注企业是否在医疗数据方面建立了有效的合规管理体系。当然,由于国内企业的数据合规管理还在起步阶段,无法做到尽善尽美。投资人也可以在投后管理中,帮助企业系统梳理、整理、搭建数据合规体系。

(四)人工智能(AI)医疗器械企业专利的稳定性与侵权风险

专利技术作为人工智能(AI)医疗器械企业的核心资产,需要予以重点维护与布局。人工智能(AI)医疗器械企业的成立时间一般都较短,但在人工智能(AI)医疗器械的研发及市场化过程中,会产生大量的专利、专有技术及商标。同时,为了加强相关知识产权的研发能力,人工智能(AI)医疗器械企业可能还会与高校等机构合作开发相关技术,这一方面可以增强企业的研究能力,促进相关技术尽快投入到商业化运营中;另一方面双方对于技术研发的合作细节、科技成果归属、后

---

① 个人信息是指以电子或者其他方式记录的能够单独或与其他信息结合识别自然人个人身份的各种信息,如自然人的姓名、出生日期、身份证件号码、个人生物识别信息(含容貌信息)、住址、电话号码等。

续衍生开发权利的约定往往不是非常清晰,会对后续人工智能(AI)医疗器械企业走向资本市场产生一定的影响。所以,人工智能(AI)医疗器械相关的知识产权的研发与归属、维护与建设等问题,成为摆在企业面前的难题。根据《专利法》第45条、《专利法实施细则》第65条的规定,任何单位或者个人认为该专利权的授予不符合有关规定的,可以请求国务院专利行政部门宣告该专利权无效。同时,人工智能(AI)医疗器械企业往往成立时间较晚,主要精力用于产品研发及商业化,相关产品及服务并没有经过严格专利清查,因此产品或服务上市后存在侵犯第三方专利权的可能性。所以,笔者建议,企业就已经获得的专利开展专利的稳定性分析,更好地确认相关专利创造性的高低,以便评估相关专利被宣告无效的可能性。同时,可以考虑开展专利清查,预判专利侵权风险,并针对发现的侵权风险点进行技术规避设计,降低知识产权侵权风险。

(五)医疗器械企业商业贿赂的合规风险

医疗器械企业的客户群体往往是公立医疗机构,如果企业员工或经销商存在商业贿赂行为,极容易产生刑事风险,有时可能由于员工或经销商的个人行为,导致企业或其法定代表人承担无妄之灾,严重影响企业的正常运转。所以,医疗器械企业建立起较为完善的合规体系,形成"防火墙"极为重要。进一步讲,全体员工及经销商签署反不正当支付承诺书、制定与定期更新合规制度、常态化合规宣传与培训、定期开展合规测试、畅通合规举报渠道、合规人员专岗专责都是防止商业贿赂的有效手段。

四、结语

由于国家政策的大力支持与资本的垂青,人工智能(AI)医疗器械行业"风头正劲"。同时,人工智能医疗器械是采用人工智能(AI)技术实现其医疗用途的医疗器械,由于人工智能(AI)技术具有快速迭代特性,所以其监管挑战主要源于人工智能技术所具有的特性。虽然,国家在政策法规层面要进行全生命周期管理,但由于人工智能(AI)技术层出不穷,其监管挑战将长期存在,投资人在投资人工智能(AI)医疗器械行业时也需做足"功课",争取做到事半功倍;人工智能(AI)医疗器械行业的合规体系建设也须根据监管政策的不断变化与时俱进。

以案说法：旧医疗器械走私犯罪的辩护

徐珊珊　李　涛[*]　王奕忻

[*] 作者简介：

徐珊珊，中伦律师事务所上海办公室合规与政府监管部合伙人，电邮为：xushanshan@ zhonglun. com。

李涛，中伦律师事务所深圳办公室合规与政府监管部合伙人，电邮为：tigerlee@ zhonglun. com。

本文着眼于笔者曾办结的一起走私旧医疗器械案件。本案在侦查机关初步认定走私禁止进出口货物货值200余万元①,可能量刑幅度为5～15年,涉案企业负责人有前科②且已被羁押的不利情况下,经过辩护,涉案企业负责人员得以取保候审;该案已宣判,最终涉案单位被判处罚金2万元,负责人员被判处1年缓刑。

那么,针对此类案件,进出口企业能从中获得哪些启示,以及律师的辩护有哪些要点,本文作一简要分析。

一、批捕阶段

C公司从事医疗器械的销售、维修业务。3年期间,C公司的负责人W以包税进口方式委托他人从境外采购并拆解二手CT机,从而获得部分用于维修的零部件。若干年前,W还曾因非法经营罪被判处缓刑。

2020年夏,W被缉私局以涉嫌走私国家禁止进口货物罪为由带至看守所羁押,随即委托笔者团队进行辩护。经反复确认,本案认定的走私数额降至30万元,检察院出具了《不批准逮捕通知书》,W在后续案件办理的两年中得以取保候审。取保之后,W及其家属得以团聚,但他们的心情还是相当不安,期待可以最终免除牢狱之灾。

二、审查起诉阶段

面对本案系海关总署督办的系列案件之一,以及当事人有前科的不利因素,笔者团队选择了以下辩护角度与策略。

(一)走私对象性质变化

医疗器械事关人体健康和生命安全,因此,我国对医疗器械的生产、使用和召回有一套十分完善且严格的监管制度。对于进口的,特别是符合旧机电标准的医疗器械,为了从严把控质量,海关总署联合商务部制定了多个清单禁止或限制此类货物的进口。

---

① 根据最高人民法院、最高人民检察院《关于办理走私刑事案件适用法律若干问题的解释》第11条的规定,走私旧机电产品的数额超过100万元的,应当认定为刑法第151条第3款规定的“情节严重”,应判处五年以上有期徒刑,并处罚金。

② 有前科的犯罪分子在刑罚执行完毕后又犯罪的,可能适用《刑法》关于累犯的规定;即使不被认定为累犯的,也可以作为酌定从重情节予以考虑。

本案当事人走私的医疗器械为二手 X 射线管。2001 年,案涉货物被列入外经贸部、海关总署、质检总局发布的《禁止进口货物目录(第二批)》(现已失效)中,但 2018 年,商务部、海关总署在第 106 号公告中对《禁止进口货物目录》进行调整,案涉货物从禁止进口货物变为需要进口许可证并经过商品检验的限制进口货物。显然,国家对其危害性评价降低了。

值得进出口企业注意的是,即使对于限制进口货物,若逃避相关监管,根据 2014 年 8 月 12 日最高人民法院和最高人民检察院共同颁布的《关于办理走私刑事案件适用法律若干问题的解释》第 21 条第 1 款之规定:"未经许可进出口国家限制进出口的货物、物品,构成犯罪的,应当依照刑法第一百五十一条、第一百五十二条的规定,以走私国家禁止进出口的货物、物品罪等罪名定罪处罚;偷逃应缴税额,同时又构成走私普通货物、物品罪的,依照处罚较重的规定定罪处罚。"根据《刑法》第 230 条之规定:"违反进出口商品检验法的规定,逃避商品检验,将必须经商检机构检验的进口商品未报经检验而擅自销售、使用,或者将必须经商检机构检验的出口商品未报经检验合格而擅自出口,情节严重的,处三年以下有期徒刑或者拘役,并处或者单处罚金。"进出口企业同时触犯走私罪和逃避商检罪的,从一重处罚。

(二)金额与重量双轨制量刑标准

对于走私旧机电产品,《关于办理走私刑事案件适用法律若干问题的解释》第 11 条规定了数额与重量双轨制量刑标准:"走私国家禁止进出口的货物、物品,具有下列情形之一的,依照刑法第一百五十一条第三款的规定处五年以下有期徒刑或者拘役,并处或者单处罚金:……(六)走私旧机动车、切割车、旧机电产品或者其他禁止进出口的货物、物品二十吨以上不满一百吨,或者数额在二十万元以上不满一百万元的;……"

综上所述,若数额或重量任意一项达到入罪标准,当事人即可能面临最高 5 年的实刑罚。然而,双轨制量刑标准也可以作为有关危害性的辩解角度。例如,本案中的涉案 X 射线管的价值很高但重量很轻,而实践中,对于二手 X 射线管的价值鉴定又存在标准是否客观的争议。而且,若数额与重量差距明显,案例显示法院也会多角度考察案情作出判决。例如,(2018)粤刑终 429 号判决书提到,在适用数量与数额的选择性条款时,被告人的主观恶性及行为的社会危害性都应作为考虑因素。这需要对当事人的个人情况、犯罪动机，以及涉案货物的监管条件、环境影响等全方位地进行评价。

（三）前科问题

本案当事人W曾在2013年因非法经营医疗器械被判非法经营罪，处有期徒刑3年，缓刑3年，缓刑考验期至2016年结束，此次走私犯罪距离缓刑考验期满还不足5年。根据《刑法》第65条关于一般累犯的规定，“被判处有期徒刑以上刑罚的犯罪分子，刑罚执行完毕或者赦免以后，在五年以内再犯应当判处有期徒刑以上刑罚之罪的，是累犯，应当从重处罚……”本案是否应当适用此规定对当事人从重处罚？

2020年，最高人民法院、最高人民检察院对此问题进行过批复：“被判处有期徒刑宣告缓刑的犯罪分子，在缓刑考验期满后五年内再犯应当判处有期徒刑以上刑罚之罪的，因前罪判处的有期徒刑并未执行，不具备刑法第六十五条规定的‘刑罚执行完毕’的要件，故不应认定为累犯，但可作为对新罪确定刑罚的酌定从重情节予以考虑。”由此可见，虽然缓刑考验期满后5年内犯罪不适用一般累犯的规定，但这一事实也可以作为酌定从重情节予以考虑。

综合考虑本案的有利及不利因素，笔者团队便积极推动本案走认罪认罚的程序。在审查起诉阶段，检察院与当事人签署了认罪认罚具结书，其中采纳了笔者团队对当事人作缓刑处理的辩护意见。

三、法院审理阶段

经过庭审，认罪认罚具结书得到了法院的认可，法院当庭作出了判决。当事人W被判处1年缓刑，W和C公司共计被判处罚金5万元，笔者团队还帮助W取回了一部被扣押的存有重要技术资料的手机。

从笔者团队接受当事人委托到宣判，经过了近两年的时间。其间虽有疫情阻挠，但在笔者团队的努力和当事人的全力配合下，案件最终取得了理想的结果。

最后，仍需要强调的是，国家近年来对于进出口合规非常重视，开展了多次专项行动。有进出口业务的企业与个人应重视进出口合规管理，熟悉进出口货物物品的监管条件。如果受调查，应尽早寻找专业律师帮助。专业律师可以抓住案件的特点、要点，给当事人及其家庭和企业带来新的希望。

CHAPTER 05

大健康产业知识产权保护

解码医药行业跨境授权许可协议要点

程　芳* 　章舒熳

* 作者简介：

程芳，中伦律师事务所上海办公室知识产权部合伙人，电邮为：helencheng@ zhonglun. com。

近年来,随着全球生物医药企业不断崛起,市场关注的医药技术领域已经从小分子的单一化迅速向多元化发展,PD－1 抗癌药迎来大风口,新冠疫情下疫苗市场火爆,抗体研发、mRNA 平台、细胞疗法等全面开花。与此同时,药品授权许可交易(License in/out)也持续火爆。

药品授权许可交易(License in/out)的核心是许可人向被许可人授予产品的商业化权利,由被许可人在许可地域内推进产品的开发和商业化,并按照约定向许可人支付许可费。根据许可人和被许可人双方的定位,不同项目中许可协议的内容各有侧重。本文将基于笔者多年来为药品授权许可交易提供法律服务的经验,着重从行业实践和项目落地的角度出发,探讨医药行业跨境技术授权交易谈判和协议审阅的要点。

一、授权条款中，在常规要素之外还需关注什么?

答:被许可人是否具有充分的分许可权利? 能否自主推进商业转化和项目落地?

众所周知,授权条款是授权许可交易的灵魂所在,许可协议以其为始、循序而下。授权条款应当清楚界定许可技术的内容和边界,并约定许可类型(独占、排他或普通许可)、许可实施方式(如使用、制造、销售、许诺销售、进口)以及许可实施范围(如合作地域、适应证等)。这些构成授权许可交易的基础,医药企业通过大量交易经验都已充分了解其重要性,本文不再赘述。

那么,在上述常规要素之外,授权条款中是否有同样重要但有时可能没有充分理解的法律概念呢? 从笔者处理相关交易的经验来看,答案或许是“分许可”(sublicense)条款。在被许可人所获授权的基础上,授权条款通常还会进一步约定被许可人是否有权对外颁发分许可以及有关限制条件,对于这一问题,不同项目也各有侧重和考量。

在传统跨境许可项目中,许可人一般是某个药品的境外上市许可持有人,希望与境内被许可人合作,借助其生产能力和本地资源,将药品落地中国进行量产和销售。在这些项目中,境外许可人通常希望锁定被许可人完成项目落地,也就是希望在最大限度内限制被许可人的分许可权利。被许可人则应结合公司实际运营情况和国内有关药品生产和销售的法律规定,考虑是否需要拿到外包临床研究、委托生产或委托销售所需的分许可权限,甚至从公司长远发展和管线安排等角度考虑是否有可能将项目整体分许可给其他药企以推进项目落地。

近年来,中国企业进入药品许可交易的节点逐渐提前,合作模式也逐渐多元化。例如,一些国内的高校、研究机构可能在早期药物发现或者临床前研究阶段,就与国外的研究机构或研发型药企达成合作,由双方共同开展后续研发,并选择合适的药企推进产品在境内境外的开发、生产与商业化。在这些项目中,许可人主要与被许可人分享药物经科学验证证实有效后对外许可(License out)所获的收益,而被许可人则有较大的自由度进行分许可安排。再如,许可地域也逐渐从中国扩展到多地区、多国家,甚至全球范围。由于药品商业化的各个环节在各个国家和地区都属于被严格监管的事项,被许可人从自身资源整合能力考量,可能需要在某些国家与当地企业合作开展工作,也就需要在这些国家进行分许可。

二、交易总额之外，如何设计具有针对性的付款机制?

答:首付款打下合作基石,里程碑激励投后管理,销售提成考虑市场变量。

在药品许可交易中,付款机制通常采用首付款(Upfront Fee)+里程碑费用(Milestone Payment)+销售分成(Royalty)的分期付款模式。实际上,交易总额和首付款比例通常在项目立项时就已确定,交易总额意味着产品未来潜在价值,首付款则更多体现被许可人对产品未来价值兑现率的信心。那么,分阶段支付的里程碑款项的意义是什么呢?笔者认为,其一方面可以缓解被许可人的支付压力,另一方面也可以激励双方积极推进项目落地。

在License in项目中,被许可人可以通过设置里程碑款项来激励许可人充分配合项目推进。例如,PCT国际申请不涉及专利的实质性授权和保护,需要在具体国家获得授权后才在该国享有专利的排他性保护。如果许可药品仅有一项PCT国际申请,则可以将PCT进入该国主要市场,并在该国获得授权设置为一项里程碑付款条件。再如,国内临床试验批件仅有3年的有效期,如果许可人已获得临床试验批件且即将到期,则可以将按期启动临床试验设定为一项里程碑事件,如果因许可人未充分配合技术转移导致被许可人未能在批件过期前及时启动临床试验的,对应的里程碑款项将不予支付。在License out项目中,许可人也同样可以通过里程碑款项来激励被许可人推进开发,而不是作为众多管线中的储备项目。最常见的方式便是要求药品获得上市许可批件前每年支付许可维持费(Maintenance Fee),或者约定若更早获得临床试验或上市许可批件就可支付更少的里程碑款项。

对于销售分成,外方许可人提供的协议模板中通常将计算基数“净销售额”或者“净利润”约定为许可产品的实际销售价格乘以许可产品的销售量,再扣除被许可人销售许可产品的成本,如包装费、运输费、增值税、返点、折扣等。但这一计算方式是否可以无缝适用于计算产品在国内的净销售额呢?例如,在“两票制”下,实际销售价格是按照生产商向经销商提供产品的开票金额(“两票制”中的“第一票”)计算,还是按照经销商向医院销售产品的开票金额(“两票制”中的“第二票”)计算?在被许可人是生产商的情况下,如果其经销商既包括集团内关联公司,也有非关联的第三方企业,是否按照相同价格计算?

此外,销售分成的分成比例一经确定,是否可以根据重大市场变化进行调整呢?常见的重大市场变化包括许可产品核心专利无效或到期、竞品上市、许可产品被纳入药品集中采购或医保目录。以许可产品被纳入药品集中采购为例,产品被纳入集中采购意味着药企需要显著降低终端售价来保证销量,产品售价的降低也会直接影响被许可人支付销售分成的能力。在某些项目谈判过程中,外方许可人有时会要求被许可人保证不主动加入政府集中采购项目。但是,一旦许可产品品种被纳入集中采购,申请许可产品参加集中采购和另辟蹊径自行开拓集采范围外的医院和地域都各有利弊,需要综合权衡后作出决策。

三、谈及新知识产权成果,我们究竟在谈论什么?

答:视具体项目情况,主要包括结构优化、新用途、工艺改进、试验数据。

在医药行业的技术许可交易中,项目落地过程中往往涉及产品进一步开发和注册申报,以及药品生产工艺开发、验证、扩大等步骤。这些过程中可能形成各种类型的新知识产权成果,如对于许可技术所作出的改进、独立于许可技术的新发明创造,还有临床数据这一类医药行业中的特殊研究成果。新知识产权成果的权属也往往是交易谈判的重点。

在过去很长的一段时间里,跨境许可交易中的中方被许可人往往以 2011 年《技术进出口管理条例》第 27 条的规定,即“在技术进口合同有效期内,改进技术的成果属于改进方”作为谈判筹码，主张被许可人作出的技术改进归被许可人所有。但是，在新的国际贸易形势下，《外商投资法》鼓励外商投资过程中基于自愿原则和商业规则开展技术合作①，此后修订的《技术进出口管理条例》删除了原第27条的规定，《民法典》第875条也规定当事人可以按照互利的原则，在合同中约定实施专利、使用技术秘密后续改进的技术成果的分享办法②。这就意味着在目前立法背景下，改进技术的归属问题已属于双方意思自治的范畴。

在对改进技术的权属进行谈判时，被许可人通常认为其改进技术时投入了大量人力、物力，故而改进技术应归其所有，而许可人则通常会主张改进技术是在其许可技术的基础上得到的，并且许可人研发许可技术所投入的资源和智力劳动远远高于被许可人后续改进的投入，由此要求改进技术归许可人所有。那么，在进行商业谈判前，我们何不先跳出“改进技术”的法律术语，回归到具体项目和技术本身？先评估具体项目中改进技术的实质技术内容、产生可能性和应用场景，结合双方合作的初衷，对具体案件作具体分析。

例如，如果合作模式是许可人将其处于早期药物发现阶段的新型化合物、质粒等材料提供给被许可人，由被许可人主导开展后续研究和商业转化，被许可人可能通过修饰、改构、基因敲除等技术手段，得到真正具有药物活性的化合物、基因序列等技术，那么协议约定改进技术归属被许可人所有，并由被许可人推进商业转化并与许可人分享商业利益，其实是符合双方技术贡献比例，也与双方合作的商业意图一致的。如果某些改进技术可作其他用途，并且无须借助许可人的原有技术，那么被许可人也可在项目之外利用该等改进技术。

在另一种合作模式下，许可产品已经基本成型、生产工艺也已基本成熟，被许可人只需完成行政审批所需的临床试验，在完成生产工艺转移并获得生产批件后，开展许可产品在境内的生产和销售。在这类项目中，作出新发明创造的可能性总体不高，主要可能在生产工艺方面作出改进，以及获得新的临床试验数据，对

---

① 《外商投资法》第22条第2款规定，国家鼓励在外商投资过程中基于自愿原则和商业规则开展技术合作。技术合作的条件由投资各方遵循公平原则平等协商确定。行政机关及其工作人员不得利用行政手段强制转让技术。

② 《民法典》第875条规定：“当事人可以按照互利的原则，在合同中约定实施专利、使用技术秘密后续改进的技术成果的分享办法；没有约定或者约定不明确，依据本法第五百一十条的规定仍不能确定的，一方后续改进的技术成果，其他各方无权分享。”

于生产工艺改进和临床试验数据，双方通常同意归属被许可人，并授权许可人用于许可产品在境外的相关工作。不过，有些许可产品也可能在临床试验过程中发现新适应症，双方应该在谈判阶段讨论新用途的可能性，如果确有可能的，提前约定新用途的权属和应用权利。

四、陈述与保证条款如何发挥最大效用？

答：立足尽职调查结果设计，配套违约责任机制执行。

与普通的技术许可协议相同，药品授权许可交易使用的许可协议中也通常会设置专门的知识产权陈述与保证条款，由许可人就许可技术和产品的知识产权相关问题提供陈述与保证，通常包括权属保证、授权链条完整性保证、技术有效性保证、技术不侵权保证等。根据不同项目的特殊情况，有时也会从技术进出口合规、职务发明权属等方面设置相应的陈述保证条款。

在这些陈述保证事项中，技术不侵权保证往往是谈判难度最高的事项。一方面，一旦发生侵权争议，法律程序本身就会给被许可人的商业运营、商誉等带来影响，如果法院认定侵权，被许可人就无法继续销售产品，此前的全部投入都付诸东流，甚至还需要支付巨额赔偿。另一方面，有些项目中许可人收取的许可费本就不高，也有些合作领域中的基础技术权属本就不明，如果要求许可人对技术侵权风险完全兜底，对于许可人而言也是很高的挑战。因此，在协商初期最好可以进行产品自由实施分析（FTO），在提前评估项目侵权风险的同时，也可以据此制定知识产权条款的谈判策略。

对于被许可人而言，最好是要求许可人对许可技术和合作产品提供全面完整的不侵权保证。但是，合作产品也可能应用许可技术之外的其他技术，因此，如果许可人仅同意就自己提供的许可技术本身提供保证，也是可以理解的。落实到协议条款层面，通常协议会约定许可人保证许可技术和/或合作产品不侵犯第三方在许可地域和产品应用领域内的知识产权权利。有些情况下，许可人会要求将不侵权保证条款细化为其在签约前未曾收到或获知第三方侵权主张，这就会大大降低这一陈述保证条款的实际效力。

不侵权保证条款本身可以为被许可人提供一定程度的保护。在此基础上，最好可以进一步设定实际发生侵权问题时的配套应对机制，将许可人对于技术侵权的责任义务落到实处。常见的机制有许可人免费提供替代技术方案,或者负责从第三方权利人处获得许可并支付费用。如果发生侵权诉讼,许可人应协助被许可人应诉;如果判定侵权并且需支付赔偿金的,许可人需向被许可人提供一定的补偿,或者降低被许可人应付的后续许可费金额;如果由于侵权问题导致项目无法继续推进的,被许可人也有权终止协议并要求返还一定比例的已支付费用。这些机制都可以根据实际情况予以设定。

五、授权许可项目频频爆雷,如何在最后阶段保护自身利益?

答:居安思危,谨慎设置许可协议的终止机制。

2020年以来,授权许可项目频频"爆雷",引发业界关注。据不完全统计,2022年创新药License in项目的终止数量再创新高,超过60项。① 虽然交易双方通常将终止合作约定为一方重大违约的法律后果,但实际上一旦提前终止合作,没有一方能全身而退。被许可人投入的金钱、人力、时间成为沉没成本,而许可人虽然拿到首付款,也失去了许可地域的在先开发优势或者持续营收能力。因此,一份好的交易文件,不仅应该服务于双方顺利推进合作期间,也应该考虑到出现合作"瓶颈"的可能性并提前约定好双方届时的权利义务,为双方提供合作收尾阶段的有效指引。

对于技术许可协议而言,协议提前终止,技术许可即随之终止,这是自然的。但在药品授权许可协议中,有时会要求被许可人将项目过程中得到的临床试验数据和资料、各类药品审评审批文件,乃至于新作出的技术开发成果,全部转交许可人留作后用,这便有待商榷了。尤其是在许可人一方违约,导致被许可人不得不通过终止合作降低损失的情况下,如果仍要求被许可人将其投入人力、物力作出的研发成果免费移交许可人,未免有失公平。此外,药品审评审批文件能否转移可能会视具体药品种类、当地药品注册审评政策而存在不确定之处,也需要与具体负责的药品监督管理机构沟通确定。

即使是一些常见的终止后果,也可以根据具体项目背景考虑是否进行调整。例如,过去常见的药品许可项目是知名跨国药企许可中国企业开展药品本地化生

① MedTrend医趋势:《首次内部创新反超外部创新! 全球TOP药企释放了什么信号?》,载微信公众号"MedTrend医趋势"2023年2月28日,https://mp.weixin.qq.com/s/ImpXLzBuCXcBhH4fIT2Y9w。

产、销售，协议终止条款通常着重讨论中方出现资不抵债或破产情况时外方许可人收回项目的处理方案。随着国内医药行业日益发展，双方的谈判地位已有明显变化，大型国内制药企业在药物初步研究阶段介入，从国外新设公司手中买断创新药物全球商业权益的项目已屡见不鲜。在这些项目中，外方许可人的可持续运营能力具有不确定性，中方也应该提前考虑如果外方许可人公司运营出现问题，如何保障被许可人的自身利益。

当下，我国医药行业对于授权许可交易的态度早已从单纯的境外管线引进或委托加工，转变为外部引进和自主开发双轨并行，乃至开展自研药品境外 License out，以吸引资本加持、覆盖海外市场。可以说，一个授权许可交易多元化“狂飙”的时代正在到来。无论是在“引进来”（License in）还是“走出去”（License out）的过程中，医药企业都应该为每个项目签署好完备的许可协议，为融入全球创新洪流提供坚实的后盾。

“十问十答”：一文速览中国药品专利纠纷早期解决机制

闫春辉　马东晓*

*作者简介：

闫春辉，中伦律师事务所北京办公室知识产权部非权益合伙人，电邮为：yanchunhui@ zhonglun. com。

马东晓，中伦律师事务所北京办公室知识产权部合伙人，电邮为：madongxiao@ zhonglun. com。

2021年7月,《药品专利纠纷早期解决机制实施办法(试行)》和最高人民法院《关于审理申请注册的药品相关的专利权纠纷民事案件适用法律若干问题的规定》先后发布施行,可谓“重磅双响”,中国模式下的药品专利纠纷早期解决机制大框架终于落地。本文拟结合上述两个文件,以问答的形式,介绍我国制定的药品专利纠纷早期解决机制。

自2017年《关于深化审评审批制度改革鼓励药品医疗器械创新的意见》、2019年《关于强化知识产权保护的意见》明确提出探索建立药品专利链接制度以来,我国的药品专利链接制度正在快速建立。药品专利链接是一个内涵丰富的概念,在仿制药上市获批之前解决仿制药申请人与专利权人或利害关系人之间的专利纠纷是其中的重要内容。

2020年9月11日,国家药监局、国家知识产权局发布《药品专利纠纷早期解决机制实施办法(试行)(征求意见稿)》(以下简称《实施办法征求意见稿》)。随后,于2020年10月17日公布且目前已经施行的《专利法》明确引入了药品专利纠纷提前解决机制的内容。此外,《关于审理涉药品上市审评审批专利民事案件适用法律若干问题的规定(征求意见稿)》、《药品专利纠纷早期解决机制行政裁决办法(征求意见稿)》等亦涉及药品专利链接和药品专利纠纷提前解决。

2021年7月4日,《药品专利纠纷早期解决机制实施办法(试行)》(以下简称《实施办法》)正式发布。同日,最高人民法院发布《关于审理申请注册的药品相关的专利权纠纷民事案件适用法律若干问题的规定》(以下简称《审理规定》)。《实施办法》和《审理规定》的接连出台可谓“重磅双响”,中国模式下的药品专利纠纷早期解决机制大框架终于落地。随着《实施办法》和《审理规定》的出台,我国的药品专利纠纷早期解决机制已大体落地,如图1所示:

本文拟结合《实施办法》和《审理规定》,以问答的形式,介绍我国制定的药品专利纠纷早期解决机制。

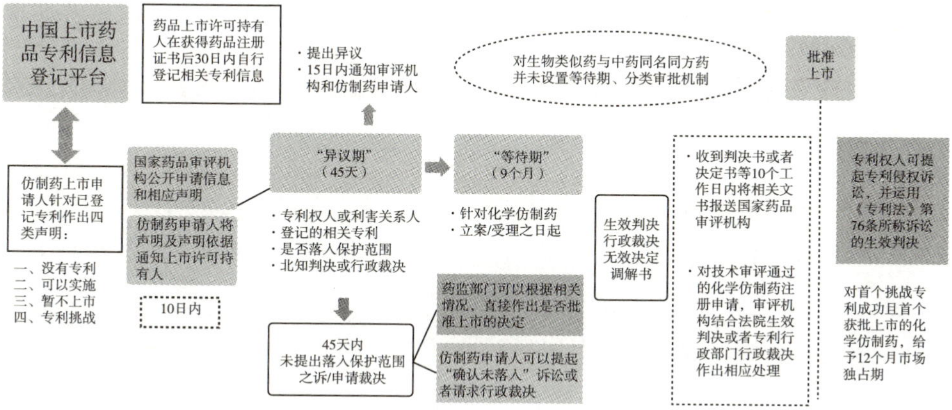

图 1 我国药品专利纠纷早期解决机制

一、药品相关专利信息如何登记?

(一)关于登记平台

《实施办法》明确规定,国务院药品监督管理部门组织建立"中国上市药品专利信息登记平台"①,供药品上市许可持有人登记在中国境内注册上市的药品相关专利信息。同时规定,国家药品审评机构负责建立并维护中国上市药品专利信息登记平台,对已获批上市药品的相关专利信息予以公开。

"中国上市药品专利信息登记平台"的上线极大程度解决了以往药品专利信息公开不充分的问题,尤其为药品上市许可申请人作出有针对性的专利声明奠定了基础。

(二)关于登记时间

根据《实施办法》的规定,药品上市许可持有人应在获得药品注册证书后30日内自行登记相关专利信息。该规定与《实施办法征求意见稿》的安排②有所变化。原研药企和上市许可持有人应重视这一时间节点并及时开展相关专利布局和登记工作。根据《实施办法》的规定,未在中国上市药品专利信息登记平台登记

---

① 2021年7月4日,国家药监局发布关于实施《实施办法》相关事宜的通告(2021年第46号),宣布中国上市药品专利信息登记平台(https://zldj.cde.org.cn/home)正式运行。

② 申报药品上市时自行登记专利信息、对已上市药品可补充提交有关专利信息、药品审评期间取得专利权/专利信息发生变更的在30日内登记/变更登记。

相关专利信息的,将无法基于该专利启动药品专利纠纷早期解决机制。

二、应在中国上市药品专利信息登记平台上登记哪些内容?

根据《实施办法》的规定,药品上市许可持有人应登记的内容包括药品名称、剂型、规格、上市许可持有人、相关专利号、专利名称、专利权人、专利被许可人、专利授权日期及保护期限届满日、专利状态、专利类型、药品与相关专利权利要求的对应关系、通信地址、联系人、联系方式等。

此处更需要关注的问题是上述“相关专利”的范围。众所周知,原研药企作为专利权人,通常会围绕核心化合物有计划地申请一系列专利以寻求“专利常青”(在原始专利的基础上策略性地提交专利申请,利用《专利法》及相关法规延长其市场垄断权①)。如果在仿制药上市申请获批之前允许专利权人发起救济措施,而不对专利权人可主张的专利权范围加以明确和限制,将可能不当阻碍仿制药上市。本次《实施办法》明确规定,化学药、中药、生物药可登记的专利范围如图 2 所示。

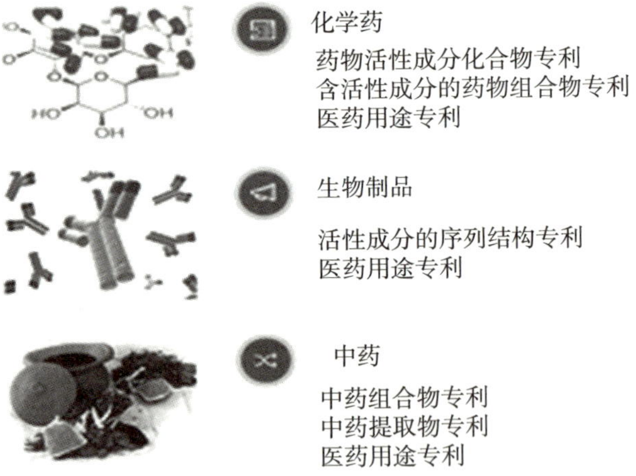

图 2　化学药、中药、生物药可登记的专利范围

---

① See Inderjit B. ,et al. ,*Evergreening—A Controversial Issue in Pharma Milieu*,Journal of Intellectual Property Rights,2009,14(2):298 -299.

由此可见,相关专利不包括中间体、代谢产物、晶型、制备方法、检测方法等。相关企业应当加大研发力度,重点打造"核心专利",而对于用途专利应重点挖掘"预料不到的技术效果",从而为运用药品专利链接制度建立前提。

三、药品相关专利登记的准确性如何保证?

保证药品相关专利登记的准确性是非常重要的问题,"准确性"既指登记的专利主题类型符合《实施办法》的要求,也指专利与药品的"相关性"。从国外实践看,美国允许仿制药企在专利侵权诉讼中反诉该专利不应该被列入"橘皮书"①,并设置了公众异议制度。韩国的药品专利链接制度中包括公示药品相关专利信息的"绿色清单制度",韩国食品药品安全部需要对专利的相关性进行实质审查后才会将其登记在绿色清单中,而且可以依申请或依职权删除或修改相关专利信息②。加拿大的"专利登记制度"同样对药品登记专利的要求相当严格,且药品审核行政机关有权审查、修改或删除专利登记。

为保障专利登记的准确性,《实施办法》采取的措施包括:(1)要求"药品上市许可持有人对其登记的相关信息的真实性、准确性和完整性负责""登记信息与专利登记簿、专利公报以及药品注册证书相关信息应当一致";(2)要求登记内容包括"药品与相关专利权利要求的对应关系""医药用途专利权与获批上市药品说明书的适应症或者功能主治应当一致;相关专利保护范围覆盖获批上市药品的相应技术方案""相关信息修改应当说明理由并予以公开";(3)要求对收到的相关异议,应当及时核实处理并予以记录;(4)明确"故意将保护范围与已获批上市药品无关或者不属于应当登记的专利类型的专利登记至中国上市药品专利信息登记平台、侵犯专利权人相关专利权或者其他给当事人造成损失的,依法承担相应责任"。

从上述措施的内容上看,专利登记的准确性主要依赖药品上市许可持有人,虽然提及了"异议"但缺乏更具体的机制,更没有规定对专利登记准确性的审查机制。值得注意的是,如果专利登记的准确性存在问题,可能导致起诉和行政裁决请求不被受理,或在实体审理中败诉,这在某种程度上可作为一种"事后控制"。

---

① 参见王骏飞:《药品专利链接制度研究》,南京大学 2016 年硕士学位论文。

② 参见邱福恩:《韩国药品专利链接制度介绍及对我国制度的启示》,载《电子知识产权》2019 年第 3 期。

上述措施也对药品上市许可持有人和相关专利权人提出了要求，包括在撰写专利申请时和审查程序中应最大限度确保专利对药品的“覆盖”。

四、仿制药申请人提交药品上市许可申请时应如何进行声明？

根据《实施办法》的规定，首先，在范围上，化学仿制药申请人、中药同名同方药申请人、生物类似药申请人提交药品上市许可申请时，应当对照已在中国上市药品专利信息登记平台公开的专利信息，针对被仿制药每一件相关的药品专利作出声明。

其次，在内容上，可选择的作出的声明包括以下四类：

（1）一类声明：中国上市药品专利信息登记平台中没有被仿制药的相关专利信息；

（2）二类声明：中国上市药品专利信息登记平台收录的被仿制药相关专利权已终止或者被宣告无效，或者仿制药申请人已获得专利权人相关专利实施许可；

（3）三类声明：中国上市药品专利信息登记平台收录有被仿制药相关专利，仿制药申请人承诺在相应专利权有效期届满之前所申请的仿制药暂不上市；

（4）四类声明：中国上市药品专利信息登记平台收录的被仿制药相关专利权应当被宣告无效，或者其仿制药未落入相关专利权保护范围。

上述内容与《实施办法征求意见稿》相比，第二类声明增加了“仿制药申请人已获得专利权人相关专利实施许可”，包括的情形更为全面。从声明内容来看，笔者分别将上述四类声明简称为“没有专利”“可以实施”“暂缓上市”“专利挑战”。

上述四类声明显然不能随意作出，更不能弄虚作假，且应选择合理的声明策略。《实施办法》要求，声明未落入相关专利权保护范围的，声明依据应当包括仿制药技术方案与相关专利的相关权利要求对比表及相关技术资料。虽然《实施办法》并未对“对比表及相关技术资料”的内容和形式提出进一步要求，与美国要求仿制药简化申请（Abbreviated New Drug Application，ANDA）申请人提交详细说明和相关证明材料相比可能更为宽松，但与《实施办法征求意见稿》未作任何要求相比仍有一定进步。

五、上市许可持有人和专利权人如何获悉声明？

由于涉及下文提及的“异议期”的起算，合理的做法是让相关上市许可持有人和专利权人及时获悉仿制药上市许可申请和四类声明,尤其是"专利挑战"。在美国,ANDA 申请人应当在 20 天内将"专利挑战"通知专利权人。《实施办法》出台之前,我国尚无文件对此类"通知"作出要求,《实施办法征求意见稿》仅规定"仿制药申请和相应声明在国家药品审评机构信息平台向社会公示",并将"公示药品上市许可申请之日"作为异议期的起算点。

《实施办法》确定了仿制药申请被受理后 10 个工作日内"药品审评机构在信息平台向社会公开申请信息和相应声明 + 仿制药申请人将声明及声明依据通过纸质和电子邮箱通知上市许可持有人"机制,在一定程度上保障了上市许可持有人和专利权人的及时知情,并显然有利于后者有效决策、委托代理人、准备相关手续等。

六、面对第四类专利声明,专利权人或利害关系人如何应对?

在应对路径上,专利权人或利害关系人对四类专利声明有异议的,可以就申请上市药品的相关技术方案是否落入相关专利权保护范围向人民法院提起诉讼,也可以向国务院专利行政部门请求行政裁决。根据《审理规定》的规定,确认是否落入专利权保护范围纠纷的第一审案件由北京知识产权法院管辖;"利害关系人"则包括专利被许可人、相关药品上市许可持有人。我们理解,专利权人或利害关系人应当基于对专利稳定性、仿制药是否落入专利保护范围、具体案件走向的评估,从结果维度和速度维度,结合司法程序和行政程序的特点,对上述两种途径进行合理和善意选择。否则,专利权人或利害关系人不仅无法阻止仿制药上市,还有可能被药品上市许可申请人向北京知识产权法院提起损害赔偿之诉。

在应对时间上,《实施办法》保留了《实施办法征求意见稿》中赋予专利权人或者利害关系人的 45 日"异议期",但将起算时间变为"自国家药品审评机构公开药品上市许可申请之日"。

需要注意的是,《实施办法》规定,专利权人或者利害关系人如在规定期限内提起诉讼或者请求行政裁决的,应当自人民法院立案或者国务院专利行政部门受理之日起 15 个工作日内,将立案或受理通知书副本提交国家药品审评机构,并通知仿制药申请人。与《实施办法征求意见稿》相比,《实施办法》延长了将立案或受理通知书副本提交国家药品审评机构的期限,并新增了对仿制药申请人的通知,进一步优化了程序。

另外,《实施办法》和《审理规定》明确规定如果专利权人或者利害关系人未在规定期限内提起诉讼或者请求行政裁决,仿制药申请人可以提起“确认申请注册药品未落入相关专利权保护范围”诉讼或者请求行政裁决。对于原研药企而言,上述规定无疑打消了仿制药申请人在作出第四类声明的同时起诉或请求行政裁决的顾虑。仿制药申请人则应积极关注专利权人的动向,并提前对“确认未落入之诉”有所准备。

七、如何启动药监部门的“等待期”?

在国外类似制度实践中,“等待期”的启动方式和长度不尽相同。根据《实施办法》的规定,我国的“等待期”采取了“自动模式”,即药监部门收到(专利权人或者利害关系人提交的)人民法院立案或者国务院专利行政部门受理通知书副本后,对化学仿制药注册申请设置等待期,等待期自人民法院立案或者国务院专利行政部门受理之日起算,期限为 9 个月,只设置一次。

需要强调的是,专利权人或者利害关系人要想触发药监部门设置等待期,应当在规定期限内及时向人民法院提起诉讼或者向国务院专利行政部门请求行政裁决,而不论化学仿制药申请人第四类声明是“被仿制药相关专利权应当被宣告无效”还是“仿制药未落入相关专利权保护范围”。否则,药监部门根据技术审评结论和仿制药申请人提交的声明情形,可直接作出是否批准上市的决定。需要注意的是,根据对《实施办法》和《审理规定》的政策解读,仿制药申请人提起诉讼或者请求行政裁决不触发等待期。

八、引发等待期后,专利权纠纷解决结果与药品上市许可审批如何衔接?

根据《实施办法》的规定,对于引发等待期且技术审评通过的化学仿制药注册申请,根据专利权纠纷解决结果的不同,药品上市许可审批的结果可能有以下几种:

(1)生效判决或行政裁决确认落入相关专利权保护范围,暂缓批准;

(2)生效判决或行政裁决确认不落入相关专利权保护范围,或双方和解,或专

利被无效,申请转入行政审批;

(3)超过等待期药监部门未收到生效判决或者调解书或者行政裁决[①],申请转入行政审批;

(4)在行政审批期间收到确认落入相关专利权保护范围的生效判决或行政裁决,暂缓批准;

(5)暂缓批准决定后行政裁决被推翻,或双方和解,或专利被无效,或诉讼或者行政裁决请求被撤回,仿制药申请人可申请批准仿制药上市,药监部门可以作出是否批准的决定。

虽然《实施办法》规定了中药、生物制品的专利信息登记、专利声明,并规定其适用"异议期",但《实施办法》对生物类似药与中药同名同方药并未设置等待期、分类审批等机制。具体而言,对中药同名同方药和生物类似药注册申请,药监部门依据技术审评结论,直接作出是否批准上市的决定。对于人民法院或者国务院专利行政部门确认相关技术方案落入相关专利权保护范围的,相关药品在相应专利权有效期届满之后方可上市。

结合上述内容,专利权人或利害关系人应当对司法途径和行政途径进行合理选择。例如,如果采取"速战速决策略",目前来看,如果不对审限作出特别要求,在9个月的"等待期"内得到生效判决可能非常困难,而行政裁决虽然可能被推翻,但效率较高;如果采取"拖延策略"并希望把握更多主动权,可考虑司法途径,同时考虑和解的可能性。此外,如果选择向法院起诉,目前在等待期内可能很难得到生效判决,尤其是仿制药企可能拖延诉讼,而超过等待期未得到生效判决,申请将转入行政审批,仿制药可能上市销售,故申请诉中行为保全或许能够起到一定作用。

仿制药上市许可申请人应当尽早评估仿制药的侵权可能性和被仿制药相关专利情况及无效可能性。尤其是对于被仿制药相关专利而言,可以在时机成熟时有策略地提起无效宣告请求。以化学药为例,相比药物活性成分化合物专利、含活性成分的药物组合物专利,医药用途专利可能更容易被无效。此外,如果在仿制药上市申请获批时,药品专利链接纠纷尚未完结,应根据纠纷情况评估上市销

---

① 不当然是未作出相关文书。——笔者注。

售的风险。

九、仿制药申请人挑战专利成功有何回报?

《实施办法》明确对首个挑战专利成功并首个获批上市的化学仿制药,给予该药品获批之日起12个月的“市场独占期”①。从类型上看,市场独占期不适用于中药同名同方药和生物类似药。从结果上看,国务院药品监督管理部门在“市场独占期”内不再批准同品种仿制药上市,但不停止技术审评。此处需要注意的是,此处的“挑战专利成功”仅指“相关专利被宣告无效”,而不包括第四类声明中的“仿制药未落入相关专利权保护范围”;《实施办法》在征求意见稿基础上增加但书,共同挑战专利成功的化学仿制药能够获批上市。

从其他法域经验来看,美国的180天首仿药独占期制度一开始运行得并不理想,很多专利权人利用首仿药市场独占期的启动条件阻滞后续仿制者的上市许可申请。并且,美国出现了越来越多的逆向和解协议,由药品专利权人向仿制药申请人支付“买断费”,以高于仿制药申请人的药品价格进入市场销售获利②。韩国的首仿药市场独占期为9个月,但出现了多个仿制药企业共同享有同一个市场独占期的现象③。因此,我国长达12个月的“市场独占期”机制的运行效果有待进一步观察。尤其是在“挑战专利成功”仅指“相关专利被宣告无效”的情况下,哪些情形可被视为“共同挑战专利成功”有待进一步明确。

十、药品专利纠纷早期解决机制与仿制药上市后的诉讼关系如何?

专利权人或利害关系人可以选择不启动药品专利纠纷早期解决机制,然后在仿制药获批上市后提起通常的专利侵权之诉,只是相关结果不影响已经依法批准的药品上市许可决定的效力。对于不适用药品专利纠纷早期解决机制的专利,专利权人或利害关系人也可以在仿制药获批上市后提起专利侵权之诉。

如果专利权人或利害关系人在“异议期”内启动药品专利纠纷早期解决机制,

---

① 市场独占期限不超过被挑战药品的原专利权期限。

② See Carrier M. A. , *Unsettling Drug Patent Settlements: a Framework for Presumptive Illegally*, Michigan Law Review, 2009, 108(1): 37 – 80.

③ 参见邱福恩:《韩国药品专利链接制度介绍及对我国制度的启示》,载《电子知识产权》2019年第3期。

根据《审理办法》的规定，针对同一专利权和申请注册药品，当事人可以在侵害专利权或者确认不侵害专利权诉讼中，主张依据《专利法》第76条所称的生效判决认定涉案药品技术方案是否落入相关专利权保护范围，且除非有证据证明被诉侵权药品技术方案与申请注册的药品相关技术方案不一致或者新主张的事由成立，人民法院一般予以支持。

十一、结语

随着《实施办法》和《审理规定》的出台，我国的药品专利纠纷早期解决机制已大体落地。原研药企和仿制药企的“交互”机制、法院/专利行政部门与药监部门的“衔接”机制、法院审理机制相比之前的相关规定的征求意见稿更加具有可操作性。并且，上述文件中关于商业秘密的保护、不诚信或滥用程序的罚则亦值得肯定。可以预见，《专利法实施细则修改建议（征求意见稿）》、《药品专利纠纷早期解决机制行政裁决办法》对应的正式文件也将出台，我国的药品专利链接制度将更加具有体系性和可操作性。

笔者相信，随着药品专利链接相关制度在实践中的不断补充和细化，我国的药品专利链接制度将合理兼顾药品专利权人或利害关系人和仿制药申请人的利益和关切，并进一步推动我国医药行业良好竞争秩序的建立和创新能力的提升。笔者同时建议，不论是原研药企还是仿制药企，以及相关投资者，都应当在专业的律师和专利代理师的协助下，在研发立项、药品开发、知识产权获得、技术交易、尽职调查、诉讼维权等过程中考虑药品专利链接制度，并合理确定或调整研发重点、专利申请和布局策略、尽职调查重点、交易模式和相关约定、诉讼策略等问题，以便有效运用药品专利链接制度，最大限度地实现商业目标。

专利无效宣告请求审查决定生效时间对药品带量采购的影响与应对

张　鹏*

*作者简介：

张鹏，中伦律师事务所南京办公室高级顾问，电邮为：zhangpeng@zhonglun.com。

为了让患者用上降价药物，我国积极探索推行“带量采购、量价挂钩、招采合一”的药品集中采购制度。2018 年 11 月，中央全面深化改革委员会审议通过《国家组织药品集中采购试点方案》，提出“带量采购、以量换价”的试点方案，按照试点地区所有公立医疗机构年度药品总用量的 60% ~70% 估算采购总量进行带量采购。随即，北京、上海、天津、重庆 4 个直辖市和广州、深圳、西安、大连、成都、厦门、沈阳 7 个城市共 11 个试点开展了国家组织药品集中采购和使用试点（“4 +7”试点），联合采购办公室公布了 31 个药品带量采购品种和约定采购量。2019 年 2 月 28 日，国家医保局发布《关于国家组织药品集中采购和使用试点医保配套措施的意见》（医保发〔2019〕18 号），正式施行国家组织的“4 +7”带量采购。2019 年 9 月 25 日，国家医保局等九部门联合印发《关于国家组织药品集中采购和使用试点扩大区域范围的实施意见》（医保发〔2019〕56 号），将原来在 11 个试点城市的药品重新组织竞价，参加国家组织药品集中采购和使用试点扩围的省份及新疆生产建设兵团集中在上海开展联合招采并产生拟中选结果，“4 +7”试点范围扩大到全国，拟中选药品价格平均下降 59%。2019 年 11 月 26 日，国家医疗保障局发布《关于做好当前药品价格管理工作的意见》，该意见明确提出发挥医保对药品价格引导作用，深化药品集中带量采购制度改革，坚持“带量采购、量价挂钩、招采合一”的方向，促使药品价格回归合理水平。①

可以说，带量采购制度有助于解决现行招标采购中的量价脱钩使药价不能明显下降的问题以及采购分散使议价能力不足问题②，同时也更好地促进了原研药和仿制药的充分竞争③，推动医药产业从营销驱动向创新驱动转变。由于药品带量采购直接关系原研药和仿制药之间的竞争，专利问题就成为药品带量采购中无法回避的重要问题。尤其在原研药专利权被宣告无效、处于专利行政诉讼审理过程中，仿制药是否可以参与带量采购？如果未来专利行政诉讼撤销宣告专利权无效的审查决定，国家知识产权局重新作出维持专利权有效的审查决定，那么原研药专利权人的权利如何救济？

---

① 参见李琛等：《我国药品集中采购工作回顾与展望》，载《中国医院管理》2018 年第 9 期。

② 参见蔡雪妮：《中国药品集中采购的演变以及与医保支付的逻辑关系》，载《中国卫生政策研究》2017 年第 6 期。

③ 参见舒茜、姚峥嵘等：《药品带量采购政策的利益相关者分析》，载《卫生经济研究》2019 年第 8 期。

一、关键问题：专利权效力如何?

仿制药入市的关键是原研药的专利权保护已经失效。以药品带量采购的实际情况进行为例,2019 年 6 月,国家卫生健康委联合科技部、工业和信息化部、国家药监局、知识产权局等部门组织专家,对国内专利到期和专利即将到期尚没有提出注册申请、临床供应短缺(竞争不充分)以及企业主动申报的药品进行遴选论证,提出了《第一批鼓励仿制药品目录建议清单》。3 个多月后,《第一批鼓励仿制药品目录》于 2019 年 10 月正式发布。除了利匹韦林片剂 25mg 外,《第一批鼓励仿制药品目录建议清单》中的其余产品都进入目录。强生的抗艾滋病新药利匹韦林 2018 年 10 月才在中国内地上市,为新一代非核苷类反转录酶抑制剂,最终没有出现在首批正式目录中,预计与其专利尚未到期有关。[①] 之所以考虑专利是否到期,就是需要判断原研药的专利权是否失效,如果原研药的专利权已经失效,那么仿制药入市的知识产权合规风险可控,仿制药厂可以参与药品带量采购。反之亦然,如果原研药的专利权仍处于合法有效状态,那么仿制药入市的知识产权合规风险较高,仿制药厂参与药品带量采购的条件值得讨论。

接下来的关键问题是,原研药的专利权何时终止?这个问题在没有专利权效力纠纷的情况下非常明确。我国《专利法》第 42 条规定,发明专利权的期限为 20 年,实用新型专利权的期限为十年,外观设计专利权的期限为 15 年,均自申请日起计算。发明专利权自申请日起计算超过 20 年,或者实用新型专利权自申请日起计算超过 10 年、外观设计专利权自申请日起计算超过 15 年,专利权失效。2020 年修正的《专利法》还增加了专利权保护期补偿制度:“自发明专利申请日起满四年,且自实质审查请求之日起满三年后授予发明专利权的,国务院专利行政部门应专利权人的请求,就发明专利在授权过程中的不合理延迟给予专利权期限补偿,但由申请人引起的不合理延迟除外。为补偿新药上市审评审批占用的时间,对在中国获得上市许可的新药相关发明专利,国务院专利行政部门应专利权人的请求给予专利权期限补偿。补偿期限不超过五年,新药批准上市后总有效专利权期限不超过十四年。”因此,原研药保护期需要进一步考虑专利保护期补偿。《专

---

① 参见边界:《鼓励仿制产品带量采购竞争力预判》,载《医药经济报》2019 年 11 月 28 日,第 5 版。

利法》第 44 条也进一步明确规定了专利权在保护期限届满前终止的情形：没有按照规定缴纳年费或专利权人以书面声明放弃其专利权。同时，该条第 2 款规定了专利权在保护期限届满前终止的程序是由国务院专利行政部门登记和公告。

“原研药的专利权何时终止”这个问题在有专利权效力纠纷的情况下非常复杂。它涉及如下情形：第一，民事主体针对原研药专利权向国家知识产权局提起无效宣告请求，无效宣告请求审查过程中，该专利权处于何种效力；第二，民事主体针对原研药专利权向国家知识产权局提起无效宣告请求，国家知识产权局经过审查作出维持专利权有效的决定，在民事主体针对该无效宣告请求审查决定提起专利行政诉讼的情况下，该专利权处于何种效力；第三，民事主体针对原研药专利权向国家知识产权局提起无效宣告请求，国家知识产权局经过审查作出维持专利权部分有效的决定，在民事主体针对该无效宣告请求审查决定提起专利行政诉讼的情况下，该专利权处于何种效力；第四，民事主体针对原研药专利权向国家知识产权局提起无效宣告请求，国家知识产权局经过审查作出宣告专利权无效的决定，民事主体针对该无效宣告请求审查决定提起专利行政诉讼的情况下，该专利权处于何种效力状态。

二、关键要点：专利无效宣告请求审查决定何时生效？

对于上述第一种情况，基于《专利法》第 47 条的规定①和专利权被推定有效的基本属性，应当认为专利权仍然处于合法有效状态，这争议不大。第二种情况下，由于专利权被维持有效，仍然处于推定有效状态，争议亦不大。第三种情况取决于保护原研药的主要权利要求是否被维持有效，以此为标准可以分别参照适用第二种和第四种情况。第四种情况下，专利权处于何种效力状态的问题，是争议最大的，其关系这种情况下仿制药企业能否参与带量采购的问题。这种情况的核心问题在于，专利无效宣告请求审查决定何时生效。该问题的前提是专利无效宣告程序的性质。对此，存在如下两种观点：

---

① 《专利法》第 47 条规定：“宣告无效的专利权视为自始即不存在。宣告专利权无效的决定，对在宣告专利权无效前人民法院作出并已执行的专利侵权的判决、调解书，已经履行或者强制执行的专利侵权纠纷处理决定，以及已经履行的专利实施许可合同和专利权转让合同，不具有追溯力。但是因专利权人的恶意给他人造成的损失，应当给予赔偿。依照前款规定不返还专利侵权赔偿金、专利使用费、专利权转让费，明显违反公平原则的，应当全部或者部分返还。”

第一种观点认为，专利无效宣告程序是类似一个审级的准司法程序，专利无效宣告请求审查决定类似于初审审级的裁决，作出后效力待定，需要等待后续司法程序的结论。这一观点的依据有两个方面：

一是《商标法》对维持注册商标或者宣告注册商标无效的裁定生效时间的规定。维持注册商标或者宣告注册商标无效的裁定与专利无效宣告请求审查决定的法律地位应当相同，并不因为知识产权类型的不同而有所差异。《商标法》第46条规定："法定期限届满，当事人对商标局宣告注册商标无效的决定不申请复审或者对商标评审委员会的复审决定、维持注册商标或者宣告注册商标无效的裁定不向人民法院起诉的，商标局的决定或者商标评审委员会的复审决定、裁定生效。"因而，如果当事人在法定期限内就商标局的决定申请复审，或者就商标评审委员会的复审决定、裁定向人民法院起诉的，则商标局的决定、商标评审委员会的复审决定、裁定不产生效力。① 由此可见，一旦当事人对维持注册商标或者宣告注册商标无效的裁定提起行政诉讼，该裁定即不生效。

二是我国司法实践中的普遍观点。在深圳万虹科技发展有限公司与深圳市平治东方科技发展有限公司等实用新型专利侵权纠纷案中，最高人民法院认为："本案中，涉案专利虽然已经被专利复审委员会第13590号无效宣告请求审查决定宣告全部无效，但专利权人已经针对该决定在法定期限内提起行政诉讼，北京市第一中级人民法院对此已经立案受理，该决定显然尚未发生法律效力。"②在蔡某某与刘某某专利侵权纠纷案③中，最高人民法院指出，《专利法》第47条第1款中的"宣告无效的专利权"是指专利复审委员会作出的效力最终确定的无效宣告请求审查决定所宣告无效的专利权。其中，效力最终确定，是指如果当事人期满未向人民法院起诉，该决定的效力即在起诉期届满时最终确定；如果当事人提起了行政诉讼，该决定只有在行政裁判生效时才最终确定。④

---

① 参见郎胜主编：《中华人民共和国商标法释义》，法律出版社2013年版，第91～92页。

② 参见最高人民法院（2009）民申字第1573号民事裁定书，详细分析参见吴汉东、宋晓明主编：《人民法院知识产权案例裁判要旨通纂》，北京大学出版社2016年版，第597～599页。

③ 2010年中国法院50件典型知识产权案例，参见最高人民法院（2010）民申字第184号民事裁定书、浙江省高级人民法院（2009）浙终字第4号民事判决书、浙江省金华市中级人民法院（2008）金中民三初字第123号民事判决书。

④ 参见钟鸣编著：《专利裁判规则》，法律出版社2020年版，第373～375页。

第二种观点认为，专利无效宣告请求审查决定是行政裁决类行政行为，行政行为自作出之日即具备公定力，在被终审行政判决撤销前应推定该行政行为合法有效，无效宣告请求审查决定作出后即应对外公告，并自公告之日产生法律效力[①]。这一观点的依据有两个方面：

一是无效宣告请求审查决定是行政行为，具体行政行为一经行政主体作出，不论是否合法或者存在瑕疵，即被推定合法有效，并要求所有国家机关、社会组织或者个人予以尊重[②]。专利无效宣告请求审查决定由国家知识产权局这一行政主体作出，属于行政裁决。所谓"行政裁决"，是指行政机关依据法律规范的授权，对当事人之间发生的、与行政管理活动密切相关的、与合同无关的民事纠纷进行审查并作出裁决的行政行为。[③] 行政裁决是行政机关行使行政裁决权的活动，具有行使一般行政权的特征，同样具备确定力、公定力、约束力和执行力，作出即生效。

二是立法层面的回应和关联制度的衔接。国家知识产权局 2012 年 8 月 9 日发布的《中华人民共和国专利法修改草案（征求意见稿）》对此有所回应，该征求意见稿新增第 46 条第 2 款，"宣告专利权无效或者维持专利权的决定作出后，国务院专利行政部门应当及时予以登记和公告。该决定自公告之日起生效"，同时新增第 60 条第 4 款，"宣告专利权无效或者维持专利权的决定生效后，管理专利工作的部门和人民法院应当根据该决定及时审理、处理专利侵权纠纷"。[④] 当时的国务院法制办就修订草案的送审稿征求意见时，仍然保留了第 46 条的修改内容，亦即"专利复审委员会对宣告专利权无效的请求进行审查，必要的时候可以对专利权是否符合本法有关规定的其他情形进行审查，及时作出决定，并通知请求人和专利权人。宣告专利权无效或者维持专利权的决定，由国务院专利行政部门登记和公告"。需要指出的是，上述修改内容在国务院审议稿和全国人大常委会审议稿中被删除。另外，就关联制度的角度而言，我国建立了"先行裁驳、另行起诉"

① 参见任凡：《从行政法视野看专利无效宣告请求审查决定的效力》，载《电子知识产权》2016 年第 5 期。

② 参见湖南泰和案裁判要旨。转引自叶必丰：《最高人民法院关于无效行政行为的探索》，载《法学研究》2013 年第 6 期。

③ 参见姜明安主编：《行政法与行政诉讼法》，北京大学出版社、高等教育出版社 2015 年版，第 248 ~ 250 页。

④ 参见 https://www.cnipa.gov.cn/art/2012/8/10/art_317_134077.html，2021 年 1 月 28 日访问。

制度，最高人民法院《关于审理侵犯专利权纠纷案件应用法律若干问题的解释（二）》第 2 条规定："权利人在专利侵权诉讼中主张的权利要求被国务院专利行政部门宣告无效的，审理侵犯专利权纠纷案件的人民法院可以裁定驳回权利人基于该无效权利要求的起诉。有证据证明宣告上述权利要求无效的决定被生效的行政判决撤销的，权利人可以另行起诉。专利权人另行起诉的，诉讼时效期间从本条第二款所称行政判决书送达之日起计算。""先行裁驳、另行起诉"制度在一定意义上体现了专利无效宣告请求审查决定发生了法律效力。

回答本文提出的第一个问题，在原研药专利权被宣告无效、处于专利行政诉讼审理过程中，仿制药是否可以参与带量采购？按照第一种观点，专利无效宣告程序是类似一个审级的准司法程序，专利无效宣告请求审查决定类似于初审审级的裁决，作出并不生效，需要等待后续司法程序的结论，那么在原研药专利权被宣告无效、处于专利行政诉讼审理过程中，由于无效宣告请求审查决定尚未生效，原研药专利权仍然处于合法有效状态，仿制药不能参与带量采购。按照第二种观点，专利无效宣告请求审查决定是行政裁决类行政行为，行政行为具备确定力、公定力、约束力和执行力，那么，原研药专利权被宣告无效、处于专利行政诉讼审理过程中，由于无效宣告请求审查决定已经生效，那么仿制药可以参与带量采购。

三、重要问题：专利中用权是否存在？

接下来的问题是，如果按照第二种观点，专利无效宣告请求审查决定是行政裁决类行政行为，在原研药专利被宣告无效、处于专利行政诉讼审理过程中，仿制药可以参与带量采购。那么，如果未来专利行政诉讼撤销宣告专利权无效的审查决定，国家知识产权局重新作出维持专利权有效的审查决定，那么原研药专利权人的利益如何救济？笔者理解，没有救济途径。

第一，如果在未来专利行政诉讼撤销宣告专利权无效的审查决定，国家知识产权局重新作出维持专利权有效的审查决定，由于国家知识产权局的审查决定系依法作出，即使在专利行政诉讼中被撤销，也不存在国家赔偿的空间。

第二，如果在原研药专利被宣告无效、处于专利行政诉讼审理过程中，仿制药企业参与带量采购，未来专利行政诉讼撤销宣告专利权无效的审查决定，国家知识产权局重新作出维持专利权有效的审查决定，那么原研药专利权人无法要求仿制药厂进行侵权救济。我国现行《专利法》虽然没有中用权制度,但是通常认为,如果当事人因不可抗拒的事由而耽误《专利法》或者专利局指定的期限而丧失权利的,或者在因专利局的工作失误(如专利局在期限监控、文件处理、通知送达上发生某种差错)造成当事人权利丧失等情形下,原权利人在其权利恢复之后不能诉中用权实施行为侵权,否则将构成专利权的滥用[①]。《俄罗斯民法典》第1400条关于"发明、实用新型或者工业设计专利效力恢复、后来使用权利"的规定即是中用权的制度设计,具体条文内容是:"在发明、实用新型或工业设计专利终止和负责知识产权事务的联邦政府行政机关的公报公布恢复专利的信息之间时段开始使用发明、实用新型或工业设计的人,或在上述时段内已经为此进行必要准备的人,应在不扩大此种使用的范围的情况下保留继续无偿使用的权利(后续使用权)。"[②]即使在没有中用权制度的情况下,仿制药企业参与带量采购时信赖了"原研药专利被宣告无效"的情况也因具有合法的信赖利益而应当被保护。

因此,如果按照第二种观点,专利无效宣告请求审查决定是行政裁决类行政行为,那么在原研药专利被宣告无效、处于专利行政诉讼审理过程中,仿制药可以参与带量采购。进一步讲,如果未来专利行政诉讼撤销宣告专利权无效的审查决定,国家知识产权局重新作出维持专利权有效的审查决定,那么原研药专利权人的利益无法获得救济。

---

① 参见潘文涛:《关于专利的"中用权"》,载《知识产权》1999年第2期。

② 中国人民大学知识产权教学与研究中心、中国人民大学知识产权学院:《十二国专利法》,清华大学出版社2013年版,第385页。

浅谈药品专利期限补偿

程　芳*

* 作者简介：
程芳，中伦律师事务所上海办公室知识产权部合伙人，电邮为：helencheng@ zhonglun. com。

2023年年初，中国国家知识产权局发布《关于施行修改后专利法的相关审查业务处理暂行办法》，明确对于专利权人提出的专利权期限补偿请求，国家知识产权局将在新修改的专利法实施细则施行后进行审查①。随着专利期限补偿制度临近实施，药品专利期限延长问题再次成为关注热点。本文对近年来药品专利期限补偿的若干热点问题进行梳理，以供参考。

一、什么是药品专利期限补偿

由于药品关系人体健康和生命安全，药品获得上市许可前需进行药效学、药理毒理学、药代动力学等试验研究，并经过临床试验验证，以确保药品的安全性、有效性和质量可控性。由于行政审批的要求，药品在获得上市许可之前不能进行销售，因而在临床试验及行政审批过程中，药品专利的持有人虽然享有专利的排他保护，却无法获得市场收益。因此，相较于其他专利而言，药品专利事实上获得的市场排他保护期在一定程度上减少了。某些情况下，药品获批上市后即面临专利到期的问题，这致使药企无法在专利期内获得相应的收益。为解决这一问题，药品专利期限补偿制度应运而生，它是对临床试验及上市审评审批所占据的专利保护期造成的相应损失进行补偿的制度。这一制度最先在美国确立，后发展到日本、欧盟等国家和地区，产生了良好的适用效果。

事实上，在中国建立药品专利期限补偿制度的呼声一直存在，随着创新药物纳入新医保和政府鼓励研发的利好，中国医药市场正向创新驱动的市场转变，建立药品专利期限补偿制度的时机已经成熟。中共中央办公厅、国务院办公厅分别于2017年和2019年联合发布的两份文件②就提到探索建立药品专利期限补偿制度。2020年1月15日，中美双方签署了《中华人民共和国和美利坚合众国政府经济贸易协议》，其中第一章第四节第1.12条“专利有效期的延长”规定了药品专利

---

① 《关于施行修改后专利法的相关审查业务处理暂行办法》第6条规定：“专利权人自2021年6月1日起，可以依照专利法第四十二条第三款，自新药上市许可请求获得批准之日起三个月内，通过纸件形式提出专利权期限补偿请求，后续再按照国家知识产权局发出的缴费通知要求缴纳相关费用。国家知识产权局将在新修改的专利法实施细则施行后对上述请求进行审查。”

② 2017年10月，中共中央办公厅、国务院办公厅印发《关于深化审评审批制度改革鼓励药品医疗器械创新的意见》；2019年11月，中共中央办公厅、国务院办公厅印发《关于强化知识产权保护的意见》。

期限补偿制度①。此后,中国逐渐加快药品专利期限补偿制度的立法进程。2020年10月17日,新修正的《专利法》第42条第3款②正式创设了我国的药品专利期限补偿制度。2020年和2021年,国家知识产权局也相继发布《专利法实施细则修改建议(征求意见稿)》(以下简称《2020实施细则征求意见稿》)和《专利审查指南修改草案(征求意见稿)》(以下简称《2021指南征求意见稿》),补充了药品专利权期限补偿制度的细化规定。

二、何种药品可获得专利期限补偿

(一)法律法规规定

根据我国2020年修正的《专利法》的规定,药品专利期限补偿制度的适用对象是"在中国获得上市许可的新药",但是《专利法》没有明确"新药"的含义。此后,《2020实施细则征求意见稿》和《2021指南征求意见稿》细化了药品专利期限补偿制度的新药标准。具体如表1所示:

① 《中华人民共和国政府和美利坚合众国政府经济贸易协议》第一章第四节第1.12条"专利有效期的延长"第2款第2项规定:"对于在中国获批上市的新药产品及其制造和使用方法的专利,应专利权人的请求,中国应对新药产品专利、其获批使用方法或制造方法的专利有效期或专利权有效期提供调整,以补偿由该产品首次在中国商用的上市审批程序给专利权人造成的专利有效期的不合理缩减。任何此种调整都应在同等的限制和例外条件下,授予原专利中适用于获批产品及使用方法的对产品、其使用方法或制造方法的专利主张的全部专有权。中国可限制这种调整至最多不超过5年,且自在中国上市批准日起专利总有效期不超过14年。"

② 我国《专利法》第42条第3款规定:"为补偿新药上市审评审批占用的时间,对在中国获得上市许可的新药相关发明专利,国务院专利行政部门应专利权人的请求给予专利权期限补偿。补偿期限不超过五年,新药批准上市后总有效专利权期限不超过十四年。"

表 1 药品专利期限补偿制度的新药标准

《2020 实施细则征求意见稿》 第八十五条之四 （2020 年 11 月 27 日）	《2021 指南征求意见稿》 第五部分第九章第 3.4 节 （2021 年 8 月 3 日）
“对在中国获得上市许可的化学药、生物制品和中药新药产品专利、制备方法专利或者医药用途相关专利，符合药品专利期限补偿条件的，可以给予药品专利期限补偿。……新药相关专利，是指国务院药品监督管理部门首次批准上市的新药活性成分相关专利。中药新药专利包括中药创新药相关专利和增加功能主治的中药改良型新药相关专利。”	“针对国务院药品监督管理部门批准上市的创新药和符合本章规定的改良型新药，对于其中药物活性物质的产品专利、制备方法专利或者医药用途专利，可以给予药品专利期限补偿。创新药和改良型新药的含义依照有关法律法规并参照国务院药品监督管理部门的相关规定确定。 可以给予期限补偿的改良型新药限于国务院药品监督管理部门颁发的药品注册证书中记载为以下类别的改良型新药： （1）化学药品第 2.1 类中对已知活性成份成酯，或者对已知活性成份成盐的药品； （2）化学药品第 2.4 类，即含有已知活性成份的新适应症的药品； （3）预防用生物制品 2.2 类中对疫苗菌毒种改进的疫苗； （4）治疗用生物制品第 2.2 类中增加新适应症的生物制品； （5）中药第 2.3 类，即增加功能主治的中药。”

（二）“中国新”还是“全球新”？

《专利法》和《2020 实施细则征求意见稿》将“新药”解释为药监局首次批准上市的药品，没有限定该药品需要在全球首次上市。《2021 指南征求意见稿》将“新药”细化为创新药和部分改良型新药，并说明依照药品注册相关规定确定创新药和改良型新药的含义①，据此理解，“新药”是指“未在中国境内外上市销售的药品”②。

《2021 指南征求意见稿》将新药的上市范围从“在中国获得上市许可”限制为

① 参见《圆桌讨论|药品专利期补偿制度落地实践及问题》，载搜狐网 2021 年 10 月 13 日，https://www.sohu.com/a/494827898_120133310。

② 《国务院关于改革药品医疗器械审评审批制度的意见》（六）：将药品分为新药和仿制药。将新药由现行的“未曾在中国境内上市销售的药品”调整为“未在中国境内外上市销售的药品”。根据物质基础的原创性和新颖性，将新药分为创新药和改良型新药。

"在全球首次上市"。根据美国[①]、欧盟[②]和日本[③]建立的药品专利期限补偿制度，其对"新药"的定义均是要求在该地域新。《2021 指南征求意见稿》确定的药品专利期限补偿适用范围比欧美等国家和地区更为严格，如果将来在中国适用该规定，已经在国外上市并引进中国的 5.1 类进口药将可能无法在中国申请专利期限补偿。这种情况下，意味着跨国药企如果想要享受中国专利期限补偿的红利，则可能需要尽早考虑药品申报策略，如选择首先在中国上市，以"全球新"享受中国的补偿政策，之后再到美国上市，也可请求美国的专利期限补偿；又如，实行中美双申，在美国申请的同时也可以在中国按照 1 类创新药进行申报确定药品的注册分类，这样即使美国比中国早批准上市，在后批准的国内新药依然可以按照其注册分类作为 1 类创新药申请药品专利期限补偿。

（三）改良型新药也可获得补偿？

《2021 指南征求意见稿》对补偿制度新药标准的另一突破，在于引入部分改良型新药。可以说，这是在结合我国医药市场实际情况基础上所作的制度创新。

从研发难度而言，虽然 2 类改良型新药相较于 1 类创新药（即原研药）开发的周期短、风险小、投入低，但是想要在原研药的基础上真正改善临床应用、解决药物痛点也并非易事。虽然我国医药创新能力已经有了长足的发展，但是整体上较美国、欧盟、日本等发达国家和地区还有一定的差距，对原研药的研发能力尚有提高空间。我国在改良型新药领域不乏重大成果，而且部分改良型新药也需要开展临床试验研究，所以我们认为在实践中确有必要给予具备明显临床优势的改良型新药申请药品专利期限补偿的资格。

以化学药品为例，根据《2021 指南征求意见稿》的规定，可以获得专利期限补偿的改良型新药仅包括第 2.1 类对已知活性成份成酯或者对已知活性成份成盐的药品，和第 2.4 类含有已知活性成份的新适应症的药品。结合我国 2 类新药的申报大多数还是集中在低水平的改剂型、给药途径、改酸根碱基盐型等"新药"的实际情形，第 2.1 类对已知活性成份成酯或成盐和第 2.4 类已知活性成份的新适

---

① 35 U. S. C. § 156（a）(5).

② Regulation（EC）No. 469/2009，Article 3.

③ 参见汪宇等：《新专利法背景之下中国药品专利保护期补偿品种预测研究》，载《中国新药杂志》2022 年第 7 期。

应症相较于其他类型的改良型新药可能具有更高的开发难度[①],较有资格被认定为具备明显临床优势的改良型新药,这可能也是国家知识产权局将可获得保护的改良型新药的化药种类限定在部分第2.1类和第2.4类药品上的原因。

三、如何计算药品专利补偿期限

(一)补偿期限计算的考虑因素

药品研发企业完成一系列证明药品安全性和有效性的评价试验,并经药品审批部门审评审批后上市的时间通常在6.5~9.5年,甚至更长时间[②]。药品研发企业通常在临床前阶段就会申请相应的药品专利,提前布局,即使这样,在经过漫长的试验验证和审评审批上市后,药品的专利保护期也可能所剩无几。通常大多数情况下,专利权人想要收回成本,所需要的专利排他保护期平均在12~14年。因此,在计算补偿时限时需综合考虑药品审批进度、专利保护期限、药品商业获利期限等因素,科学规定药品专利期限补偿时限。

(二)美国与欧盟的计算方法

根据美国《专利法》的规定[③],补偿期限 = 专利授权后临床试验时间 × 1/2 + 上市审批时间,美国《专利法》还规定补偿期限最长不应超过5年,而且药品首次获得上市许可时剩余专利权保护期加补偿期限所得总有效专利权保护期不应超过14年。

欧盟法[④]下,补偿期限 = 药品首次获得上市许可之日 - 专利申请日 - 5年,同时规定补偿期限最长不应超过5年,而且药品首次获得上市许可时剩余专利权保护期加补偿期限所得总有效专利权保护期不应超过15年。

由此可见,美国和欧盟采用了不同的补偿计算方式。美国采用了具体到天数的较为精确计算方式,而欧盟则采用的是推定计算方式。

---

① 孙坤明:《改良药行业专题研究——行业概述》,载微信公众号汇聚南药2022年4月10日,https://mp.weixin.qq.com/s/twWswCh3UCry6UdFtHez6w。周天成:《中国药品专利期限补偿制度路径探究》,载《现代商贸工业》2021年第33期。

② 赵永新、吴月辉:《创新药临床审批为何这么慢?》,载《人民日报》2015年8月10日,第17版。

③ 37 C.F.R. §1.775/35 U.S.C. §156(c)/35 U.S.C. §156(g)(6).

④ Regulation (EC) No. 469/2009, Article 13 and Recital 9.

（三）中国的计算方法

根据我国2020年修正的《专利法》的规定，药品专利的补偿期限不应超过5年，药品首次获得上市许可时剩余专利权保护期加补偿期限的总的有效专利权保护期不应超过14年。《2020实施细则征求意见稿》增加了细化规定，补偿期限＝药品首次获得上市许可之日－专利申请日－5年。我国药品专利期限补偿在计算方法上借鉴了欧盟实践，设定药品总有效专利权保护期的做法则参考了美国经验。（见图1）

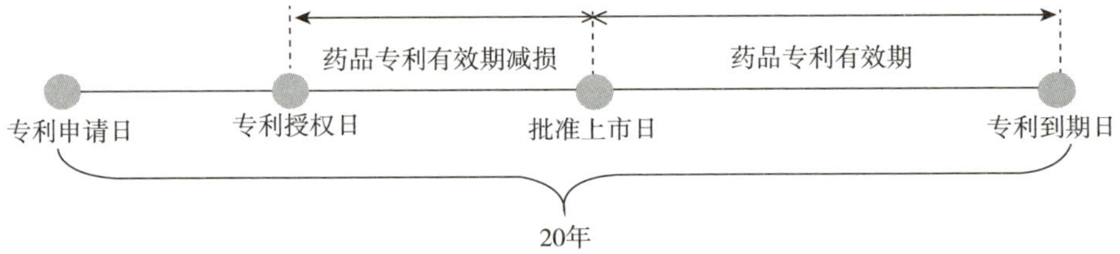

图1　药品专利补偿期限的计算

具体而言，计算药品专利补偿期限需分两步走：

第一步为补偿期限的计算：补偿期限＝药品首次获得上市许可之日－专利申请日－5年，若所得结果大于5年，则以5年为最终结果，若所得结果小于或等于5年，则以实际结果为准。

第二步为总有效专利权保护期的计算：总有效专利权保护期＝第一步所得补偿期限＋药品首次获得上市许可时剩余专利保护期，若所得结果大于14年，则以14年为最终结果，若所得结果小于或等于14年，则以实际结果为准。

举例而言，假设药品专利的申请日为2012年5月1日，药品首次获得上市许可日为2019年5月1日，则所得获得的补偿期限为：（2019年5月1日－2012年5月1日）－5年＝2年，满足补偿期限最长不超过5年的限制。总有效专利权保护期为：2年＋13年（首次获得上市许可时剩余专利保护期）＝15年，超过了总有效专利权保护期最长不超过14年的限制，因此该药品专利最终只能获得14年的总有效专利权保护期，即该药品专利获得的实际补偿期限仅1年。

（四）双重期限限制

我国药品专利期限补偿的计算方式规定了补偿期限最长不应超过5年，且总有效专利权保护期最长不应超过14年，因此这种双重期限限制对研发周期过长的药品并不有利。

具体而言,补偿制度对不同专利消耗期(药品首次获得上市许可之日与专利申请日的时间间隔)药品可提供的补偿保护如下:

1. 专利消耗期为6年及以下:无须申请期限补偿,原专利权期限足够保护企业在药品上市销售后回收研发成本。

2. 专利消耗期为6~11年:能够申请期限补偿,但受限于期限补偿不超过5年及总有效专利权保护期不超过14年的限制,专利消耗期在6~11年的药品能够获得的总有效专利权保护期为14年。例如,专利消耗期为10年的药品,其所能获得的补偿期限为:10年-5年=5年,该结果满足补偿期限最长不超过5年的限制。药品获得上市许可时剩余专利权保护期为10年,与5年的补偿期限相加后超过了14年的总有效专利权保护期的限制,因此最终获得14年的顶格总有效专利权保护期。

3. 专利消耗期为11年以上:虽然也能受益于药品专利期限补偿制度,但根据当前的计算方式,其获得的补偿期限最长只能为5年,与专利剩余保护期相加后的总有效专利权保护期限将达不到14年。例如,专利消耗期为14年的药品,其所能获得的期限补偿为:14年-5年=9年,该结果超过了5年补偿期限的限制,只能获得5年的补偿期限。药品获得上市许可时剩余专利权保护期为6年,与5年的补偿期限相加后最终获得11年的总有效专利权保护期。

由此可见,专利消耗期为10年的药品将享受14年的总有效专利权保护期,而需要14年研发上市的药品,只能享受11年的总有效专利权保护期,即需要长时间验证有效性(如治疗慢性疾病的药品),从而导致临床审批耗时较长的药品在投入了更多研发精力和研发成本后并不能获得公平的期限补偿。

此外,根据《2021指南征求意见稿》规定的新药标准,1类创新药和2类改良型新药均可以获得期限补偿保护,但二者在补偿期限的计算方式上并没有区分。这意味着研发难度较低、临床突破较小的改良型新药将与创新药获得同等的专利期限补偿保护,可能并不利于提高新药企业研发的积极性。

四、总结

引入药品专利期限补偿制度是我国知识产权保护体系的重大进步,长远来看，有利于实现药品研发的良性循环、提高我国医药产业的创新能力。

在可以申请补偿的新药标准上，业内对于“全球新”抑或“中国新”存在不同看法，《2021 指南征求意见稿》将新药限定为“全球新”，相对于欧美等国家和地区的标准更为严格。此外，《2021 指南征求意见稿》将部分改良型新药也纳入了可获得期限补偿的新药范围，应该是考虑了本土情况，配合药证审批改革作出的举措。

在药品补偿期限计算方式上，我国借鉴了欧盟具体计算方式和美国双重期限限制的规定，限制药品专利的补偿期限最长不超过 5 年和总有效专利权保护期最长不超过 14 年，这样的期限限制对于研发周期过长的药品并不有利。然而，任何一项制度的设计均需权衡诸多因素，也需经过实践检验加以完善，相信中国的药品专利补偿制度落地后也将朝着适配国情、激励产业创新的方向发展。

医药产业是关系国计民生的重要产业，医药创新也始终是我国民生发展战略中的重要着眼点，药品专利期限补偿制度能够有效实现激励医药产业创新的目的。自专利法实施细则和专利审查指南公开征求意见以来，社会各界对新药标准、计算方式等问题讨论热烈，不少专家和从业者也从实践的角度积极建言，专利法实施细则和专利审查指南有望近期落地，我们对专利期限补偿制度的落地拭目以待。

（闫欣晴对本文亦有贡献）